Vollwert
Kochvergnügen
wie noch nie

Barbara Rias-Bucher

Vollwert Kochvergnügen wie noch nie

Das große Bildkochbuch in Farbe

Die Farbfotos gestalteten Susi und Pete A. Eising

Das finden Sie in diesem Buch

Kleine herzhafte Gerichte und Salate
Seite 28–76

Suppen, Eintöpfe und Backofengerichte
Seite 68–129

Das finden Sie in diesem Buch

Hauptgerichte und Beilagen

Seite 130–181

Desserts, süße Hauptgerichte und Getränke

Zum Nachschlagen

Der Inhalt des Buches von A bis Z

Wichtiger Hinweis

Kaufen Sie möglichst nur gereinigtes Getreide. Denn Schmutz und Unkrautsamen (vor allem Samen der giftigen Kornrade) dürfen nicht enthalten sein. Das gleiche gilt auch für das heute wieder häufiger auftretende Mutterkorn, das vor allem den Roggen befällt. Es ist ein deutlich erkennbares, schwärzliches und meist stark vergrößertes Korn. In größeren Mengen verzehrt (etwa 5 bis 10 g) ruft es lebensgefährliche Vergiftungserscheinungen hervor. Die Gefahr ist allerdings relativ gering, wenn Sie, wie empfohlen, gereinigtes Getreide kaufen.
Essen Sie Schoten oder Samen von Hülsenfrüchten nie roh. Erst durch ausreichendes Garen wird das darin enthaltene natürliche Gift, das Phasin, unschädlich gemacht. Beim Keimen wird dieses Gift nur teilweise abgebaut; deshalb sollten Sie auch Sojabohnenkeimlinge nicht zu oft und gründsätzlich kurz erhitzt oder blanchiert essen.

Über dieses Buch

Beim Durchblättern dieses neuen Kochbuchs werden Sie gleich einen Vorzug der Vollwertküche feststellen: Die Gerichte sind auch optisch ein Genuß. Die brillanten Farbfotos zu jedem Rezept unterstreichen eindrucksvoll, daß auch für die Vollwertküche der Grundsatz aller Feinschmecker gilt »das Auge ißt mit«. Doch die schönen Bilder liefern Ihnen auch wichtige Informationen:
Die anschaulichen Schritt-für-Schritt-Folgen zeigen zum Beispiel, wie man Sprossen problemlos zieht, Sojamilch und Tofu selber zubereitet, wie man mit Getreide kocht und welche Saucen sich am besten für die Vollwertküche eignen.
Oft gestellte, wichtige Fragen zur Vollwertküche finden Sie in übersichtlicher Form beantwortet, empfehlenswerte Zutaten können Sie auf einen Blick der großen Lebensmitteltabelle entnehmen. Grundbegriffe gesunder Ernährung habe ich kurz und präzise zusammengefaßt. Die farbige Darstellung der Produkte werden sicher alle begrüßen, die noch nicht so vertraut sind mit den wichtigen Zutaten der Vollwertküche.

Die Rezeptsammlung bietet Ihnen eine Fülle köstlicher vollwertiger Gerichte, wobei die Ordnung der Kapitel angelehnt ist an die klassische Menüfolge: Zuerst finden Sie Vorspeisen, Salate und belegte Brote, dann folgen leichte Imbisse. Suppen, Eintöpfe und Backofengerichte schließen sich an. Bei den reizvollen Hauptgerichten handelt es sich jeweils um komplette Mahlzeiten: denn die Zubereitung der passenden Beilage ist in der Rezeptbeschreibung enthalten. Mit den schmackhaften Gemüse-, Getreide- und Hülsenfruchtbeilagen können Sie sich Ihre Mahlzeit aber auch selbst zusammenstellen. Das letzte Rezeptkapitel bietet süße Hauptgerichte und Desserts. Vollwertköstler gehen zwar sparsam mit Süßem um; richtig zubereitet jedoch mit alternativen Süßungsmitteln sind solche Genüsse durchaus erlaubt.

Die Anregungen in diesem Buch sind für Ungeübte ebenso geeignet wie für versierte Köchinnen und Köche. Der größte Teil der Gerichte stammt aus der vegetarischen Vollwertküche. Doch wenn Sie auf Fleisch oder Fisch nicht verzichten wollen, finden Sie auch eine ganze Menge von Rezepten. Allerdings sind hierbei Fleisch oder Fisch nie die Hauptzutat, sondern – den Prinzipien der Vollwertküche entsprechend – die feine Nebensache. Im Anschluß an diese Rezepte bringe ich für die Vegetarier unter Ihnen eine Alternative ohne Fleisch oder Fisch. Umgekehrt habe ich auch manche vegetarische Rezepte mit Hinweisen für eine Fleisch- oder Fischbeilage versehen.
In verlockenden Menüvorschlägen, zusammengestellt aus den Rezepten des Buches, finden Sie Speisenfolgen für alle Gelegenheiten, ergänzt durch Tips für die problemlose Vorbereitung und Fertigstellung der Gerichte.
Und nun viel Vergnügen beim Kochen, viel Spaß beim Ausprobieren und beim Entdecken der vielen abwechslungsreichen Genüsse, die uns die Vollwertkost bietet!

Ihre
Barbara Rias-Bucher

Vollwert-Ernährung – eine zeitgemäße Kostform

Das Thema Vollwert-Ernährung ist derzeit in aller Munde und ein fester Bestandteil des alltäglichen Vokabulars. Die rasante Verbreitung dieser Ernährungsweise ist aber keine Modeerscheinung, sondern verspricht dauerhaft in das Gedankengut und Ernährungsverhalten unserer Bevölkerung einzugehen. Diese Entwicklung ist nicht unbegründet, denn die zunehmende Besorgnis um die Probleme unserer Gesundheit, deren Ursachen und Finanzierung, sowie der Umweltprobleme und des Hungers auf der Erde verlangt Konzepte, die diese Aspekte gebührend berücksichtigen. Vollwert-Ernährung kann einen Beitrag zur Lösung dieser vielschichtigen Probleme leisten, da sie in ganzheitlicher Weise gesundheitliche, ökologische und soziale Aspekte beachtet.
Die Vollwert-Ernährung setzt ernährungsphysiologisch wertvolle, überwiegend pflanzliche Lebensmittel ein, die möglichst aus kontrolliert-ökologischem Landbau stammen. Sie soll zu optimaler körperlicher und geistiger Entwicklung und Leistungsfähigkeit sowie zu bestmöglicher Widerstandskraft gegenüber Gesundheitsstörungen beitragen. Sie stellt eine Synthese bewährter Erfahrungen und sinnvoller wissenschaftlicher Erkenntnisse dar.
Von der üblichen Kost, die derzeit verzehrt wird, unterscheidet sich die Vollwert-Ernährung dadurch, daß unnötig oder übertrieben verarbeitete oder verfeinerte Lebensmittel nicht verwendet werden. So lassen sich die erheblichen Verluste an wertvollen Wirkstoffen (Vitamine, Mineralstoffe, Spurenelemente, Ballaststoffe) vermeiden.

Wichtig ist die Qualität der Nahrung, die sich durch eine hohe Nährstoffdichte (Wirkstoffmenge pro Nahrungsenergiemenge) und eine geringe Schadstoffbelastung auszeichnet.
Die derzeit vorliegenden wissenschaftlichen Erkenntnisse reichen aus, um eine für die Gesundheit optimale Ernährung zu konzipieren. Bei einer eher knappen Nahrungsenergiezufuhr sollte gleichzeitig die Aufnahme einer bedarfsgerechten Menge aller essentieller Nährstoffe gewährleistet sein. Dieses vermag die Vollwert-Ernährung hervorragend zu leisten.
Fehlerhafte Ernährung beruht neben anderen Ursachen auch auf einem Mangel an Information. Obgleich Verhaltensänderungen nicht leicht zu bewirken sind, stehen viele Menschen sachlichen Begründungen sehr offen gegenüber. Man muß sich allerdings Mühe machen und die Zielgruppen dort abholen, wo sie stehen. Im konkreten Fall bedeutet dieses vielleicht die Einladung zu einem Vollwert-Essen oder das Angebot bewährter Rezepte.
Für das Akzeptieren der Vollwert-Ernährung ist eine entsprechende Zubereitung in schmackhafter und bekömmlicher Form notwendig, denn die gesündeste Ernährung bewirkt nichts, wenn sie nicht angenommen wird. Auch die Optik spielt eine bedeutsame Rolle, denn bereits der Anblick der Kost sollte Freude bereiten. Für diese Zwecke stehen bewährte und leicht nachvollziehbare Rezepte zur Verfügung, die zeigen, daß es sich bei der Vollwert-Ernährung nicht nur um eine gesunderhaltende, sondern auch um eine wohlschmeckende und abwechslungsreiche Ernährungsform handelt.
Beispiele für jede Mahlzeit des Tages bietet das vorliegende Buch, das ich allen Lesern sehr empfehlen möchte.

Claus Leitzmann

Vom Wert der Nahrung

Die Nahrung liefert uns Energie und die Nährstoffe, die unser Organismus für Aufbau, Erhaltung und reibungslose Funktion aller Körpervorgänge braucht. Grundbaustein allen Lebens – auch des menschlichen – ist Eiweiß (Protein), das sich aus zwanzig verschiedenen Bestandteilen, den Aminosäuren, zusammensetzt. Da der Körper ständig Eiweiß verbraucht, muß man es ihm mit der Nahrung wieder zuführen.

Biologische Wertigkeit von Eiweiß

Für die menschliche Ernährung ist Nahrungseiweiß um so wertvoller, je mehr körpereigenes Eiweiß der Organismus daraus bilden kann. Biologisch hochwertig ist Eiweiß, das alle acht lebenswichtigen (essentiellen) Aminosäuren in einer Zusammensetzung enthält, die der Körper gewissermaßen »ohne Abfall« ausnutzen kann; im Idealfall bildet er also aus 100 g Nahrungseiweiß auch 100 g Körpereiweiß.
Tierisches Eiweiß aus Eiern, Fleisch, Fisch und Milchprodukten ist sehr hochwertig. Pflanzliches Eiweiß dagegen ist im allgemeinen nicht so hochwertig, weil es einen geringeren Anteil an essentiellen Aminosäuren hat.
Mit der Nahrung wird jedoch immer ein Gemisch verschiedener Proteine aufgenommen. Essentielle Aminosäuren, die in einem Eiweiß in geringer Menge vorkommen, können in einem anderen Protein in größerer Menge enthalten sein. Verzehrt man diese nun zusammen, so können sie sich gegenseitig gut ergänzen. Pflanzliche Lebensmittel können so kombiniert werden, daß ihr Eiweißgemisch ebenso hochwertig oder sogar noch hochwertiger ist als tierisches Protein.
Produkte, deren Eiweiß sich gut ergänzt:

- Kartoffeln mit Milchprodukten oder Ei
- Hülsenfrüchte mit Milchprodukten, Getreide, Ei oder Nüssen
- Getreide mit Milchprodukten, Ei oder Hülsenfrüchten
- Bohnen mit Mais

Fett

Fett liefert dem Körper etwa doppelt soviel Energie wie Protein und Kohlenhydrate. Es besteht aus verschiedenen Bausteinen, dem Glycerin und den Fettsäuren. Es gibt gesättigte, einfach und mehrfach ungesättigte Fettsäuren.
Während nun der Körper die gesättigten und die einfach ungesättigten Fettsäuren selbst bilden kann, sind die mehrfach ungesättigten Fettsäuren essentiell, also lebensnotwendig: Sie müssen dem Organismus durch die Nahrung zugeführt werden. Reich an essentiellen Fettsäuren sind Pflanzenöle, Nüsse und Samen. Gesättigte Fettsäuren kommen besonders in tierischen Produkten vor.
Inzwischen weiß man, daß der Körper auch ein Zuviel an essentiellen Fettsäuren nicht verträgt. Deshalb sollten Sie tierische (Butter) und pflanzliche Fette miteinander kombinieren und Ihren Fettverbrauch gegebenenfalls senken.
Fett ist aber nicht nur ein wichtiger Energiespender. Es ist zum Beispiel auch für verschiedene Stoffwechselvorgänge verantwortlich. Außerdem kann der Körper die fettlöslichen Vitamine A, D, E und K nur mit Hilfe von Fett verwerten.

Kohlenhydrate

Kohlenhydrate bilden den Hauptbestandteil der meisten pflanzlichen Lebensmittel. Man unterscheidet sie nach drei Gruppen:

- schwer lösliche Stärke, die dem Körper bei der Verdauung am meisten Arbeit bereitet;
- leicht löslicher Zucker, der rasch ins Blut übergeht;
- unverdauliche Zellulose (Ballaststoffe). Schwer lösliche Stärke – enthalten zum Beispiel in Getreide(produkten), Hülsenfrüchten und Kartoffeln – wird im Körper nach und nach in Zucker verwandelt; dieser langsame Prozeß ruft das angenehme Gefühl der Sättigung hervor. Bei leicht löslichem Zucker tritt zwar rasch ein Sättigungseffekt ein, der jedoch nicht anhält – eben weil der Körper kaum Verdauungsarbeit leisten muß. Man spürt deshalb sehr rasch wieder Hunger, denn der Blutzuckerspiegel sinkt ebenso plötzlich ab, wie er vorher angestiegen ist.

Kohlenhydrate sollten den Löwenanteil unserer Nahrung ausmachen: 50 bis 60 Prozent des gesamten täglichen Energiebedarfs. Kohlenhydrathaltige Lebensmittel wie Hülsenfrüchte und Getreide liefern außerdem nicht nur reichlich pflanzliches Eiweiß, sondern auch – ebenso wie Kartoffeln, Gemüse und Obst – unverdauliche Ballaststoffe, die ebenfalls der Sättigung und zur Vorbeugung von ernährungsbedingten Krankheiten dienen.

Nährstoffe

Nährstoffe wie Vitamine und Mineralstoffe sind ebenfalls lebenswichtige Nahrungsbestandteile, die der Körper nicht selbst bilden kann.
Fettlösliche Vitamine wie Vitamin A, D, E und K kann er allerdings einige Zeit speichern, so daß man sie nicht ständig aufnehmen muß. Die wasserlöslichen Vitamine – beispielsweise der gesamte B-Komplex und das bekannte Vitamin C – dagegen müssen laufend mit der Nahrung aufgenommen werden, sonst zeigen sich rasch Mangelerscheinungen.
Eine Unterversorgung mit den meisten Vitaminen ist bei normaler, gemischter Kost jedoch sehr selten. Besonders auf die ausreichende Zufuhr von Vitaminen des B-Komplexes sollten Sie achten: Diese Vitamine sitzen zum Beispiel in den Randschichten des Getreidekorns und im Silberhäutchen des Reiskorns. Die Randschichten des Korns werden beim Auszugsmehl, das Silberhäutchen beim polierten Reis entfernt. Deshalb ist es so wichtig, Getreide in naturbelassener Form beziehungsweise Vollkornprodukte zu essen und Reis zumindest als Parboiled-Reis.
Lebensmittel mit fettlöslichen Vitaminen sollten Sie immer zusammen mit etwas tierischem oder pflanzlichem Fett verzehren, damit der Körper die Vitamine auch aufnehmen kann. Möhrenrohkost also zum Beispiel mit einem Joghurt servieren, Tomaten mit etwas Öl beträufeln.
Mineralstoffe braucht der Organismus für Stoffwechselvorgänge (Magnesium, Zink), Aufbau und Erhaltung von Knochen und Zähnen (Calcium und Phosphor; Fluor wirkt vorbeugend gegen Karies). Die Blutbildung wird vom Eisen beeinflußt, der Wasserhaushalt zum Beispiel von Kalium, Natrium und Chlor gesteuert. Auch mit Mineralstoffen sind wir im allgemeinen ausreichend versorgt. Ausnahmen bilden nur Eisen, Fluor und Jod, wobei hier die Mangelerscheinungen bestimmte Bevölkerungsgruppen betreffen: So leiden vor allem Frauen durch den Blutverlust bei Menstruation beziehungsweise Geburt oft an Eisenmangel. In Regionen, in denen das Trinkwasser zu wenig Fluor enthält, tritt Karies häufig auf. Und durch Jodmangel treten Schilddrüsenstörungen (Kropfbildung) auf, denen man mit jodiertem Speisesalz oder regelmäßigem Verzehr von Seefisch vorbeugen kann.

Tabelle zur Vollwertkost

	Sehr gut
Getreide	Rohes, gekeimtes Getreide (Getreidesprossen) Vollkornschrot Vollkornmehl Unerhitzte Getreideflocken mit Keim Frisch geschrotetes und eingeweichtes Getreide (fürs Frischkornmüsli) Hohe Mehltypen (Weizen: Typen 1600 bis 2000) (Roggen: Typen 1590 bis 1800)
Hülsenfrüchte, Kartoffeln, Gemüse, Pilze	Rohkost aus Blütengemüse, Blattgemüse, Stengelgemüse, Zwiebelgemüse, Fruchtgemüse, Wurzelgemüse Achtung: Hülsenfrüchte, Kartoffeln und Wildpilze kann man nicht roh essen! Milchsaures Gemüse, unerhitzt (z. B. Sauerkraut) Unerhitzte Gemüsesäfte Gekeimte Hülsenfrüchte (blanchiert) Pellkartoffeln
Obst	Zerkleinertes, frisches Kernobst, Steinobst, Beerenobst, Südfrüchte Unerhitzte Fruchtsäfte
Ölfrüchte, Samen, Nüsse	Kaltgepreßte Öle (unraffiniert) Pflanzensamen, z. B.: – Sonnenblumenkerne – Sesam Nüsse, z. B.: – Haselnüsse – Walnüsse Frisch geraspelte Nüsse Nußmus aus unerhitzten Nüssen
Milch, Milchprodukte	Vorzugsmilch (Rohmilch) Aus Vorzugsmilch bzw. Rohmilch hergestellt, z. B.: Dickmilch, Sauermilch Joghurt, Kefir · Süße und saure Sahne Landbutter · Buttermilch Rohmilchkäse (z. B. Emmentaler) Quark, Molke
Fleisch, Fisch, Eier	
Getränke	Quellwasser (kontrolliert) Mineralwasser aus Quellwasser Kräutertee Früchtetee
Gewürze, Salz	Frische Gartenkräuter · Frische Wildkräuter Frische Gewürzwurzeln (z. B. Meerrettich) Gewürzsamen · Luftgetrocknete Kräuter, Wurzeln und zerkleinerte Samen
Süßungsmittel	Frisches süßes Obst, z. B.: Bananen oder Birnen Trockenobst (auch eingeweicht)

Eine ausführlichere Tabelle mit fünf Wertstufen können Sie bei ardos-GmbH, Postfach 11 01 53, D-6300 Gießen 11, bestellen.

Gut	Weniger gut	Nicht gut
Gegartes Getreide (auch Hirse, Mais, Vollreis, Buchweizen) – Gegarte Getreidespeisen (z. B. Suppen, Aufläufe, Pfannkuchen) – Gedarrtes Getreide (z. B. Grünkern) – Getreideflocken mit Keim Teigwaren aus Vollkornmehl Parboiled Reis mit ballaststoffreicher Beilage Brot, Kuchen, Knäckebrot, Zwieback, Kekse, Dauerbackwaren, Mehlspeisen u. a. aus Vollkornmehlen oder hohen Mehltypen	Polierter weißer Reis Getreideflocken ohne Keim Auszugsmehle und mittlere Mehltypen (Weizen: Typen 405 bis 1200) (Roggen: Typen 610 bis 1370) Kleie Cornflakes Brot, Kuchen, Knäckebrot, Zwieback, Kekse, Dauerbackwaren, Mehlspeisen u. a. aus Auszugsmehlen oder mittleren Mehltypen	Alle Nahrungsmittel, denen künstlich (auch unschädliche) Stoffe zugesetzt werden wie z. B. Aromastoffe, Lecithin, Vitamine, Zucker, Stärke. Die Zusatzstoffe sind auf der Verpackung mit den sogenannten »E-Nummern« gekennzeichnet. Zum Entschüsseln gibt es eine Lebensmittel-Zutatenliste, zu beziehen über die Verbraucher-Zentrale Hamburg e. V., Große Bleichen 23, 2000 Hamburg 36.
Gegartes Gemüse Gegarte Hülsenfrüchte Erhitzte Gemüsesäfte Tofu Erhitzte Pilze Erntefrisch tiefgefrorenes Gemüse	Gemüsekonserven Pilzkonserven	
Tiefgefrorenes, ungezuckertes Obst Gegartes Obst (z. B. Kompott) Erhitzte Fruchsäfte	Obstkonserven Fruchtnektare Fruchsaftgetränke	Alle Nahrungsmittel mit Zusatzstoffen
Ungehärtete Pflanzenmargarine mit möglichst hohem Anteil an Kaltpreßölen (unraffiniert) Pflanzenfette Geröstete oder erhitzte Pflanzensamen Geröstete Nußkerne Nußmus aus gerösteten Nüssen	Heißgepreßte oder extrahierte, raffinierte Fette und Öle, d. h. fast alle Margarinen und Öle, sowie Platten- und Kunstspeisefette, Brat- und Backfette (»Shortenings«) Geröstete und gesalzene Nußkerne	Mehrmals erhitzte Fette (Fritierfette) Nuß-Nougat-Erzeugnisse (mit isolierten Zuckern)
Pasteurisierte Milch Aus pasteurisierter Milch hergestellt, z. B.: Dickmilch, Sauermilch Joghurt, Kefir Süße und saure Sahne Süß- und Sauerrahmbutter Buttermilch Käse, Quark, Molke	Ultrahocherhitzte Milch (H-Milch) Fettarme Milch H-Sahne	Speiseeis (mit isolierten Zuckern) Alle Nahrungsmittel mit Zusatzstoffen (z. B. Schmelzkäse)
Gegartes Fleisch (mager) Gegarter Fisch Gegarte Eier	Innereien wie Leber, Nieren (sehr selten essen)	Alle Nahrungsmittel mit Zusatzstoffen wie z. B. die meisten Fleisch- und Wurstwaren, Fischkonserven · Räucherfisch
Tafelwasser (Mineralwasser) Mate-Tee Malz-Kaffee Kakao (ungezuckert)	Leitungswasser (gechlort) Kakao- und Schokoladengetränke Bohnenkaffee · Schwarzer Tee Bier · Wein	Limonaden Cola-Getränke Instant-Getränke Spirituosen
Erhitzte Kräuter, Wurzeln und Samen Obst- und Weinessig Hefeflocken · Meersalz (Vollmeersalz)	Gewürzextrakte Kochsalz Sojasauce	Kräuter-Fertigsaucen (Salat-Dressings) Branntweinessig, Essigessenz
Nicht in konzentrierter Form: – Kaltgeschleuderter Honig	In konzentrierter Form: – Erhitzter Honig – Ahornsirup – Apfeldicksaft – Birnendicksaft – Zuckerrübensirup – Melasse	Isolierte Zucker, z. B.: – Weißer und brauner Zucker – Frucht- und Traubenzucker – Zuckeraustauschstoffe Kunsthonig Künstliche Süßstoffe Süßwaren

Vollwert-Ernährung – wichtige Fragen und Antworten auf einen Blick

Vollwert-Ernährung – was ist das eigentlich?

Vollwertig essen heißt, häufig Lebensmittel zu wählen

- die noch den größtmöglichen Teil der Inhaltsstoffe haben, die sie von Natur aus besitzen. Ganze Getreidekörner oder Vollkornmehle zum Beispiel sind deshalb wertvoller als Auszugsmehle, die kaum noch Nährstoffe des vollen Korns enthalten;
- die den Organismus optimal mit Nahrungsbestandteilen versorgt, die er braucht. Hülsenfrüchte, die Eiweiß, Fett, Kohlenhydrate mit unverdaulichen Ballaststoffen, Vitamine und Mineralstoffe enthalten, sollten häufiger gegessen werden als Fleisch, das zwar hochwertiges Eiweiß, jedoch so gut wie keine Kohlenhydrate und Ballaststoffe liefert;
- die sich durch ihren Nährwert besonders gut ergänzen und damit ebenfalls die optimale Versorgung des Körpers mit wertvollen Inhaltsstoffen gewährleisten.

Lebensmittel oder Nahrungsmittel?

Der Begriff Lebensmittel beinhaltet lebensmittelrechtlich Nahrungsmittel und andere Dinge, die zum Leben notwendig sind. Die frühere Unterscheidung, daß »Lebensmittel« naturbelassene Erzeugnisse und »Nahrungsmittel« durch die Lebensmittelindustrie verarbeitet sind, ist heute nicht mehr üblich. Trotzdem hat die Lebensmittelverarbeitung weitreichende Konsequenzen. Die Kartoffel zum Beispiel, als Pellkartoffel gekocht, ist ein naturbelassenes Lebensmittel, das nur durch Garen soweit verändert ist, daß es der Körper verdauen kann. Kartoffelchips aus der Tüte dagegen sind nicht nur gegart; durch den Verarbeitungsprozeß enthalten sie mehr Fett und Salz als die Pellkartoffel, Gewürze und als Konservierungsstoffe meist schwefelhaltige Verbindungen.

Warum naturbelassene Lebensmittel?

Weil sie vermutlich noch alle essentiellen, das heißt lebenswichtigen Bestandteile enthalten, die der Körper braucht.

Warum keine verarbeiteten Lebensmittel?

Weil sie meist mehr Kalorien, jedoch weniger Nährstoffe enthalten. Weißbrot zum Beispiel liefert mehr Kalorien als Vollkornbrot, jedoch viel weniger schwer lösliche Kohlenhydrate und Ballaststoffe. Um satt zu werden, ißt man sehr viel mehr Weißbrot als Vollkornbrot. Der Grund: Weißbrot läßt sich leichter kauen als Vollkornbrot und gelangt viel schneller in den Magen. Der Körper braucht jedoch eine gewisse Zeit, bis er das Stoppsignal »Halt! Sättigung erreicht!« gibt. Überschüssige Energie, sprich: zuviele Kalorien, werden in Form von Fett gespeichert. Weil der Körper mit leicht verdaulichen Produkten keine Arbeit hat, wird man auch schneller wieder hungrig.
Schwer lösliche Kohlenhydrate wie etwa aus Kartoffeln, Getreide, Hülsenfrüchten und Gemüse dagegen muß der Körper erst in leicht löslichen Zucker aufspalten, der vom Blut aufgenommen werden kann. Das dauert relativ lang, und man fühlt sich eben über lange Zeit satt. Verarbeitete Lebensmittel sollte man aber auch deswegen nur selten essen, weil sie von allem ein bißchen zu viel enthalten: zu viel Salz und Zucker, Fett und (künstliche) Aromastoffe, Konservierungs- und (künstliche) Farbstoffe. Dagegen fehlen wertvolle Inhaltsstoffe: die eiweiß- und ballaststoffreichen Randschichten des Getreidekorns im weißen Auszugsmehl, Vitamine und Mineralstoffe in Feingebäck, industriell vorgefertigten Süßspeisen und in Fertiggerichten aus Dose, Packung oder Tüte.

Warum möglichst frisches Gemüse und Obst?

Je frischer ein Lebensmittel ist, desto höher ist auch der Gehalt an (essentiellen) Nährstoffen. Vitamine wie zum Beispiel Vitamin A (Retinol), E, B_1, (Thiamin) und C (Ascorbinsäure) sind empfindlich gegen Licht und Sauerstoff. Erntefrisch eingefrorenes Gemüse und Obst enthalten übrigens fast ebenso viele Nährstoffe wie frische Produkte. Hier kann gelegentlich das Angebot an Tiefkühlkost genutzt werden: Die Verarbeitung von Gemüse und Obst erfolgt viel nährstoffschonender, als es im Haushalt möglich ist.

Sind biologisch angebaute Produkte gesünder?

In diesem Punkt streiten sich die Experten noch immer. Gewiß sind biologisch angebaute Produkte nicht frei von Schadstoffen, denn Luft und Wasser sind nun mal belastet. Deshalb hat man auch in Bio-Produkten Blei und Cadmium, Nitrate und andere unerwünschte Rückstände gefunden. Dennoch sollten Sie Lebensmittel aus biologischem Anbau vorziehen: Die Produkte sind nicht mit Rückständen von Kunstdünger und Schädlingsvernichtungsmitteln belastet; allgemein weisen sie also weniger schädliche Rückstände auf, als Lebensmittel aus konventionellem Anbau. Beim Kauf sollten Sie sich jedoch nicht vom Zusatz »Bio« leiten lassen; dieser Begriff besitzt inzwischen hauptsächlich Werbewirkung und kennzeichnet nicht unbedingt echte Naturkost. Halten Sie sich besser an die Markennamen:

- demeter
- biodyn
- ANOG
- Biokreis Ostbayern
- Naturland

Adressen Seite 218

Ist Fleisch in der Vollwertküche verboten?

Nein, denn bei einer vollwertigen Ernährung gibt es keine Verbote, sondern nur Empfehlungen. Fleisch liefert sehr hochwertiges Eiweiß, das der Organismus besonders gut verwerten kann. Nur die übertriebene Ernährung mit Fleisch ist nicht empfehlenswert; es sollte Ergänzung einer gesunden Kost sein und nicht im Mittelpunkt stehen. Fleisch ist auch keineswegs deshalb in Verruf geraten, weil es etwa gesundheitsschädlich ist. Warnungen beziehen sich vielmehr auf die Fleischqualität: Die Tiere werden heute ja nicht mehr natürlich gemästet, sondern in regelrechten Fleischfabriken hochgezüchtet. Abgesehen von Aspekten des Tierschutzes – ein Tier ist nun mal kein »Produkt«, sondern ein Lebewesen – schadet mit Hormonen, Beruhigungsmitteln und Beta-Blockern belastetes Fleisch unserer Gesundheit. Deshalb sollten Sie sich nach einer Bezugsquelle für Fleisch von Tieren umsehen, die so natürlich gehalten und gemästet werden, wie es in unserer Zeit möglich ist. Und lieber auf Fleisch verzichten, wenn Sie nicht die Qualität bekommen, die dem kritischen Verbraucher zusagt. Es gibt inzwischen eine ganze Reihe von Bauern, die qualitativ gutes Fleisch ab Hof verkaufen. Auch immer mehr Metzger stellen sich auf die Ansprüche der Verbraucher ein, die eben kein »Hormon-Schnitzel« in der Pfanne und kein genormtes EG-Tiefkühlhähnchen im Topf haben wollen. Adressen finden Sie in

- »Das alternative Branchenbuch«, Ausgabe 1987/88, erhältlich in Buchhandlungen, Naturkostläden und Reformhäusern. Trotzdem sollten Sie auch dem Bauern oder Metzger ruhig Fragen stellen und sich nicht nur auf den Zusatz »Bio« verlassen. Vorsicht ist geboten, wenn
- das Fleisch blaß (das gilt auch für Kalbfleisch!) aussieht;

• wäßrige Flüssigkeit austritt, sobald es etwa 1 Stunde im Kühlschrank auf einem Teller liegt;
• das Fleisch beim Braten in der Pfanne stark schrumpft;
• beim Braten in der Pfanne selbst bei starker Hitze Flüssigkeit austritt, das Fleischstück also in eigenen Saft schmort.
Trifft nur einer dieser Punkte zu, entspricht die Fleischqualität nicht dem, was Sie beim Biobauern oder -Metzger erwarten können.

Warum wenig Fleisch?

Weil man mit überwiegend pflanzlicher Kost weniger Stoffe aufnimmt, die ernährungsbedingte Krankheiten verursachen können. Fleisch enthält zwar hochwertiges Eiweiß, daneben aber auch ziemlich viel Fett, Cholesterin und Purine. Tierisches Fett und Cholesterin können zu Herz- und Kreislauferkrankungen führen, Purine schaden bei Anfälligkeit für Gicht. Wenn Sie viel Fleisch essen, reduzieren Sie automatisch den Verbrauch an wertvoller Pflanzenkost wie Gemüse, Getreide, Hülsenfrüchten, Kartoffeln und Obst. Gerade diese Produkte aber versorgen den Organismus mit lebenswichtigen Vitaminen, Mineral- und Ballaststoffen. Außerdem liefern sie weniger Energie, was bei allen Menschen, die nicht gerade zu den Schwerarbeitern zählen, nur von Vorteil ist.

Warum Fisch?

Fisch ist ein sehr gesundes Lebensmittel, das hochwertiges, leicht verdauliches Eiweiß, wenig, dafür sehr wertvolles Fett mit der essentiellen Linolsäure, reichlich Mineralstoffe und Vitamine enthält. Mit Seefischen können Sie Ihren Jodbedarf decken: 200 g Kabeljau liefert genügend Jod für zwei, die gleiche Menge Schellfisch sogar für fünf Tage. Da auf hoher See die Schadstoffkonzentration abnimmt, sind vor allem Hochseefische wie Kabeljau, Hering, Makrele, Scholle, Sardine und Schellfisch empfehlenswert. Verzichten sollten Sie dagegen auf weißen Heilbutt und Thunfisch.
Süßwasserfische stammen fast nur aus Teichwirtschaften und Zuchtbetrieben, sind also kaum oder nur wenig belastet. Um sicherzugehen, sollten Sie nur bei einem Fischhändler kaufen, dem Sie vertrauen können. Oder Sie beziehen Fisch direkt bei einem kleineren Fischereibetrieb, dessen Zucht Sie besichtigen dürfen.

Sind Rohkost und Frischkost dasselbe?

Nein; unter Rohkost versteht man (meist zerkleinertes) rohes Gemüse oder Obst, das zu Beginn der Mahlzeit gegessen wird. Durch den hohen Gehalt an ätherischen Ölen, Aroma- und Geruchsstoffen regt Rohkost den Appetit an, und der gesamte Verdauungsapparat kommt in Gang. Durch den hohen Gehalt an Ballaststoffen wiederum reguliert Rohkost das Hungergefühl auf positive Weise: Sie füllt den Magen, und man ist bei weniger Kalorien schneller angenehm satt.
Frischkost umfaßt alle Produkte, die nicht gegart oder erhitzt werden: also zum Beispiel neben Rohkost auch Rohmilch, Sauermilchprodukte, kaltgepreßte Öle, Kräuter, frisch gekeimte Sprossen, frisch gepreßte Obst- und Gemüsesäfte oder Getreideschrotbrei.

Kann man alle Lebensmittel auch roh essen?

Nein, bei den meisten Hülsenfrüchten zum Beispiel wäre das sogar gesundheitsschädlich, denn sie enthalten im rohen Zustand natürliches Gift (Phasin). Rohes Getreide und rohe Kartoffeln kann der menschliche Organismus nicht verdauen. Geschrotetes Getreide für das Müsli wird zwar nicht gegart; durch das Quellen in Wasser, Milch oder Joghurt wird es jedoch verdaulich. Das gilt auch für gekeimtes Getreide und gekeimte Hülsenfrüchte: Die Sprossen sind durch den Keimprozeß verdaulich geworden. Ob man gekeimte Sprossen von Bohnen, Mungobohnen und gelben Sojabohnen roh verzehren darf, ist auch unter Ernährungsfachleuten noch umstritten. Kleinere Mengen gelten als unbedenklich. Um jede gesundheitliche Gefahr auszuschließen, sollten Sie diese Sprossen einige Minuten garen.

Warum mit Zucker und Salz sparen?

Zucker ist ein Nahrungsmittel, das nur Energie liefert. Salz ist in allen Lebensmitteln ohnehin enthalten; der Natriumbedarf wird also schon mit normaler gemischter Kost gedeckt. Zu viel Salz kann zu Bluthochdruck führen.

Was ist »schonende« Zubereitung?

Bei jeder Zubereitungsart wird ein Lebensmittel verändert. Gemüse für Rohkost muß man zerkleinern, Kartoffeln waschen, Getreide und Hülsenfrüchte vorgaren. Allein durch notwendige Verarbeitungsprozesse gehen wertvolle Inhaltsstoffe verloren. Vermeiden läßt sich das nicht. Aber Sie können den Nährstoffverlust möglichst gering halten, indem Sie
• Gemüse erst unmittelbar vor dem Garen oder Essen waschen und zerkleinern; das gilt auch für Blattgemüse und Obst;
• Gemüse bei starker Hitze anbraten oder zum Kochen bringen und zugedeckt bei schwacher Hitze nur bißfest garen. Je kürzer die Garzeit, desto geringer der Nährstoffverlust;
• Kartoffeln möglichst mit der Schale kochen;
• das Einweichwasser von Hülsenfrüchten nicht abgießen, sondern zum Garen verwenden. Es sind zwar unter Umständen auch Schadstoffe darin gelöst, vor allem aber Vitamine und Mineralstoffe, die Sie mit dem Wasser wegschütten würden;
• die Wassermenge zum Garen von Getreide so bemessen, daß nach der Quellzeit kein Wasser abgegossen werden muß.

Warum reichlich Ballaststoffe?

Weil Ballaststoffe
• den Magen füllen. Sie sorgen unabhängig vom Energiegehalt, also der Zufuhr von Joule/Kalorien für angenehme Sättigung; man ißt weniger und fühlt sich trotzdem wohl;
• nützlichen Darmbakterien als Nährstoff dienen; die Darmflora ist ausgewogen, was der Verdauung dient;
• den Cholesterinspiegel im Blut senken; allerdings hat diesen Effekt nur eine bestimmte Gruppe von Ballaststoffen, die in Gemüse und Obst vorkommen;
• bestimmte Schadstoffe im Darm an sich binden, die dann mit den unverdaulichen Ballaststoffen wieder ausgeschieden werden und nicht im Organismus bleiben;
• dafür sorgen, daß der Speisebrei rasch transportiert wird und nicht unnötig lange im Darmtrakt bleibt; damit beugen Sie Darmerkrankungen vor.

Warum ist Abwechslung beim Essen so wichtig?

Weil Sie mit abwechslungsreicher Kost alle notwendigen Nährstoffe aufnehmen. Außerdem verringern Sie das Risiko, Ihren Körper einseitig mit natürlichen und chemischen Schadstoffen zu belasten.

Grundzubereitungen von Getreide

Getreide vorgaren

Außer Hirse, Reis und Buchweizen (der botanisch kein Getreide, sondern ein Wiesenkraut ist) müssen alle Getreidesorten vorgaren und quellen, damit sie leichter verdaulich sind. Sie können die Körner über Nacht einweichen, dann fällt die Zeit zum Nachquellen weg. Wenn Sie jedoch nicht vorplanen wollen, garen Sie das Getreide und lassen es im fest verschlossenen Topf ebensolange auf der abgeschalteten Kochstelle nachquellen, wie Sie es gekocht haben. Vorgegartes Getreide hält sich im Kühlschrank etwa 1 Woche.

Die Getreidekörner mit der doppelten Wassermenge übergießen und nach dem Aufkochen bei schwacher Hitze zugedeckt 40 Minuten (Grünkern) bis 1½ Stunden (Roggen) köcheln lassen. Jetzt noch keine Aromen wie Gemüsebrühe hinzufügen, denn je nach Quellfähigkeit der Körner muß später Wasser abgegossen werden.

Getreide darren

Darren heißt Trocknen und/oder leichtes Rösten von Getreide. Es wird dadurch leichter verdaulich, gart schneller und erhält einen angenehm nußartigen Geschmack. Das bekannteste gedarrte Getreide ist Grünkern, unreif geernteter Dinkel, der, bevor er in den Handel kommt, eingeweicht und getrocknet wird. Zum Darren eignen sich alle Sorten, die vorgegart werden müssen, also Weizen, Roggen, Gerste, Dinkel und Hafer. Bei Hirse, Buchweizen und Reis lohnt es sich nicht, da diese Sorten ohnehin leicht verdaulich und rasch gar sind. Gerösteter (nicht vorgeweichter) Buchweizen ist als »Kasha« im Naturkosthandel erhältlich.

Die Getreidekörner in einer Schüssel gerade eben mit Wasser bedekken und zugedeckt 12 Stunden stehenlassen. In dieser Zeit saugen sie den größten Teil des Wassers auf. Da die überschüssige Flüssigkeit nach dem Quellen abgegossen werden muß, sollten Sie anfangs nicht zuviel Wasser verwenden.

Getreide schroten und einweichen

Grundlage des Frischkornmüslis ist geschrotetes Getreide. Da roher Schrot unverdaulich ist, muß er vor dem Verzehr mit etwas Wasser, Milch oder Sauermilchprodukten verrührt werden und einige Stunden quellen. Wichtig: Das Getreide sofort nach dem Schroten einweichen und zugedeckt bei Zimmertemperatur (etwa 20°) aufbewahren. Der Vitaminverlust ist dann sehr gering. Schädliche Bakterien oder Schimmelpilze bilden sich gewöhlich nicht, wenn der Getreidebrei nicht länger als 10 Stunden steht.

Die Getreidekörner in der elektrischen Getreidemühle oder in einer Handmühle je nach Geschmack grob oder fein schroten. Pro Person reichen 1 bis 3 Eßlöffel Getreide, je nachdem, mit wieviel Obst, Nüssen oder anderen Zutaten Sie den Schrotbrei später fertigstellen.

Getreideschrot garen

Aus rohem, gequollenem Getreideschrot kann man nur flache Küchlein braten (siehe Rezept Seite 164). Für lockere Pflänzchen und Klöße wird der Schrot vorgegart und nach der Quellzeit mit Eiern und Gewürzen zu einem Teig verknetet, der so fest sein muß, daß er sich mit angefeuchteten Händen gut formen oder mit zwei Löffeln abstechen läßt. Bei Klößen sollten Sie zuerst einen Probekloß ins siedende Wasser geben: Wenn er auch nach etwa 1 Minute seine Form behält, hat der Teig die richtige Konsistenz.

Den Schrot mit Zwiebelwürfeln – nach Geschmack auch mit Knoblauch – in Öl anbraten, mit Wasser oder Gemüsebrühe aufgießen und zum Kochen bringen.

Das gequollene Getreide hat den größten Teil oder sogar die gesamte Flüssigkeit aufgesogen. Die Körner sind kernig weich und etwa doppelt so groß wie vor dem Garen.

Das Getreide je nach Rezept weiterverarbeiten. Die eventuell verbliebene Garflüssigkeit nach Möglichkeit mitverwenden, denn darin sind Vitamine und Mineralstoffe gelöst. Damit das Gericht die richtige Konsistenz bekommt, sollten Sie flüssige Geschmackszutaten wie Sahne nach und nach dazugeben.

Das abgegossene und gut abgetropfte Getreide auf einem ungefetteten Backblech ausbreiten. Die Körner sollen möglichst nebeneinander liegen, damit sie gleichmäßig trocknen.

Das Blech in den Backofen schieben und bei 70° in etwa 5 Stunden vollkommen trocknen lassen. Den Backofen nicht ganz schließen, sondern einen Kochlöffel in die Türe klemmen, damit die Körner Luft bekommen. Das Getreide während des Darrens einige Male wenden.

Den Schrot mit Wasser, Milch, Dickmilch oder Joghurt zu einem dickflüssigen Brei verrühren. Sauermilchprodukte sind zum Anrühren am besten geeignet, denn sie verzögern das Wachstum schädlicher Mikroorganismen: Der Schrot hält sich sogar noch länger als 10 Stunden frisch.

Der Brei ist nach 4 Stunden Quellzeit verdaulich. Besser läßt man ihn jedoch etwa 9 Stunden stehen; nach dieser Zeit ist der Vitamingehalt am höchsten. Damit der Eiweißgehalt stimmt, sollte vor allem in Wasser angerührter Schrot mit Milchprodukten oder Nüssen angereichert werden.

Schon nach dem Aufkochen bildet sich ein dicker Brei, der bei schwächster Hitze etwa 20 Minuten garen muß. Den Deckel auflegen, denn mit dem entweichenden Dampf spritzt der Brei aus dem Topf. Während des Garens muß der Brei immer wieder umgerührt werden, damit er nicht zu stark am Topfboden anliegt.

Nach der Garzeit hat sich der Schrot zu einer festen Masse zusammengeklumpt, die sich auch mit dem Kochlöffel kaum noch durchrühren läßt. Trotzdem keine Flüssigkeit mehr zugeben, sonst wird der Teig später zu weich. Den Brei zugedeckt wie im Rezept angegeben quellen lassen und dann weiterverarbeiten.

Mit neuen Zutaten kochen

Reisrollen vorbereiten

Reispapierblätter bestehen aus Reismehl, Wasser und Salz. Sie sind etwa so groß wie Crêpes, hauchdünn, durchsichtig und in getrocknetem Zustand etwa so spröde wie Oblaten. Es gibt sie in Geschäften für asiatische (hauptsächlich thailändische) Lebensmittel zu kaufen. Die Blätter eignen sich als Umhüllung für vegetarische Füllungen aus Reis und/oder Gemüse. Reisrollen schmecken kalt als Vorspeise oder warm mit einer Sauce als Hauptgericht.

Jeweils 2 Reisblätter übereinander auf feuchte Küchentücher legen, mit ebenfalls feuchten Tüchern bedecken und in etwa 15 Minuten so geschmeidig werden lassen, daß man sie rollen kann.

Seetang (Hiziki) vorbereiten

Seetang (Algen) zählt – neben Tofu – in Südostasien zu den wichtigsten Eiweißlieferanten. In Europa ist er durch die makrobiotische Ernährung bekannt geworden. Inzwischen verwendet man Seetang wegen seines würzigen, leicht fischartigen Geschmacks gerne in der vegetarischen Küche. In Reformhäusern, Geschäften für asiatische Lebensmittel und in Naturkostläden gibt es vor allem zwei Sorten zu kaufen: Hiziki (auch Iziki oder Hijiki genannt) sieht aus wie dunkle, fast schwarze Suppennudeln und wird unter Gemüse und/oder Getreidegerichte gemischt. Nori (auch Purpurtang genannt) ist in dünne, rechteckige Blätter gepreßter Tang, der sich unter anderem als Hülle für vegetarische Füllungen eignet.

Hiziki in einem Sieb kalt waschen und mit Wasser bedeckt 15 Minuten einweichen. Der Seetang soll im Wasser schwimmen; die genaue Wassermenge spielt jedoch keine Rolle, denn das Wasser kann nach dem Einweichen und Kochen wieder abgegossen werden.

Tofuklößchen zubereiten

Tofu ist eines der vielseitigsten Lebensmittel der Vollwertküche, denn man kann ihn nicht nur braten, schmoren, dünsten und als Einlage für Suppe und Eintöpfe verwenden, sondern auch zu Frikadellen- und Klößchenteig verarbeiten. Am besten eignet sich dazu weicher Tofu; bis jetzt gibt es ihn nur selten zu kaufen, Sie können ihn jedoch leicht selbst machen (Anleitung auf Seite 26/27). Der abgepackte, schnittfeste Tofu muß für Teige gründlich zerkleinert und mit den Händen geknetet werden, damit die Frikadellen oder Klößchen beim Garen ihre Form behalten und nicht zerfallen.

Den abgetropften Tofu entweder im Blitzhacker pürieren oder mit einer Gabel so fein wie möglich zerdrücken. Je glatter die Masse ist, desto besser halten die Klößchen zusammen.

Agar-Agar als Geliermittel

Statt Speisestärke (die ebenso wie Zucker ein reiner Kalorienträger ohne Mineralstoffe ist) und Gelatine (die aus tierischem Eiweiß hergestellt wird) verwendet man in der Vollwertküche vorwiegend Agar-Agar zum Binden von Gelees und Cremes. Es wird aus einer Algenart gewonnen, enthält etwa 3,5% Mineralstoffe und hat ungefähr die dreifache Gelierkraft von Gelatine, ist im Verbrauch also recht sparsam. Agar-Agar wird immer zuerst in Wasser angerührt und dann mit den anderen Zutaten vermischt. Damit es geliert, muß es grundsätzlich 1 bis 2 Minuten gekocht werden.

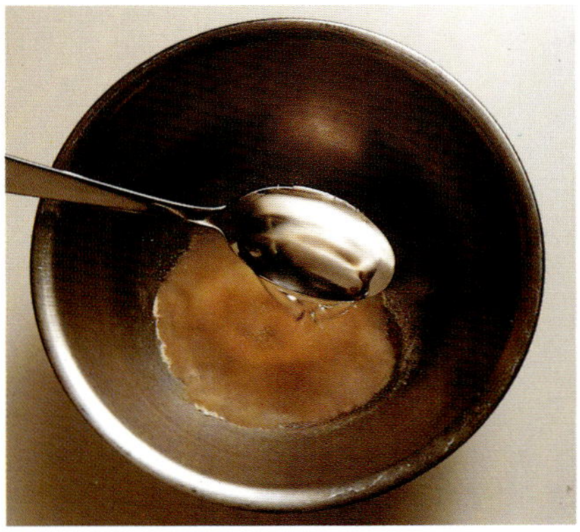

Das Agar-Agar-Pulver mit so viel kaltem oder lauwarmem Wasser verrühren, daß ein dickflüssiger Brei entsteht. Darauf achten, daß sich beides gründlich vermischt und kein Pulver mehr zu sehen ist.

Die vorbereitete Füllung in die Mitte der Blätter häufen und mit zwei Löffeln oder mit angefeuchteten Händen zu einem vierkantigen Block formen.

Das Reispapier wie ein Briefkuvert kreuzweise über der Füllung zusammenfalten und leicht andrücken. Das Papier ist so klebrig, daß die Päckchen gut zusammenhalten. Die Päckchen nebeneinander auf einen Siebeinsatz legen und über etwas kochendem Wasser zugedeckt bei schwacher Hitze 5 Minuten dämpfen.

Den Seetang mit dem Einweichwasser einmal aufkochen und zugedeckt bei schwacher Hitze 15 Minuten kochen lassen. Das Wasser schmeckt stark nach Fisch; wer das mag, kann es zur Fertigstellung des Gerichtes mitverwenden. Andernfalls den Seetang abgießen, abtropfen lassen und eventuell sogar noch einmal abspülen.

Den Seetang dem Rezept entsprechend verarbeiten oder einfach mit beliebigem, gegartem Gemüse, Reis, Getreide oder Tofuragout vermischen. Nur vorsichtig mit Salz würzen, denn als Meeresgemüse enthält Seetang bereits genügend Salz.

Das Tofupüree und alle im Rezept angebenen Zutaten mit der Gabel vermischen. Den Teig mit den Händen noch einmal gut durchkneten, bis auch diese Masse glatt ist: Es sollten mit den Fingern keine Tofustückchen mehr zu spüren sein.

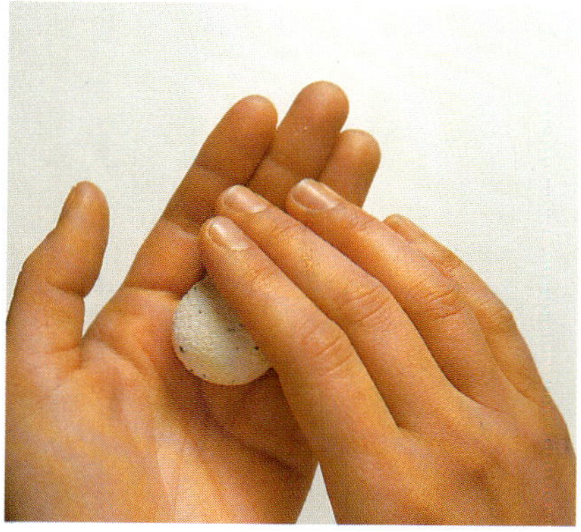

Den Tofuteig nicht mit Löffeln abstechen, sondern mit angefeuchteten Händen formen. Dabei die Menge für ein Klößchen auf die Handfläche geben und mit den Fingerspitzen der anderen Hand erneut durchkneten. Jetzt erst das Klößchen formen.

Bei der Zubereitung von gekochten Cremespeisen oder Gelees das angerührte Agar-Agar in die kochende Flüssigkeit rühren, einmal aufkochen und unter ständigem Rühren 1 bis 2 Minuten kochen lassen. Die Masse wird nach dem Erkalten fest.

Cremespeisen und Gelees aus Sauermilchprodukten (Dickmilch, Buttermilch und Joghurt) würden beim Kochen gerinnen. Das Agar-Agar deshalb in ⅛ l Wasser anrühren (die Menge des Sauermilchprodukts entsprechend verringern), kochen lassen und sofort mit den anderen, lauwarm erhitzten Zutaten vermischen.

Gemüsezubereitungen in der Vollwertküche

Gemüsebrühe

Frisch gekochte Gemüsebrühe ist in der Vollwertküche die delikate Alternative für Brühen aus Fleisch, Geflügel und Fisch. Sie läßt sich auf Vorrat zubereiten, hält sich fest verschlossen im Kühlschrank etwa 3 Tage und kann portionsweise abgefüllt auch sehr gut eingefroren werden. An Gemüse eignen sich Lauch (Porree), Möhren, Fenchel, Stangensellerie und Petersilienwurzel. Verwenden Sie Möhren und Lauch sparsam, sonst schmeckt die Brühe zu süß.

Alle Gemüse putzen, waschen und möglichst fein zerkleinern: Vitamine und Mineralstoffe sollen sich in der Brühe lösen und das Aroma der Gemüse soll sich darin verteilen.

Gemüsepäckchen

Alle Gemüse mit festen Blättern wie Kohl, Wirsing, Chinakohl, Mangold und Wurzelspinat eignen sich für Gemüsepäckchen oder Rouladen mit beliebigen Füllungen. Damit sich die Blätter leicht rollen lassen, müssen sie blanchiert werden. Je nach Gemüsesorte dauert dies wenige Sekunden (Mangold) bis 5 Minuten (Wirsing und alle anderen Kohlsorten). Harte Blattrippen sollten Sie schon vor dem Blanchieren abschneiden, damit Sie sich an den heißen Blättern nicht die Finger verbrennen.

Die gewaschenen, von den Stielen befreiten Blätter – hier von Mangold – in eine Schüssel legen. Kochendes Wasser darübergießen und sofort wieder abschütten: Die Blätter sollen nicht garen, sondern nur so elastisch werden, daß man sie rollen kann.

Sautieren oder Kurzbraten

Kurze Garzeiten sind ein Prinzip der Vollwertküche. Für Gemüse eignet sich besonders gut die klassische – auch in der chinesischen Küche seit Jahrhunderten beliebte – Garmethode des Sautierens oder Kurzbratens: Zerkleinertes Gemüse wird in heißem Öl unter ständigem Rühren nur so lange gegart, bis es knackig weich ist. In China hat man für diese gesunde und schonende Garungsart ein spezielles Kochgeschirr entwickelt: den Wok, einen Topf mit innen abgerundetem Boden, in dem man das Gemüse besser durchrühren kann als in einer flachen Pfanne. Woks gibt es auch bei uns in Haushaltwarengeschäften zu kaufen.

Die geputzten, gewaschenen Gemüse trokkentupfen, damit das Öl beim Braten nicht spritzt und die Gemüse rasch von allen Seiten garen.

Blanchieren

Blanchieren ist kurzes Vorgaren von Gemüse – entweder um die frische Farbe zu erhalten (beispielsweise bei grünen Bohnen) oder um es so elastisch zu machen, daß man es weiterverarbeiten kann (zum Beispiel Kohlblätter für Rouladen). Sehr zartes Gemüse wie Spinat wird durch Blanchieren vollkommen gar. Anders als in der klassischen Küche wird in der Vollwertküche das Blanchierwasser nicht weggeschüttet, da Vitamine und Mineralstoffe darin gelöst sind. Sie können es für eine Suppe verwenden oder eine Gemüsebrühe damit zubereiten. Deshalb sollten Sie das Wasser auch nur sehr sparsam salzen.

Die gewaschenen, geputzten Bohnen in das sprudelnd kochende Wasser legen und nach dem Aufkochen weitere 5 Minuten sprudelnd kochen lassen.

Die Gemüse mit den anderen Geschmackszutaten wie Wacholderbeeren, Lorbeerblättern und Kräutern in einem Topf mit Wasser übergießen und nach dem Aufkochen 30 Minuten zugedeckt garen.

Die Brühe durch ein Sieb gießen, das mit einem Mulltuch ausgelegt ist. Die Gemüse mit einem Holzlöffel gut ausdrükken und wegwerfen. Die Brühe je nach Rezept weiterverarbeiten oder abkühlen lassen und portionsweise einfrieren.

Die abgetropften Blätter auf der Arbeitsfläche ausbreiten. Jeweils einige Blätter so übereinanderlegen, daß eine ausreichend große, möglichst rechteckige Fläche für die Füllung entsteht.

Die Füllung in die Mitte der Blätter geben. Zuerst die beiden Längsseiten, dann die Breitseiten des »Rechtecks« darüber zusammenschlagen. Falls die Gemüsepäckchen vor dem Schmoren rundherum angebraten werden, muß man sie mit Küchengarn umwickeln, damit sie zusammenhalten.

Die Gemüse zerkleinern: Zucchini, Kohlrabi, Rüben und ähnliche Gemüse mit festem Fruchtkörper schmecken am besten in Stifte geschnitten. Kohl teilt man in Streifen, Lauch und Frühlingszwiebeln in Ringe. Wichtig ist es, die Gemüse gleichmäßig zu zerkleinern, damit sie auch gleichmäßig garen.

Gemüse mit härterer Struktur wie Möhren und Kohlrabi zuerst ins heiße Öl geben, da sie eine längere Garzeit haben. Zucchini, Lauch, Frühlingszwiebeln, Kohl und Blattgemüse garen rascher und sollten nur wenige Minuten sautiert werden.

Die Bohnen sind auch nach diesem Vorgaren appetitlich grün: Durch die starke Hitze sind bestimmte Enzyme unschädlich gemacht worden, die in Gemüse Farbstoffe und Vitamin C abbauen. Gemüse, das man einfrieren will, muß deshalb blanchiert werden, denn bei längerer Lagerung würde es sonst Vitamine verlieren.

Die Bohnen mit einem Schaumlöffel herausnehmen und sekundenlang in kaltes Wasser mit einigen Eiswürfeln geben. Dadurch wird der Garvorgang des Blanchierens unterbrochen. Die Bohnen sehr gut abtropfen lassen und je nach Rezept weiterverarbeiten.

»Weiße Sauce« ohne Fett

Die helle Mehlsauce spielt in der Vollwertküche eine wichtige Rolle, denn die Kombination von Getreide als Bindemittel und Milch zum Aufgießen liefert hochwertiges Eiweiß. Anders als bei der klassischen weißen Sauce wird das Mehl nicht in Fett angeröstet; das macht die Sauce leichter verdaulich und spart überflüssige Kalorien. Die Sauce läßt sich mit frischen Kräutern, Zitronensaft, geriebenem Käse oder gehackten Nüsse auf vielerlei Arten variieren. Sie paßt gut zu Gemüse, eignet sich zum Überbacken und wird zum Garen von Moussaka, Lasagne und Cannelloni verwendet.

Das frisch gemahlene Vollkornmehl in einem Topf mit hohem Rand unter ständigem Rühren so lange anrösten, bis es zart durftet. Es soll jedoch nicht bräunen.

Sauce einkochen (reduzieren)

Saucen auf der Basis von Garflüssigkeit und Sahne oder Crème fraîche bekommen ihre Bindung nicht durch die Zugabe beispielsweise von Mehl, sondern durch längeres Kochen bei etwas mehr als mittlerer Hitze. Dabei verdunstet ein großer Teil des Wassers, das in Sahne oder Crème fraîche enthalten ist, und die Sauce wird dickflüssig und cremig. Wichtig beim Einkochen ist, daß Sie die Sauce sehr häufig durchrühren, damit sich der Wassergehalt schneller verringert. Außerdem darf die Hitze nicht zu stark sein, sonst gerinnt die Sauce. Wie die »weiße Sauce« kann auch die Sahnesauce variiert werden.

Die verbliebene Garflüssigkeit (in diesem Fall vom Linsenreis, Rezept Seite 145) in einen Topf umgießen. Der Topf sollte einen niedrigen Rand haben, damit die Flüssigkeit beim Einkochen schneller verdunstet.

Sauce über dem Wasserbad aufschlagen

Besonders feine Saucen auf der Basis von Eigelben und Butter sind Holländische Sauce und Sauce béarnaise. Man schlägt sie über dem warmen Wasserbad auf: Durch die sanfte Hitze verbinden sich die Zutaten besonders gut zu einer dickflüssigen cremigen Masse. Buttersaucen sind recht kalorienreich und man sollte sie deshalb nur zu leichten Gemüsegerichten servieren. Vorteil dieser Kombination: Die Sauce sorgt für die nötige Sättigung und die im Gemüse enthaltenen Ballaststoffe senken wiederum das Cholesterin, das der Körper durch Ei und Butter aufnimmt.

Einen Topf mit warmem Wasser füllen und auf die schwach erhitzte Kochstelle setzen. Der Topf sollt etwas kleiner als die Schüssel sein, in der die Sauce aufgeschlagen wird: Die Schüssel darf den heißen Topfboden nicht berühren, da sonst die Eigelbe stocken könnten.

Tomatensauce

Saucen auf der Basis von zerkleinertem Gemüse sind besonders leicht und eignen sich als Beilage zu Nudeln, Reis, Getreide und Hülsenfrüchten. Am bekanntesten ist die Tomatensauce; sie entspricht zudem den Prinzipien der Vollwertküche: Die Sauce kann aus rohen oder nur knapp gegarten Tomaten zubereitet werden. Bei anderen Saucen wird das Gemüse in etwas Brühe sehr weich gegart, anschließend püriert und nach Wunsch mit Sahne, Crème fraîche oder auch Käse angereichert. Für den Frischkostanteil sorgen gehackte Nüsse oder Kräuter, geraspeltes Gemüse oder auch ein Schuß kaltgepreßtes Öl.

Die überbrühten Tomaten häuten, von den Stielansätzen befreien und quer halbieren, damit die Samenkammern freiliegen. Nach Wunsch die Kerne mit einer Messerspitze herauslösen (notwendig ist das nur bei grünen Kernen, die das natürliche Gift Solanin enthalten).

Die Flüssigkeit wie Milch oder Gemüsebrühe langsam dazugießen und dabei ständig kräftig mit dem Schneebesen schlagen. Das Mehl klumpt jetzt noch ein wenig, da es nicht – wie bei der normalen Mehlschwitze – fein im Fett verteilt ist.

Die Sauce unter ständigem Weiterschlagen aufkochen und bei schwacher Hitze kochen lassen. Dabei löst sich das Mehl allmählich in der Flüsssigkeit; die Sauce wird glatt und sämig. Zum Schluß die Sauce je nach Rezept fertigstellen.

Die Crème fraîche (oder – je nach Rezept – auch die Sahne) hinzugeben. Alles einmal aufkochen und unter ständigem Rühren kochen lassen: An der Oberfläche der Sauce sollen sich ständig kleine Bläschen bilden.

Mit dem Kochlöffel prüfen, ob die Sauce die richtige Konsistenz hat: Sie soll etwa so dickflüssig wie schaumig geschlagener Joghurt sein. Nach Wunsch mit dem Schneebesen einige eiskalte Butterflöckchen darunterschlagen; das macht die Sauce noch cremiger.

Die Eigelbe und das Wasser mit den Quirlen des Handrührgerätes zu einer dicken, schaumigen Creme aufschlagen. Das Wasserbad muß dabei gut handwarm sein.

Unter ständigem Weiterschlagen die zerlassene, ebenfalls handwarme Butter portionsweise hinzufügen: Immer erst, wenn sich Eigelbe und Butter zu einer glatten Masse ohne sichtbare Fettspuren verbunden haben, die nächste Portion dazugeben. Die fertige Sauce dem Rezept entsprechend würzen.

Die zerkleinerten Tomaten mit glasig gebratenen Zwiebeln, nach Wunsch auch Knoblauch und Kräutern wie Rosmarin, Salbei oder Thymian bei starker Hitze unter Rühren schmoren, bis sich Flüssigkeit bildet.

Unter weiterem Rühren so viel Flüssigkeit verdampfen lassen, bis die Sauce die gewünschte Konsistenz hat. Die Sauce nach Belieben pürieren, mit Crème fraîche (Vorsicht: Sahne gerinnt durch die Fruchtsäure der Tomaten leicht!) anreichern und würzen: 1 Prise Zuckerrohrgranulat nimmt Tomaten die Säure.

Zubereitungsarten, die man genau kennen sollte

Soufflé

Soufflés, die süßen oder herzhaften »Aufläufe« der feinen Küche, sind ganz einfach zu machen. Basis ist entweder püriertes Gemüse, zerdrückte Kartoffeln oder eine »weiße Sauce«, zubereitet mit einer beliebigen Vollkornmehlsorte. Die Luftigkeit erhält das Soufflé durch Eigelbe und Eischnee. Das Schwierigste ist die richtige Backzeit, die Sie auf Ihren Herd abstimmen müssen. Hier nur ein Anhaltspunkt: Sehen Sie nach der im jeweiligen Rezept angegebenen Zeit in den Backofen; das Soufflé ist jetzt so weit gar, daß es nicht mehr zusammenfallen kann. Das fertige Soufflé sollte hoch aufgegangen und an der Oberfläche leicht gebräunt sein.

Die »weiße Sauce« zubereiten und lauwarm abkühlen lassen, damit die Eigelbe beim Unterrühren nicht stocken. Nur den Boden einer feuerfesten Form mit Butter ausstreichen und mit geriebenem Zwieback ausstreuen: Wenn Sie die Seiten fetten, rutscht die Masse beim Backen nach unten, und das Soufflé geht nicht hoch auf.

Pudding

Ein Pudding wird im Wasserbad gegart und erinnert in Geschmack und Konsistenz an Gebäck. Die Grundmasse kann Hefe-, Rühr- oder Biskuitteig sein oder auch eine Mischung aus stark quellenden Zutaten wie ganzen Getreidekörnern oder altbackenem Brot. Hinzu kommen – je nachdem, ob es sich um einen herzhaften oder einen süßen Pudding handelt – Geschmackszutaten wie Käse und Kräuter beziehungsweise Nüsse oder Trockenobst.

Die Form sehr gut mit reichlich Butter ausstreichen und mit geriebenem Brot ausstreuen, damit sich der Pudding nach dem Garen leicht herauslösen läßt.

Gemüseterrine

Terrinen der vegetarischen Küche bestehen aus Tofu und/oder vorgegartem Gemüse, das püriert oder fein zerkleinert und mit Eiern gebunden wird. Man gart sie im Wasserbad, bis sie schnittfest sind. Meist serviert man sie kalt – als Vorspeise oder Bestandteil des Buffets. Sie schmecken jedoch auch warm oder lauwarm mit einer Sauce und Salat als Hauptgericht. In jedem Fall sollten Gemüseterrinen möglichst frisch serviert, das heißt, höchstens 1 Tag aufbewahrt werden.

Die Terrinenform mit Butter ausstreichen und in diesem Fall mit den gewaschenen, trockengetupften Broccoliblättern oder mit Pergamentpapier auslegen: So löst sich die Terrine nach dem Garen leicht wieder aus der Form.

Parfait

Parfait ist eine cremige, gefrorene oder halbgefrorene Masse aus Eiern und geschlagener Sahne, die mit einem Süßungsmittel und beliebigen Geschmackszutaten wie Vanille, Obstsaft oder – wie im Rezept Seite 194 – mit zerkleinerten Lebkuchen aromatisiert wird. In der Vollwertküche ersetzt das selbstgemachte Parfait fertig gekauftes Eis, dessen Inhaltsstoffe man ja nicht genau kennt und das mit Zucker hergestellt wird. Parfait kann man sehr gut auf Vorrat zubereiten und im Tiefkühlgerät etwa 4 Wochen aufbewahren.

Die Eier, den Ahorn- und den Sanddornsirup mit den Quirlen des Handrührgerätes zu einer dicken, schaumigen Creme aufschlagen. Die Konsistenz der Creme soll etwa wie die von halbsteif geschlagener Sahne sein.

Zuerst die Eigelbe unter die Grundmasse rühren, dann den Eischnee dazugeben: Etwa ¼ davon können Sie kräftig untermischen. Den Rest mit dem Schneebesen nur so lange unterziehen, bis sich alles miteinander verbunden hat und keine größeren Eiweißflocken mehr zu sehen sind.

Die schaumige, luftige Masse sofort in die vorbereitete Form geben. Sie sollte höchstens bis zu ¾ gefüllt sein, sonst läuft das Soufflé beim Backen über den Rand hinaus.

Auf die Grundmasse aus Butter, Eigelben und Quark zuerst den sehr steifen Eischnee, dann die Mischung aus Mehl und Nüssen geben. Einen Schneebesen von oben nach unten durch alle Schichten ziehen und jeweils am Schüsselrand kräftig abklopfen. Alles auf diese Weise mischen, bis ein luftiger, glatter Teig entstanden ist.

Die geschlossene Form mit der Puddingmasse in das Wasserbad stellen; die Form soll zu etwa ⅔ ihrer Höhe darin stehen. Den Topf mit dem Wasserbad ebenfalls schließen. Während der Garzeit die Temperatur des Wasserbades ein- bis zweimal kontrollieren: Es soll nur leise sieden, nicht sprudelnd kochen, sonst wird der Pudding löchrig.

Die Broccoli-Tofumasse in der Form glattstreichen und mit den gebratenen Pilzen belegen. Die Blätter, die am Rand der Form überstehen, über der Terrine zusammenfalten.

Die Terrine in der geschlossenen Form wie einen Pudding im Wasserbad garen. Für die Garprobe ein Holzstäbchen in die Mitte der Terrine stecken: Wenn nichts daran haften bleibt, ist die Terrine gar und schnittfest.

Die steif geschlagene Sahne mit dem Schneebesen nur so lange unter die Eiermasse ziehen, bis keine Sahneflocken mehr zu sehen sind. Dabei nicht kräftig rühren, sonst entweicht zuviel Luft aus der schaumigen Masse.

Die Masse in einer Schüssel zugedeckt in das Gefriergerät stellen und in etwa 4 Stunden fest werden lassen. Dabei zuerst nach 1 Stunde, dann etwa alle 30 Minuten kräftig durchrühren: So wird das Parfait geschmeidig, weil sich keine großen Eiskristalle bilden können.

Teige in der Vollwertküche

Strudelteig

Strudel besteht aus einer Teighülle, in die man eine süße oder herzhafte Füllung einrollt. Damit der Teig elastisch wird, braucht er während der Ruhezeit Wärme: Am besten wickelt man den Teigkloß in Pergamentpapier und legt ihn auf einen angewärmten Teller, über den man eine ebenfalls angewärmte Porzellanschüssel stülpt. Die Wärme sorgt dafür, daß das im Mehl enthaltene Klebereiweiß aufgeschlossen wird und der Teig sich gut ausziehen läßt. Trotzdem kann man Teige aus Vollkornmehl nicht so hauchdünn ausziehen, wie Sie es von Strudelteig vielleicht gewöhnt sind; das liegt am hohen Kleieanteil, der den Teig spröder macht.

Alle Zutaten vermischen und den Teig auf der bemehlten Arbeitsfläche so lange kräftig durchkneten, bis er elastisch ist und seidig glänzt. Bei Berührung sollte der Teigkloß nachgeben, nicht am Finger kleben und sich zart wie Haut anfühlen.

Hefeteig

Die lockere Krume erhält dieser Teig durch Hefezellen, die sich vermehren und den Teig beim Garen oder Backen aufgehen lassen. Zur Vermehrung brauchen die Zellen Nahrung, Feuchtigkeit und Ruhe. Nahrung und Feuchtigkeit, also Mehl und Flüssigkeit, finden sie im Teig selbst. Ruhe bekommen sie, wenn der Teig nach dem Kneten zugedeckt »geht«. Hefeteig ist mit Vollkornmehl ebenso einfach zuzubereiten wie mit weißem Mehl. Er braucht allerdings – bedingt durch die höhere Quellfähigkeit des Mehls – mehr Flüssigkeit. Ob Sie frische oder Trockenhefe verwenden, spielt keine Rolle; der Teig gelingt mit beidem gleich gut.

Das Mehl mit der aufgelösten Hefe und allen anderen Zutaten vermischen. Da der Teig weich ist, wird er mit Knethaken etwa 5 Minuten durchgearbeitet, bis er sich in langen Zapfen vom Schüsselrand löst und Blasen bildet. Die Konsistenz mit dem Finger prüfen: der Teig muß daran haften, sonst ist er zu trocken.

Nudelteig

Selbstgemachte Nudeln – eine Delikatesse, die auch Feinschmecker schätzen – kann man auf Vorrat zubereiten: Die Nudeln müssen einige Tage vollkommen trocknen und lassen sich dann gut aufbewahren. Wichtig bei der Teigzubereitung: Das Mehl muß gesiebt werden, damit der Kleieanteil möglichst gering ist und der Teig geschmeidig wird. Die Eigelbe können Sie auch durch kaltes Wasser ersetzen; allerdings werden die Nudeln dann nicht so kernig. Wenn Sie eine Nudelmaschine mit Handkurbel besitzen, brauchen Sie den Teig nicht zu kneten; er wird nach der Ruhezeit so lange durch die Maschine gedreht, bis er glatt ist.

Das Mehl, Salz, die ganzen Eier und das Öl mit den Knethaken vermischen. Den Teig auf die bemehlte Arbeitsfläche geben und so viele Eigelbe darunterkneten, bis der Teig nicht mehr bröckelig ist. Den Teig durchkneten, bis er glatt und formbar ist. Bei Berührung muß er elastisch nachgeben und darf nicht am Finger haften.

Spätzleteig

Spätzle – eine süddeutsche Spezialität – sind rascher als Nudeln zubereitet, schmecken genausogut und lassen sich ebenso wie Nudeln mit beliebigen Saucen, mit Käse oder Gemüse mischen. Geübte Spätzleköche streichen den fertigen Teig auf ein Holzbrett und befördern ihn in schmalen Streifen mit halb schneidender, halb schabender Bewegung rasch ins sprudelnd kochende Wasser. Weniger Mühe machen Spätzle mit einem sogenannten Spätzlehobel, den es in Haushaltwarengeschäften zu kaufen gibt: Der Teig wird portionsweise eingefüllt und – je nach Gerät – wie durch eine Kartoffelpresse oder einen Hobel in das Wasser gedrückt.

Das Mehl mit Schrot, Salz und den ganzen Eiern zu einem zähflüssigen Teig verrühren: Konturen, die man mit dem Kochlöffel zieht, sollen nur langsam wieder verfließen. Gegebenenfalls 1 weiteres Ei oder etwas kaltes Wasser hinzufügen.

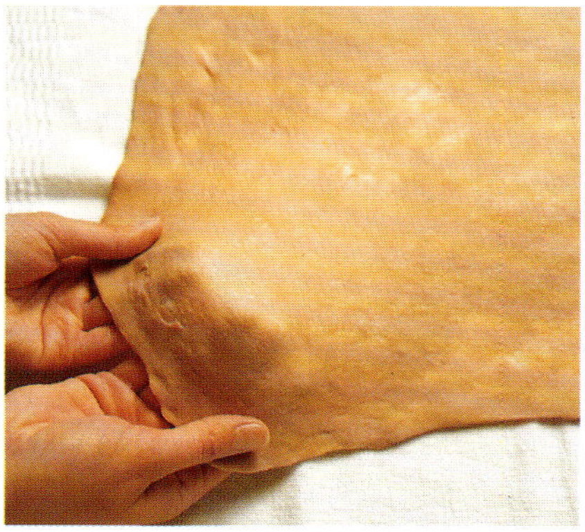

Nach der Ruhezeit den Teig in Portionsstücke teilen und zuerst auf der bemehlten Arbeitsfläche dünn ausrollen. Die Platte auf ein mit Mehl bestreutes Küchentuch legen und rundherum an den Rändern mit den Fingerspitzen vorsichtig ausziehen.

Die gefüllte Teigplatte aufrollen: Das Küchentuch an der Längsseite, die parallel zu Ihrem Körper liegt, anheben und langsam hochziehen. Dadurch rollt sich der Strudel von selbst auf. Das Küchentuch samt Strudelrolle an den Rand der Form halten und den Strudel von Ihrem Körper weg hineingleiten lassen.

Den Teig zugedeckt bei Zimmertemperatur ruhen lassen, bis er sein Volumen etwa verdoppelt hat; das dauert 1 bis 2 Stunden. Die Oberfläche des aufgegangenen Teiges ist jetzt ganz glatt, darunter hat er eine lockere, großporige Struktur.

Aus dem Teig mit einem Eßlöffel Klöße abstechen und nebeneinander in den Kochtopf legen. Die Klöße müssen weitere 30 Minuten gehen, damit sie nach dem Garen schön locker sind. Durch das Gehen vergrößern sie ihr Volumen erneut, so daß sie sich an den Rändern berühren und den Topfboden bedecken.

Nach der Ruhezeit den Teig portionsweise auf Mehl zu millimeterdünnen Platten ausrollen oder durch die Nudelmaschine drehen. Die Teigplatten auf Küchentüchern etwa 10 Minuten trocknen lassen: sie kleben dann beim Schneiden nicht zusammen. Allerdings dürfen sie nicht zu lange trocknen, sonst könnten sie brechen.

Die Platten locker aufrollen und auf einem Brett zu beliebig breiten Nudeln schneiden (oder die Nudeln mit der Maschine schneiden). Die Nudeln wieder auf den Küchentüchern ausbreiten und 1 Stunde trocknen lassen: Sehr feuchte Nudeln bleiben beim Garen nicht kernig genug.

Nach der Ruhezeit den Teig portionsweise durch den Spätzlehobel geben oder vom Brett in das kochende Wasser schaben. Jeweils nur so viel Teig verarbeiten, daß die Spätzle, sobald sie hochsteigen, die Wasseroberfläche gerade bedecken.

Spätzle, die an der Oberfläche schwimmen, sind gar. Die Spätzle mit einem Schaumlöffel herausnehmen und in einer vorgewärmten Schüssel im Backofen warm halten. Damit sie nicht zusammenkleben, werden sie mit etwas Öl oder Butter vermischt.

Wichtige Produkte der Vollwertküche – selbstgemacht

Joghurt

Für die Joghurtzubereitung braucht man Rohmilch oder H-Milch und fertigen Joghurt mit rechtsdrehender L (+)-Milchsäure, die der Organismus besonders gut verwerten kann. Im Reformhaus oder Naturkostladen gibt es auch ein Joghurt-Ferment zu kaufen. Während der Reifezeit, in der Milchsäurebakterien den Milchzucker allmählich abbauen und für die Säuerung sorgen, muß der Joghurtansatz warm stehen: auf der Heizung, im Backofen oder in der Kochkiste. Danach sollte er einige Stunden im Kühlschrank nachreifen, damit sich das volle Aroma entwickelt. Wenn Sie oft Joghurt essen, lohnt sich die Anschaffung eines Joghurtbereiters. Das Gerät wird elektrisch betrieben und hält die gleichmäßige Temperatur.

1 l Rohmilch bis knapp unter den Siedepunkt erhitzen und wieder auf etwa 45° abkühlen lassen. Wenn Sie H-Milch verwenden, muß diese nur auf 45° erwärmt werden. Achten Sie bitte auf die richtige Temperatur, sonst wird der Joghurt nicht fest.

Sojamilch

Die Zubereitung lohnt sich, wenn Sie Sojamilch gerne als Erfrischung trinken oder häufig zum Kochen verwenden. Außerdem fällt dabei noch ein wichtiges Sojaprodukt der Vollwertküche an: Okara, der ballaststoffreiche, feste Rückstand. Okara muß vor der Weiterverarbeitung 45 Minuten in Wasser gekocht werden, sonst ist es unverträglich. Anschließend können Sie Frikadellen damit zubereiten oder es als eiweißreiche Einlage in Suppen oder Gemüseeintöpfen verwenden.

300 g über Nacht vorgeweichte gelbe Sojabohnen mit 1 l kaltem Wasser portionsweise im Mixer jeweils in 2 bis 3 Minuten sehr fein pürieren: Je feiner das Püree ist, desto mehr Sojamilch gewinnen Sie daraus.

Tofu

Tofu wird aus Sojamilch und einem Gerinnungsmittel hergestellt: Bereiten Sie die Milch wie oben beschrieben aus 500 g Sojabohnen zu. Als Gerinnungsmittel nehmen Sie entweder Calciumchlorid (aus dem Reformhaus) oder Nigari (aus dem Naturkostladen) und rühren es mit ¼ l kaltem Wasser an. Tofu kann man auf Vorrat herstellen. Im Kühlschrank hält er sich 1 Woche (das Wasser, in dem er aufbewahrt wird, täglich erneuern). Er läßt sich auch gut einfrieren. Aufgetauter Tofu ist etwas poröser als frisch zubereiteter; er eignet sich vor allem für Klößchen.

Die Sojamilch bis knapp unter den Siedepunkt erhitzen und von der Kochstelle ziehen. Das Gerinnungsmittel in drei Arbeitsschritten gründlich in die Sojamilch rühren. Die Milch jeweils mit dem Kochlöffel »zum Stehen« bringen und zugedeckt etwa 3 Minuten ruhen lassen, bevor die nächste Portion zugegeben wird.

Sprossen keimen

Frische Sprossen sind vor allem im Winter ein vitaminreiches Gemüse, das in vielen Zubereitungsarten schmeckt. Keimen lassen sich Getreide (außer Reis), Hülsenfrüchte und andere Samen wie Rettich, Kresse, Alfalfa (Luzerne), Senf, Bockshornklee und Buchweizen. Zum Keimen brauchen Sie keines der Spezialgefäße, die im Reformhandel angeboten werden; nehmen Sie einfach (Weck)Gläser, die Sie oben mit Verbandmull und einem festsitzenden Gummiband verschließen.

Die Samen in ein Glas füllen, mit lauwarmem Wasser übergießen und je nach Sorte bis zu 12 Stunden einweichen. In dieser Zeit nehmen sie soviel Feuchtigkeit auf, daß der Wachstumsprozeß beginnt.

Den fertigen Joghurt oder das Ferment in die Milch rühren. Den Joghurtansatz in Gläser, einen Kochtopf oder in den Joghurtbereiter füllen und reifen lassen.

Den Joghurt in etwa 6 bis 8 Stunden reifen und fest werden lassen. Kürzere Reifezeiten ergeben besonders milden Joghurt. Während der Ruhezeit darf der Joghurtansatz nicht zu heiß werden; achten Sie bitte auf eine gleichmäßige Temperatur von 36 bis 40°.

Etwa 2 l Wasser in einem Topf von mindestens 6 l Fassungsvermögen zum Kochen bringen. Das Sojapüree daruntermischen und bei mittlerer Hitze unter ständigem Rühren etwa 10 Minuten köcheln lassen. Bleiben Sie am Herd stehen, da das Püree leicht überkocht. Den Topf gegebenenfalls kurz von der Kochstelle ziehen.

Ein Sieb mit einem Baumwolltuch auslegen. Das heiße Sojapüree langsam hineingießen. Das Tuch zusammendrehen und die Sojamasse mit einem Kartoffelstampfer oder stabilen Kochlöffel ausdrücken, bis alle Flüssigkeit ausgetreten ist. Das Okara mit ¾ l kaltem Wasser verrühren und noch einmal im Tuch ausdrücken.

Den Preßkasten in den Ausguß stellen. Die klare Molke vorsichtig abschöpfen. Den weißen Sojaquark aus dem Topf in den Preßkasten schöpfen. Das Tuch über der Tofumasse zusammenfalten. Den Deckel darauflegen und beschweren. Nach 15 Minuten ist der Tofu etwas weicher, nach 30 Minuten sehr fest.

Nach der Ruhezeit eine große Schüssel mit eiskaltem Wasser füllen. Den Rand des Preßkastens vorsichtig entfernen und den Tofu mit dem Tuch in das Wasser gleiten lassen. Den Tofu aus dem Tuch wickeln und einige Minuten in dem Wasser abkühlen lassen.

Die Samen abgießen, auf einem Sieb abspülen und zurück in das Glas geben. Am besten nehmen Sie nur so viele Samen, daß das Glas höchstens zwei Finger hoch gefüllt ist, sonst bekommen die Samen zu wenig Sauerstoff.

Das Glas ganz mit Wasser füllen und die Samen einige Minuten stehenlassen. Das Glas kippen und mit der Öffnung nach unten so in den Ausguß stellen, daß das Wasser vollständig ablaufen kann. Die Sprossen 2 bis 6 Tage keimen lassen, bis sich zarte Keime oder schon grüne Blättchen zeigen, dabei täglich wässern.

Kleine herzhafte Gerichte und Salate

Kräftiges Getreide, angerichtet mit zartem Gemüse und frischen Kräutern in einem würzigen Dressing – das ist nur ein Beispiel für die raffinierten Schlemmereien der feinen Vollwertküche. Das Rezept für Salat mit Dinkel steht auf Seite 49.
In diesem Kapitel finden Sie eine reiche Auswahl von Gerichten, die Genuß und Gesundheit kombinieren: bunt gemischte Salate und Rohkost, herzhaft marinierte Hülsenfrüchte, Käsecremes – mal sahnig-leicht mit Nüssen, mal deftig mit Bohnen und Knoblauch.

Leichte Zwischengerichte mit viel Gemüse stillen den kleinen Hunger, feine Vorspeisen bilden den Auftakt für ein komplettes Menü, das sich – je nach Wunsch – mit Fisch oder Fleisch ergänzen läßt. Eine vegetarische Terrine, Vollwert-Canapés und fantasievolle Brotaufstriche bereichern das festliche Buffet. Und mit Tofuburgern, köstlichen Nudelgerichten und knusprigen Waffeln können Sie auch Kinder von den (kulinarischen) Vorzügen der Vollwertkost überzeugen.

Marinierte Zwiebeln

Gut als Vorspeise oder Beilage geeignet

Zutaten für 4 Personen:
750 g kleine Zwiebeln
2 Knoblauchzehen · 3 Eßl. kaltgepreßtes Olivenöl · Saft und 1 Stück Schale von 1 unbehandelten Orange · 1/8 l Gemüsebrühe · 1/4 l trockener Weißwein, ersatzweise Gemüsebrühe und 1 Eßl. Zitronensaft
je 1/2 Bund Petersilie und Estragon · 1–3 Lorbeerblätter
1 Teel. weiße Pfefferkörner
1/2 Teel. Korianderkörner
Vollmeersalz · 1 vollreife Tomate (etwa 150 g)

Gut vorzubereiten

Pro Person etwa 1000 kJ/240 kcal
4 g Eiweiß · 12 g Fett · 21 g Kohlenhydrate · 3 g Ballaststoffe

Vorbereitungszeit: 30 Minuten
Garzeit einschließlich Ruhezeit: 2 Stunden

Die Zwiebeln und die Knoblauchzehen schälen. Den Knoblauch fein hacken. • Beide Zutaten in einen Topf geben, mit dem Öl, dem Orangensaft, der Gemüsebrühe und dem Wein übergießen. Die Orangenschale dazugeben. Die Hälfte der Petersilie und des Estragons waschen, trockenschwenken und mit dem Lorbeerblatt, den Pfefferkörnern und den Korianderkörnern zu den Zwiebeln geben. • Die Zwiebeln 1 Stunde zugedeckt ziehen lassen. • Dann einmal aufkochen und zugedeckt bei schwacher Hitze 15 bis 20 Minuten sanft köcheln lassen, bis sie bißfest gegart sind. • Die Zwiebeln im Sud erkalten lassen und mit Salz abschmecken. Die Kräuterzweige entfernen. • Die Tomate waschen, vom Stielansatz befreien und würfeln. Die restlichen Kräuter waschen und fein zerkleinern. Die Tomatenwürfel und die Kräuter über die marinierten Zwiebeln streuen.

Eingelegter Käse mit Knoblauch

Schmeckt auch mit Schafkäse

Zutaten für 6 Personen:
2 Knoblauchknollen · 1/2 l Wasser
Vollmeersalz · 2 Bund Basilikum
1 Zweig frischer Rosmarin
1 Zweig Petersilie · 1 frische grüne Pfefferschote · 1 Stück Schale und Saft von 1/2 unbehandelten Zitrone · 1 Eßl. weiße Pfefferkörner · 6 kleine französische Ziegenkäse
1 Lorbeerblatt
1/2 l kaltgepreßtes Olivenöl

Raffiniert

Pro Person etwa 3845 kJ/918 kcal · 17 g Eiweiß
90 g Fett · 10 g Kohlenhydrate
1 g Ballaststoffe

Zubereitungszeit: 30 Minuten
Marinierzeit: 10 Tage

Die Knoblauchknollen in die einzelnen Zehen aufteilen und schälen. Das Wasser mit Salz zum Kochen bringen. Den Knoblauch darin 3 Minuten sprudelnd kochen, abgießen und abtropfen lassen. • Das Basilikum, den Rosmarin und die Petersilie waschen und trockenschwenken. Die Basilikumblättchen und Rosmarinnadeln abstreifen. Die Stiele aufbewahren. Die Pfefferschote putzen, waschen, von allen Kernen befreien und in Streifen schneiden. Die Zitronenschale ebenfalls in ganz dünne Streifen teilen. Die Pfefferkörner mit einem Messer grob hacken. • Den Knoblauch und die Ziegenkäse in ein verschließbares Glas schichten, dabei alle Kräuterzweige und -blättchen, die Zitronenschale, die Pfefferschote, den Pfeffer und das Lorbeerblatt jeweils zwischen Knoblauch und Käse verteilen. • Den Zitronensaft mit dem Olivenöl mischen und darüber gießen. • Das Glas verschließen. Den Käse und den Knoblauch etwa 10 Tage an einem kühlen Ort durchziehen lassen.

Marinierte gemischte Gemüse

Gemüsesorten je nach Jahreszeit wählen

Zutaten für 4 Personen:
500 g grüne Bohnen · 1 Bund Bohnenkraut · ⅛ l kaltgepreßtes Olivenöl · 50 ccm Gemüsebrühe
300 g junge Zucchini
1 Aubergine (etwa 250 g)
Vollmeersalz · frisch gemahlener schwarzer Pfeffer
2 Eßl. Weißweinessig · 3 Knoblauchzehen · 1 Bund Petersilie

Für Ungeübte

Pro Person etwa 1600 kJ/380 kcal
5 g Eiweiß · 32 g Fett · 16 g Kohlenhydrate · 6 g Ballaststoffe

Zubereitungszeit: 1 Stunde
Marinierzeit: 3 Stunden

Die Bohnen putzen, waschen und abtropfen lassen. Das Bohnenkraut kalt abspülen und trockenschwenken. • 2 Eßlöffel Öl in einer Pfanne erhitzen. Die Bohnen darin bei mittlerer Hitze unter Rühren anbraten. Das Bohnenkraut darüber legen und die Gemüsebrühe dazugießen. Die Bohnen zugedeckt bei schwacher bis mittlerer Hitze in etwa 15 Minuten bißfest garen, dabei einige Male umrühren. • Inzwischen die Zucchini und die Aubergine waschen, abtrocknen, putzen und in etwa 1 cm dicke Scheiben schneiden. • Die Bohnen mit der Garflüssigkeit auf eine Platte geben und mit Salz und Pfeffer würzen. Das Bohnenkraut wegwerfen. • Das restliche Öl nach und nach in der Pfanne erhitzen. Die Zucchini- und die Auberginenscheiben bei schwacher Hitze portionsweise darin braten, bis sie weich, aber noch knackig sind. Jeweils herausnehmen, neben den Bohnen anrichten und mit Salz und Pfeffer würzen. • Den Essig in die Pfanne geben, den Bratfond damit lösen und alles über die Gemüse gießen. • Die Knoblauchzehen schälen und hacken. Die Petersilie waschen, fein zerkleinern und mit dem Knoblauch über die Gemüse streuen. • Die Gemüse zugedeckt 3 Stunden ziehen lassen.

Süßsaure Pflaumen mit Käse und Nüssen

Schmeckt auch mit würzigem Hartkäse

Zutaten für 4 Personen:
16 entsteinte ungeschwefelte Dörrpflaumen · ⅛ l Wasser
⅛ l Rotweinessig · 1 Stück frische Ingwerwurzel, etwa 3 cm lang · 1 getrocknete rote Pfefferschote · 1 Eßl. Zuckerrohrgranulat · 1 Stück Zimtstange, etwa 5 cm lang
1 Lorbeerblatt · 250 g Walnüsse, möglichst neue Ernte
4 Scheiben Gorgonzola, je etwa 1 cm dick

Gut vorzubereiten

Pro Person etwa 3000 kJ/710 kcal
23 g Eiweiß · 57 g Fett · 26 g Kohlenhydrate · 7 g Ballaststoffe

Quellzeit: 12 Stunden
Zubereitungszeit: 35 Minuten

Die Pflaumen heiß abwaschen, mit dem Wasser und dem Essig übergießen und 12 Stunden zugedeckt ziehen lassen. • Die Ingwerwurzel schälen und in Scheiben schneiden. Die Pfefferschote zwischen den Fingern aufbrechen und die brennendscharfen Kerne entfernen. • Die Pflaumen mit dem Ingwer, der Pfefferschote, dem Zuckerrohrgranulat, der Zimtstange und dem Lorbeerblatt in der Einweichflüssigkeit aufkochen und zugedeckt bei schwacher Hitze 5 Minuten kochen lassen. • Die Pflaumen herausnehmen. • Den Sud bei mittlerer bis starker Hitze unter ständigem Rühren auf etwa ein Drittel einkochen, über die Pflaumen gießen und abkühlen lassen. • Inzwischen die Walnüsse aus den Schalen lösen, dabei auch die innere Haut entfernen. • Die Pflaumen mit den Käsescheiben und den Nüssen auf Tellern anrichten. • Dazu paßt sehr grobes, würziges Vollkornbrot.

Champignons rumänische Art

Geeignet für ein kaltes Buffet

Zutaten für 4 Personen:
2 große Zwiebeln
500 g Champignons · Saft und Schale von ½ kleinen Zitrone
4 Eßl. kaltgepreßtes Sonnenblumenöl · Vollmeersalz
frisch gemahlener schwarzer Pfeffer · 400 g vollreife Tomaten
2 Bund Dill

Für Ungeübte

Pro Person etwa 860 kJ/200 kcal
6 g Eiweiß · 14 g Fett · 13 g Kohlenhydrate · 5 g Ballaststoffe

Zubereitungszeit: 40 Minuten

Die Zwiebeln schälen und in feine Ringe schneiden. Die Pilze putzen, gegebenenfalls ganz kurz waschen, große Pilze zerkleinern. Mit dem Zitronensaft vermischen. • Das Öl in einer Pfanne erhitzen. Die Zwiebeln darin bei schwacher bis mittlerer Hitze unter häufigem Wenden glasig braten. Die Pilze hinzufügen und ebenfalls unter Rühren in etwa 5 Minuten bißfest garen. • Die Champignons mit Salz und Pfeffer würzen und in einer Schüssel lauwarm abkühlen lassen. • Inzwischen die Tomaten mit kochendheißem Wasser überbrühen, häuten und in kleine Würfel schneiden. Die Stielansätze dabei entfernen. Den Dill waschen, trokkenschwenken und sehr fein hacken. Die dünn abgeschnittene Zitronenschale in hauchfeine Streifen schneiden. • Die Tomatenwürfel und den Dill unter die Pilze mischen. Die Champignons mit der Zitronenschale bestreut anrichten. • Dazu passen Vollkorntoast und Butter.

Hülsenfrüchte, kalt angerichtet

Ballaststoffreiche Vorspeisen

Marinierte weiße Bohnen mit Wein

im Bild links

Zutaten für 6 Personen:
250 g weiße Bohnen
½ l Gemüsebrühe · 1 Lorbeerblatt · 2 Kardamomkörner
2 Gewürznelken · 1 Teel. weiße Pfefferkörner · 1 getrocknete rote Pfefferschote
250 g Zwiebeln · 100 ccm kaltgepreßtes Olivenöl
1 unbehandelte Zitrone
⅛ l trockener Weißwein
1 Handvoll frischer Kerbel, ersatzweise 1 Bund Petersilie

Preiswert

Pro Person etwa 1400 kJ/330 kcal
10 g Eiweiß · 17 g Fett · 28 g Kohlenhydrate · 10 g Ballaststoffe

Quellzeit: 8 Stunden
Zubereitungszeit: 1½ Stunden

Die Bohnen in der Gemüsebrühe 8 Stunden einweichen. • Dann mit dem Lorbeerblatt, den Kardamomkörnern, den Gewürznelken, den Pfefferkörnern und der Pfefferschote (die Kerne vorher entfernen) einmal aufkochen und zugedeckt bei schwacher Hitze in etwa 1½ Stunden weich, aber noch bißfest kochen. • Inzwischen die Zwiebeln schälen, halbieren und in dünne Scheiben schneiden oder achteln. • 3 Eßlöffel Öl in einer Pfanne erhitzen. Die Zwiebeln bei mittlerer Hitze darin glasig braten. • Etwa ein Drittel der Zitronenschale hauchdünn abschneiden und in feine Streifen schneiden. Die Zitrone auspressen. • Das Lorbeerblatt und die Pfefferschote aus den Bohnen nehmen. Die Bohnen mit den Zwiebeln, dem restlichen Öl, dem Zitronensaft, der -schale sowie dem Wein mischen und erkalten lassen. • Den Kerbel oder die Petersilie waschen, fein hacken und untermischen.

Linsen in Vinaigrette

im Bild rechts

Zutaten für 4 Personen:
1 Zwiebel · 250 g schwarze Linsen (Puy-Linsen)
½ l Gemüsebrühe
1–2 Lorbeerblätter
2 Schalotten · 1 Knoblauchzehe
1 Bund Majoran, ersatzweise 1 Teel. getrockneter Oregano
6 Eßl. Weißwein- oder Himbeeressig · 1 Eßl. scharfer Senf · frisch gemahlener schwarzer Pfeffer
1 Prise Zuckerrohrgranulat
⅛ l kaltgepreßtes Olivenöl

Gut vorzubereiten

Pro Person etwa 2200 kJ/520 kcal
16 g Eiweiß · 33 g Fett · 39 g Kohlenhydrate · 3 g Ballaststoffe

Zubereitungszeit: 1 Stunde
Marinierzeit: 3 Stunden

Die Zwiebel schälen und halbieren. • Die Linsen mit der Zwiebel, der Gemüsebrühe und dem Lorbeerblatt einmal aufkochen und zugedeckt bei schwacher Hitze in etwa 40 Minuten kernig weich kochen. • Inzwischen die Schalotten und die Knoblauchzehe schälen und sehr fein hacken. Den Majoran waschen, trockentupfen und sehr fein zerkleinern. • Den Essig mit dem Senf, Pfeffer und dem Zuckerrohrgranulat verrühren. Das Öl in dünnem Strahl mit einem Schneebesen kräftig darunterschlagen. Die Schalotten, den Knoblauch und den Majoran in die Vinaigrette mischen. • Die Zwiebelhälften und das Lorbeerblatt aus den Linsen nehmen. Die Linsen in der Garflüssigkeit lauwarm abkühlen lassen, dann mit der Vinaigrette mischen und 3 Stunden durchziehen lassen.

Gemüseterrine mit Pilzen und Avocadosauce

Feine Vorspeise, eignet sich auch für das kalte Buffet

Zutaten für 6 Personen:
900 g Broccoli mit Blättern
150 g braune Egerlinge
1 Stange Lauch · 1 Eßl. Butter
1 Zwiebel · 2 Knoblauchzehen
250 g Tofu mit Kräutern
4 Eier · 125 g steif geschlagene Sahne · 50 g fein gehackte Pistazien · 1 Eßl. frisch geriebenes Knäckebrot
Vollmeersalz · Cayennepfeffer
frisch geriebene Muskatnuß
¼ Teel. gemahlener Koriander
einige Tropfen Zitronensaft
1 große vollreife Avocado
250 g Joghurt · 2 Eßl. saure Sahne · 1 vollreife Tomate
1 Eßl. Schnittlauchröllchen
frisch gemahlener weißer Pfeffer
Für die Form: Butter

Braucht etwas Zeit

Pro Person etwa 2000 kJ/480 kcal
19 g Eiweiß · 35 g Fett · 20 g Kohlenhydrate · 9 g Ballaststoffe

Vorbereitungszeit: 50 Minuten
Garzeit: 2 Stunden
Fertigstellung: 15 Minuten

Die Broccoliröschen abschneiden. Die Stiele schälen, dabei die Blätter abschneiden und beiseite legen. Alles gründlich waschen und abtropfen lassen. • Den Broccoli zugedeckt in wenig Wasser bei schwacher Hitze sehr weich garen. • Inzwischen die Pilze putzen, gegebenenfalls ganz kurz waschen und in Stücke schneiden. Den Lauch putzen, waschen und in Ringe schneiden. • Die Butter in einer Pfanne einmal aufschäumen. Die Pilze darin bei starker bis mittlerer Hitze unter Rühren etwa 2 Minuten braten. Den Lauch hinzufügen und unter Rühren nur anschwitzen. Die Pfanne von der Kochstelle nehmen. • Die Zwiebel und die Knoblauchzehen schälen und fein hacken. • Den gegarten Broccoli abtropfen lassen und mit dem abgetropften, in Stücke geschnittenen Tofu im Mixer pürieren. Die Masse mit der Zwiebel, dem Knoblauch, den Eiern, der steif geschlagenen Sahne, den gehackten Pistazien und dem Knäckebrot mischen, mit Salz, Cayennepfeffer, Muskatnuß, dem Koriander und dem Zitronensaft abschmecken. • Den Backofen auf 180° vorheizen. • Eine Terrinenform mit Deckel mit wenig Butter ausstreichen und mit den Broccoliblättern auslegen. • Die Broccolimasse einfüllen, mit der Pilzmischung belegen und eventuell überstehende Broccoliblätter darüber zusammenfalten. • Den Deckel auf die Form legen. Die Form in eine Bratreine stellen. So viel heißes Wasser dazugießen, daß die Form etwa zur Hälfte darin steht. • Die Reine in den Backofen stellen, und die Gemüseterrine etwa 2 Stunden garen. • Die Garprobe machen: Wenn an einem Holzstäbchen, das man in die Mitte der Terrine steckt, nichts haften bleibt, ist die Terrine gar. • Die Gemüseterrine herausnehmen und etwa 10 Minuten stehenlassen, dann den Saft abgießen, der sich in der Form gesammelt hat. • Die Terrine auf eine Platte stürzen, lauwarm abkühlen oder vollkommen erkalten lassen. • Für die Sauce die Avocado schälen, halbieren, vom Kern befreien und mit dem Joghurt im Mixer pürieren. Die saure Sahne daruntermischen. • Die Tomate mit kochendem Wasser überbrühen, häuten und würfeln, dabei vom Stielansatz befreien. Die Tomate und den Schnittlauch unter die Sauce mischen. Die Sauce mit Salz und Pfeffer abschmecken. • Die Gemüseterrine in Scheiben schneiden, auf Tellern anrichten und mit etwas Sauce überziehen. Die restliche Avocadosauce gesondert dazu reichen. • Dazu passen Weizenkeimbrötchen mit Butter und Schnittlauchröllchen.

Frischkäsemousse mit Kräutern

Läßt sich gut vorbereiten

Zutaten für 4–8 Personen:
200 g Mascarpone (italienischer Frischkäse) · 100 g Sahne-Gorgonzola · Cayennepfeffer
frisch geriebene Muskatnuß
3 Eßl. frisch gehackte, gemischte Kräuter wie Basilikum, Petersilie und Kerbel
125 g Sahne · 2 Bund Radieschen · 4 vollreife Tomaten (etwa 600 g)
3 Eßl. Schnittlauchröllchen
3 Eßl. Vollkornbrotbrösel

Raffiniert • Für Ungeübte

Bei 8 Personen etwa 860 kJ/ 200 kcal · 5 g Eiweiß · 17 g Fett 8 g Kohlenhydrate · 2 g Ballaststoffe pro Person

Zubereitungszeit: 15 Minuten
Kühlzeit: 2 Stunden
Fertigstellung: 15 Minuten

Den Mascarpone und den Gorgonzola mit den Quirlen des Handrührgerätes verrühren. Cayennepfeffer, Muskatnuß und die Kräuter daruntermischen. • Die Sahne steif schlagen und darunterziehen. • Die Käsecreme zugedeckt im Kühlschrank etwa 2 Stunden kühlen. • Die Radieschen und die Tomaten waschen und abtrocknen. Die Radieschen und die Tomaten ohne die Stielansätze in Scheiben teilen. • Einen Eßlöffel in heißes Wasser tauchen, die Käsecreme damit eiförmig abstechen und auf Teller legen. Die Radieschen und die Tomaten daneben anrichten. • Die Käsecreme mit dem Schnittlauch und den Vollkornbrotbröseln bestreuen.

Mein Tip: Als Vorspeise reicht die Käsecreme für 8, als Imbiß für 4 Personen.

Herzhafte Käsecremes

Gut als Vorspeisen geeignet

Birnen mit Nuß-Käsecreme

im Bild links

Zutaten für 4 Personen:
200 g reifer Briekäse
100 g Frischkäse · 4 Eßl. Sahne
50 g Walnußkerne · 6 schwarze Oliven · 2 reife Birnen (Alexander Lucas oder Clapps Liebling) · 2 Eßl. Zitronensaft
frisch gemahlener weißer Pfeffer · ½ Kästchen Gartenkresse

Schnell

Pro Person etwa 1900 kJ/450 kcal
17 g Eiweiß · 38 g Fett · 10 g Kohlenhydrate · 3 g Ballaststoffe
Zubereitungszeit: 30 Minuten

Den Briekäse entrinden, mit einer Gabel fein zerdrükken und mit dem Frischkäse und der Sahne verrühren. • Die Walnußkerne auf ein Holzbrett geben und mittelfein hacken. Die Oliven entsteinen und ebenfalls fein zerkleinern. • Beide Zutaten mit der Käsecreme mischen. • Die Birnen halbieren, schälen, vom Kerngehäuse befreien, in Schnitze teilen, auf Teller verteilen und mit dem Zitronensaft beträufeln. • Die Käsecreme neben den Birnen anrichten und mit Pfeffer würzen. • Die Kresse mit einer Küchenschere abschneiden. Die Creme und die Birnen damit garnieren. • Dazu paßt Vollkorntoast.

Schafkäse mit Sherry und roten Bohnen

im Bild rechts

Zutaten für 4 Personen:
150 g rote Bohnen · 300 ccm Wasser · 1 große Zwiebel
2 Knoblauchzehen · 4 Zweige frischer Thymian · 2 Teel. Kräutersenf · 1 Eßl. Balsamessig
2 Eßl. trockener Sherry
1 Eßl. Portwein · frisch gemahlener schwarzer Pfeffer
4 Eßl. kaltgepreßtes Olivenöl
2 Eßl. Crème fraîche
200 g Schafkäse (Feta)

Raffiniert

Pro Person etwa 1800 kJ/430 kcal
16 g Eiweiß · 28 g Fett · 25 g Kohlenhydrate · 9 g Ballaststoffe

Quellzeit: 8 Stunden
Zubereitungszeit: 1½ Stunden
Marinierzeit: 2 Stunden

Die Bohnen 8 Stunden in dem Wasser einweichen. • Dann darin zum Kochen bringen und zugedeckt bei schwacher Hitze etwa 1¼ Stunden garen. Die Bohnen gegebenenfalls abgießen und abtropfen lassen. • Die Zwiebel und die Knoblauchzehen schälen und fein hacken. Die Thymianzweige waschen, trockenschwenken und die Blättchen abstreifen. • Für das Dressing den Senf mit dem Essig, dem Sherry, dem Portwein, Pfeffer, dem Olivenöl und der Crème fraîche verrühren. • Den Schafkäse würfeln. Den Käse, die Bohnen, die Zwiebel, den Knoblauch, den Thymian und den Schafkäse vorsichtig mit dem Dressing mischen. • Vor dem Servieren 2 Stunden durchziehen lassen. • Dazu paßt Vollkornbrot.

Mein Tip: Wenn Sie wenig Zeit haben, lassen Sie die Bohnen weg und mischen statt dessen 3 gehäutete, gewürfelte Tomaten und zusätzlich zum Thymian noch 2 Eßlöffel frisch gehackte, gemischte Kräuter wie Rosmarin, Petersilie und Oregano unter den Käse.

Leichte Gemüsegerichte als Vorspeisen

Schmecken nur im Sommer mit guter Freilandware

Auberginen auf Tomatenpüree

im Bild links

Zutaten für 3 Personen:
2 Auberginen (etwa 400 g)
1 Knoblauchzehe · 100 ccm kaltgepreßtes Olivenöl · 500 g vollreife Tomaten · 5 Zweige frischer Oregano · Vollmeersalz frisch gemahlener schwarzer Pfeffer · 2 Eßl. Schnittlauchröllchen

Für Ungeübte

Pro Person etwa 1600 kJ/380 kcal
4 g Eiweiß · 34 g Fett · 14 g Kohlenhydrate · 8 g Ballaststoffe

Zubereitungszeit: 50 Minuten

Die Auberginen waschen, abtrocknen, von den Stielansätzen befreien und der Länge nach in etwa fingerdicke Scheiben schneiden. Die Knoblauchzehe schälen und hacken. • Das Öl nach und nach in einer Pfanne erhitzen. Die Auberginenscheiben portionsweise darin bei schwacher Hitze auf beiden Seiten braten. Jeweils herausnehmen und auf eine Platte legen. • Wenn alle Auberginen gebraten sind, die Pfanne von der Kochstelle nehmen. • Das Öl, das sich auf der Platte gesammelt hat, wieder in die Pfanne gießen. Den Knoblauch hinzufügen und alles einige Male durchrühren. • Die Tomaten mit kochendem Wasser überbrühen, häuten und halbieren. Die Stielansätze entfernen. Die Tomaten fein hacken. • Den Oregano waschen, die Blättchen abzupfen und ebenfalls hacken. • Die Tomaten mit dem Oregano, dem Knoblauch und dem verbliebenen Öl, Salz und Pfeffer mischen und auf Teller verteilen.
• Die Auberginenscheiben darauf anrichten und mit dem Schnittlauch bestreuen.

Joghurtcreme mit Gurke und Knoblauch

im Bild rechts

Zutaten für 3 Personen:
1 Salatgurke (etwa 500 g)
1 Bund frische Minze · 4 Knoblauchzehen · Vollmeersalz frisch gemahlener weißer Pfeffer · 1 Eßl. Kräuteressig 125 g fester Joghurt · 125 g Sahnequark · 100 g saure Sahne 1 Teel. kaltgepreßtes Olivenöl

Schnell

Pro Person etwa 760 kJ/180 kcal
9 g Eiweiß · 12 g Fett · 10 g Kohlenhydrate · 2 g Ballaststoffe

Zubereitungszeit: 25 Minuten

Die Salatgurke schälen und der Länge nach mit dem Sparschäler in dünne Streifen schneiden. Die Minze waschen, die Blättchen abzupfen und fein hacken. Die Knoblauchzehen schälen und ganz fein hacken.
• Die Gurkenstreifen mit etwa 1 Eßlöffel Minze, 1 Teelöffel Knoblauch, Salz, Pfeffer und dem Essig mischen und ziehen lassen, bis die Joghurtcreme zubereitet ist. • Den Joghurt mit dem Quark und der sauren Sahne glattrühren. Die restliche Minze, den Rest des Knoblauchs und das Olivenöl untermischen. Die Creme mit Salz und Pfeffer nach Geschmack würzen und auf Teller verteilen.
• Die marinierten Gurkenstreifen hübsch darauf anrichten.
• Dazu passen Vollkornbrötchen mit Butter.

Mein Tip: Fertig gekaufter Joghurt ist für die Creme oft zu flüssig. Deshalb sollten Sie ihn gegebenenfalls in einem Sieb, das mit einem Mulltuch ausgelegt ist, etwa 3 Stunden abtropfen lassen.

Zuckerschoten mit pochiertem Fisch und Kressecreme

Vegetarier ersetzen den Fisch durch Eier oder Tofu

Zutaten für 2–4 Personen:
200 g Zuckerschoten
¼ l Gemüsebrühe · 1 Eßl.
milder Weißweinessig · 1 Bund
Suppengrün · 1 Lorbeerblatt
50 g Brunnenkresse, ersatz-
weise 2 Kästchen Gartenkresse
2 Seezungenfilets (etwa 150 g)
2 Eßl. Zitronensaft · 1 Eigelb
2 Eßl. kalte Butter · Vollmeer-
salz · frisch gemahlener weißer
Pfeffer

Raffiniert • Braucht etwas Zeit

Bei 4 Personen etwa 770 kJ/ 180 kcal · 12 g Eiweiß · 11 g Fett 10 g Kohlenhydrate · 3 g Ballaststoffe pro Person

Zubereitungszeit: 1 Stunde

Die Zuckerschoten waschen, abtropfen lassen, von den Stiel- und Blütenansätzen befreien. • Die Gemüsebrühe in einem Topf zum Kochen bringen, die Zuckerschoten hinzufügen, einmal aufkochen und zugedeckt bei schwacher Hitze in 2 bis 3 Minuten bißfest garen. • Die Schoten mit einem Schaumlöffel herausnehmen, abtropfen lassen, in eine Schüssel geben, mit dem Essig beträufeln und zugedeckt ziehen lassen, bis der Fisch und die Kressecreme zubereitet sind.
• Das Suppengrün putzen, waschen, grob zerkleinern und mit dem Lorbeerblatt in der Gemüsebrühe zum Kochen bringen. Etwa 15 Minuten sprudelnd kochen lassen. • Inzwischen den Backofen auf 50° vorheizen. Sobald diese Temperatur erreicht ist, den Ofen wieder abschalten. • Die Brunnenkresse verlesen, waschen und trockentupfen. Die Blättchen abzupfen und unzerkleinert beiseite legen. Die Stiele ganz fein hakken. Wenn Sie Gartenkresse verwenden, die Blättchen abschneiden. • Die Seezungenfilets kalt abspülen und trockentupfen. • Die Brühe durchsieben, alle festen Teile wegwerfen und die Brühe mit dem Zitronensaft einmal aufkochen. • Den Topf von der Kochstelle ziehen. Die Seezungenfilets in die Brühe geben und zugedeckt darin pro Seite 1 Minute ziehen lassen. Den Fisch herausnehmen, auf einen vorgewärmten Teller legen und zugedeckt im Backofen warm halten. • Die Brühe in eine Edelstahlschüssel geben und die Schüssel über ein warmes Wasserbad stellen. Das Eigelb mit den Quirlen des Handrührgerätes untermischen. Die Masse über dem Wasserbad zu einer dicken, schaumigen Creme aufschlagen. Zum Schluß die Butter in Stückchen teilen und nach und nach unterschlagen, bis sie sich vollkommen mit der Creme verbunden hat. • Die Creme mit Salz und Pfeffer würzen. Die gehackten Stiele der Brunnenkresse und etwa die Hälfte der Blättchen beziehungsweise die Hälfte der Gartenkresse daruntermischen. • Die Zuckerschoten auf Teller verteilen. Die Fischfilets je nach Personenzahl eventuell halbieren und neben den Schoten anrichten. • Alles mit der Kressecreme überziehen und mit den restlichen Kresseblättchen bestreut sofort servieren. • Dazu paßt Vollkorntoast mit Butter.

Mein Tip: Als Vorspeise reicht das Gericht für 4, als Hauptmahlzeit für 2 Personen. Den Fisch können Sie durch pochierte Eier oder dünne, gebratene Tofuscheiben ersetzen.

Avocados mit Kräutercreme

Vorspeise, schnell zubereitet

Zutaten für 4 Personen:
200 g Crème fraîche · 2 Eßl. Joghurt · ½ Teel. Kräutersenf
3 Eßl. frisch gehackte, gemischte Kräuter wie Borretsch, Kerbel, Petersilie und Zitronenmelisse · Vollmeersalz frisch gemahlener weißer Pfeffer · ½ Teel. kaltgepreßtes Walnußöl · 1 kleine vollreife Tomate (etwa 100 g) · 2 vollreife Avocados (etwa 500 g)
Saft von ½ Zitrone · einige Kerbelblättchen zum Garnieren

Raffiniert • Für Ungeübte

Pro Person etwa 1600 kJ/380 kcal
4 g Eiweiß · 37 g Fett · 8 g Kohlenhydrate · 3 g Ballaststoffe

Zubereitungszeit: 20 Minuten

Die Crème fraîche mit dem Joghurt und dem Kräutersenf verrühren. Die Kräuter daruntermischen. Die Sauce mit Salz, Pfeffer und dem Öl abschmecken • Die Tomate waschen und klein würfeln, den Stielansatz dabei entfernen. • Die Avocados halbieren, vom Kern befreien und schälen. Jede Hälfte mit der Höhlung nach unten auf einen Teller legen und mit einem scharfen Messer in dünne Scheibchen schneiden. Die Scheibchen fächerförmig auseinanderdrücken und mit dem Zitronensaft beträufeln, damit sie sich nicht verfärben. • Die Sauce über den Avocadoscheiben verteilen und alles mit den Tomatenwürfeln und den Kerbelblättchen garnieren.

Mein Tip: Wenn Sie nicht rein vegetarisch essen möchten, können Sie diese leichte Vorspeise mit frischen Krabben oder Streifen von Räucherlachs ergänzen.

Avocado mit Eiern und Nüssen

Kleiner leichter Imbiß

Zutaten für 2 Personen:
2 Eier · ½ Bund Radieschen
1 kleines Bund Schnittlauch
50 g Haselnußkerne
125 g Joghurt · 1 Eßl. Sahne
Vollmeersalz · frisch gemahlener weißer Pfeffer
1–2 Eßl. Zitronensaft · ½ Teel. kaltgepreßtes Maiskeimöl
1 vollreife Avocado · 4 große beliebige Salatblätter

Für Ungeübte • Schnell

Pro Person etwa 2600 kJ/620 kcal
16 g Eiweiß · 56 g Fett · 13 g Kohlenhydrate · 4 g Ballaststoffe

Zubereitungszeit: 20 Minuten

Die Eier in kochendem Wasser etwa 8 Minuten hart kochen, kalt abschrecken, schälen und hacken. • Während die Eier kochen, die Radieschen waschen, abtrocknen und in Scheiben schneiden. Den Schnittlauch waschen, trockentupfen und in feine Röllchen teilen. Die Haselnußkerne grob hacken. • Den Joghurt mit der Sahne, den Eiern, den Radieschen, dem Schnittlauch (etwa 1 Teelöffel zum Garnieren zurückbehalten) und den Nüssen verrühren und mit Salz, Pfeffer, dem Zitronensaft und dem Öl abschmecken. • Die Avocado halbieren, den Kern herauslösen, das Fruchtfleisch mit einem Teelöffel herausstechen und unter die Joghurtmischung heben. • Die Salatblätter kalt abspülen, trockenschwenken und auf Teller legen. Den Avocadosalat darauf anrichten und mit dem restlichen Schnittlauch garnieren. • Dazu paßt Vollkorntoast.

Vollwert-Canapés

Frisch schmecken sie am besten

Canapés mit Käsesalat

im Bild vorne

Zutaten für 8 Canapés:
150 g Greyerzer Käse
1 Bund Radieschen · 1 Bund Schnittlauch · 1 Eßl. Sonnenblumenkerne · 2 Eßl. Crème fraîche · Vollmeersalz · frisch gemahlener weißer Pfeffer
½ Eßl. Weißweinessig
4 Scheiben Vollkorntoastbrot
20 g weiche Butter
8 beliebige Salatblätter

Raffiniert

Pro Canapé etwa 660 kJ/160 kcal
7 g Eiweiß · 10 g Fett · 8 g Kohlenhydrate · 1 g Ballaststoffe

Zubereitungszeit: 30 Minuten

Den Käse in kleine Würfel schneiden. Die Radieschen waschen, abtrocknen und ebenfalls würfeln. Den Schnittlauch waschen, trockentupfen und in feine Röllchen schneiden. • Diese Zutaten mit den Sonnenblumenkernen und der Crème fraîche mischen. Den Käsesalat mit Salz, Pfeffer und dem Essig abschmecken. • Die Brote toasten, mit der Butter bestreichen und diagonal halbieren. Die Salatblätter waschen, trockentupfen und auf die Brothälften legen. Den Käsesalat darauf verteilen.

Knoblauch-Croûtons mit Tofutatar

im Bild hinten

Zutaten für 8 Croûtons:
125 g Tofu mit Kräutern
1 Schalotte · 2 milchsaure Gurken (etwa 60 g) · 100 g körniger Frischkäse · 1 Eßl. Kapern · 1 Eßl. Crème fraîche
Vollmeersalz · Cayennepfeffer
3 Knoblauchzehen · ½ kleines Bund Petersilie · 2 Eßl. kaltgepreßtes Olivenöl · 4 Scheiben Vollkorntoastbrot

Für Ungeübte

Pro Croûton etwa 460 kJ/110 kcal · 4 g Eiweiß · 6 g Fett
9 g Kohlenhydrate · 1 g Ballaststoffe

Zubereitungszeit: 30 Minuten

Den Elektrogrill gegebenenfalls vorheizen. Wenn Sie keinen Grill besitzen, den Backofen auf 250° vorheizen. • Den Tofu abtropfen lassen und mit einer Gabel zerdrücken. Die geschälte Schalotte und die abgetropften Gurken fein würfeln. • Alle diese Zutaten mit dem Frischkäse, den Kapern und der Crème fraîche locker mischen. Das Tatar mit Salz und Cayennepfeffer abschmecken. • Die Knoblauchzehen schälen und ganz fein hacken. Die Petersilie waschen, trockentupfen und ebenfalls fein zerkleinern. • Den Knoblauch, die Petersilie und das Öl mischen und auf den Toastbroten verteilen. • Die Brote unter den heißen Grill oder in den Backofen schieben und etwa 5 Minuten rösten. • Die Croûtons herausnehmen, etwas abkühlen lassen und diagonal halbieren. • Das Tofutatar auf den Croûtons verteilen.

Mein Tip: Mit Kräutern gewürzten Tofu gibt es in Reformhäusern und Naturkostläden. Bei vakuumverpacktem Tofu eines bestimmten Herstellers sollten Sie genau auf die Packungsaufschrift achten: In Art und Farbe der Verpackung unterscheiden sich nämlich der normale und der gewürzte Tofu kaum voneinander.

Vollwert-Canapés

Nach dem Zubereiten möglichst schnell servieren

Canapés mit Käsecreme und Äpfeln

im Bild vorne

Zutaten für 8 Canapés:
150 g Gorgonzola · 2 Eßl. Sahne
50 g weiche Butter
75 g frisch gemahlene Mandeln
4 Scheiben Vollkornbrot
2 kleine säuerliche Äpfel
2 Eßl. Zitronensaft

Schnell

Pro Canapé etwa 1000 kJ/240 kcal · 7 g Eiweiß · 18 g Fett 11 g Kohlenhydrate · 1 g Ballaststoffe

Zubereitungszeit: 15 Minuten

Den Gorgonzola mit einer Gabel zerdrücken und mit der Sahne und der Butter verkneten. Die Mandeln daruntermischen. • Die Brotscheiben mit der Käsecreme bestreichen und diagonal halbieren. • Die Äpfel vierteln, schälen, vom Kerngehäuse befreien, in Schnitze teilen und auf dem Käse anrichten. • Den Zitronensaft darüber träufeln.

Canapés mit Dillcreme

im Bild in der Mitte

Zutaten für 8 Canapés:
1 kleines Eigelb · 1 Eßl. Zitronensaft · 1 Teel. Kräutersenf
Vollmeersalz · frisch gemahlener weißer Pfeffer · 60 ccm kaltgepreßtes Maiskeimöl
2 Bund Dill · 2 Eßl. Joghurt
8 kleine Scheiben Vollkornbrot
½ Salatgurke (etwa 250 g)
1 Eßl. Himbeeressig

Für Ungeübte

Pro Canapé etwa 500 kJ/120 kcal 2 g Eiweiß · 9 g Fett · 8 g Kohlenhydrate · 1 g Ballaststoffe

Zubereitungszeit: 40 Minuten

Das Eigelb mit dem Zitronensaft, dem Senf, Salz, Pfeffer und Öl zur Mayonnaise verrühren. • Den Dill waschen und trockentupfen. 8 Zweige abzupfen. Den restlichen Dill fein hacken und mit dem Joghurt unter die Mayonnaise mischen. • Die Brote mit der Dillcreme bestreichen. • Die Salatgurke schälen, der Länge nach in dünne Streifen schneiden, mit dem Essig, Salz und Pfeffer würzen und auf den Broten verteilen. • Die Brote mit den Dillzweigen garnieren.

Canapés mit Avocadocreme

im Bild hinten

Zutaten für 8 Canapés:
2 vollreife Avocados (etwa 400 g) · Saft und etwas Schale von 1 unbehandelten Zitrone
4 Scheiben Vollkorntoastbrot
75 g gehackte Pistazien
Vollmeersalz · frisch gemahlener weißer Pfeffer
2 Eßl. frische Kerbelblättchen

Raffiniert

Pro Canapé etwa 740 kJ/180 kcal 4 g Eiweiß · 13 g Fett · 11 g Kohlenhydrate · 2 g Ballaststoffe

Zubereitungszeit: 15 Minuten

Eine Avocado schälen, vom Kern befreien und mit etwas Zitronensaft im Mixer pürieren. • Ein etwa 5 cm langes Stück Zitronenschale abschneiden und in hauchdünne Streifen schneiden. • Die Brote mit der Avocadocreme bestreichen und diagonal halbieren. • Die zweite Avocado halbieren, entkernen, schälen, in Scheiben schneiden und auf den Broten verteilen. • Den restlichen Zitronensaft darüber träufeln. Die Pistazien, Salz, Pfeffer, die Zitronenschale und den Kerbel darüber streuen.

Rohkostschnitten

Sprossen rechtzeitig keimen lassen

Zutaten für 4 Personen:
4 große oder 8 kleine Scheiben Roggenvollkornbrot
100 g Frischkäse · ½ Bund Radieschen · 1 vollreife Fleischtomate (etwa 250 g) · 1 Stück Salatgurke (etwa 100 g)
1 Handvoll gemischte frische Kräuter wie Dill, Schnittlauch, Kerbel, Zitronenmelisse und Borretsch · 125 g saure Sahne
1 Eßl. Joghurt · Vollmeersalz frisch gemahlener schwarzer Pfeffer · 1 Teel. Balsamessig
1 Handvoll Senfsprossen

Für Ungeübte • Schnell

Pro Person etwa 980 kJ/230 kcal
8 g Eiweiß · 12 g Fett · 22 g Kohlenhydrate · 5 g Ballaststoffe

Keimzeit der Sprossen: 4 Tage
Zubereitungszeit: 15 Minuten

Die Brote mit dem Frischkäse bestreichen. • Die Radieschen und die Tomate waschen, abtrocknen, in Scheiben schneiden und jeweils ein Drittel der Brotscheiben damit belegen. Die Gurke schälen, raspeln und ebenfalls auf den Broten verteilen. • Die Kräuter verlesen, waschen, trockentupfen und mit dem Wiegemesser fein zerkleinern (nur den Schnittlauch in feine Röllchen schneiden). • Die saure Sahne mit dem Joghurt, Salz, Pfeffer, dem Balsamessig und den Kräutern verrühren und über die Rohkost träufeln. • Die Senfsprossen waschen, trockentupfen und die Brote damit garnieren.

Mein Tip: Bei frischen Kräutern sollten Sie möglichst nicht nur die Blättchen, sondern auch die Stiele verwenden, diese allerdings ganz fein hacken. Sie enthalten abgesehen von den Vitaminen noch mehr Ballaststoffe als die Blätter, so daß es schade wäre, sie wegzuwerfen. Nur bei Kräutern mit harten Stielen wie zum Beispiel Rosmarin und Thymian werden sie nicht mitverwendet.

Frühlingsbrötchen

Leichter Abendimbiß

Zutaten für 4 Personen:
4 Eier · 1 Knoblauchzehe
75 g weiche Butter · 1 Eßl. frisch gehackte Petersilie · 1 Teel. Zitronensaft · Vollmeersalz
frisch gemahlener weißer Pfeffer · 4 Vollkornbrötchen
2 vollreife Tomaten (etwa 300 g) · 1 Handvoll Brunnenkresse, ersatzweise 1 Kästchen Gartenkresse · 1 Eßl. Crème fraîche

Schnell

Pro Person etwa 1400 kJ/330 kcal
11 g Eiweiß · 24 g Fett · 16 g Kohlenhydrate · 3 g Ballaststoffe

Zubereitungszeit: 15 Minuten

Die Eier in kochendem Wasser in etwa 8 Minuten hart kochen, abschrecken, schälen und grob hacken. • Während die Eier kochen, die Knoblauchzehe schälen und ganz fein hacken. Die Butter mit dem Knoblauch, der Petersilie, dem Zitronensaft, Salz und Pfeffer verrühren. • Die Brötchen halbieren und jede Hälfte mit Kräuterbutter bestreichen. • Die Tomaten waschen, abtrocknen, in Scheiben schneiden, von den Stielansätzen befreien und auf den Brötchenhälften verteilen. • Die Brunnenkresse waschen, trockenschwenken und mit dem Wiegemesser hacken (einige Blättchen zum Garnieren zurückbehalten); wenn Sie Gartenkresse verwenden, die Blättchen mit einer Küchenschere abschneiden. • Die Kresse mit den gehackten Eiern und der Crème fraîche locker mischen und auf die Brötchen geben. Die Brötchen mit der restlichen Kresse garnieren.

Brötchen mit Rohkost und Sprossen

Vitaminreiche Frischkost

Zutaten für 4 Personen:
1 Eßl. Senfsamen · 1 Eßl. Weißweinessig · 100 g weiche Butter
1 Möhre (etwa 150 g) · 1 säuerlicher Apfel (Boskop oder Gravensteiner, etwa 200 g)
50 g Senfsprossen · 4 Eßl. saure Sahne · 1 Prise frisch geriebene Muskatnuß · frisch gemahlener weißer Pfeffer · Vollmeersalz
4 Vollkornbrötchen
1 Eßl. frisch gehackte Petersilie

Raffiniert

Pro Person etwa 1300 kJ/310 kcal
4 g Eiweiß · 23 g Fett · 23 g Kohlenhydrate · 3 g Ballaststoffe

Keimzeit der Sprossen: 4 Tage
Ruhezeit: 12 Stunden
Zubereitungszeit: 15 Minuten

Die Senfsamen im Mörser fein zerreiben, mit dem Essig mischen und zugedeckt über Nacht stehenlassen. • Die Butter mit den Senfsamen verrühren. • Die Möhre schälen, waschen, abtrocknen und auf der Rohkostreibe fein raspeln. Den Apfel vierteln, schälen, vom Kerngehäuse befreien und raspeln. Die Sprossen kalt abspülen und trockentupfen. • Die Möhre, den Apfel und die Sprossen mit der sauren Sahne mischen und mit Muskatnuß, Pfeffer und wenig Salz abschmecken. • Die Brötchen halbieren und jede Hälfte mit Senfbutter bestreichen. • Die Rohkost auf den Brötchenhälften verteilen. Die Brötchen mit der Petersilie bestreuen und sofort servieren.

Herzhafte Brotaufstriche

Lassen sich gut vorbereiten

Feine Tofucreme

im Bild links

Zutaten für 4 Personen:
300 g Tofu · 2 Knoblauchzehen
100 g Sahne · 3 Eßl. frisch geriebener Bergkäse · 1 Eßl. Zitronensaft · Vollmeersalz
Cayennepfeffer · 3 Eßl. frisch gehackte Petersilie

Schnell

Pro Person etwa 780 kJ/190 kcal
9 g Eiweiß · 14 g Fett · 5 g Kohlenhydrate · 0 g Ballaststoffe

Zubereitungszeit: 10 Minuten

Den Tofu mit den geschälten Knoblauchzehen und der Sahne im Mixer pürieren. • Den Bergkäse, den Zitronensaft, Salz, Cayennepfeffer und die Petersilie daruntermischen. • Paßt zu Vollkornbrot.

Frischkäsecreme mit Kresse

im Bild in der Mitte

Zutaten für 4 Personen:
200 g Frischkäse · 50 g weiche Butter · 1 Eßl. frisch geriebener Meerrettich · 1 Teel. Zitronensaft · 1 Handvoll Gartenkresse
Vollmeersalz

Schnell

Pro Person etwa 1100 kJ/260 kcal
6 g Eiweiß · 26 g Fett · 1 g Kohlenhydrate · 0 g Ballaststoffe

Zubereitungszeit: 10 Minuten

Den Frischkäse mit der Butter glattrühren. • Die restlichen Zutaten locker daruntermischen und den Aufstrich mit Salz abschmecken. • Paßt gut zu Vollkornbrot oder Knäckebrot.

Scharfe Bohnenpaste

im Bild rechts

Zutaten für 4 Personen:
150 g rote Bohnen · 350 ccm Wasser · 1 Zwiebel · 1 Knoblauchzehe · 2 vollreife Tomaten (etwa 300 g) · 1–2 getrocknete rote Pfefferschoten · 1 Eßl. kaltgepreßtes Maiskeimöl · 2 Eßl. Rotweinessig · Vollmeersalz
1 Eßl. frisch gehackte Petersilie

Braucht etwas Zeit

Pro Person etwa 770 kJ/180 kcal
10 g Eiweiß · 5 g Fett · 26 g Kohlenhydrate · 10 g Ballaststoffe

Quellzeit: 8 Stunden
Zubereitungszeit: 2 Stunden

Die Bohnen in dem Wasser 8 Stunden zugedeckt einweichen. • Dann einmal aufkochen und zugedeckt bei schwacher Hitze 1½ Stunden leise kochen lassen. • Inzwischen die Zwiebel und den Knoblauch schälen und fein hacken. Die Tomaten mit kochendem Wasser überbrühen, häuten und würfeln, dabei die Stielansätze entfernen. Die Pfefferschote von den scharfen Kernen befreien. • Das Öl in einer Pfanne erhitzen. Die Zwiebel und den Knoblauch darin glasig braten. • Die Tomaten, die abgetropften Bohnen und die Pfefferschote dazugeben. Alles bei starker bis mittlerer Hitze unter häufigem Umrühren schmoren, bis die Flüssigkeit, die sich gebildet hat, wieder verdampft ist. • Die Mischung im Mixer pürieren, mit dem Essig und Salz abschmecken und mit der Petersilie bestreut anrichten. • Paßt gut zu Fladenbroten (Rezept Seite 168) oder zu Vollkorncrêpes (Rezept Seite 149).

Gemüsesalat mit Joghurt

Der indischen Küche nachempfunden

Zutaten für 2 Personen:
1 getrocknete rote Pfefferschote · ½ Teel. Gelbwurz (Kurkuma) · ¼ Teel. Kreuzkümmel (Kumin)
½ Teel. Korianderkörner
1 kleine Möhre (etwa 100 g)
1 Stück Kohlrabi (etwa 150 g)
1 Stück Knollensellerie
½ Bund Radieschen · ½ Bund Petersilie · 2 Frühlingszwiebeln
250 g Joghurt · 2 Eßl. Sahne
1 Eßl. Zitronensaft
Vollmeersalz

Raffiniert

Pro Person etwa 920 kJ/220 kcal
9 g Eiweiß · 10 g Fett · 23 g Kohlenhydrate · 4 g Ballaststoffe

Zubereitungszeit: 40 Minuten

Die Pfefferschote zwischen den Fingern aufbrechen, die Kerne entfernen. • Die Gelbwurz, den Kreuzkümmel, die Korianderkörner und die Pfefferschote in einer kleinen Pfanne bei schwacher bis mittlerer Hitze rösten, bis die Gewürze intensiv duften. Die Gewürzmischung erkalten lassen, dann im Mörser fein zerreiben. • Alle Gemüse, die Petersilie und die Frühlingszwiebeln waschen, gegebenenfalls auch putzen und schälen. • Die Möhre, den Kohlrabi und den Sellerie auf der Rohkostreibe raspeln. Die Radieschen in Scheiben schneiden. Die Petersilie hacken, die Frühlingszwiebeln mit etwa zwei Dritteln des zarten Grüns in feine Ringe teilen. • Die Gemüse, die Petersilie und die Zwiebelringe in eine Schüssel geben. • Den Joghurt mit der Sahne, dem Zitronensaft und den Gewürzen verrühren und über den Salat gießen. Den Salat mischen und mit Salz abschmecken.

Eiersalat mit Alfalfasprossen

Schmeckt auch mit Senfsprossen oder Kresse

Zutaten für 3 Personen:
6 Eier · 500 g vollreife Tomaten
1 kleine Zwiebel · 100 g Alfalfasprossen · 3 Eßl. gemischte, frisch gehackte Kräuter wie Petersilie, Kerbel, Borretsch, Zitronenmelisse und Pimpinelle
100 g saure Sahne
2 Eßl. Sahne · 2 Eßl. Joghurt
1 Teel. Kräutersenf · 1 Eßl. Zitronensaft oder Sherryessig
Vollmeersalz · frisch gemahlener weißer Pfeffer

Für Ungeübte

Pro Person etwa 1300 kJ/310 kcal
20 g Eiweiß · 20 g Fett · 11 g Kohlenhydrate · 4 g Ballaststoffe

Keimzeit der Sprossen: 5 Tage
Zubereitungszeit: 20 Minuten

Die Eier in kochendem Wasser in etwa 8 Minuten hart kochen, kalt abschrecken, schälen und hacken. • Während die Eier kochen, die Tomaten waschen, abtrocknen und würfeln, dabei die Stielansätze herausschneiden. Die Zwiebel schälen und fein hacken. Die Sprossen kalt abspülen und sehr gut abtropfen lassen. • Die Eier, die Tomaten, die Zwiebel, die Sprossen und die Kräuter in eine Schüssel geben. • Die saure und die süße Sahne mit dem Joghurt, dem Senf und dem Zitronensaft oder dem Essig verrühren. Die Sauce mit Salz und Pfeffer abschmecken, über die Eier gießen und alles vorsichtig mischen. • Dazu passen Vollkornbrötchen und Butter oder auch Pellkartoffeln.

Feine Salate mit Spinat

Kann man mit jedem Blattgemüse zubereiten

Spinatsalat auf China-Art

im Bild links

Zutaten für 4 Personen:
4 Shiitake-Pilze · ⅛ l Wasser
150 g Glasnudeln · 2 Frühlingszwiebeln · 250 g Wurzelspinat
2 Eßl. kaltgepreßtes Sojaöl
2 Eßl. Sherryessig · 1 Eßl. Sojasauce · eventuell Vollmeersalz
frisch gemahlener weißer Pfeffer · 1 Eßl. frisch gehackte Petersilie

Raffiniert

Pro Person etwa 660 kJ/140 kcal
12 g Eiweiß · 5 g Fett · 13 g Kohlenhydrate · 5 g Ballaststoffe

Quellzeit: 5 Stunden
Zubereitungszeit: 30 Minuten

Die Pilze in dem Wasser zugedeckt 5 Stunden einweichen. • Die Glasnudeln von warmem Wasser bedeckt ziehen lassen, bis sie weich sind, abgießen und abtropfen lassen. • Die Pilze ohne die harten Stiele in Streifen schneiden. Das Einweichwasser durch eine Kaffeefiltertüte gießen. • Die Frühlingszwiebeln putzen, waschen und in fingerbreite Stücke schneiden. Den Spinat putzen, von den harten Stielen befreien, gründlich waschen und gut abtropfen lassen. Den Spinat auf Tellern anrichten. • Das Öl erhitzen. Die Pilze darin bei mittlerer Hitze 3 Minuten braten. Die Glasnudeln und die Frühlingszwiebeln dazugeben, durchrühren und auf dem Spinat verteilen. • Das Einweichwasser der Pilze, den Essig und die Sojasauce in die Pfanne gießen, den Bratfond damit lösen und über den Salat träufeln. Den Salat nach Wunsch mit Salz und mit Pfeffer würzen und mit der Petersilie bestreut servieren.

Spinatsalat mit Tofuscheiben

im Bild rechts

Zutaten für 4 Personen:
250 g Tofu · 2 Eßl. Balsamessig
2 Eßl. trockener Sherry, ersatzweise 1 Eßl. Zitronensaft
150 g Blattspinat · 1 Schalotte
1 Knoblauchzehe
1 Eßl. Himbeeressig
Vollmeersalz · frisch gemahlener weißer Pfeffer
4 Eßl. kaltgepreßtes Sonnenblumenöl · 1 Teel. kaltgepreßtes Walnußöl
1 Eßl. gehackte Pistazien
1 Eßl. Schnittlauchröllchen

Für Ungeübte

Pro Person etwa 980 kJ/230 kcal
7 g Eiweiß · 20 g Fett · 6 g Kohlenhydrate · 2 g Ballaststoffe

Marinierzeit: 2 Stunden
Zubereitungszeit: 30 Minuten

Den Tofu in ½ cm dicke Scheiben schneiden und mit dem Essig und dem Sherry oder dem Zitronensaft beträufelt 2 Stunden zugedeckt ziehen lassen. • Den Spinat verlesen, waschen und trockenschwenken. Die Schalotte und die Knoblauchzehe schälen und fein hacken. • Den Himbeeressig mit Salz, Pfeffer, 2 Eßlöffeln Sonnenblumenöl und dem Walnußöl verrühren. • Das restliche Öl in einer Pfanne erhitzen, die Tofuscheiben portionsweise darin in etwa 3 Minuten goldbraun braten und herausnehmen. Die Tofumarinade in die Pfanne geben, die Schalotte und den Knoblauch hinzufügen und einige Sekunden anschwitzen. • Die Tofuscheiben auf Teller legen. Den Spinat mit der Vinaigrette mischen und neben dem Tofu anrichten. Die Schalotten-Knoblauch-Mischung darüber verteilen. • Den Salat mit den Pistazien, den Tofu mit dem Schnittlauch bestreuen.

Bauernsalat mit Tofu

Abwandlung eines bekannten griechischen Gerichtes

Zutaten für 6 Personen:
250 g Tofu · 2 Knoblauchzehen
1 Stück unbehandelte Zitronenschale · 1 Eßl. Zitronensaft
1 Teel. getrockneter Oregano
5 Eßl. kaltgepreßtes Olivenöl
1 grüne Paprikaschote (etwa 180 g) · 1 weiße Zwiebel (etwa 100 g) · 1 kleine Salatgurke (etwa 350 g) · 600 g vollreife Tomaten · 10 schwarze Oliven
Vollmeersalz · 1 Prise Zuckerrohrgranulat · frisch gemahlener schwarzer Pfeffer
3–4 Eßl. milder Obstessig
1 Bund Basilikum

Braucht etwas Zeit

Pro Person etwa 890 kJ/210 kcal
6 g Eiweiß · 16 g Fett · 11 g Kohlenhydrate · 3 g Ballaststoffe

Vorbereitungszeit: 10 Minuten
Marinierzeit: 2 Stunden
Zubereitungszeit: 20 Minuten

Den abgetropften Tofu in etwa 1 cm große Würfel schneiden. Den Knoblauch schälen und in Scheiben schneiden. Die Zitronenschale fein hacken. • Den Tofu mit dem Knoblauch, der Zitronenschale und dem -saft, dem Oregano und 3 Eßlöffeln Olivenöl mischen und zugedeckt 2 Stunden marinieren. • Die Paprikaschote vierteln, putzen, waschen und in Streifen schneiden. Die Zwiebel und die Gurke schälen, halbieren und in Scheiben schneiden. Die Tomaten waschen, abtrocknen und in Schnitze teilen, dabei die Stielansätze entfernen. Alle Salatzutaten und die Oliven mischen. • Die Tofuwürfel aus der Marinade nehmen, dabei Knoblauch und Zitronenschale abstreifen. • Die Tofumarinade mit Salz, dem Zuckerrohrgranulat, Pfeffer, dem Essig und dem restlichen Öl verrühren und über die Salatzutaten gießen. • Den Tofu ohne Fett rundherum goldbraun braten und auf dem Salat verteilen. • Das Basilikum waschen, trockentupfen, grob zerkleinern und über den Salat streuen.

Feine Rohkostsalate

Möglichst frisch zubereiten und gleich servieren

Kohlrabi mit Möhren und Nüssen

im Bild links

Zutaten für 3 Personen:
1 Kohlrabiknolle (etwa 300 g)
300 g Möhren · 1 Bund Schnittlauch · 100 g Sahne · 100 g saure Sahne · 1 Teel. Kräutersenf · 1 Eßl. milder Obstessig
Vollmeersalz · frisch gemahlener weißer Pfeffer
1 Teel. kaltgepreßtes Walnußöl
50 g Walnußkerne

Schnell • Für Ungeübte

Pro Person etwa 1500 kJ/360 kcal
8 g Eiweiß · 27 g Fett · 20 g Kohlenhydrate · 6 g Ballaststoffe

Zubereitungszeit: 20 Minuten

Die zarten Kohlrabiblättchen abschneiden, waschen, trockentupfen und hacken. Die Kohlrabiknolle und die Möhren schälen, ebenfalls waschen, abtrocknen und auf der Rohkostreibe raspeln. Den kalt abgespülten Schnittlauch in Röllchen schneiden. • Die süße und die saure Sahne mit dem Senf, dem Essig, Salz, Pfeffer und dem Öl verrühren. • Den Kohlrabi mit den Möhren, dem Kohlrabigrün und dem Schnittlauch in eine Schüssel geben. Das Sahnedressing darüber gießen und alles mischen. Die Nüsse grob hacken und über die Rohkost streuen. • Dazu passen Ofenkartoffeln mit Käsekruste (Rezept Seite 110), kurzgebratenes Fleisch oder – wenn Sie den Salat als Vorspeise servieren – Vollkorntoast mit Butter.

Weißkohlsalat mit Orangen

im Bild rechts

Zutaten für 6 Personen:
1 Kopf Weißkohl (etwa 1 kg)
2 große Orangen (etwa 500 g)
1 kleine Zwiebel · ⅛ l Gemüsebrühe · 2 Eßl. naturtrüber Apfelsaft · ½ Teel. Kreuzkümmel (Kumin) · Vollmeersalz frisch gemahlener weißer Pfeffer · 3 Eßl. Apfelessig
2 Eßl. kaltgepreßtes Sonnenblumenöl · 1 Bund Petersilie

Für Ungeübte

Pro Person etwa 490 kJ/120 kcal
3 g Eiweiß · 6 g Fett · 15 g Kohlenhydrate · 5 g Ballaststoffe

Zubereitungszeit: 25 Minuten

Den Weißkohl von den äußeren welken Blättern befreien und vierteln. Den Strunk keilförmig herausschneiden. Die Kohlviertel gründlich waschen, trockenschwenken und raspeln oder in ganz feine Streifen schneiden. Die Orangen schälen, von allen weißen Häutchen befreien, filetieren und in Stücke schneiden. Den Saft dabei auffangen. Die Zwiebel schälen und fein hacken. • Alle diese Zutaten in einer Schüssel mischen. • Für das Dressing die Gemüsebrühe mit dem aufgefangenen Orangensaft, dem Apfelsaft, dem Kreuzkümmel, Salz, Pfeffer und dem Essig verrühren. Das Öl mit einem Schneebesen kräftig darunterrühren. Das Dressing mit dem Salat mischen. • Die Petersilie waschen, trockentupfen, fein hacken und über den Salat streuen. • Dazu passen Vollkornbrötchen und Butter, herzhafte Waffeln (Rezepte Seite 62) oder Tofuschnitzel (Rezept Seite 167, Salat weglassen).

Salate mit Getreide

Reich an pflanzlichem Eiweiß

Bunter Sprossensalat

im Bild links

Zutaten für 4 Personen:
100 g Weizen-, Hafer- und Buchweizensprossen, gemischt
50 g Linsensprossen und gekeimte Sonnenblumenkerne, gemischt · je 1 Handvoll gekeimte Kresse und Senfsprossen · 150 g Paksoi-Blätter
½ Bund Radieschen · 1 kleine rote Zwiebel · Vollmeersalz
1 Teel. Senf · frisch gemahlener weißer Pfeffer · 3 Eßl. milder Obstessig · 5 Eßl. kaltgepreßtes Sonnenblumenöl

Raffiniert

Pro Person etwa 1400 kJ/330 kcal
8 g Eiweiß · 24 g Fett · 22 g Kohlenhydrate · 4 g Ballaststoffe

Keimzeit der Sprossen: 4 Tage
Zubereitungszeit: 20 Minuten

Alle Sprossen kalt abspülen und abtropfen lassen. Die Paksoiblätter waschen, trockenschwenken und fein schneiden. Die Radieschen waschen, abtrocknen und in Scheiben schneiden. Die Zwiebel schälen und in dünne Ringe teilen. • Alle diese Salatzutaten außer der Kresse und den Senfsprossen in einer Schüssel mischen. • Salz mit dem Senf, Pfeffer, dem Essig und dem Öl verrühren. Die Marinade über den Salat gießen und erneut mischen. • Die Kresse und den Senf über den Salat streuen.

Mein Tip: Paksoi (chinesischer Senfkohl) sieht ähnlich wie Mangold aus und ist in gut sortierten Gemüseläden erhältlich. Die ganzen Stauden können Sie in Butter dünsten, die Blätter schmecken als Salat. Die Stiele, die bei der Salatzubereitung übrigbleiben, können Sie wie Spargel garen. Wenn Sie keinen Paksoi bekommen, nehmen Sie Mangold oder Spinat.

Salat mit Dinkel

im Bild rechts

Zutaten für 4 Personen:
100 g Dinkelkörner · knapp ¼ l Wasser · 200 g Zucchini · 250 g vollreife Tomaten · etwa 50 g gemischte frische Kräuter wie Dill, Schnittlauch, Kerbel, Borretsch, Garten- oder Brunnenkresse und Basilikum
4 Eßl. Himbeeressig · 1 Teel. Balsamessig · 1 Teel. Kräutersenf · Vollmeersalz · frisch gemahlener weißer Pfeffer
5 Eßl. kaltgepreßtes Maiskeimöl

Braucht etwas Zeit

Pro Person etwa 1200 kJ/290 kcal
5 g Eiweiß · 20 g Fett · 23 g Kohlenhydrate · 2 g Ballaststoffe

Garzeit des Dinkels: 2 Stunden
Zubereitungszeit: 20 Minuten

Den Dinkel mit dem Wasser einmal aufkochen und zugedeckt bei schwacher Hitze 1 Stunde kochen lassen. Den Topf dann vom Herd ziehen und den Dinkel 1 weitere Stunde quellen lassen. • Die Zucchini waschen, abtrocknen, von Stiel- und Blütenansätzen befreien und in Stifte schneiden. Die Tomaten waschen, abtrocknen und würfeln, dabei die Stielansätze entfernen. Die Kräuter verlesen, waschen, trockenschwenken und grob schneiden (nur den Schnittlauch in feine Röllchen teilen). • Den abgetropften, lauwarm abgekühlten Dinkel mit den Zucchini, den Tomaten und den Kräutern mischen. • Die beiden Essigsorten mit dem Senf, Salz, Pfeffer und dem Öl verrühren. Die Marinade über den Salat gießen.

Salate mit Fisch und Krabben

Feine Vorspeisen oder Bestandteil eines kalten Buffets

Feldsalat und Spargel mit Fisch

im Bild rechts

Zutaten für 4 Personen:
500 g grüner Spargel
2 Eßl. Wasser · 20 g Butter
Vollmeersalz · 1 Prise Zuckerrohrgranulat · 1 Stück Seeteufel (etwa 400 g) · Saft und Schale von ½ unbehandelten Zitrone
frisch gemahlener weißer Pfeffer · 3 Eßl. Himbeer- oder Sherryessig · 1 Teel. Balsamessig · 1 Teel. Kräutersenf
3 Eßl. kaltgepreßtes Maiskeimöl
½ Handvoll Kerbel
100 g Feldsalat

Raffiniert

Pro Person etwa 1100 kJ/260 kcal
18 g Eiweiß · 16 g Fett · 7 g Kohlenhydrate · 5 g Ballaststoffe

Zubereitungszeit: 45 Minuten

Den Spargel von eventuell holzigen Enden befreien und waschen. Mit dem Wasser, 1 Teelöffel Butter, Salz und dem Zuckerrohrgranulat in einen fest schließenden, ovalen Topf geben, bei starker Hitze zum Kochen bringen und zugedeckt 15 bis 20 Minuten garen. • Die beiden Seeteufelfilets von der Mittelgräte abschneiden. • Die restliche Butter, den Zitronensaft und die hauchdünn geschnittene Schale in einer Pfanne erhitzen, bis die Butter aufschäumt. Die Fischfilets darin bei mittlerer Hitze pro Seite etwa 2 Minuten braten, herausnehmen, mit Salz und Pfeffer würzen und mit einem Teller bedecken. • Für die Vinaigrette die beiden Essigsorten mit Salz, Pfeffer, dem Senf und dem Öl verrühren. • Den Kerbel und den Feldsalat verlesen, waschen und trockenschwenken. • Den Fisch in Stücke schneiden, mit dem Spargel auf Tellern anrichten und mit Kerbelblättchen belegen. Den Feldsalat durch die Vinaigrette ziehen und dazulegen. Die restliche Vinaigrette über den Spargel träufeln.

Chinakohl mit Pilzen und Krabben

im Bild links

Zutaten für 4 Personen:
1 frische grüne Pfefferschote
1 Knoblauchzehe · 1 Stück Schale und den Saft von ½ unbehandelten Zitrone · 3 Eßl. kaltgepreßtes Sojaöl · 1 Eßl. Sherry- oder Himbeeressig
1 Prise gemahlener Koriander
1 kleiner Chinakohl (etwa 700 g) · 100 g braune Egerlinge
150 g Krabben · Vollmeersalz
1 Eßl. Schnittlauchröllchen

Für Ungeübte • Raffiniert

Pro Person etwa 730 kJ/170 kcal
10 g Eiweiß · 13 g Fett · 5 g Kohlenhydrate · 1 g Ballaststoffe

Zubereitungszeit: 30 Minuten

Die Pfefferschote putzen, von den scharfen Kernen befreien und in Streifen schneiden. Den Knoblauch schälen und hacken. Die Zitronenschale in hauchfeine Streifen teilen. • Für das Dressing das Öl in einer Pfanne erhitzen. Die Pfanne vom Herd ziehen. Die Pfefferschote und den Knoblauch im heißen Öl anschwitzen. Die Zitronenschale und den -saft, den Essig und den Koriander daruntermischen. • Den Chinakohl putzen, waschen und in feine Streifen schneiden. Die Egerlinge putzen und blättrig schneiden. • Die Kohlstreifen, die Pilze, die Krabben und das Dressing mischen. Den Salat mit Salz abschmecken und mit dem Schnittlauch bestreuen.

Info für Vegetarier: Fisch beziehungsweise Krabben durch gebratenen Tofu ersetzen.

Gemüse-Nudelsalat

Ein leichter sommerlicher Imbiß

Zutaten für 4 Personen:
200 g Möhren · 1 Bund Frühlingszwiebeln · 200 g junge Zucchini · je 1 kleine rote und grüne Paprikaschote (etwa 200 g) · 300 g vollreife Tomaten
2 Knoblauchzehen · 2 frische Rosmarinzweige · 1 frischer Salbeizweig · 3 frische Thymianzweige · 250 g Vollkorn-Hörnchennudeln · Vollmeersalz
2 Eßl. milder Obstessig
6 Eßl. kaltgepreßtes Olivenöl
frisch gemahlener schwarzer Pfeffer · 3 Eßl. Schnittlauchröllchen

Preiswert

Pro Person etwa 2100 kJ/500 kcal
13 g Eiweiß · 25 g Fett · 56 g Kohlenhydrate · 10 g Ballaststoffe

Vorbereitungszeit: 30 Minuten
Garzeit: 20 Minuten

Die Möhren schälen, waschen und in mittelgroße Würfel schneiden. Die Frühlingszwiebeln, die Zucchini und die Paprikaschoten putzen, waschen und zerkleinern: Die Zwiebeln mit etwa zwei Dritteln ihres Grüns in 2 cm lange Stükke schneiden, die Zucchini in fingerdicke Stifte teilen, die Paprikaschoten in etwa 2 cm breite Streifen schneiden. Die Tomaten mit kochendem Wasser überbrühen, häuten und achteln, dabei die Stielansätze entfernen. Die Knoblauchzehen schälen, die Kräuterzweige waschen. • Alle Zutaten in einem Topf vorsichtig mischen und einmal aufkochen. • Die Gemüse im verschlossenen Topf etwa 20 Minuten garen. • Die Kräuterzweige herausnehmen und dabei die Blättchen mit einer Gabel abstreifen. • Während die Gemüse garen, die Nudeln in sprudelnd kochendem Salzwasser bißfest garen. • Die Gemüse, die abgetropften Nudeln, den Essig und das Olivenöl mischen. Den Salat mit Salz und Pfeffer abschmecken und mit dem Schnittlauch bestreut lauwarm servieren.

Gemischte Rohkost mit Käse

Schmeckt mit jedem Hartkäse

Zutaten für 4 Personen:
je 1 rote und grüne Paprikaschote (etwa 400 g) · 2 Stangen Sellerie (etwa 100 g) · 1 säuerlicher Apfel (Gravensteiner oder Boskop, etwa 200 g) · einige Radicchioblätter · je 1 Eßl. fein geschnittener Dill und Kerbel
2 Eßl. Apfelessig · Vollmeersalz frisch gemahlener weißer Pfeffer · 4 Eßl. kaltgepreßtes Olivenöl · 100 g Greyerzerkäse

Für Ungeübte

Pro Person etwa 1200 kJ/290 kcal
9 g Eiweiß · 23 g Fett · 12 g Kohlenhydrate · 2 g Ballaststoffe

Zubereitungszeit: 25 Minuten

Die Paprikaschoten vierteln, von den Rippen und den Kernen befreien, waschen, trockentupfen und in feine Streifen schneiden. Das Wurzelende und das Blattgrün der Selleriestangen abschneiden. Das Grün waschen, trockentupfen und fein hacken. Die Stangen ebenfalls waschen, abtrocknen und die groben Rippen mit einem spitzen Messer abziehen. Die Selleriestangen in dünne Streifen schneiden. Den Apfel vierteln, schälen, vom Kerngehäuse befreien und in Stifte schneiden. Die Radicchioblätter waschen, trockenschwenken und in grobe Streifen schneiden. • Alle diese Zutaten, das Selleriegrün, den Dill und den Kerbel in eine Schüssel geben. • Den Essig mit Salz, Pfeffer und dem Olivenöl verrühren, über den Salat gießen und alles vorsichtig mischen. • Den Käse raspeln und über den Salat streuen.

Wintersalat mit Vinaigrette

Vorspeise oder leichte Beilage

Zutaten für 4 Personen:
2 Eier · 2 milchsaure Gurken (etwa 75 g) · 75 g Feldsalat
1 kleiner Kopf Radicchio (etwa 100 g) · 1 kleiner Endiviensalat (etwa 500 g) · 1 Bund Schnittlauch · 1 Eßl. Kapern · 3 Eßl. milder Apfelessig · 1 Teel. Honig · 1 Teel. scharfer Senf
Vollmeersalz · frisch gemahlener weißer Pfeffer
5 Eßl. kaltgepreßtes Olivenöl
½ Kästchen Gartenkresse

Raffiniert

Pro Person etwa 1100 kJ/260 kcal
7 g Eiweiß · 22 g Fett · 6 g Kohlenhydrate · 4 g Ballaststoffe

Zubereitungszeit: 20 Minuten

Die Eier in kochendem Wasser in etwa 8 Minuten hart kochen, kalt abschrecken, schälen und hacken. Die Gurken würfeln. • Alle Salatsorten putzen, mehrmals gründlich waschen und sehr gut trockenschwenken. Den Radicchio in mundgerechte Stücke zupfen, den Endiviensalat in Streifen schneiden. • Die Salate in einer Schüssel mischen. • Den Schnittlauch kalt abspülen, trockentupfen und in Röllchen schneiden. Mit den Eiern, den Gurken und den Kapern mischen. • Für die Vinaigrette den Essig mit dem Honig, dem Senf, Salz und Pfeffer verrühren. Das Öl mit einem Schneebesen darunterrühren. • Die Vinaigrette über den Salat gießen und vorsichtig unterheben. • Den Salat auf Teller verteilen und mit der Schnittlauch-Ei-Mischung bestreuen. • Die Kresse mit einer Küchenschere abschneiden. Den Salat damit garnieren.

Salate mit Hülsenfrüchten

Herzhaftes, reich an pflanzlichem Eiweiß

Salat mit Dicken Bohnen und Paprikaschoten

im Bild links

Zutaten für 4 Personen:
1 Paket tiefgefrorene Dicke Bohnen (300 g) · 1 getrocknete rote Pfefferschote · ¼ l Gemüsebrühe · je 1 grüne, rote und gelbe Paprikaschote · 1 Bund Frühlingszwiebeln · 4 Zweige frischer Thymian · 4 Eßl. Himbeeressig · 1 Eßl. Honigsenf eventuell Vollmeersalz · 6 Eßl. kaltgepreßtes Olivenöl

Schnell

Pro Person etwa 1400 kJ/330 kcal
8 g Eiweiß · 24 g Fett · 21 g Kohlenhydrate · 2 g Ballaststoffe
Zubereitungszeit: 25 Minuten

Die dicken Bohnen mit der Pfefferschote und der Gemüsebrühe einmal aufkochen und zugedeckt 20 Minuten garen. • Inzwischen die Paprikaschoten putzen, von den Rippen und den Kernen befreien, waschen, trockentupfen und in Streifen schneiden. Die Frühlingszwiebeln putzen, waschen und mit etwa zwei Dritteln des zarten Grüns in feine Ringe schneiden. Den Thymian waschen, trockentupfen und die Blättchen abzupfen. • Die gegarten Bohnen abgießen, die Brühe auffangen, die Pfefferschote wegwerfen. • Die Gemüsebrühe mit dem Essig, dem Senf, eventuell Salz und dem Öl verrühren. • Die Bohnen mit den Paprikaschoten, den Zwiebelringen, dem Thymian und dem Dressing mischen.

Bohnensalat mit Mais

im Bild rechts

Zutaten für 4 Personen:
100 g rote Bohnen · 200 ccm Gemüsebrühe · 1 Bund Suppengrün · 1 Lorbeerblatt
1 Dose Maiskörner (340 g)
1 vollreife Fleischtomate (etwa 250 g) · 1 Gemüsezwiebel (etwa 250 g) · 1 Bund Petersilie
1 Bund Bohnenkraut · 4 Eßl. milder Kräuteressig · 1 Eßl. scharfer Senf · eventuell Vollmeersalz · frisch gemahlener schwarzer Pfeffer · 6 Eßl. kaltgepreßtes Maiskeimöl

Preiswert •
Braucht etwas Zeit

Pro Person etwa 1800 kJ/430 kcal
11 g Eiweiß · 25 g Fett · 41 g Kohlenhydrate · 9 g Ballaststoffe

Quellzeit: 8 Stunden
Garzeit der Bohnen: 2 Stunden
Zubereitungszeit: 15 Minuten

Die Bohnen mit der Gemüsebrühe übergießen und zugedeckt 8 Stunden einweichen. • Das Suppengrün putzen, waschen und unzerkleinert mit dem Lorbeerblatt zu den Bohnen geben. Die Bohnen zum Kochen bringen und zugedeckt bei schwacher Hitze in etwa 2 Stunden weich kochen. • Das Suppengrün und das Lorbeerblatt wegwerfen, die Bohnen abgießen, die Brühe dabei auffangen. Die Bohnen lauwarm abkühlen lassen. • Inzwischen den Mais abgießen und unter fließendem kaltem Wasser abspülen. Die Fleischtomate waschen, abtrocknen und würfeln, dabei den Stielansatz entfernen. Die Gemüsezwiebel schälen und in Ringe teilen. Die Petersilie und das Bohnenkraut waschen, trockentupfen und fein hacken. • Für die Vinaigrette den Essig mit der abgegossenen Brühe, dem Senf, eventuell mit Salz sowie 1 kräftigen Prise Pfeffer verrühren. Das Öl mit einem Schneebesen darunter-mischen. • Die Bohnen, den Mais, die Tomate, die Zwiebel und die Kräuter mischen. • Das Dressing über den Salat gießen.

Wirsingsalat mit mariniertem Huhn

Mit Vollkornbrötchen ein leichtes Hauptgericht

Zutaten für 4 Personen:
1 doppeltes Hühnerbrüstchen (etwa 220 g) · ½ unbehandelte Zitrone · 1 Handvoll Blätter von Zitronenmelisse · 1 Knoblauchzehe · 4 Eßl. kaltgepreßtes Sonnenblumenöl · 1 Kopf Wirsing (etwa 1 kg) · 2 Eßl. Sesamsamen · 4 Eßl. Gemüsebrühe · 4 Eßl. milder Obstessig Vollmeersalz · frisch gemahlener weißer Pfeffer
1 Eßl. Schnittlauchröllchen

Raffiniert
Braucht etwas Zeit

Pro Person etwa 1200 kJ/290 kcal
17 g Eiweiß · 20 g Fett · 10 g Kohlenhydrate · 10 g Ballaststoffe

Zubereitungszeit einschließlich Marinierzeit: 1¾ Stunden

Das Hühnerbrüstchen häuten und vom Knochen lösen. Etwas Zitronenschale in feine Streifen schneiden. Die Zitrone auspressen. Die Zitronenmelisse waschen, trockentupfen und grob zerkleinern. Die Knoblauchzehe schälen und hacken. • Alle diese Zutaten mit 1 Eßlöffel Öl mischen, das Fleisch damit übergießen und zugedeckt 1 Stunde marinieren. Dabei einmal wenden. • Inzwischen den Wirsing von den welken äußeren Blättern befreien, vierteln und den Strunk herausschneiden. Die Wirsingviertel waschen und in Streifen schneiden. • Die Sesamsamen in einer Pfanne ohne Fettzugabe rösten, bis sie duften. Herausnehmen und beiseite stellen. • Die Gemüsebrühe mit dem Essig, Salz und 1 kräftigen Prise Pfeffer verrühren. • Das restliche Öl nach und nach in der Pfanne erhitzen. Den Wirsing darin portionsweise bei mittlerer Hitze unter ständigem Umrühren etwa 2 Minuten braten, bis er knackig weich ist. Jeweils herausnehmen und auf Teller verteilen. • Das Hühnerbrüstchen aus der Marinade nehmen, die Zitronenschale, die Melisse und den Knoblauch abstreifen. • Das Fleisch in der Pfanne bei starker Hitze pro Seite etwa 2 Minuten braten, bis es gerade durchgegart ist. Herausnehmen, quer zur Faser in dünne Scheiben schneiden und auf dem Wirsing anrichten. • Die Marinade mit der Zitronenschale, der Melisse und dem Knoblauch in die Pfanne gießen und den Knoblauch glasig werden lassen. Die Essigmischung hinzufügen und den Bratfond damit lösen. • Die Mischung über dem Wirsing und dem Fleisch verteilen, den Sesam und den Schnittlauch darüber streuen.

Info zur Vollwertkost: Mit Hühnchen sollten Sie diesen Salat nur zubereiten, wenn Sie ein Bezugsquelle für Fleisch von artgerecht gehaltenen Tieren kennen. Andernfalls nehmen Sie Lammfleisch aus der Keule; die Qualität von Lamm ist noch immer gut. Selbstverständlich können Sie auch Rinder- oder Schweinefilet vom Bio-Metzger (Adressen Seite 12 und 218) verwenden. Trotz des geringen Fleischanteils sollten Sie den Salat nicht als Vorspeise vor einer Fleisch- oder Fischmahlzeit essen, sondern – falls Sie ihn in ein größeres Menü einbauen wollen – ein vegetarisches Hauptgericht mit Hülsenfrüchten oder Getreide wählen. Vegetarier ersetzen das Fleisch durch marinierte, gebratene Tofustreifen oder durch gebratene Vollkornbrotwürfel und wachsweiche oder pochierte Eier.

Rohkost mit Obst und Käsesauce

Schmeckt auch mit Ananas oder Orangen

Zutaten für 3 Personen:
20 g Blauschimmelkäse · 2 Eßl. Sahne · 1 Eßl. saure Sahne
1 Eßl. Joghurt · 1 Eßl. Zitronensaft · 2 Eßl. kaltgepreßtes Sojaöl
frisch gemahlener weißer Pfeffer · 1 Kiwi · 1 feste, saftige Birne (Alexander Lucas, etwa 200 g) · 250 g junge Möhren
1 junge Kohlrabiknolle (etwa 300 g) · 2 Stangen Staudensellerie mit Blättchen
1 Eßl. gehackte Pistazien

Raffiniert

Pro Person etwa 1300 kJ/310 kcal
7 g Eiweiß · 19 g Fett · 25 g Kohlenhydrate · 6 g Ballaststoffe

Zubereitungszeit: 30 Minuten

Für die Sauce den Käse mit einer Gabel zerdrücken und mit der süßen und der sauren Sahne, dem Joghurt, dem Zitronensaft und dem Öl verrühren. Die Sauce mit 1 kräftigen Prise Pfeffer abschmecken. • Die Kiwi schälen und in Scheiben schneiden. Die Birne vierteln, schälen, vom Kerngehäuse befreien, in Stücke schneiden und sofort mit der Kiwi mischen; die Fruchtsäure der Kiwi verhindert, daß sich die Birne verfärbt. Die Möhren schaben, waschen und raspeln. Den Kohlrabi schälen, von eventuell holzigen Stellen befreien und in etwa fingerdicke Stifte schneiden. Die Kohlrabi- und die Sellerieblättchen abschneiden, waschen, trockentupfen und zerkleinern. Die Selleriestangen ebenfalls waschen und in etwa fingerbreite Stücke schneiden. • Das Obst und die Rohkost vorsichtig mischen. Die Käsesauce darunterheben. Die Gemüseblättchen und die Pistazien über den Salat streuen.

Sauerkrautsalat mit Trockenobst

Reich an Vital- und Ballaststoffen

Zutaten für 4 Personen:
5 getrocknete ungeschwefelte Aprikosen · 5 entsteinte ungeschwefelte Dörrpflaumen
Saft von 1 großen Orange
500 g Sauerkraut · 100 g Sahne
100 g Crème fraîche · 1 Eßl. milder Obstessig · Vollmeersalz
frisch gemahlener weißer Pfeffer · 1 Teel. kaltgepreßtes Walnußöl · 50 g Kürbiskerne
2 Eßl. frisch gehackter Kerbel, ersatzweise Petersilie

Preiswert
Gut vorzubereiten

Pro Person etwa 1300 kJ/310 kcal
7 g Eiweiß · 22 g Fett · 23 g Kohlenhydrate · 6 g Ballaststoffe

Quellzeit: 4 Stunden
Zubereitungszeit: 15 Minuten

Die Aprikosen und die Dörrpflaumen heiß abwaschen und in dem Orangensaft 4 Stunden zugedeckt ziehen lassen. • Das Obst herausnehmen und in Stücke schneiden. Das Sauerkraut mit einer Gabel zerpflücken und mit dem Obst mischen. • Für das Dressing die Sahne mit dem Orangensaft, den das Trockenobst nicht aufgesogen hat, der Crème fraîche, dem Essig, Salz, Pfeffer und dem Öl verrühren. • Das Dressing unter den Sauerkrautsalat mischen. • Den Salat mit den Kürbiskernen und dem Kerbel oder der Petersilie bestreut servieren. • Dazu passen Vollkornbrötchen mit Butter oder Frikadellen aus Tofu (Rezept Seite 63: Tofuburger ohne Brötchen und Saucen) oder geschrotetem Getreide (Rezept Seite 172: Reispuffer).

Zucchini mit Kräuterquark

Können Sie auch mit Auberginen zubereiten

Zutaten für 4 Personen:
750 g junge Zucchini · 2 Eßl. kaltgepreßtes Olivenöl · frisch gemahlener schwarzer Pfeffer
1 Zweig frischer Rosmarin
250 g Quark · 300 g Joghurt
2 Eßl. Sahne · 1 Bund Schnittlauch · ½ Kästchen Gartenkresse · Vollmeersalz
1 Prise Zuckerrohrgranulat
1 Eßl. Sesamsamen

Schnell • Preiswert

Pro Person etwa 1400 kJ/330 kcal
14 g Eiweiß · 22 g Fett · 17 g Kohlenhydrate · 1 g Ballaststoffe

Zubereitungszeit: 25 Minuten

Die Zucchini waschen, abtrocknen, von den Stiel- und Blütenansätzen befreien und der Länge nach in etwa 1 cm dicke Scheiben schneiden. • Die Scheiben nebeneinander auf ein Backblech legen, mit dem Olivenöl beträufeln und mit Pfeffer bestreuen. Den Rosmarin waschen, trockenschwenken, die Nadeln abstreifen, grob zerkleinern und über die Zucchini streuen. • Das Blech in den Elektrogrill schieben, und die Zucchini etwa 10 Minuten grillen. • Inzwischen den Quark mit dem Joghurt und der Sahne glattrühren. Den Schnittlauch waschen, trockentupfen und in feine Röllchen schneiden. Die Kresse abschneiden. Beide Kräuter unter den Quark mischen. • Den Quark mit Pfeffer, Salz und dem Zuckerrohrgranulat abschmecken. • Die Sesamsamen in einer Pfanne ohne Fettzugabe rösten, bis sie zart duften, dann über den Quark streuen. • Den Quark zu den gegrillten Zucchini servieren. • Dazu passen Vollkornbrötchen oder Pellkartoffeln.

Gebratene Austernpilze mit Knoblauch

Feine Vorspeise, die auch Ungeübten leicht gelingt

Zutaten für 4 Personen:
500 g Austernpilze · 2 Knoblauchzehen · ½ Bund Petersilie
2 Eßl. kaltgepreßtes Olivenöl
1 Teel. Butter · Vollmeersalz
frisch gemahlener schwarzer Pfeffer · Saft von 1 kleinen Zitrone

Raffiniert • Schnell

Pro Person etwa 500 kJ/120 kcal
3 g Eiweiß · 9 g Fett · 7 g Kohlenhydrate · 0 g Ballaststoffe

Vorbereitungszeit: 15 Minuten
Garzeit: 10 Minuten

Die einzelnen Pilze voneinander trennen und die zähen Stiele abschneiden. Die Pilze mit einem kleinen, spitzen Messer von allen Strohresten säubern, die sich vor allem an der Unterseite der Hüte in den Lamellen festgesetzt haben. Die geputzten Pilze kurz unter fließendem kaltem Wasser abspülen und sehr gut trockentupfen. • Den Knoblauch schälen und in ganz dünne Scheibchen schneiden. Die Petersilie waschen, trockentupfen und fein zerkleinern. • Das Öl in einer Pfanne erhitzen und die Butter darin bei mittlerer Hitze zerlaufen lassen. Die Pilze möglichst nebeneinander in die Pfanne legen und zugedeckt etwa 2 Minuten braten, dann wenden und bei starker Hitze in der offenen Pfanne weitere 3 bis 5 Minuten braten, bis die gesamte Flüssigkeit verdampft ist. Die Pilze mit Salz und Pfeffer würzen und auf vorgewärmten Tellern anrichten. • Den Knoblauch und den Zitronensaft in die Pfanne geben, und den Knoblauch unter ständigem Rühren etwa 1 Minute dünsten, bis er weich ist. • Die Mischung über den Pilzen verteilen. Die Petersilie darüber streuen.

Maiskolben mit Bohnenpüree

Reich an hochwertigem pflanzlichem Eiweiß

Zutaten für 4 Personen:
300 g schwarze Bohnen
650 ccm Wasser · 2 Zwiebeln
2 Knoblauchzehen · 300 g
vollreife Tomaten · 1 Bund
Suppengrün · 2 Eßl. kalt-
gepreßtes Olivenöl · 4 junge
Maiskolben · 50 g Butter · 1 Eßl.
edelsüßes Paprikapulver · 2 Eßl.
Kräuteressig · Vollmeersalz
Cayennepfeffer · 1 Eßl. frisch
gehackter Majoran

Für Ungeübte

Pro Person etwa 2600 kJ/620 kcal
23 g Eiweiß · 21 g Fett · 82 g
Kohlenhydrate · 25 g Ballaststoffe

Quellzeit: 8 Stunden
Zubereitungszeit: 2 Stunden

Die Bohnen in dem Wasser 8 Stunden zugedeckt einweichen. • Dann 1 Zwiebel und 1 Knoblauchzehe schälen, zu den Bohnen geben und alles einmal aufkochen. Die Bohnen zugedeckt bei schwacher Hitze in etwa 1½ Stunden weich kochen. • Inzwischen die zweite Zwiebel und Knoblauchzehe schälen und fein hacken. Die Tomaten mit kochendem Wasser überbrühen, häuten und würfeln, dabei die Stielansätze entfernen. Das Suppengrün putzen, waschen und fein zerkleinern. • Das Öl in einem Topf erhitzen. Die Zwiebel und den Knoblauch darin glasig braten. • Die Tomaten, das Suppengrün und die Bohnen mit der Garflüssigkeit dazugeben. Alles bei mittlerer Hitze unter häufigem Umrühren 30 Minuten schmoren. • Inzwischen die Maiskolben putzen, waschen und abtrocknen. • Die Butter in einer Pfanne erhitzen. Die Maiskolben darin bei mittlerer bis schwacher Hitze unter häufigem Wenden etwa 15 Minuten braten. • Auf Teller geben und mit der Bratbutter beträufeln. • Die Bohnen mit einem Kartoffelstampfer zerdrücken, mit dem Paprikapulver, dem Essig, Salz und Cayennepfeffer abschmecken. Den Majoran daruntermischen und zu den Maiskolben servieren.

Leichte Kost für heiße Tage

Grüne Bohnen mit Zitronensauce

im Bild links

Zutaten für 2 Personen:
500 g grüne Bohnen · 1 Bund Bohnenkraut · 1/8 l Gemüsebrühe · 100 g Butter
½ unbehandelte Zitrone
1 kleines Eigelb · frisch gemahlener weißer Pfeffer
1 Prise frisch geriebene Muskatnuß · Vollmeersalz

Preiswert

Pro Person etwa 2100 kJ/500 kcal
7 g Eiweiß · 45 g Fett · 17 g Kohlenhydrate · 8 g Ballaststoffe

Zubereitungszeit: 45 Minuten

Die Bohnen waschen, abtropfen lassen und putzen. Das Bohnenkraut waschen und trockenschwenken. Etwa die Hälfte der Blättchen abzupfen und für die Sauce beiseite legen. • Die Gemüsebrühe zum Kochen bringen. Die Bohnen mit dem Bohnenkraut hinzufügen, einmal aufkochen und zugedeckt in etwa 15 Minuten knakkig weich garen. • Inzwischen die Bohnenkrautblättchen fein hacken. Die Butter zerlassen und warm halten. 1 Stück Zitronenschale abschneiden und in feine Streifen teilen. Die Zitrone auspressen. • Die Bohnen abgießen, die Garflüssigkeit auffangen. Das Bohnenkraut wegwerfen und die Bohnen auf einer vorgewärmten Platte warm halten. • Die Garflüssigkeit mit dem Zitronensaft und dem Eigelb über dem warmen Wasserbad zu einer schaumigen Masse aufschlagen. Die flüssige Butter unter ständigem Weiterschlagen langsam zugeben. • Die Zitronenschale und das zerkleinerte Bohnenkraut in die Sauce mischen, mit Pfeffer, Muskatnuß und eventuell Salz abschmecken, die Bohnen damit überziehen.

Wachsweiche Eier mit Joghurt-Remoulade

im Bild rechts

Zutaten für 4 Personen:
8 Eier · 1 Eigelb · 1 Teel. Kräutersenf · 1 Teel. Zitronensaft
Vollmeersalz · frisch gemahlener weißer Pfeffer · 1/8 l kaltgepreßtes Sonnenblumenöl
150 g Joghurt · 1 Frühlingszwiebel · 1 milchsaure Gurke
1 kleine vollreife Tomate
1 Eßl. frisch gehackte Petersilie
einige Blättchen Basilikum zum Garnieren

Raffiniert

Pro Person etwa 2100 kJ/500 kcal
17 g Eiweiß · 46 g Fett · 4 g Kohlenhydrate · 1 g Ballaststoffe

Zubereitungszeit: 25 Minuten

Die Eier in kochendem Wasser in etwa 6 Minuten wachsweich kochen, abgießen und kalt abschrecken. • Für die Mayonnaise das Eigelb mit dem Senf, dem Zitronensaft, Salz und Pfeffer verrühren. Das Öl zuerst tropfenweise, dann in dünnem Strahl dazugießen und mit einem Schneebesen kräftig unterschlagen. Den Joghurt daruntermischen. • Die Frühlingszwiebel putzen, waschen, trockentupfen und mit etwa zwei Dritteln ihres Grüns in Ringe schneiden. Die abgetropfte Gurke hacken. Die Tomate waschen, abtrocknen und würfeln, dabei den Stielansatz entfernen. • Alle diese Zutaten und die Petersilie unter die Mayonnaise mischen. • Die Eier schälen, halbieren und mit dem Eigelb nach oben in tiefe Teller legen. Die Joghurt-Remoulade darübergeben. • Das Gericht mit dem Basilikum garnieren.
• Dazu passen Pellkartoffeln.

Pikant gewürzte Eierspeisen

Reich an Eiweiß und Ballaststoffen

Tortilla mit Tomaten

im Bild links

Zutaten für 2 Personen:
1 große festkochende Kartoffel (etwa 200 g) · 1 große Zwiebel
4 Eßl. kaltgepreßtes Maiskeimöl
Vollmeersalz · frisch gemahlener weißer Pfeffer
1 vollreife Fleischtomate (etwa 200 g) · 3 Eier · 1 Eßl. frisch gehackte Petersilie

Schnell

Pro Person etwa 2100 kJ/500 kcal
15 g Eiweiß · 39 g Fett · 24 g Kohlenhydrate · 5 g Ballaststoffe

Vorbereitungszeit: 10 Minuten
Garzeit: 25 Minuten

Die Kartoffel schälen, waschen, in dünne Scheiben hobeln und mit Küchenkrepp trockentupfen. Die Zwiebel schälen und hacken. • Das Öl in einer Pfanne erhitzen. • Die Zwiebel darin bei mittlerer Hitze glasig braten. • Die Temperatur zurückschalten, die Kartoffelscheiben in die Pfanne geben und so verteilen, daß sie nebeneinander liegen. Mit Salz und Pfeffer würzen und bei schwacher Hitze unter häufigem Wenden in etwa 10 Minuten weich braten. • Inzwischen die Tomate häuten und in fingerdicke Scheiben schneiden, den Stielansatz dabei entfernen. Die Eier verquirlen, über die Kartoffeln gießen und die Pfanne schwenken, damit sich die Masse verteilen kann. Die Tomatenscheiben darauf legen. • Die Eier bei schwacher Hitze in etwa 10 Minuten stocken lassen. • Die Tortilla an der Unterseite vorsichtig lösen, auf einen Teller gleiten lassen und gewendet wieder in die Pfanne geben. Die Tortilla weitere 5 Minuten braten. • Die Tortilla halbieren, auf Tellern anrichten und mit der Petersilie bestreut servieren.

Rührei mit Sprossen

im Bild rechts

Zutaten für 2 Personen:
300 g beliebige Sprossen, zum Beispiel aus Mungobohnen, Linsen, Weizen und Hafer
2 Schalotten · 30 g Butter
200 g Crème fraîche · Vollmeersalz · frisch gemahlener weißer Pfeffer · 1 Eßl. Zitronensaft
½ Bund Dill · 4 Eier · 1 Eßl. frisch gehackte Petersilie

Preiswert

Pro Person etwa 3800 kJ/900 kcal
41 g Eiweiß · 62 g Fett · 45 g Kohlenhydrate · 7 g Ballaststoffe

Keimzeit der Sprossen: 4 Tage
Zubereitungszeit: 25 Minuten

Die Sprossen waschen und abtropfen lassen. Die Schalotten schälen und fein hacken. • 1 Eßlöffel Butter in einer Pfanne zerlassen und die Schalotten darin glasig braten. Die Sprossen dazugeben und unter Rühren etwa 1 Minute mitbraten. • Die Crème fraîche daruntermischen, und die Sprossen in weiteren 2 Minuten fertiggaren. Das Sprossengemüse mit Salz, Pfeffer und dem Zitronensaft abschmecken. • Den Dill waschen, trockenschwenken, fein hacken und daruntermischen. • Das Gemüse auf vorgewärmten Tellern warm halten. • Die Eier mit wenig Salz, Pfeffer und der Petersilie verquirlen. • Die restliche Butter in einer Pfanne nur zerlaufen lassen, aber nicht bräunen. • Die Eier in die Pfanne gießen und zugedeckt bei mittlerer bis schwacher Hitze auf der Unterseite stocken lassen. Dann mit einer Gabel durchrühren, bis die Masse zwar nicht mehr flüssig, aber noch saftig und weich ist. • Das Rührei neben den Sprossen anrichten.

Blinis mit Schnittlauchsahne

Der russischen Küche nachempfunden

Zutaten für 4 Personen:
200 g Buchweizenvollmehl
½ Päckchen frische Hefe
200 ccm lauwarme Milch
3 Eier · 75 g zerlassene Butter
Vollmeersalz · 2 vollreife Tomaten (etwa 200 g) · 2 Bund Schnittlauch · 300 g Crème fraîche · 100 g saure Sahne
Cayennepfeffer
Zum Backen: 6–7 Eßl. kaltgepreßtes Sonnenblumenöl

Raffiniert

Pro Person etwa 3700 kJ/880 kcal
17 g Eiweiß · 71 g Fett · 45 g Kohlenhydrate · 2 g Ballaststoffe

Vorbereitungszeit: 10 Minuten
Ruhezeit: 1 Stunde
Garzeit: 30 Minuten

Das Buchweizenmehl in eine Schüssel geben. Die zerbröckelte Hefe, die Milch, die Eier, die Butter und 1 Prise Salz dazugeben und alles zu einem glatten Teig verrühren. • Den Teig zugedeckt 1 Stunde gehen lassen. • Inzwischen die Tomaten mit kochendem Wasser überbrühen, häuten, von den Stielansätzen und den Kernen befreien und ganz fein würfeln. Den Schnittlauch waschen, trockentupfen und in feine Röllchen schneiden. • Beide Zutaten mit der Crème fraîche und der sauren Sahne verrühren. Die Schnittlauchsahne mit Salz und Cayennepfeffer abschmecken. • Für die Blinis etwa 3 Eßlöffel Öl in einer Pfanne erhitzen. Jeweils etwa 2 Eßlöffel Teig in die Pfanne geben, zu Küchlein auseinanderstreichen und bei mittlerer bis schwacher Hitze backen, bis sie an der Unterseite braun sind und sich vom Pfannenboden lösen. Die Blinis wenden und auf der zweiten Seite ebenfalls langsam backen. Das Öl darf dabei nicht zu heiß sein, sonst brechen die Blinis beim Wenden. Die Temperatur ist richtig, wenn die Blinis beim Backen noch etwas aufgehen. • Erneut Öl und Teig in die Pfanne geben und so fortfahren, bis alle Blinis gebacken sind. • Die Schnittlauchsahne dazu servieren.

Soja-Eierkuchen mit Krabben

Warme Vorspeise oder leichtes Hauptgericht

Zutaten für 2–4 Personen:
50 g Weizenvollkornmehl
50 g vollfettes Sojamehl · Vollmeersalz · ½ Teel. getrockneter Thymian · ¼ l Mineralwasser
2 Eier · 200 g Krabben
200 g Crème fraîche · 2 Eßl. Zitronensaft · 2 Eßl. Schnittlauchröllchen · 1 Eßl. frisch geriebener Meerrettich · 1 Eßl. geschlagene Sahne
Zum Backen: Sonnenblumenöl

Braucht etwas Zeit

Bei 4 Personen etwa 1900 kJ/ 450 kcal · 21 g Eiweiß · 36 g Fett 14 g Kohlenhydrate · 3 g Ballaststoffe pro Person

Vorbereitungszeit: 5 Minuten
Quellzeit: 5 Stunden
Zubereitungszeit: 40 Minuten

Das Weizen- und das Sojamehl mit Salz, dem Thymian und dem Mineralwasser verrühren. Die Eier daruntermischen. • Den Eierkuchenteig zugedeckt 5 Stunden im Kühlschrank quellen lassen. • Dann die Krabben kalt abspülen, trockentupfen und mit der Crème fraîche, dem Zitronensaft, dem Schnittlauch, dem Meerrettich und der Schlagsahne mischen. Die Krabben mit Salz abschmecken. • Für die Eierkuchen eine Pfanne erhitzen und mit etwas Öl ausstreichen. Die Teigmenge für einen dünnen Eierkuchen in die Pfanne geben. Den Kuchen bei mittlerer Hitze an der Unterseite backen, bis er sich leicht vom Pfannenboden löst, wenden und auf der zweiten Seite fertigbacken. • 8 Eierkuchen backen und jeweils warm halten. • Die Krabben auf Teller verteilen und die heißen Eierkuchen daneben anrichten.

Info für Vegetarier: Die Krabben durch klein geschnittenes, rohes Gemüse ersetzen.

Käsewaffeln mit Tomatensalat

Unkomplizierte Gästebewirtung

Zutaten für 4 Personen:
50 g Butter · 2 Eier · Vollmeersalz · 200 g frisch geriebener Emmentaler Käse · 3 Teel. getrockneter Majoran · frisch gemahlener weißer Pfeffer
frisch geriebene Muskatnuß
200 g saure Sahne · 50 ccm Milch · 100 g Weizenvollkornmehl · 100 g Roggenvollkornmehl · 750 g vollreife Fleischtomaten · 2 Bund Schnittlauch
1 Eßl. Kräuteressig · 2 Eßl. kaltgepreßtes Olivenöl

Für Ungeübte

Pro Person etwa 2800 kJ/670 kcal 27 g Eiweiß · 43 g Fett · 41 g Kohlenhydrate · 9 g Ballaststoffe

Vorbereitungszeit: 25 Minuten
Backzeit: 30 Minuten

Die Butter schaumig rühren. Die Eier nacheinander darunterrühren, dann Salz, den Käse, den Majoran, Pfeffer und Muskatnuß daruntermischen. Die saure Sahne und die Milch untermengen. Die beiden Mehlsorten hinzufügen und so lange rühren, bis sich alles zu einem glatten Teig verbunden hat. • Den Teig ruhen lassen, bis der Salat zubereitet ist. • Die Tomaten waschen, abtrocknen und in etwa 1 cm dicke Scheiben schneiden. Dabei die Stielansätze entfernen. Die Tomatenscheiben kreisförmig auf einer Platte anrichten. Den Schnittlauch waschen, trockentupfen, in feine Röllchen schneiden und über die Tomaten streuen. Die Tomaten mit Salz und Pfeffer würzen, mit dem Essig und dem Öl beträufeln. • Das Waffeleisen erhitzen, jeweils 1½ bis 2 Eßlöffel Teig hineingeben und jede Waffel etwa 3 Minuten backen.

Feine Waffeln mit Gemüse

Ballaststoffreiche Vollwertkost

Waffeln mit Möhren und Lauch

im Bild links

Zutaten für 2–3 Personen:
1 Kohlrabiknolle (etwa 350 g)
200 g Möhren · 200 g Lauch
1 Zwiebel · 2 Knoblauchzehen
1 Bund Petersilie
200 g Weizenvollkornmehl
¼ l Milch · 4 Eßl. Sahne
2 Eier · Vollmeersalz · frisch gemahlener weißer Pfeffer

Raffiniert

Bei 3 Personen etwa 2100 kJ/ 500 kcal · 21 g Eiweiß · 15 g Fett 64 g Kohlenhydrate · 10 g Ballaststoffe pro Person

Vorbereitungszeit: 30 Minuten
Backzeit: 30 Minuten

Den Kohlrabi und die Möhren schälen, waschen, abtrocknen und auf der Gemüsereibe fein raffeln. Den Lauch putzen, die ganze Stange längs kreuzweise durchschneiden und waschen. Den Lauch quer in dünne Scheibchen teilen und dabei etwa zwei Drittel des Lauchgrüns mitverwenden. Die zerkleinerten Gemüse in ein Küchentuch geben und sehr gut auspressen. • Die Zwiebel und die Knoblauchzehen schälen und fein hacken. Die Petersilie waschen, trockentupfen und ebenfalls fein hacken. • Das Weizenvollkornmehl mit der Milch, der Sahne, den Eiern, dem Gemüse, der Zwiebel, dem Knoblauch und der Petersilie verrühren. Die Masse mit Salz und Pfeffer würzen. • Jeweils 1½ bis 2 Eßlöffel Teig in das erhitzte Waffeleisen geben, und jede Waffel etwa 3 Minuten backen.

Hefewaffeln mit Zwiebeln

im Bild rechts

Zutaten für 3–4 Personen:
250 g Weizenvollkornmehl
100 g Hafervollkornmehl
½ Päckchen frische Hefe
300 ccm lauwarme Milch
100 g zerlassene Butter
3 Eier · Vollmeersalz · frisch gemahlener schwarzer Pfeffer
200 g Zwiebeln · 2 Zweige frischer Thymian

Gut vorzubereiten

Bei 4 Personen etwa 2600 kJ/ 620 kcal · 20 g Eiweiß · 31 g Fett 63 g Kohlenhydrate · 6 g Ballaststoffe pro Person

Vorbereitungszeit einschließlich Ruhezeit: 70 Minuten
Backzeit: 30 Minuten

Die beiden Mehlsorten in einer Schüssel mit der zerbröckelten Hefe, der Milch, etwa zwei Drittel der Butter, den Eiern, Salz und Pfeffer verrühren. • Den Teig 1 Stunde zugedeckt bei Zimmertemperatur gehen lassen. • Inzwischen die Zwiebeln schälen, halbieren und in dünne Scheiben schneiden. Den Thymian waschen, trockentupfen und die Blättchen von den Stielen streifen. • Die restliche Butter in einer Pfanne erhitzen. Die Zwiebeln und den Thymian darin bei mittlerer bis schwacher Hitze unter häufigem Wenden etwa 10 Minuten braten, bis die Zwiebeln weich sind. Die Zwiebeln lauwarm abkühlen lassen, unter den Teig mischen und die Masse im erhitzten Waffeleisen jeweils 3 bis 4 Minuten portionsweise backen.

Mein Tip: Waffeln sollten Sie nicht warm halten, sondern erst bei Tisch backen, damit sie schön knusprig bleiben.

Tofuburger

Die beliebten »Hamburger« mal vollwertig zubereitet

Zutaten für 8 Personen:
4 vollreife Tomaten (etwa 600 g) · 1 Knoblauchzehe
Vollmeersalz · 200 g Crème fraîche · 1 Eßl. saure Sahne
1 kräftige Prise Cayennepfeffer
1 Bund Schnittlauch · 1 Zwiebel
½ Bund Petersilie · 300 g Tofu
2 Eßl. Sojasauce · 1 kleines Ei
2 Eßl. Sesamsamen · 2 Eßl. fein geriebenes, altbackenes Vollkornbrot · 2 Eßl. frisch geriebener Schabziger (Schweizer Kräuterkäse mit Bockshornkleeblättern; ersatzweise Parmesankäse) · frisch gemahlener weißer Pfeffer
2 Eßl. kaltgepreßtes Maiskeimöl
8 Vollkornbrötchen · 2 Eßl. Butter · 1 Handvoll Blattspinat
1 Handvoll Senfsprossen
1 Eßl. Weißweinessig · 1 Teel. Kräutersenf · 2 Eßl. kaltgepreßtes Olivenöl · 1 Teel. kaltgepreßtes Walnußöl

Braucht etwas Zeit

Pro Person etwa 1500 kJ/360 kcal
10 g Eiweiß · 26 g Fett
19 g Kohlenhydrate · 4 g Ballaststoffe

Keimzeit der Sprossen: 4 Tage
Zubereitungszeit: 1¼ Stunden

Für die Sauce 2 Tomaten mit kochendem Wasser überbrühen, häuten, grob zerschneiden (dabei die Stielansätze entfernen) und mit einer Gabel zerdrücken. Die Knoblauchzehe schälen und mit etwas Salz zerdrücken. • Das Tomatenpüree, den Knoblauch, die Crème fraîche und die saure Sahne verrühren. Die Sauce mit dem Cayennepfeffer kräftig abschmecken. • Den Schnittlauch waschen, trockentupfen, in feine Röllchen schneiden und unter die Sauce mischen. • Für die Tofuburger die Zwiebel schälen und hacken. Die Petersilie waschen, trockentupfen und fein zerkleinern. Den Tofu mit einer Gabel zerdrücken. • Den Tofu mit der Zwiebel, der Petersilie, der Sojasauce, dem Ei, den Sesamsamen, dem Vollkornbrot, dem Schabziger und Pfeffer zu einem Teig mischen. Den Teig mit der Hand durchkneten, bis er die richtige Bindung hat.
• Aus dem Teig 8 flache Frikadellen formen. • Das Maiskeimöl in einer Pfanne erhitzen. Die Tofuburger darin pro Seite etwa 3 Minuten braten, herausnehmen und warm halten. • Die restlichen Tomaten waschen und in Scheiben schneiden, dabei die Stielansätze herausschneiden. Die Brötchen halbieren, die unteren Hälften mit der Butter bestreichen und mit den Tomatenscheiben belegen.
• Den verlesenen Spinat waschen, trockenschwenken und grob zerkleinern. Mit den gewaschenen Senfsprossen mischen.
• Den Essig mit dem Senf, etwas Salz, Pfeffer, dem Oliven- und dem Walnußöl zu einer Vinaigrette verrühren und über die Spinatmischung gießen. Alles vorsichtig mischen und auf die Tomatenscheiben häufen. Darauf jeweils 1 Tofuburger legen und mit etwa 1 Eßlöffel Sauce überziehen. Die oberen Brötchenhälften darauf legen und die Tofuburger sofort servieren. Die restliche Sauce gesondert dazu reichen. • Dazu passen außerdem Radieschen- oder Rettichscheiben, Zwiebelringe, milchsaures Gemüse und verschiedene Rohkostsalate.

Mein Tip: Wenn Sie die Burger lieber mit Fleisch mögen, können Sie den Teig so zubereiten: 500 g gehacktes Lammfleisch, je 1 gehackte Zwiebel und Knoblauchzehe, 1 kleingeschnittene Selleriestange, 1 Ei, 2 Eßlöffel gehackte Petersilie, Salz und Pfeffer mischen. Flache Frikadellen formen und pro Seite etwa 3 Minuten braten: Die Frikadellen sollen innen noch rosa und der Sellerie bißfest sein.

Vollkornnudeln mit Sahnelinsen

Enthält hochwertiges pflanzliches Eiweiß

Zutaten für 5 Personen:
1 Zwiebel · 1 Knoblauchzehe
1 Eßl. kaltgepreßtes Maiskeimöl
200 g schwarze Linsen (Puy-Linsen) · ¼ l Gemüsebrühe
250 g Sahne · 3 Eßl. Crème fraîche · 1 Bund Bohnenkraut
Vollmeersalz · frisch gemahlener weißer Pfeffer
400 g Vollkornnudeln (fertig gekauft oder selbstgemacht)

Für Ungeübte • Raffiniert

Pro Person etwa 2700 kJ/640 kcal
23 g Eiweiß · 26 g Fett · 78 g Kohlenhydrate · 9 g Ballaststoffe

Zubereitungszeit: 1 Stunde

Die Zwiebel und die Knoblauchzehe schälen und fein hacken. • Das Öl in einem Topf erhitzen. Die Zwiebel und den Knoblauch darin bei mittlerer Hitze anbraten. Die Linsen hinzufügen und so lange mitbraten, bis sie vom Öl überzogen sind. • Die Gemüsebrühe, die Sahne und die Crème fraîche dazugießen. Die Linsen zugedeckt bei schwacher Hitze 30 bis 40 Minuten garen, bis sie kernig weich sind. Dabei immer wieder umrühren. • Das Bohnenkraut waschen, trockentupfen, die Blättchen abzupfen und hacken. • Die Linsen mit dem Bohnenkraut mischen, mit Salz und Pfeffer abschmecken und warm halten, bis die Nudeln gegart sind. • Die Vollkornnudeln in reichlich sprudelnd kochendem Salzwasser bißfest garen, abgießen, abtropfen lassen und sofort mit den Linsen mischen.
• Dazu paßt frisch geriebener Parmesan- oder Pecorinokäse.

Vollkornnudeln mit Zucchini und Schafkäse

Schmeckt auch mit Mozzarella

Zutaten für 4 Personen:
1 vollreife Tomate (etwa 150 g)
300 g junge Zucchini
1 Zwiebel · 1 Knoblauchzehe
2 Zweige frischer Thymian
1 Bund Petersilie · 100 g Schafkäse (Feta) · 1 Eßl. kaltgepreßtes Olivenöl · 200 g Sahne · frisch gemahlener schwarzer Pfeffer
Cayennepfeffer · 400 g Vollkornnudeln (fertig gekauft oder selbstgemacht) · Vollmeersalz

Raffiniert

Pro Person etwa 2700 kJ/640 kcal
22 g Eiweiß · 28 g Fett · 74 g Kohlenhydrate · 10 g Ballaststoffe

Vorbereitungszeit: 20 Minuten
Garzeit: 10 Minuten

Die Tomate mit kochendem Wasser überbrühen, häuten und würfeln, dabei die Kerne und den Stielansatz entfernen. Die Zucchini waschen, ebenfalls von Stiel- und Blütenansätzen befreien und in Stifte schneiden. Die Zwiebel und die Knoblauchzehe schälen und fein hacken. Den Thymian und die Petersilie waschen und trockenschwenken. Die Thymianblättchen abzupfen, die Petersilie fein zerkleinern. Den Schafkäse zerbröckeln. • Das Öl in einer Pfanne erhitzen. Die Zwiebel, den Knoblauch und die Zucchini darin anbraten. Die Kräuter, die Tomatenwürfel und die Sahne hinzufügen. Die Zucchini unter Rühren in etwa 2 Minuten bißfest garen. • Den Schafkäse darunterrühren und erhitzen, aber nicht mehr kochen lassen. • Die Zucchini mit Pfeffer und 1 kräftigen Prise Cayennepfeffer abschmecken.
• Die Nudeln in reichlich kochendem Salzwasser bißfest garen, abgießen und abtropfen lassen, mit den Zucchini mischen und sofort servieren.

Nudeln mit Gemüse und Knoblauchöl

Feine Sommerküche

Zutaten für 3 Personen:
1 Aubergine (etwa 200 g)
400 g vollreife Tomaten
1 Zwiebel · 3 Knoblauchzehen
4 Zweige frischer Thymian
1 Bund Petersilie · 6 Eßl. kalt-
gepreßtes Olivenöl · 100 g
Sahne · 40 g frisch geriebener
Bergkäse · Vollmeersalz · frisch
gemahlener schwarzer Pfeffer
350 g Vollkornnudeln (fertig
gekauft oder selbstgemacht)

Für Ungeübte

Pro Person etwa 3800 kJ/900 kcal
26 g Eiweiß · 49 g Fett · 89 g Kohlenhydrate · 16 g Ballaststoffe

Vorbereitungszeit: 30 Minuten
Garzeit: 15 Minuten

Die Aubergine waschen, abtrocknen, vom Stielansatz befreien und würfeln. Die Tomaten mit kochendem Wasser überbrühen, häuten und ebenfalls würfeln, dabei die Stielansätze herausschneiden. Die Zwiebel und die Knoblauchzehen schälen und getrennt sehr fein hacken. Den Thymian und die Petersilie waschen und trockenschwenken. Die Thymianblättchen abzupfen. Die Petersilie fein zerkleinern. • 2 Eßlöffel Öl in einer Pfanne erhitzen. • Die Zwiebel und den Thymian darin bei mittlerer Hitze anbraten. Die Aubergine und die Tomaten hinzufügen und unter Rühren etwa 3 Minuten schmoren. Die Sahne und den Käse daruntermischen und noch einmal erhitzen. Das Gemüse eventuell mit Salz und mit 1 kräftigen Prise Pfeffer abschmecken und zugedeckt warm halten. • Die Nudeln in reichlich Salzwasser bißfest garen. • Währenddessen das restliche Öl in einem kleinen Topf heiß werden lassen. Den Knoblauch und die Petersilie hinzufügen und darin auf der abgeschalteten Kochstelle ziehen lassen, bis die Nudeln gegart sind. • Die Nudeln abgießen, abtropfen lassen, mit dem Knoblauchöl mischen und auf Teller verteilen. • Das Gemüse darauf anrichten.

Breite Nudeln mit Lachs

Vegetarier ersetzen den Lachs durch feingeschnittenes Gemüse

Zutaten für 4 Personen:
150 g frischer Lachs
1 Schalotte · 1 Handvoll frischer Kerbel · 1 Eßl. Butter
⅛ l trockener Weißwein, Fischfond oder Gemüsebrühe · 250 g Sahne · Vollmeersalz · 1 Eßl. Zitronensaft · frisch gemahlener weißer Pfeffer · 400 g selbstgemachte breite Vollkornnudeln (Rezept Seite 67)

Für Ungeübte

Pro Person etwa 2900 kJ/690 kcal
24 g Eiweiß · 32 g Fett · 69 g Kohlenhydrate · 9 g Ballaststoffe

Zubereitungszeit: 35 Minuten

Den Lachs vom Fischhändler häuten und filetieren lassen. Mit einer Pinzette sämtliche Gräten entfernen. Den Lachs in etwa 1 cm breite Streifen schneiden. Die Schalotte schälen und hacken. Den Kerbel verlesen, waschen, trockentupfen und grob hacken. • Die Butter in einem weiten Topf zerlassen, aber nicht bräunen. Die Schalotte darin bei mittlerer Hitze anschwitzen. • Den Wein, den Fischfond oder die Gemüsebrühe sowie die Sahne nach und nach dazugießen und unter häufigem Umrühren auf etwa die Hälfte einkochen lassen.
• Während die Sahne kocht, reichlich Wasser mit Salz für die Nudeln zum Kochen bringen.
• Die Sauce mit dem Zitronensaft und Pfeffer abschmecken.
• Die Nudeln in dem sprudelnd kochenden Wasser nach dem Aufkochen etwa 1 Minute garen. • Parallel dazu den Lachs in die Sauce geben, den Topf zudecken und von der Kochstelle ziehen. Den Lachs etwa 30 Sekunden in der Sauce ziehen lassen. Den Kerbel darüber streuen. • Die abgetropften Nudeln vorsichtig mit dem Lachs mischen und auf vorgewärmten Tellern sofort servieren.

Vollkornspaghetti mit Tofusahne

Spezialität aus Italien – vollwertig abgewandelt

Zutaten für 4 Personen:
200 g Tofu · 200 g Sahne
1 Briefchen Safranfäden
1 Paket tiefgefrorene Erbsen (300 g) · Vollmeersalz · 400 g Vollkornspaghetti (fertig gekauft oder selbstgemacht)
2 Eßl. Zitronensaft · frisch gemahlener weißer Pfeffer
75 g frisch geriebener Parmesankäse · 1 Eßl. frisch gehackte Petersilie

Raffiniert

Pro Person etwa 2800 kJ/670 kcal
31 g Eiweiß · 26 g Fett · 77 g Kohlenhydrate · 9 g Ballaststoffe

Zubereitungszeit: 30 Minuten

Den abgetropften Tofu mit der Sahne im Mixer pürieren, in einen Topf geben und zum Kochen bringen. Die Mischung bei mittlerer Hitze unter ständigem Rühren um etwa ein Drittel einkochen lassen. • Den Safran zwischen den Fingern zerreiben und mit den gefrorenen Erbsen in die Sahne geben. Die Sahne erneut aufkochen, und die Erbsen in etwa 5 Minuten garen. • Inzwischen für die Spaghetti Wasser mit Salz zum Kochen bringen. Die Spaghetti im sprudelnd kochenden Wasser bißfest garen. • Die Sauce mit dem Zitronensaft und Pfeffer abschmecken. Den Parmesankäse und die Petersilie hineinrühren. • Die gegarten Spaghetti abgießen, sehr gut abtropfen lassen, mit der Sauce mischen und auf vorgewärmten Tellern sofort servieren. • Dazu paßt gemischter Salat oder Gemüserohkost.

Gerichte mit selbstgemachten Nudeln

Der frische Teig läßt sich beliebig formen

Roggennudeln mit Spinat

im Bild links

Zutaten für 4 Personen:
200 g Roggenvollkornmehl
Vollmeersalz · 2 Eier · 2 Eßl.
kaltgepreßtes Sojaöl · 2–4
Eigelbe · 500 g Wurzelspinat
1 Zwiebel · 1 Knoblauchzehe
¼ l Sojamilch · 2 Eßl. Sahne
frisch gemahlener weißer
Pfeffer · frisch geriebene
Muskatnuß · 1 Prise gemahlener Koriander · 30 g frisch
geriebener Parmesankäse
Für die Arbeitsfläche: Mehl

Braucht etwas Zeit

Pro Person etwa 1800 kJ/430 kcal
21 g Eiweiß · 21 g Fett · 39 g
Kohlenhydrate · 10 g Ballaststoffe

Vorbereitungszeit einschließlich
Ruhezeit: 2½ Stunden
Garzeit: 10 Minuten

Das Roggenmehl mit Salz, den Eiern, 1 Eßlöffel Öl und zunächst 2 Eigelben verkneten. Wenn der Teig bröckelig, also zu fest ist, nacheinander die restlichen Eigelbe darunterkneten. Ist er dagegen klebrig, noch Mehl dazugeben. • Den Teig in Folie gewickelt bei Zimmertemperatur 30 Minuten ruhen lassen, dann auf einer bemehlten Arbeitsfläche dünn ausrollen und weitere 30 Minuten trocknen lassen. • Die Teigplatten in breite Nudeln teilen. Die Nudeln auf Küchentüchern ausgebreitet noch einmal 1 Stunde trocknen lassen, damit sie beim Garen kernig bleiben. • Inzwischen den Spinat verlesen und waschen. Die Zwiebel und den Knoblauch schälen und hacken. • Für die Nudeln reichlich Wasser mit Salz zum Kochen bringen. • Währenddessen das restliche Öl in einem weiten Topf erhitzen. • Die Zwiebel und den Knoblauch darin bei mittlerer Hitze glasig braten. Den Spinat dazugeben, die Sojamilch und die Sahne dazugießen und den Spinat unter ständigem Rühren nur zusammenfallen lassen. Mit Pfeffer, Muskatnuß und dem Koriander würzen. Den Parmesankäse daruntermischen. • Die Nudeln einmal aufkochen und 1 Minute garen. Die Nudeln abgießen und mit dem Spinat vermischen.

Gerstennudeln mit Nüssen

im Bild rechts

Zutaten für 4 Personen:
150 g Gerstenvollkornmehl
50 g Weizenvollkornmehl
Vollmeersalz · 3 Eier · 1 Eßl.
kaltgepreßtes Weizenkeimöl
2–3 Eigelbe · 2 Knoblauchzehen · 2 Bund Basilikum
1 rote Pfefferschote
4 Eßl. kaltgepreßtes Olivenöl
50 g gehackte Walnußkerne

Braucht etwas Zeit

Pro Person etwa 2200 kJ/520 kcal
15 g Eiweiß · 35 g Fett · 40 g
Kohlenhydrate · 3 g Ballaststoffe

Vorbereitungszeit einschließlich
Ruhezeit: 2½ Stunden
Garzeit: 10 Minuten

Den Teig wie links beschrieben mit den beiden Mehlsorten zubereiten und zu Nudeln verarbeiten. • Die Knoblauchzehen schälen und hacken. Das Basilikum waschen, trockentupfen und zerkleinern. Die Pfefferschote von den Kernen befreien. • Das Olivenöl in einer Pfanne heiß werden lassen. • Die Pfefferschote darin 5 Minuten rösten, herausnehmen und wegwerfen. Die Pfanne von der Kochstelle ziehen, den Knoblauch, das Basilikum und die Nüsse im Öl erhitzen. • Die Nudeln garen und mit dem Basilikum-Öl vermischt anrichten.

Suppen, Eintöpfe und Backofengerichte

Das Kapitel bietet das Beste für alle Gelegenheiten: raffinierte Vorsuppen mit Sprossen und Tofu, köstlich leichte Eintöpfe mit frühlingsfrischen Kräutern, Exotisches mit Curry und Kichererbsen, kräftige Hausmannskost mit Getreide, Hülsenfrüchten und schon fast vergessenen Genüssen wie Dicken Bohnen und Steckrüben.
Auch beliebte Spezialitäten fehlen nicht: Probieren Sie Brot- und Zwiebelsuppe auf ganz neue Art, Sauerkrautstrudel und Getreiderisotti.
Italienische Lasagne, griechische Moussaka und elsässischer Bäckerofen sind so leicht bekömmlich zubereitet, wie Vollwertköstler sie mögen.
Und wer das Ungewöhnliche schätzt, hält sich zum Beispiel an süßsaure Gemüse, Roggenpilaw mit Aprikosen oder Gratin von schwarzen Bohnen und Kartoffeln.
Eine zarte Suppe, in der – wie auf unserem Foto – Gemüse mit würzigen Croûtons kombiniert sind, wird auch Feinschmecker begeistern. Das Rezept finden Sie auf Seite 86.

Klare Sellerie-Kartoffelsuppe mit Fleischeinlage

Leichte Suppe für festliche Gelegenheiten

Zutaten für 6 Personen:
1 Rinder- oder 2 Lammbeinscheiben (etwa 500 g)
4 Suppenknochen · etwa 1½ l Wasser · 1 Möhre · 1 Zwiebel
1 Lorbeerblatt · 5 weiße Pfefferkörner · 2 Gewürznelken
3 Wacholderbeeren · Vollmeersalz · 600 g vorwiegend festkochende Kartoffeln
1 Sellerieknolle mit Grün (etwa 900 g) · 1 vollreife Fleischtomate (etwa 250 g)

Braucht etwas Zeit

Pro Person etwa 1000 kJ/240 kcal
19 g Eiweiß · 5 g Fett · 31 g Kohlenhydrate · 6 g Ballaststoffe

Zubereitungszeit: 2¾ Stunden

Das Fleisch und die Knochen in einen großen Topf legen, mit etwa 1¼ l Wasser übergießen und zugedeckt bis knapp unter den Siedepunkt erhitzen: In der Brühe steigen dann kleine Bläschen auf, an der Oberfläche bildet sich grauer Schaum. • Die Temperatur zurückschalten, das Fleisch und die Knochen zugedeckt bei schwacher Hitze 1½ Stunden sieden lassen. Dabei soll sich die Oberfläche der Brühe nur ab und zu etwas kräuseln. Wenn die Brühe sprudelnd kocht, ist die Hitze zu groß. In diesem Fall etwas kaltes Wasser nachgießen und die Temperatur herunterschalten. • Die Möhre und die Zwiebel schälen. Mit dem Lorbeerblatt, den Pfefferkörnern, den Gewürznelken und den Wacholderbeeren zum Fleisch geben. Die Brühe mit Salz würzen, und zugedeckt 1 weitere Stunde sieden lassen. Wenn Sie Lammbeinscheiben verwenden, werden diese gleich mit der Möhre, der Zwiebel und den Gewürzen zum Sieden gebracht und nur 30 Minuten gegart. • Inzwischen die Kartoffeln schälen, waschen und klein würfeln. Vom Sellerie das Grün abschneiden und die jungen zarten Blätter beiseite legen. Die Sellerieknolle vierteln, schälen, waschen und in bleistiftdicke Stifte schneiden. • Das Fleisch aus der Brühe nehmen, vom Knochen lösen und in kleine Stücke schneiden. Die Brühe durch ein Sieb gießen, die Knochen, die Möhre, die Zwiebel und die Gewürze wegwerfen. • Die Brühe aufkochen, die Kartoffeln und das Fleisch hineingeben und 10 Minuten garen. Den Sellerie hinzufügen und alles weitere 4 bis 5 Minuten garen. • Das Selleriegrün waschen, trockenschwenken und grob hacken. Die Tomate mit kochendem Wasser überbrühen, häuten und sehr klein würfeln, dabei den Stielansatz und die Kerne entfernen. • Die Suppe auf Teller verteilen und mit dem Selleriegrün und den Tomatenwürfeln bestreut servieren.

Info für Vegetarier: Statt der Fleischbrühe eine Gemüsebrühe (Rezept Seite 18) kochen (Instant-Gemüsebrühe schmeckt für diese feine Suppe zu kräftig). Als zusätzliche Einlage Grießklößchen (Rezept »Leipziger Allerlei« Seite 142) oder Tofuklößchen (Rezept Seite 140) verwenden. Übrigens ist es wichtig, daß Sie Selleriegrün und Tomaten wirklich erst zum Schluß auf die Suppe geben und nicht mitgaren, denn ein Grundsatz der Vollwertküche ist ja, daß man Gekochtes mit Rohem kombinieren sollte.

Gemüsesuppe mit Huhn

Leichte würzige Frühlingskost

Zutaten für 4 Personen:
10 g getrocknete Spitzmorcheln
¼ l Wasser · 250 g grüner
Spargel · 4 Frühlingszwiebeln
200 g Wurzelspinat
1 doppeltes Hühnerbrüstchen
(etwa 220 g) · ¾ l Gemüse-
brühe · 100 g Vollkornnudeln
½ Eßl. Butter · 2 Eßl. Zitronen-
saft · 2 Möhren (etwa 200 g)
Vollmeersalz

Raffiniert

Pro Person etwa 1000 kJ/240 kcal
20 g Eiweiß · 5 g Fett · 30 g
Kohlenhydrate · 11 g Ballaststoffe

Quellzeit: 6 Stunden
Zubereitungszeit: 40 Minuten

Die Morcheln 6 Stunden in dem Wasser einweichen. • Dann herausnehmen, kalt abspülen und abtropfen lassen. Das Einweichwasser durch eine Kaffeefiltertüte geben. • Den Spargel von eventuell holzigen Stellen befreien, waschen und in etwa 5 cm lange Stücke schneiden. Die Frühlingszwiebeln putzen, waschen und in Ringe teilen. Den Spinat verlesen und waschen. Die Hühnerbrust häuten, entbeinen und in etwa 1 cm breite Streifen schneiden. • Die Gemüsebrühe zum Kochen bringen. • Die Vollkornnudeln, den Spargel und die Morcheln einschließlich dem Einweichwasser hinzugeben und bei starker Hitze etwa 5 Minuten kochen, bis die Nudeln bißfest sind. • Inzwischen die Butter erhitzen, den Zitronensaft und die Hühnerbrust hinzugeben. Das Fleisch bei mittlerer Hitze unter ständigem Wenden etwa 2 Minuten garen. • Das Fleisch, die Zwiebelringe und den Spinat in die Suppe geben und erhitzen. • Die Möhren schälen und raspeln. • Die Suppe eventuell mit Salz abschmecken, auf Teller verteilen und mit den Möhren bestreut servieren.

Info für Vegetarier: Das Fleisch weglassen und die Gemüsemenge verdoppeln.

Reich an Ballaststoffen

Erbsensuppe mit buntem Gemüse

im Bild links

Zutaten für 6 Personen:
500 g geschälte grüne Trockenerbsen · 1¾ l Wasser · 2 große Zwiebeln · 2 Knoblauchzehen
500 g gemischte Suppengemüse wie Möhren, Petersilienwurzel, Sellerie und Lauch
2 Zweige frischer Thymian
2 Eßl. Butter · 3 Würfel Gemüsebrühe · 2 Pakete tiefgefrorene Erbsen (600 g)
1 Bund Petersilie
250 g Sahne · Vollmeersalz
Cayennepfeffer

Braucht etwas Zeit

Pro Person etwa 2500 kJ/600 kcal
29 g Eiweiß · 21 g Fett · 73 g Kohlenhydrate · 4 g Ballaststoffe

Quellzeit: 8 Stunden
Zubereitungszeit: 2 Stunden

Die Trockenerbsen 8 Stunden im Wasser einweichen. • Dann mit dem Wasser zum Kochen bringen und zugedeckt 1½ Stunden bei schwacher Hitze kochen lassen. Die Garzeit hängt davon ab, wie alt die Erbsen sind: sehr frische getrocknete Hülsenfrüchte sind schneller weich als ältere. • Während die Erbsen garen, die Zwiebeln und den Knoblauch schälen und fein hacken. Das Suppengemüse putzen, waschen und klein würfeln. Den Thymian waschen und trockentupfen, die Blättchen abstreifen. • Die Butter in einem großen Topf zerlassen, die Zwiebeln, den Knoblauch und den Thymian darin unter Rühren anbraten. • Die gegarten Erbsen mit einem Kartoffelstampfer zerdrücken und erneut aufkochen. Die Gemüsebrühwürfel, die tiefgefrorenen Erbsen und das Suppengemüse hineingeben und zugedeckt bei schwacher Hitze 5 Minuten garen. • Die Petersilie waschen, trockenschwenken und fein hacken. • Die Sahne, die Zwiebeln, den Knoblauch und den Thymian in die Suppe rühren und noch einmal kurz erhitzen. • Die Erbsensuppe mit Salz und Cayennepfeffer abschmecken und mit der Petersilie bestreut servieren.

Lauchsuppe mit roten Linsen

im Bild rechts

Zutaten für 4 Personen:
1 Bund Suppengrün · 1 kleine Zwiebel · 1 Eßl. kaltgepreßtes Sojaöl · 100 g rote Linsen
¾ l Gemüsebrühe · ⅛ l Milch
300 g Lauch · 1 Stück unbehandelte Zitronenschale
2 Eßl. Zitronensaft · 200 g Crème fraîche · Vollmeersalz
Cayennepfeffer · 1 Eßl. frische Estragonblättchen

Schnell

Pro Person etwa 1400 kJ/330 kcal
11 g Eiweiß · 21 g Fett · 25 g Kohlenhydrate · 3 g Ballaststoffe

Zubereitungszeit: 25 Minuten

Das Suppengrün putzen, waschen und fein zerkleinern. Die Zwiebel schälen und hacken. • Das Öl in einem Topf erhitzen. Das Suppengrün, die Zwiebel und die Linsen darin unter Rühren anbraten. • Die Gemüsebrühe und die Milch hinzugießen, die Linsen einmal aufkochen und zugedeckt bei schwacher Hitze etwa 10 Minuten garen. • Inzwischen den geputzten, gewaschenen Lauch in dünne Ringe schneiden. Die Zitronenschale in feine Streifen schneiden. • Diese Zutaten, den Zitronensaft und die Crème fraîche zu den Linsen geben. Die Suppe erneut aufkochen, mit Salz und Cayennepfeffer abschmecken und mit den Estragonblättchen bestreut anrichten.

Schmecken auch mit Rindfleisch

Suppe mit roten Bohnen

im Bild links

Zutaten für 4 Personen:
150 g rote Bohnen
1 l Gemüsebrühe · 1 Zwiebel
1 Knoblauchzehe · 1 Lorbeerblatt · 300 g Lammschulter (ohne Knochen) · 1 Bund Suppengrün · 500 g rote Beten
1 Teel. Kümmelkörner · frisch gemahlener schwarzer Pfeffer
200 g saure Sahne · 2 Eßl. Schnittlauchröllchen

Preiswert

Pro Person etwa 1900 kJ/450 kcal
27 g Eiweiß · 20 g Fett · 40 g Kohlenhydrate · 13 g Ballaststoffe

Quellzeit: 8 Stunden
Zubereitungszeit: 1¾ Stunden

Die Bohnen in der Gemüsebrühe 8 Stunden einweichen. • Dann die Zwiebel und die Knoblauchzehe schälen, mit dem Lorbeerblatt zu den Bohnen geben, alles einmal aufkochen und zugedeckt bei schwacher Hitze 30 Minuten garen. • Die Lammschulter vom Fett befreien, zu den Bohnen geben und 1 weitere Stunde garen. • Inzwischen das Suppengrün putzen, waschen und fein zerkleinern. • Das Fleisch aus der Suppe nehmen und in mundgerechte Stücke schneiden. Die Zwiebel, das Lorbeerblatt und den Knoblauch entfernen. • Die roten Beten waschen, schälen und in die Suppe raspeln. Das Fleisch, das Suppengrün und den Kümmel hinzufügen. • Die Suppe mit Pfeffer würzen, einmal aufkochen und auf der abgeschalteten Kochstelle 2 Minuten ziehen lassen. • Die saure Sahne mit dem Schnittlauch mischen und zur Suppe servieren.

Info für Vegetarier: Das Fleisch durch Kartoffeln ersetzen.

Suppe mit Dicken Bohnen

im Bild rechts

Zutaten für 4 Personen:
300 g Lammschulter (ohne Knochen) · 1 Zwiebel · 1 Knoblauchzehe · 1 Eßl. kaltgepreßtes Maiskeimöl · 1 l Gemüsebrühe
2 Bund Bohnenkraut · 500 g vollreife Tomaten · 1 Paket tiefgefrorene Dicke Bohnen (300 g) · frisch gemahlener weißer Pfeffer · Vollmeersalz

Für Ungeübte

Pro Person etwa 1400 kJ/330 kcal
22 g Eiweiß · 19 g Fett · 21 g Kohlenhydrate · 3 g Ballaststoffe

Zubereitungszeit: 1¼ Stunden

Die Lammschulter vom Fett befreien und in etwa 1 cm breite Streifen schneiden. Die Zwiebel und den Knoblauch schälen und hacken. • Das Öl in einem Topf erhitzen. Das Fleisch darin bei starker bis mittlerer Hitze anbraten. Die Zwiebel und den Knoblauch hinzufügen und bei mittlerer bis schwacher Hitze glasig braten. • Die Gemüsebrühe dazugießen. 1 Bund Bohnenkraut waschen und ebenfalls in die Suppe geben. • Die Suppe einmal aufkochen und zugedeckt bei schwacher Hitze 40 Minuten garen. • Inzwischen die Tomaten häuten und würfeln, dabei die Stielansätze entfernen. • Die Hälfte der Tomaten und die Dicken Bohnen in die Suppe geben, einmal aufkochen und zugedeckt bei schwacher Hitze weitere 15 Minuten garen. • Das restliche Bohnenkraut waschen, trockenschwenken und fein hacken. • Den Rest der Tomaten unter die Suppe mischen und alles nur erhitzen. Die Suppe mit Pfeffer und eventuell Salz abschmecken und mit dem Bohnenkraut bestreut servieren.

Suppen mit Getreide und Lamm

Leichtes für den Sommer, Kräftiges für Herbst und Winter

Maissuppe mit Lamm und Tomaten

im Bild links

Zutaten für 4 Personen:
300 g Lammschulter (ohne Knochen) · 500 g vollreife Tomaten · 1 Zwiebel · 2 Knoblauchzehen · 1 Eßl. kaltgepreßtes Maiskeimöl
1 l Gemüsebrühe · 1 Teel. Gelbwurz (Kurkuma) · 1 Teel. Kreuzkümmel (Kumin) · ½ Teel. gemahlener Koriander · 1 Dose Maiskörner (340 g) · Vollmeersalz · Cayennepfeffer · 2 Eßl. Schnittlauchröllchen

Raffiniert

Pro Person etwa 1600 kJ/380 kcal
20 g Eiweiß · 20 g Fett · 31 g Kohlenhydrate · 4 g Ballaststoffe

Vorbereitungszeit: 15 Minuten
Garzeit: 1 Stunde

Das Fleisch vom größten Teil des Fetts befreien und in etwa ½ cm große Stücke schneiden. Die Tomaten mit kochendem Wasser überbrühen, häuten und würfeln, dabei die Stielansätze entfernen. Die Zwiebel und den Knoblauch schälen und fein hacken. • Das Öl in einem Topf erhitzen. Das Fleisch, die Zwiebel und den Knoblauch darin anbraten. Die Tomaten, die Gemüsebrühe und die Gewürze hinzufügen. Alles einmal aufkochen, dann zugedeckt bei schwacher Hitze 50 Minuten garen. • Den Mais auf ein Sieb geben und unter kaltem Wasser gründlich abspülen, um den Zucker zu entfernen, der Dosenmais zugesetzt wird. Den Mais in die Suppe geben und alles weitere 5 Minuten garen. • Die Suppe mit Salz und Cayennepfeffer abschmecken und mit dem Schnittlauch bestreut anrichten.

Reissuppe mit Lamm

im Bild rechts

Zutaten für 4 Personen:
300 g Lammschulter (ohne Knochen) · 1 Zwiebel · 1 Knoblauchzehe · 1 Bund Suppengrün
1 l Wasser · 100 g Natur-Langkornreis · Vollmeersalz · 300 g Rosenkohl · 2 Bund Petersilie
150 g Sahne · frisch geriebene Muskatnuß · frisch gemahlener weißer Pfeffer

Braucht etwas Zeit

Pro Person etwa 1600 kJ/380 kcal
22 g Eiweiß · 26 g Fett · 26 g Kohlenhydrate · 5 g Ballaststoffe

Vorbereitungszeit: 15 Minuten
Garzeit: 1 Stunde

Die Lammschulter vom Fett befreien. Die Zwiebel und den Knoblauch schälen, das Suppengrün putzen und waschen. • Alle diese Zutaten in einen Topf geben, mit dem Wasser übergießen und rasch zum Kochen bringen. • Das Fleisch nach dem Aufkochen bei schwacher Hitze 25 Minuten sieden lassen. • Den Reis und Salz hinzufügen, erneut aufkochen und weitere 15 Minuten bei schwacher Hitze garen. • Inzwischen den Rosenkohl putzen und waschen.
• Den Rosenkohl in die Suppe geben und alles weitere 15 Minuten garen. • Das Fleisch würfeln. Die Zwiebel, den Knoblauch und das Suppengrün entfernen. • Die Petersilie waschen, trockentupfen und fein hacken. • Das Fleisch, etwa die Hälfte der Petersilie und die Sahne in die Suppe geben, mit Muskatnuß und Pfeffer würzen, bis knapp unter den Siedepunkt erhitzen und auf der abgeschalteten Kochstelle 5 Minuten ziehen lassen. • Die Suppe mit der Petersilie bestreuen.

Klare Brühe mit Zuckerschoten und Eierstich

Eine leichte, feine Vorsuppe

Zutaten für 6 Personen:
4 Eier · Vollmeersalz · frisch gemahlener weißer Pfeffer
frisch geriebene Muskatnuß
1 Eßl. frisch gehackte Petersilie
5 Eßl. Milch · 1 l Gemüsebrühe
300 g Zuckerschoten · 1 Bund Schnittlauch
Für die Form: Butter

Raffiniert

Pro Person etwa 500 kJ/120 kcal
9 g Eiweiß · 6 g Fett · 8 g Kohlenhydrate · 3 g Ballaststoffe

Zubereitungszeit: 55 Minuten

Den Backofen auf 150° vorheizen. • Die Eier mit Salz, Pfeffer, Muskatnuß, der Petersilie und der Milch verquirlen. • Den Boden und den Rand einer ofenfesten Form mit Butter ausstreichen. • Die Eiermasse hineingießen, die Form in ein heißes Wasserbad stellen, in den Ofen schieben, und den Eierstich zugedeckt in etwa 45 Minuten stocken lassen. Den Eierstich mit einem spitzen Messer vom Rand der Form lösen, stürzen, in Würfel schneiden und auf Suppenteller verteilen. • Während der Eierstich gart, die Gemüsebrühe zum Kochen bringen. • Die Zuckerschoten waschen, putzen und etwa 2 Minuten darin garen. • Die Suppe über den Eierstich geben. • Den Schnittlauch waschen, trockentupfen, in Röllchen schneiden, und die Suppe damit bestreuen.

Info für Vegetarier: Wenn Sie keine Eier essen, marinieren Sie 300 g abgetropften Tofu 2 Stunden in 3 Eßlöffeln Sojasauce. Den Tofu in Vollkornmehl wenden, in 1 Eßlöffel Sojaöl braten und würfeln. Die Sojasauce, die der Tofu nicht aufgesogen hat, in die Brühe geben.

Gemüsebrühe mit Dinkel

Reich an hochwertigem pflanzlichem Eiweiß

Zutaten für 6 Personen:
1¼ l Gemüsebrühe · 100 g Dinkelkörner · 1 Kohlrabiknolle (etwa 250 g) · 1 Möhre (etwa 100 g) · 1 Bund Frühlingszwiebeln · ¼ l Sojamilch
1 Bund Petersilie · Vollmeersalz
frisch gemahlener weißer Pfeffer · 1 Messerspitze Kreuzkümmel (Kumin)

Braucht etwas Zeit

Pro Person etwa 490 kJ/120 kcal
6 g Eiweiß · 2 g Fett · 19 g Kohlenhydrate · 2 g Ballaststoffe

Zubereitungszeit: 1 Stunde und 50 Minuten

Die Gemüsebrühe zum Kochen bringen, den Dinkel hinzufügen, einmal aufkochen und zugedeckt bei schwacher Hitze 1 Stunde garen. • Den Dinkel auf der abgeschalteten Kochstelle weitere 45 Minuten quellen lassen. • Währenddessen die zarten Kohlrabiblättchen abschneiden und beiseite legen. Den Kohlrabi und die Möhre schälen, waschen und in dünne Stifte schneiden. Die Frühlingszwiebeln putzen, waschen und mit zwei Dritteln des Zwiebelgrüns in etwa ½ cm breite Ringe schneiden. • Die Gemüse und die Sojamilch zum Dinkel geben, einmal aufkochen und 5 Minuten garen. • Die Kohlrabiblättchen und die Petersilie waschen, trockentupfen und fein hacken. • Die Suppe mit Salz, Pfeffer und dem Kreuzkümmel abschmecken und auf Suppenteller verteilen. • Die Kohlrabiblättchen und die Petersilie auf die Suppe streuen.

Mein Tip: Wenn Sie wenig Zeit haben, bereiten Sie die Suppe mit Graupen zu, die nur etwa 25 Minuten Garzeit benötigen.

Bunte Suppe mit Fischklößchen

Eine edle Suppe für ein mehrgängiges Menü

Zutaten für 6 Personen:
- 1 Schalotte · ½ Bund Petersilie
- 4 Forellenfilets (etwa 250 g)
- 1 Scheibe Vollkorntoastbrot
- Schale und Saft von ¼ unbehandelten Zitrone · 1 kleines Ei
- Vollmeersalz · frisch gemahlener weißer Pfeffer
- 500 g gemischte Suppengemüse wie Möhren, Petersilienwurzel, Sellerie und Lauch
- 1 l Gemüsebrühe
- 1 Handvoll frischer Kerbel

Raffiniert

Pro Person etwa 470 kJ/110 kcal
12 g Eiweiß · 3 g Fett · 10 g Kohlenhydrate · 3 g Ballaststoffe

Vorbereitungszeit: 50 Minuten
Garzeit: 15 Minuten

Die Schalotte schälen und fein hacken. Die Petersilie waschen und trockentupfen. Den Fisch mit einer Pinzette von allen Gräten befreien. Den Toast entrinden. • Die Petersilie, den Fisch und das Brot im Blitzhacker zerkleinern. • Die Masse mit der Schalotte, etwas Zitronenschale, dem Zitronensaft, dem Ei, Salz und Pfeffer zu einem Teig mischen. • Die Möhren, die Petersilienwurzel und den Sellerie schälen, waschen und fein würfeln. Den Lauch putzen, waschen und in Ringe schneiden. • Die Gemüsebrühe zum Kochen bringen. • Alle Gemüse, ausgenommen den Lauch, hinzufügen und einmal aufkochen. Vom Fischteig mit zwei Teelöffeln Klößchen abstechen, in die Suppe geben und offen bei schwacher Hitze 5 Minuten ziehen lassen. • Die restliche Zitronenschale dünn abschneiden und in feine Streifen teilen. Den Kerbel waschen, trockentupfen und grob hacken. • Den Lauch und die Zitronenschale in die Suppe geben und weitere 5 Minuten garen. • Die Suppe mit dem Kerbel bestreut servieren.

Info für Vegetarier: Die Fischklößchen durch Tofuklößchen (Rezept Seite 140) ersetzen.

Currysuppe mit Kichererbsen

Schmeckt mit und ohne Fleisch

Zutaten für 8 Personen:
500 g Kichererbsen
1¾ l Wasser · 2 Zwiebeln
1 Lorbeerblatt
2 Gewürznelken
4 Hähnchenschenkel (etwa 800 g) · 400 g gemischte Suppengemüse wie Möhren, Petersilienwurzel, Sellerie und Lauch · 1 Knoblauchzehe
1 Eßl. kaltgepreßtes Maiskeimöl
1½ Teel. Gelbwurz (Kurkuma)
1 Teel. Kreuzkümmel (Kumin)
1 Briefchen Safranfäden
je ¼ Teel. gemahlener Koriander und Cayennepfeffer
je 1 Messerspitze Nelkenpfeffer und geriebene Muskatnuß
1 kleines Bund Petersilie
1 Stück unbehandelte Zitronenschale · Vollmeersalz

Raffiniert • Braucht etwas Zeit

Pro Person etwa 1400 kJ/330 kcal
27 g Eiweiß · 7 g Fett · 41 g Kohlenhydrate · 5 g Ballaststoffe

Quellzeit: 8 Stunden
Zubereitungszeit: 2 Stunden

Die Kichererbsen mit dem Wasser übergießen und 8 Stunden einweichen. • Dann 1 Zwiebel schälen und halbieren. Die eine Zwiebelhälfte noch einmal tief ein-, aber nicht ganz durchschneiden. Das Lorbeerblatt in den Einschnitt stekken. Die Gewürznelken in die zweite Zwiebelhälfte drücken: So lassen sich die Gewürze mit der Zwiebel nach dem Garen leicht wieder aus der Suppe nehmen. • Die Kichererbsen mit dem Einweichwasser und den vorbereiteten Zwiebelhälften zum Kochen bringen und zugedeckt bei schwacher Hitze 1 Stunde garen. • Die Hühnerschenkel kalt abspülen und zu den Erbsen geben. • Die Brühe erneut aufkochen, die Temperatur zurückschalten und die Hühnerschenkel bei schwacher Hitze 40 Minuten sieden lassen. • Inzwischen die Möhren, die Petersilienwurzel und den Sellerie schälen, waschen, trockentupfen und fein würfeln. Den Lauch putzen, waschen und in etwa ½ cm breite Ringe schneiden. Die zweite Zwiebel und die Knoblauchzehe schälen und fein hacken. • Das Öl in einer Pfanne erhitzen. • Das Suppengemüse, die Zwiebel, den Knoblauch und alle Gewürze darin unter Rühren anschwitzen. • Die Hühnerschenkel aus der Brühe nehmen, häuten, entbeinen und in mundgerechte Stücke schneiden. • Das Fleisch und die Gemüsemischung in die Suppe geben, bis knapp unter den Siedepunkt erhitzen und auf der abgeschalteten Kochstelle 5 Minuten ziehen lassen. • Die Petersilie waschen, trockenschwenken und fein hacken. Die Zitronenschale in feine Streifen schneiden. • Die Currysuppe mit Salz abschmecken, mit der Petersilie und der Zitronenschale bestreut anrichten.

Info für Vegetarier: Das Hühnerfleisch weglassen und statt dessen 600 g Kichererbsen verwenden. Noch höher ist der Anteil an pflanzlichem Eiweiß, wenn Sie die Suppe statt dessen mit 250 g Tofu (eventuell mit Kräutern) zubereiten: Den abgetropften Tofu würfeln, mit 3 Eßlöffeln Sojasauce mischen und ziehen lassen, während die Suppe gart. Dann mit dem Suppengemüse anbraten und in die Suppe mischen.

Feine Gemüsesuppen

Sehr kurze Garzeiten sorgen für knackigen Biß

Bohnensuppe mit Bohnenkrautpaste

im Bild links

Zutaten für 6 Personen:
1 Bund Bohnenkraut · 3 Knoblauchzehen · 1 Eßl. Sonnenblumenkerne · 4 Eßl. kaltgepreßtes Olivenöl · 75 g frisch geriebener Parmesankäse
1 Eßl. Zitronensaft · 750 g Stangenbohnen · 1 l Gemüsebrühe · 200 g Crème fraîche frisch gemahlener weißer Pfeffer

Braucht etwas Zeit

Pro Person etwa 1300 kJ/310 kcal
9 g Eiweiß · 25 g Fett · 11 g Kohlenhydrate · 4 g Ballaststoffe

Vorbereitungszeit: 1 Stunde
Garzeit: 5 Minuten

Das Bohnenkraut waschen, trockenschwenken und die Blättchen abstreifen. Die geschälten Knoblauchzehen durch die Presse drücken. Die Sonnenblumenkerne in der Mandelmühle fein reiben. • Das Bohnenkraut mit dem Knoblauch, den Sonnenblumenkernen, dem Olivenöl, dem Parmesan und dem Zitronensaft in eine Schüssel geben und mit einem Holzlöffel so lange kräftig verreiben, bis sich alle Zutaten zu einer Paste verbunden haben. • Die Bohnen waschen, putzen und in feine Scheibchen teilen (schnippeln). • Die Gemüsebrühe zum Kochen bringen, die Bohnen darin einmal aufkochen und zugedeckt bei schwacher Hitze 5 Minuten garen. Die Crème fraîche hineinrühren und nur erhitzen. • Die Suppe mit Pfeffer abschmecken und auf Teller verteilen. Die Bohnenkrautpaste gesondert dazu reichen.

Tomatensuppe mit Zucchini

im Bild rechts

Zutaten für 4 Personen:
600 g vollreife Tomaten · 400 g junge Zucchini · 1 Zwiebel
2 Knoblauchzehen · 2 Eßl. kaltgepreßtes Olivenöl
½ l Gemüsebrühe · 100 g Crème fraîche · Vollmeersalz frisch gemahlener weißer Pfeffer · 1 Prise Zuckerrohrgranulat · ½ Bund Petersilie
2 Scheiben Vollkorntoastbrot

Schnell

Pro Person etwa 1100 kJ/260 kcal
6 g Eiweiß · 16 g Fett · 23 g Kohlenhydrate · 4 g Ballaststoffe

Vorbereitungszeit: 30 Minuten
Garzeit: 10 Minuten

Die Tomaten mit kochendem Wasser überbrühen, häuten und würfeln. Dabei die Stielansätze entfernen. Die Zucchini waschen, abtrocknen und putzen. 1 Zucchino beiseite legen, die anderen in bleistiftdicke Stifte schneiden. Die Zwiebel und den Knoblauch schälen und fein hacken. • Das Öl in einem Topf erhitzen. Die Zwiebel und den Knoblauch darin bei schwacher Hitze unter Rühren anbraten. • Die Tomaten dazugeben und etwa 5 Minuten schmoren. • Die Gemüsebrühe und die Crème fraîche hinzugeben. • Die Suppe mit Salz, Pfeffer und dem Zuckerrohrgranulat würzen und einmal aufkochen. Die Zucchinistifte daruntermischen. Die Suppe zugedeckt bei schwacher Hitze etwa 2 Minuten kochen lassen, bis die Zucchini bißfest sind. • Den restlichen Zucchino raspeln. Die Petersilie waschen und feinhacken. Das Brot rösten und würfeln. • Die Suppe mit den Zucchiniraspeln, der Petersilie und den Brotwürfeln bestreut servieren.

Chinasuppe mit Gemüse

Nur mit pflanzlichem Eiweiß

Zutaten für 4 Personen:
4 Shiitake-Pilze · ¼ l Wasser
50 g Tofu · 1 Eßl. Sojasauce
400 g gemischte Gemüse wie Möhren, Kohlrabi und Zuckerschoten (geputzt gewogen)
2 hellgrüne Blätter Endiviensalat · ½ Bund Schnittlauch
1 l Gemüsebrühe · ½ Eßl. kaltgepreßtes Maiskeimöl

Für Ungeübte

Pro Person etwa 500 kJ/120 kcal
7 g Eiweiß · 4 g Fett · 14 g Kohlenhydrate · 6 g Ballaststoffe

Quell- und Marinierzeit: 5 Stunden
Vorbereitungszeit: 20 Minuten
Garzeit: 10 Minuten

Die Pilze in dem Wasser 5 Stunden zugedeckt einweichen. Den abgetropften Tofu mit der Sojasauce beträufeln und zugedeckt ebensolange marinieren. • Die Pilze abgießen, kalt abspülen, abtropfen lassen, von den harten Stielen befreien und in etwa ½ cm breite Streifen schneiden. Das Einweichwasser durch eine Kaffeefiltertüte gießen. • Den Tofu in etwa bleistiftdicke Stifte schneiden. • Die Gemüse putzen, waschen und zerkleinern: Die Möhren und die Kohlrabi in streichholzdünne Stifte, die Zuckerschoten schräg in millimeterdünne Streifen schneiden. Die Salatblätter und den Schnittlauch waschen und trockentupfen. Die Blätter nudelig schneiden, den Schnittlauch in etwa 2 cm lange Röllchen teilen. • Die Gemüsebrühe und das Einweichwasser der Pilze in einem Topf bis knapp unter den Siedepunkt erhitzen.
• Das Öl in einer großen Pfanne erhitzen. Die Pilze darin bei mittlerer Hitze unter ständigem Rühren 5 Minuten braten. Den Tofu und die Gemüse dazugeben und nur kurz mitbraten, bis alles von einem dünnen Ölfilm überzogen ist. • Die Gemüsemischung und die Salatstreifen in Suppenteller geben. Die heiße Brühe darüberschöpfen.
• Die Suppe mit den Schnittlauchröllchen bestreuen.

Suppe mit Tomaten und Fisch

Spezialität aus Mallorca

Zutaten für 6 Personen:
500 g Zwiebeln · 2 Knoblauchzehen · 500 g Suppengemüse wie Lauch, Petersilienwurzel, Möhren, Knollen- und Staudensellerie, gemischt
750 g vollreife Tomaten
500 g festfleischiges Fischfilet wie Steinbutt, Goldbarsch oder Seeteufel · 2 Bund Petersilie
1/8 l kaltgepreßtes Olivenöl
1 1/4 l Gemüsebrühe
1/4 l trockener Weißwein, ersatzweise 200 ccm Gemüsebrühe und Saft von 1/2 Zitrone
4 weiße Pfefferkörner
2 Wacholderbeeren
1 Lorbeerblatt · 1 Stück unbehandelte Zitronenschale
1 Briefchen Safranfäden
250 g Vollkornbrot in etwa 1/2 cm dicken Scheiben
Vollmeersalz · 1 Prise Zuckerrohrgranulat

Braucht etwas Zeit

Pro Person etwa 2100 kJ/500 kcal
23 g Eiweiß · 26 g Fett · 37 g Kohlenhydrate · 8 g Ballaststoffe

Vorbereitungszeit: 50 Minuten
Garzeit: 30 Minuten

Die Zwiebeln schälen, halbieren und in dünne Scheiben schneiden. Die Knoblauchzehen schälen und grob hacken. Das Suppengemüse putzen beziehungsweise schälen, waschen und in kleine Stücke schneiden (die Blättchen der Selleriestange zum Bestreuen der Suppe beiseite legen). Die Tomaten mit kochendem Wasser überbrühen, häuten und würfeln, die Stielansätze dabei entfernen. Den Fisch kalt abspülen, trockentupfen und in etwa 1 cm breite Streifen schneiden. • Von 1 Bund Petersilie die Stiele abschneiden, waschen und fein hacken. • 5 Eßlöffel Olivenöl in einem großen Topf erhitzen. • Die Zwiebelscheiben darin bei mittlerer Hitze unter häufigem Wenden glasig braten. Das Suppengemüse dazugeben und etwa 5 Minuten unter Rühren anrösten. • Die Tomaten, den Knoblauch und die gehackten Petersilienstiele hinzufügen und alles weitere 5 Minuten schmoren. • Die Gemüsebrühe und den Weißwein dazugießen. • Die Pfefferkörner, die Wacholderbeeren, das Lorbeerblatt und die Zitronenschale in die Suppe geben. Den Safran zwischen den Fingern zerreiben und hineinstreuen. • Die Suppe einmal aufkochen und zugedeckt bei schwacher Hitze 10 Minuten kochen lassen. • Inzwischen die Brotscheiben jeweils diagonal durchschneiden. • Das restliche Olivenöl in einer Pfanne erhitzen. Die Brotstücke darin bei mittlerer Hitze auf beiden Seiten goldbraun und knusprig braten, jeweils wieder herausnehmen und auf Suppenteller verteilen. • Das zweite Bund Petersilie waschen, trockentupfen, die Blättchen abzupfen und mit den übrig behaltenen Blättchen vom ersten Bund fein hacken. • Die Fischstücke in die Suppe geben und zugedeckt einige Minuten darin ziehen lassen: Steinbutt und Goldbarsch brauchen etwa 2, Seeteufel etwa 4 Minuten zum Garen. • Die Suppe mit Salz und dem Zukkerrohrgranulat abschmecken. Die Hälfte der Petersilie daruntermischen. • Die Suppe über die gerösteten Brotscheiben geben, mit der restlichen Petersilie bestreuen und sofort servieren.

<u>Info für Vegetarier:</u> Den Fisch durch gewürzte Tofuklößchen (Rezept Seite 140) ersetzen.

Minestrone

Spezialität aus Italien

Zutaten für 6–8 Personen:

150 g weiße Bohnen · 1 l Wasser
75 g Natur-Langkornreis
200 g Möhren · 200 g weiße Rüben · 300 g Weißkohl
750 g vollreife Tomaten
1 Zwiebel · 2 Knoblauchzehen
2 Eßl. kaltgepreßtes Olivenöl
1 Paket tiefgefrorene Dicke Bohnen (300 g) · 1 l Gemüsebrühe · 1 Lorbeerblatt
3 Zweige frischer Thymian
2 Stangen Staudensellerie
2 dünne Stangen Lauch
1 Bund Petersilie · Vollmeersalz
frisch gemahlener schwarzer Pfeffer

Braucht etwas Zeit

Bei 8 Personen etwa 890 kJ/ 210 kcal · 11 g Eiweiß · 5 g Fett 34 g Kohlenhydrate · 10 g Ballaststoffe pro Person

Quellzeit: 8 Stunden
Zubereitungszeit: 1½ Stunden

Die weißen Bohnen in einen Topf geben, mit dem Wasser übergießen und zugedeckt 8 Stunden einweichen. • Die Bohnen im Einweichwasser zum Kochen bringen und zugedeckt bei schwacher Hitze 1 Stunde garen, dabei nach 30 Minuten den Reis dazugeben und mitgaren. • Inzwischen die Möhren und die weißen Rüben schälen, waschen, abtrocknen und in Stifte schneiden. Den Weißkohl putzen, dabei vom Strunk und den harten Blattrippen befreien, waschen und in etwa 2 cm breite Streifen schneiden. Die Tomaten mit kochendem Wasser überbrühen, häuten und würfeln, dabei die Stielansätze entfernen. Die Zwiebel und die Knoblauchzehen schälen und fein hacken. • Das Olivenöl in einem großen Topf erhitzen. • Die Zwiebel und den Knoblauch darin bei schwacher bis mittlerer Hitze glasig braten. Die Möhren, die Rüben, den Weißkohl, die Tomaten und die Dicken Bohnen dazugeben und alles unter ständigem Wenden etwa 5 Minuten schmoren. • Die Bohnen-Reismischung mit dem Kochwasser und die Gemüsebrühe hinzugießen. Das Lorbeerblatt und den gewaschenen Thymian hinzufügen. • Die Brühe einmal aufkochen. Die Suppe zugedeckt bei schwacher Hitze 15 Minuten garen. • Währenddessen die Sellerie- und die Lauchstangen vom Wurzelende befreien, waschen und abtrocknen. Eventuell vorhandene harte Fäden der Selleriestangen abziehen. Beide Gemüse in etwa ½ cm dicke Stücke schneiden. Die Petersilie waschen, trockentupfen und fein hacken. • Den Sellerie und den Lauch in die Suppe geben und darin nur heiß werden lassen. • Das Lorbeerblatt und den Thymian aus der Suppe nehmen. Die Suppe mit Salz und Pfeffer abschmecken und mit der Petersilie bestreut servieren. • Dazu passen frisch geriebener Parmesankäse oder Pesto (Rezept Seite 114: Füllung der »Wirsingroulade«) und Vollkornbrötchen.

Mein Tip: Vor allem in Süddeutschland sind Dicke Bohnen (frisch und tiefgefroren) nicht immer zu bekommen. Nehmen Sie statt dessen getrocknete, grüne Schälerbsen (ungeschälte Erbsen müssen Sie zusammen mit den Bohnen einweichen), frische grüne Bohnen oder tiefgefrorene grüne Erbsen. Bei getrockneten Dicken Bohnen und Erbsen erhöht sich die Menge der Flüssigkeit um knapp ½ l. Grüne Bohnen werden mit den anderen Gemüsen gegart, tiefgefrorene Erbsen brauchen nur etwa 5 Minuten.

Kartoffelcreme mit Pilzen

Schmeckt auch mit Egerlingen

Zutaten für 4–6 Personen:
20 g getrocknete Steinpilze
⅛ l Wasser · 500 g vorwiegend festkochende Kartoffeln
250 g Suppengemüse wie Möhren, Petersilienwurzel, Sellerie und Lauch, gemischt
1 Zwiebel · 1 Knoblauchzehe
1 Eßl. Butter · ¾ l Gemüsebrühe
200 g Crème fraîche · 1 Bund Petersilie · 1 Eßl. frische Majoran- oder Thymianblättchen · Vollmeersalz · frisch gemahlener weißer Pfeffer
frisch geriebene Muskatnuß

Braucht etwas Zeit

Bei 6 Personen etwa 950 kJ/ 230 kcal · 5 g Eiweiß · 13 g Fett 21 g Kohlenhydrate · 4 g Ballaststoffe pro Person

Quellzeit: 4 Stunden
Vorbereitungszeit: 35 Minuten
Garzeit: 45 Minuten

Die getrockneten Steinpilze mit dem Wasser übergießen und zugedeckt 4 Stunden einweichen. • Die Kartoffeln schälen, waschen und würfeln. Das Suppengemüse putzen: Die Möhren, die Petersilienwurzel und den Sellerie schälen und waschen. Den Lauch längs halbieren, die Blätter auseinanderbiegen und kalt abspülen, bis alle Schmutzreste entfernt sind. Die Gemüse trockentupfen und würfeln. Die Zwiebel und den Knoblauch schälen und fein hacken. • Die Pilze aus dem Wasser nehmen und kurz kalt abspülen. Das Einweichwasser durch eine Kaffeefiltertüte gießen: An Trockenpilzen haften immer Erd- beziehungsweise Sandreste (bei Morcheln). Wenn man sie vor dem Einweichen wäscht, lassen sich nicht alle Schmutzreste entfernen; außerdem verlieren die Pilze an Aroma. Deshalb ist es besser, das Einweichwasser zu filtern. • Das Einweichwasser für die Suppe beiseite stellen. • Die Butter bei schwacher Hitze in einem Topf zerlassen, aber nicht bräunen. Die Zwiebel, den Knoblauch und die Pilze darin unter Rühren anbraten, bis die Zwiebel glasig ist. • Die Kartoffeln und das Suppengemüse hinzufügen und alles kurz anschmoren. Die Gemüsebrühe und das Einweichwasser der Pilze hinzugießen. • Die Suppe einmal aufkochen und zugedeckt bei schwacher Hitze 30 bis 40 Minuten garen, bis die Kartoffeln und das Gemüse weich sind. • Die Kartoffeln und das Gemüse in der Brühe mit einem Kartoffelstampfer fein zerdrücken. Die Crème fraîche hineinrühren und die Suppe noch einmal bis knapp unter den Siedepunkt erhitzen. • Die Petersilie waschen, trockentupfen und mit dem Majoran oder dem Thymian hacken. • Die Suppe mit Salz, Pfeffer und Muskatnuß abschmecken und mit den Kräutern bestreut anrichten.

Mein Tip: Als feine Vorsuppe eines mehrgängigen Menüs reicht die Kartoffelcreme mit Pilzen für 6 Personen, wenn Sie danach nur noch ein Hauptgericht servieren, werden 4 Personen davon satt. Bei Kartoffelsuppen läßt sich die Menge von Wasser oder Gemüsebrühe (sowie Sahne und/oder Crème fraîche) nicht exakt angeben; wieviel Flüssigkeit Sie brauchen, hängt von der verwendeten Kartoffelsorte ab: bei sehr mehligen, also stärkereichen Kartoffeln müssen Sie eventuell zum Schluß noch etwas Flüssigkeit zugeben, damit die Suppe nicht zu dick ist.

Kartoffelsuppe mit Lachsstreifen

Geeignet für ein festliches Essen

Zutaten für 4 Personen:
350 g mehligkochende Kartoffeln · 1 Schalotte
1 Stange Lauch · 1 Eßl. Butter · 600 ccm heiße Gemüsebrühe · 200 g frischer Lachs
½ unbehandelte Zitrone
1 Handvoll Kerbel · 200 g Crème fraîche · Vollmeersalz
frisch gemahlener weißer Pfeffer

Raffiniert

Pro Person etwa 1600 kJ/380 kcal
15 g Eiweiß · 27 g Fett · 19 g Kohlenhydrate · 2 g Ballaststoffe

Zubereitungszeit: 35 Minuten

Die Kartoffeln schälen, waschen und raspeln. Die Schalotte schälen und sehr fein hacken. Den Lauch putzen, waschen und in fingerbreite Stükke schneiden. • Die Butter in einem Topf erhitzen, aber nicht bräunen. • Die Schalotte darin bei schwacher Hitze anbraten. Die Kartoffeln hinzufügen und unter Rühren kurz mitbraten. • Die Gemüsebrühe hinzugießen, einmal aufkochen, und die Kartoffeln zugedeckt bei schwacher Hitze 10 Minuten garen. Den Lauch hinzufügen und alles weitere 5 Minuten garen. • Inzwischen den Lachs mit einer Pinzette von allen Gräten befreien und quer zur Faser in etwa ½ cm breite Streifen schneiden. Ein etwa 2 cm langes Stück Zitronenschale abschneiden und in ganz feine Streifen teilen. Die Zitrone auspressen. • Den Lachs und die Zitronenschale auf gut vorgewärmte Suppenteller verteilen. Den Zitronensaft darüber träufeln. Den Kerbel waschen, trockentupfen und grob zerkleinern. • Die Crème fraîche in die Suppe rühren und bis knapp unter den Siedepunkt erhitzen. • Die Suppe mit Salz und Pfeffer abschmecken, über den Lachs gießen und mit dem Kerbel bestreut servieren.

Info für Vegetarier: Den Lachs durch Algen ersetzen. Die Zubereitung von Algen finden Sie im Rezept Seite 161.

Suppen mit Tomaten

Wirklich gut nur im Sommer

Tomatencremesuppe mit Krabben

im Bild rechts

Zutaten für 4–6 Personen:
2 kg vollreife Tomaten · 2 Bund Suppengrün · 1 große Zwiebel
1 Knoblauchzehe
3 Zweige frischer Thymian
1 Zweig frischer Rosmarin
1 Eßl. kaltgepreßtes Olivenöl
½ l Gemüsebrühe · 100 g Crème fraîche · 100 g Krabben
Vollmeersalz · frisch gemahlener schwarzer Pfeffer
1 Prise Zuckerrohrgranulat
2 Eßl. Schnittlauchröllchen

Für Ungeübte

Bei 6 Personen etwa 810 kJ/190 kcal · 9 g Eiweiß · 9 g Fett 19 g Kohlenhydrate · 9 g Ballaststoffe pro Person

Vorbereitungszeit: 40 Minuten
Garzeit: 35 Minuten

Die Tomaten mit kochendem Wasser überbrühen, häuten und in Stücke schneiden, die Stielansätze dabei entfernen. Das Suppengrün putzen, waschen und klein würfeln. Die Zwiebel und den Knoblauch schälen und fein hacken. Den Thymian und den Rosmarin waschen und mit Küchengarn zu einem Sträußchen zusammenbinden. • Das Öl in einem Topf erhitzen. Das Suppengrün darin unter Rühren etwa 3 Minuten anrösten. • Die Zwiebel, den Knoblauch, die Tomaten und das Kräutersträußchen dazugeben und alles zugedeckt bei schwacher Hitze in 30 Minuten sehr weich garen. • Die Kräuter herausnehmen und die Suppe pürieren. • Die Gemüsebrühe und die Crème fraîche hinzugeben und die Suppe noch einmal kurz erhitzen. • Die Krabben in die Suppe geben und alles mit Salz, Pfeffer und dem Zuckerrohrgranulat würzen und mit dem Schnittlauch bestreuen.

Info für Vegetarier: Die Krabben weglassen. Roggenvollkornbrot würfeln und in Knoblauchbutter rösten. Die Croûtons zu der Suppe servieren.

Tomatensuppe mit Gurken

im Bild links

Zutaten für 3 Personen:
200 g vollreife Tomaten
1 kleine Schmorgurke (etwa 200 g) · 1 kleine Zwiebel
1 Bund Dill · 1 Eßl. kaltgepreßtes Olivenöl · 400 ccm Gemüsebrühe · Vollmeersalz
frisch gemahlener schwarzer Pfeffer · 1 Prise Zuckerrohrgranulat · 100 g Crème fraîche

Preiswert

Pro Person etwa 990 kJ/240 kcal
3 g Eiweiß · 21 g Fett · 9 g Kohlenhydrate · 3 g Ballaststoffe

Vorbereitungszeit: 30 Minuten
Garzeit: 15 Minuten

Die Tomaten mit kochendem Wasser überbrühen, häuten und würfeln, die Stielansätze dabei entfernen. Die Gurke schälen, halbieren, von den Kernen befreien und in feine Scheiben schneiden. Die Zwiebel schälen und fein hacken. Den Dill waschen, die Stiele abschneiden. • Das Öl in einem Topf erhitzen. • Die Tomaten, die Gurke und die Zwiebel darin bei mittlerer Hitze unter Rühren 2 Minuten schmoren. • Die Dillstiele und die Gemüsebrühe hinzufügen, die Suppe mit Salz, Pfeffer und dem Zuckerrohrgranulat würzen und zugedeckt bei schwacher Hitze etwa 10 Minuten garen. • Die Dillblättchen hakken. • Die Crème fraîche in die Suppe rühren und noch einmal erhitzen. • Die Suppe mit dem Dill bestreut servieren.

Leicht und festlich

Petersiliensuppe

im Bild links

Zutaten für 3 Personen:
100 g Petersilie · ½ l Wasser
400 g mehligkochende Kartoffeln · 1 Zwiebel · 1 Eßl. Butter · Vollmeersalz · frisch gemahlener weißer Pfeffer
frisch geriebene Muskatnuß

Für Ungeübte

Pro Person etwa 740 kJ/180 kcal
5 g Eiweiß · 6 g Fett · 27 g Kohlenhydrate · 4 g Ballaststoffe

Zubereitungszeit: 50 Minuten

Einige Petersilienblättchen abzupfen und zum Bestreuen der Suppe beiseite legen. • Die restliche Petersilie waschen, mit dem Wasser in einen Topf geben, einmal aufkochen und dann zugedeckt bei schwacher Hitze 30 Minuten kochen lassen. • Inzwischen die Kartoffeln schälen, waschen und in streichholzdünne Stifte schneiden. Die Zwiebel schälen und fein hacken. • Den Petersiliensud durch ein Sieb gießen, die Petersilie mit einem Holzlöffel gut ausdrücken und wegwerfen. • Die Butter in einem Topf zerlassen, die Zwiebel unter Rühren darin glasig braten. Die Kartoffeln dazugeben und kurz anbraten. • Den Petersiliensud hinzugießen, alles einmal aufkochen und die Suppe zugedeckt bei schwacher Hitze 15 bis 20 Minuten kochen lassen, bis die Kartoffeln weich sind. • Die Petersilienblättchen waschen, trockentupfen und hacken. • Die Suppe mit Salz, Pfeffer und Muskatnuß abschmecken, auf Teller verteilen und mit der Petersilie bestreut servieren.

Kressesuppe mit Sahnehäubchen

im Bild rechts

Zutaten für 4 Personen:
750 g mehligkochende Kartoffeln · 1 Schalotte
1 Eßl. Butter · knapp 1 l Gemüsebrühe · 250 g Sahne · Vollmeersalz · frisch gemahlener weißer Pfeffer · 2 Kästchen Gartenkresse

Schnell

Pro Person etwa 1600 kJ/380 kcal
7 g Eiweiß · 25 g Fett · 34 g Kohlenhydrate · 4 g Ballaststoffe

Zubereitungszeit: 25 Minuten

Die Kartoffeln schälen, waschen und auf der Rohkostreibe raspeln. Die Schalotte schälen und sehr fein hacken. • Die Butter in einem Topf erhitzen, aber nicht bräunen. Die Schalotte darin bei schwacher Hitze anbraten. Die Kartoffeln hinzufügen und unter Rühren kurz mitbraten. • Die Gemüsebrühe und etwa zwei Drittel der Sahne hinzugießen, die Suppe mit Salz und Pfeffer würzen, einmal aufkochen und zugedeckt bei schwacher Hitze etwa 15 Minuten garen, bis die Kartoffeln weich sind. • Inzwischen die restliche Sahne steif schlagen. Die Kresse mit einer Küchenschere abschneiden und unter die geschlagene Sahne mischen. • Die Suppe in vorgewärmte Teller geben. • Die Kressesahne darauf verteilen und mit einer Gabel einmal durchrühren: Suppe und Sahnehäubchen sollen sich nur locker verbinden.

Mein Tip: Kleine Mengen Sahne können Sie am besten mit dem Schneebesen steif schlagen; das Handrührgerät eignet sich dafür nicht, weil die noch flüssige Sahne zu sehr spritzt.

Feine Suppen mit Brot

Keine deftige Kost, sondern leichte Vorsuppen

Brotsuppe mit Sellerie

im Bild links

Zutaten für 4 Personen:
5 Scheiben Vollkorntoastbrot
2 Stangen Staudensellerie
1 kleine Zwiebel · 30 g Butter
¾ l Gemüsebrühe · ¼ l Milch
125 g Sahne · Vollmeersalz
frisch gemahlener weißer Pfeffer
1 Eßl. frisch gehackte Petersilie

Preiswert

Pro Person etwa 1200 kJ/290 kcal
6 g Eiweiß · 19 g Fett · 20 g Kohlenhydrate · 2 g Ballaststoffe

Zubereitungszeit: 20 Minuten

Das Brot würfeln. Die Selleriestangen waschen und abtrocknen. Die Sellerieblättchen abschneiden und beiseite legen. Den Sellerie in dünne Scheiben schneiden. Die Zwiebel schälen und fein hacken. • Die Butter in einem Topf erhitzen, aber nicht bräunen. Die Brotwürfel darin bei schwacher bis mittlerer Hitze rundherum goldbraun rösten. Den Sellerie und die Zwiebel dazugeben und kurz mitbraten. • Die Gemüsebrühe und die Milch hinzugießen, alles einmal aufkochen und zugedeckt bei schwacher Hitze 2 bis 3 Minuten kochen lassen, bis der Sellerie weich, aber noch bißfest ist. • Inzwischen die Sahne steif schlagen. Die Sellerieblättchen grob hacken. • Die Suppe mit Salz und Pfeffer abschmecken. Die geschlagene Sahne in die Suppe rühren. • Die Brotsuppe auf Teller verteilen, mit den Sellerieblättchen und der Petersilie bestreuen und servieren.

Gemüsesuppe mit Tomatencroûtons

im Bild rechts

Zutaten für 4 Personen:
300 g vollreife Tomaten
2 Zweige frischer Thymian
1 kleine Zwiebel · 1 Knoblauchzehe · 2 Eßl. frisch geriebener Bergkäse · 1 Eßl. kaltgepreßtes Olivenöl · 4 Scheiben Vollkorntoastbrot · 1 l Gemüsebrühe
500 g gemischte, frische Gemüse wie Blumenkohl, Kohlrabi, Bohnen und Erbsen (geputzt gewogen) · 2 Bund Schnittlauch

Schnell • Raffiniert

Pro Person etwa 870 kJ/210 kcal
10 g Eiweiß · 8 g Fett · 24 g Kohlenhydrate · 6 g Ballaststoffe

Vorbereitungszeit: 20 Minuten
Back- und Garzeit: 15 Minuten

Den Backofen auf 225° vorheizen. • Die Tomaten mit kochendem Wasser überbrühen, häuten und klein würfeln, dabei die Stielansätze entfernen. Den Thymian waschen, die Blättchen abzupfen. Die Zwiebel und die Knoblauchzehe schälen und ganz fein hacken. • Alle diese Zutaten mit dem Käse und dem Öl vermischen und auf die Toastbrote streichen. • Die Brote auf ein Backblech legen, in den heißen Backofen schieben und 10 bis 15 Minuten backen, bis sie knusprig sind. • Währenddessen die Gemüsebrühe zum Kochen bringen. • Die zerkleinerten Gemüse hineingeben, einmal aufkochen und bei schwacher bis mittlerer Hitze in 5 bis 10 Minuten bißfest garen. • Den Schnittlauch kalt abspülen, trockentupfen und in feine Röllchen schneiden. • Die Gemüsesuppe auf Teller verteilen und mit dem Schnittlauch bestreuen. • Die Tomatencroûtons zweimal diagonal durchschneiden und 4 Stücke in jeden Teller legen.

Polnische Buchweizensuppe

Berühmtes Rezept

Zutaten für 4 Personen:
1 doppeltes Hühnerbrüstchen von etwa 220 g · ½ Fenchelknolle (etwa 100 g) · 60 g Buchweizen · 1½ Eßl. Butter
¾ l Gemüsebrühe · 2 Eßl. frisch gehackte Petersilie · Vollmeersalz · frisch gemahlener weißer Pfeffer

Raffiniert

Pro Person etwa 750 kJ/180 kcal
13 g Eiweiß · 8 g Fett · 14 g Kohlenhydrate · 0 g Ballaststoffe

Zubereitungszeit: 45 Minuten

Das Hühnerbrüstchen häuten, vom Knochen lösen und in etwa 1 cm breite Streifen schneiden. Den Fenchel putzen, waschen, trockentupfen und quer zu den Fasern in dünne Streifen schneiden. Den Buchweizen in der Getreidemühle grob schroten. • Die Hälfte der Butter in einem Topf erhitzen und dabei leicht aufschäumen lassen. • Den Buchweizenschrot dazugeben und unter ständigem Rühren so lange anrösten, bis er einen zarten, würzigen Duft ausströmt. • Die Gemüsebrühe dazugießen und unter weiterem Rühren zum Kochen bringen. Die Suppe zugedeckt bei schwacher Hitze etwa 10 Minuten leise kochen lassen, dabei einige Male umrühren, damit der Buchweizenschrot nicht anbrennt. • Während die Suppe kocht, die restliche Butter in einer Pfanne zerlassen und die Fleischstreifen darin bei mittlerer Hitze 2 bis 3 Minuten braten. • Das Fleisch und den Fenchel auf Teller verteilen, die Petersilie darüber streuen. • Die Suppe mit Salz und Pfeffer abschmecken, in die Teller füllen und sofort servieren.

Info für Vegetarier: Das Fleisch weglassen und statt dessen 1 große Zwiebel in Ringe schneiden und in der Butter glasig braten.

Spargelsuppe mit Tofuklößchen

Schmeckt im Winter auch mit Schwarzwurzeln

Zutaten für 4 Personen:
500 g weißer und grüner Spargel, gemischt · 1⅛ l Wasser
150 g Tofu · 1 Eßl. frisch geriebener Emmentaler Käse
1 Eßl. geriebenes Knäckebrot
4 Eßl. frisch gehackte, gemischte Kräuter wie Petersilie, Schnittlauch, Kerbel und Borretsch, ersatzweise ½ Päckchen tiefgefrorene gemischte Kräuter
1 Ei · 2 Eigelbe · Vollmeersalz
frisch gemahlener weißer Pfeffer · 1 Bund Schnittlauch
1 Eßl. Sahne

Raffiniert

Pro Person etwa 610 kJ/130 kcal
10 g Eiweiß · 7 g Fett · 10 g Kohlenhydrate · 6 g Ballaststoffe

Zubereitungszeit: 1 Stunde

Den weißen Spargel schälen, die holzigen Enden abschneiden und den Spargel waschen. Den grünen Spargel nur von eventuell holzigen Stellen befreien, ebenfalls waschen und abtropfen lassen. • Alle Spargelabfälle waschen, mit dem Wasser zum Kochen bringen und zugedeckt bei schwacher Hitze 15 Minuten kochen lassen. • Die Spargelbrühe durch ein feines Sieb gießen, die Abfälle mit einem Holzlöffel ausdrücken und wegwerfen. • Während die Brühe kocht, die Spargelstangen in etwa 2 cm lange Stücke schneiden. • Den Tofu im Blitzhacker pürieren. Den Käse, das Knäckebrot, die Kräuter, das Ei und 1 Eigelb daruntermischen. Alles zu einer glatten Masse verkneten und mit Salz und Pfeffer würzen. • Die gesiebte Spargelbrühe zum Kochen bringen. • Aus der Tofumasse Klößchen formen und in die leise kochende Brühe geben. Nur die weißen Spargelstangen hinzufügen. Alles einmal aufkochen und zugedeckt bei schwacher Hitze 5 Minuten garen. • Alle Spargelköpfe und den grünen Spargel in die Suppe geben, erneut aufkochen und weitere 5 Minuten garen, bis der Spargel bißfest ist. • Inzwischen den Schnittlauch waschen, trockentupfen und in feine Röllchen schneiden. • Das restliche Eigelb mit der Sahne und etwas Brühe verquirlen und in die heiße, aber nicht mehr kochende Suppe rühren. • Die Suppe auf Teller verteilen und mit dem Schnittlauch bestreut servieren.

Mein Tip: Es ist sehr wichtig, daß Sie den Tofu fein zerkleinern, sonst halten die Klößchen beim Garen nicht zusammen. Wenn Sie keinen Blitzhacker oder Mixer zum Pürieren haben, zerdrücken Sie den Tofu mit einer Gabel ganz fein. Die fertig gemischte Klößchenmasse formen Sie dann nicht mit Teelöffeln, sondern mit den Händen, damit der Tofu noch einmal gründlich durchgeknetet wird: Jeweils die Menge für ein walnußgroßes Klößchen abnehmen und mit den Fingerspitzen einige Male verkneten, bis die noch vorhandenen Tofustückchen weiter zerkleinert sind und die Masse gut bindet. Dann erst das Klößchen rollen. Für die Spargeleinlage der Suppe können Sie sehr gut Bruchspargel verwenden (meist wird er unter der Bezeichnung »Spargelköpfe« verkauft); er ist preiswerter und schmeckt genauso gut.

Feine Zwiebelsuppe

Das klassische Rezept auf neue, leichte Art

Zutaten für 4 Personen:
500 g Frühlingszwiebeln
1 Zwiebel · 1 Knoblauchzehe
1 Eßl. kaltgepreßtes Sonnenblumenöl · 1 Eßl. Butter
1½ Teel. Kreuzkümmel (Kumin) · ¾ l Gemüsebrühe
¼ l trockener Weißwein, ersatzweise Gemüsebrühe und 2 Eßl. Zitronensaft · 4 dünne Scheiben Weizenvollkornbrot (etwa 70 g) · 100 g frisch geriebener Greyerzer Käse
frisch gemahlener weißer Pfeffer · Cayennepfeffer
1 Eßl. Schnittlauchröllchen

Schnell

Pro Person etwa 1300 kJ/310 kcal
11 g Eiweiß · 17 g Fett · 20 g Kohlenhydrate · 2 g Ballaststoffe

Zubereitungszeit: 25 Minuten

Die Frühlingszwiebeln putzen, waschen, trockenschwenken und mit etwa zwei Dritteln des zarten Zwiebelgrüns in fingerbreite Stücke schneiden. Die Zwiebel und die Knoblauchzehe schälen und fein hacken. • Das Öl und die Butter in einem Topf erhitzen. • Die Frühlingszwiebeln, die Zwiebel, den Knoblauch und den Kreuzkümmel hinzufügen und bei schwacher Hitze unter Rühren anbraten, bis alles vom Fett überzogen ist. • Die Gemüsebrühe und den Wein hinzugießen, einmal aufkochen und die Suppe zugedeckt bei schwacher Hitze 5 Minuten garen. • Inzwischen die Brotscheiben toasten, auf vorgewärmte Suppenteller verteilen und mit dem Käse bestreuen. • Die Suppe mit Pfeffer und Cayennepfeffer abschmecken, über das Brot gießen und mit dem Schnittlauch bestreut sofort servieren.

Ungarische Sauerkrautsuppe

Kräftige Kost für kalte Tage

Zutaten für 4 Personen:
1 große Zwiebel · 500 g Sauerkraut · 1 Eßl. Butter · 1 Eßl. edelsüßes Paprikapulver
1 l Gemüsebrühe · 1 große mehligkochende Kartoffel (etwa 300 g) · 1 Eßl. Kümmelkörner · frisch gemahlener weißer Pfeffer · 1 Bund Schnittlauch · 250 g saure Sahne

Für Ungeübte • Raffiniert

Pro Person etwa 910 kJ/220 kcal
7 g Eiweiß · 12 g Fett · 23 g Kohlenhydrate · 5 g Ballaststoffe

Vorbereitungszeit: 10 Minuten
Garzeit: 35 Minuten

Die Zwiebel schälen und fein hacken. Das Sauerkraut gut ausdrücken, mit einer Gabel zerpflücken und mit einem scharfen Messer kleinschneiden. • Die Butter in einem Topf zerlassen, aber nicht bräunen. • Die Zwiebel darin bei schwacher Hitze unter ständigem Rühren glasig braten. Das Sauerkraut hinzufügen und etwa 1 Minute mitbraten. Das Paprikapulver darüber stäuben und alles einige Male umrühren. • Die Brühe dazugießen. Die Kartoffel schälen, waschen und in die Suppe reiben. Den Kümmel und Pfeffer dazugeben. • Die Suppe einmal aufkochen und zugedeckt bei schwacher Hitze etwa 30 Minuten kochen lassen bis die Kartoffel weich ist. • Inzwischen den Schnittlauch waschen, trockentupfen, in feine Röllchen schneiden und unter die saure Sahne mischen. • Die Suppe in Tellern anrichten, und die Schnittlauchsahne dazu servieren.

Graupensuppe mit Käse

Noch vollwertiger mit Buchweizen

Zutaten für 4 Personen:
1 kleine Zwiebel · 1 Knoblauchzehe · 75 g Graupen · ½ Eßl. Butter · ¾ l Gemüsebrühe ½ Bund Petersilie · 1 Bund Schnittlauch · ¼ l Milch 2 Eigelbe · 2 Eßl. frisch geriebener Bergkäse · frisch geriebene Muskatnuß · frisch gemahlener weißer Pfeffer

Preiswert

Pro Person etwa 870 kJ/210 kcal
9 g Eiweiß · 10 g Fett · 20 g Kohlenhydrate · 1 g Ballaststoffe

Vorbereitungszeit: 10 Minuten
Garzeit: 30 Minuten
Fertigstellung: 10 Minuten

Die Zwiebel und die Knoblauchzehe schälen und fein hacken. Die Graupen auf ein Sieb geben und unter fließendem kaltem Wasser waschen, bis das ablaufende Wasser ziemlich klar bleibt. So wird die Stärke entfernt, und die Graupen kleben beim Garen nicht zusammen. • Die Butter in einem Topf erhitzen. Die Zwiebel und den Knoblauch darin bei schwacher Hitze glasig braten. Die Graupen dazugeben und unter Rühren mitbraten, bis sie vom Fett überzogen sind. • Die Gemüsebrühe dazugießen, die Graupen einmal aufkochen und zugedeckt bei schwacher Hitze 25 Minuten garen. • Die Petersilie und den Schnittlauch waschen und fein zerkleinern. • Die Milch mit den Eigelben und dem Käse verquirlen. 2 Eßlöffel Suppe in diese Mischung rühren, den Topf von der Kochstelle ziehen, und die Suppe mit der Eiermilch binden. Dann nur noch heiß werden lassen, aber nicht mehr aufkochen, sonst gerinnen die Eigelbe. • Die Suppe mit Muskatnuß und Pfeffer abschmecken und mit den Kräutern bestreut anrichten.

Suppen mit Sprossen

Vitamin- und ballaststoffreich

Sahnesuppe mit Sprossen und Curry

im Bild links

Zutaten für 4 Personen:
1 Zwiebel · 1 Knoblauchzehe
1 kleine, frische grüne Pfefferschote · 1 Stück frische Ingwerwurzel, etwa 1 cm lang
300 g gemischte Sprossen, zum Beispiel aus Alfalfa, Roggen, Mungobohnen und Linsen
1 Teel. Gelbwurz (Kurkuma)
1½ Teel. Kreuzkümmel (Kumin) · 1 Teel. gemahlener Koriander · 1 Teel. Safranfäden
je 1 Prise frisch geriebene Muskatnuß und Piment
1 Eßl. kaltgepreßtes Sojaöl
1 Eßl. Weizenvollkornmehl
¾ l Gemüsebrühe
125 g Sahne · ⅛ l Sojamilch
2 Eßl. frisch gehackte Petersilie

Raffiniert

Pro Person etwa 1400 kJ/330 kcal
21 g Eiweiß · 19 g Fett · 16 g Kohlenhydrate · 7 g Ballaststoffe

Keimzeit der Sprossen: 4 Tage
Zubereitungszeit: 30 Minuten

Die Zwiebel und die Knoblauchzehe schälen und hacken. Die Pfefferschote halbieren und alle Kerne entfernen. Die Schotenhälften kalt abspülen und in feine Streifen schneiden. Die Ingwerwurzel schälen, waschen und trockentupfen. Die Sprossen waschen und abtropfen lassen. • Die Gewürze in einem Schälchen mischen. • Das Öl in einem Topf erhitzen. Die Zwiebel, den Knoblauch, die Pfefferschote, die Ingwerwurzel, die Sprossen und die gemischten Gewürze darin bei mittlerer Hitze unter ständigem Rühren so lange braten, bis die Zwiebel und der Knoblauch glasig sind. • Das Mehl darüber stäuben und unter weiterem Rühren einige Sekunden anrösten. • Die Gemüsebrühe langsam hinzugießen, einmal aufkochen und die Suppe zugedeckt bei schwacher Hitze 5 Minuten kochen lassen. • Die Sahne und die Sojamilch in die Suppe rühren und noch einmal erhitzen. Die Suppe mit der Petersilie bestreut servieren.

Grüne Suppe mit Rettichsprossen

im Bild rechts

Zutaten für 4 Personen:
300 g zarte, junge Kohlrabi-, Rettich- und Radieschenblätter, gemischt · 1 kleine Zwiebel
1 Eßl. kaltgepreßtes Maiskeimöl
1 Eßl. Roggenvollkornmehl
300 ccm Gemüsebrühe · 50 g Rettichsprossen · 200 g Sahne
frisch gemahlener weißer Pfeffer · frisch geriebene Muskatnuß · 2 Eßl. saure Sahne

Raffiniert • Schnell

Pro Person etwa 990 kJ/240 kcal
3 g Eiweiß · 21 g Fett · 8 g Kohlenhydrate · 1 g Ballaststoffe

Keimzeit der Sprossen: 3 Tage
Zubereitungszeit: 20 Minuten

Die Blätter waschen, trockentupfen und im Blitzhacker fein zerkleinern. Die Zwiebel schälen und hacken. • Das Öl in einem Topf erhitzen. Die Zwiebel darin bei schwacher Hitze glasig braten. Die gehackten Blätter dazugeben und unter Rühren einige Sekunden schmoren. • Das Mehl darüber stäuben. Die Gemüsebrühe unter Rühren hinzugießen, einmal aufkochen und zugedeckt bei schwacher Hitze 5 Minuten garen. • Die Sprossen kalt abspülen, mit der Sahne in die Suppe rühren und heiß werden lassen. • Mit Pfeffer und Muskatnuß abschmecken, auf Tellern verteilen und die saure Sahne daraufgeben.

Hirse mit Gemüse und Lamm

Schmeckt auch mit vorgegartem Hafer

Zutaten für 6 Personen:
1 Zwiebel · 2 Knoblauchzehen
200 g Hirse · 2 Eßl. kalt-
gepreßtes Maiskeimöl · etwa
3/8 l Gemüsebrühe · 300 g
Lammfleisch (Keule) · 250 g
vollreife Tomaten · 1 Paket tief-
gefrorene Erbsen (300 g) · Voll-
meersalz · frisch gemahlener
weißer Pfeffer · 4 Eßl. Crème
fraîche · 1 Bund Basilikum

Für Ungeübte

Pro Person etwa 1600 kJ/380 kcal
17 g Eiweiß · 20 g Fett · 34 g Kohlenhydrate · 3 g Ballaststoffe

Zubereitungszeit: 55 Minuten

Die Zwiebel und die Knoblauchzehen schälen und fein hacken. Die Hirse auf ein Sieb geben, kalt abspülen und abtropfen lassen. • Die Hälfte des Öls in einem Topf erhitzen. Die Zwiebel und den Knoblauch darin bei mittlerer Hitze unter Rühren glasig braten. Die Hirse dazugeben und so lange unter weiterem Rühren mitbraten, bis alle Körner vom Fett überzogen sind. • Die Gemüsebrühe hinzugießen, die Hirse einmal aufkochen und zugedeckt bei schwacher Hitze 25 bis 30 Minuten garen. • Inzwischen das Fleisch vom größten Teil des Fetts befreien und in Streifen schneiden. Die Tomaten mit kochendem Wasser überbrühen, häuten und würfeln, dabei die Stielansätze entfernen. • Die Erbsen unter die Hirse mischen, alles mit Salz und Pfeffer würzen und zugedeckt weitere 10 Minuten garen (tiefgefrorene Erbsen sind nach dem Auftauen in 5 Minuten gar). • Während die Erbsen garen, das restliche Öl in einer Pfanne erhitzen. Das Fleisch darin bei starker bis mittlerer Hitze unter ständigem Wenden nur so lange anbraten, bis es sich grau färbt. Die Pfanne von der Kochstelle ziehen. • Das Fleisch, die Tomaten und die Crème fraîche unter die Hirse mischen und alles nur noch heiß werden lassen. • Das Basilikum waschen und trockentupfen. Die Blättchen abzupfen. Die Blättchen grob, die Stiele ganz fein hacken und unter den Eintopf mischen. Die Basilikumblättchen darüber streuen und den Eintopf sofort anrichten. • Dazu passen gemischte Salate oder Rohkost.

Mein Tip: Der Eintopf schmeckt auch mit Schweine- oder Rindfleisch (möglichst Filet oder Lende), das Sie jedoch nur bei einem Biometzger oder -Bauern (Adressen Seite 12 und 218) kaufen sollten. Es ist sehr wichtig, daß Fleisch aus der Keule oder auch Filet nur kurz gart, damit es schön zart bleibt. Deshalb sollte das angebratene Fleisch nicht mehr in der Pfanne bleiben, sondern gleich unter den Eintopf gemischt werden. Nur (preiswertes) Fleisch aus Schulter oder Nacken wird mit der Hirse angebraten und gart während der gesamten Zeit mit.

Info für Vegetarier: Hirse enthält weniger Eiweiß als beispielsweise Hafer, Weizen oder Roggen. Wenn Sie kein Fleisch essen wollen, sollten Sie bei diesem Gericht also nicht den Anteil von Hirse oder Gemüse erhöhen, sondern zusätzlich eine eiweißreiche Beilage servieren: Bohnensalat mit Mais (Rezept Seite 53) oder Sauerkrautsalat mit Trockenobst (Rezept Seite 55).

Herzhafte Getreideeintöpfe

Reich an pflanzlichem Eiweiß und Ballaststoffen

Gerste mit Mangold und Sojamilch

im Bild links

Zutaten für 3 Personen:
100 g Gerstenkörner
¼ l Wasser · 1 Zwiebel
20 g Butter · ⅛ l Sojamilch
1 Eßl. gekörnte Gemüsebrühe
400 g Mangold · 2 Knoblauchzehen · 50 g geriebenes altbackenes Vollkornbrot

Braucht etwas Zeit

Pro Person etwa 1100 kJ/260 kcal
10 g Eiweiß · 8 g Fett · 39 g Kohlenhydrate · 5 g Ballaststoffe

Garzeit der Gerste: 2 Stunden
Zubereitungszeit: 35 Minuten

Die Gerste wie nebenstehend mit dem Wasser vorgaren und ausquellen lassen. • Die Zwiebel schälen und hacken. • Die Hälfte der Butter in einer Pfanne erhitzen. Die Zwiebel darin bei schwacher Hitze glasig braten. • Die Gerstenkörner mit dem verbliebenen Wasser, die Sojamilch und die gekörnte Brühe dazugeben, einmal aufkochen und zugedeckt bei schwacher Hitze etwa 25 Minuten garen. • Inzwischen den Mangold putzen, waschen und grob zerkleinern. Unter die Gerste mischen und weitere 5 Minuten garen. • Den Knoblauch schälen und ganz fein hacken. • Die restliche Butter erhitzen. Das geriebene Brot darin anrösten. Den Knoblauch daruntermischen und nur sekundenlang mitbraten. • Den Eintopf mit den Knoblauchbröseln bestreuen.

Weizen mit Gurken und Fenchel

im Bild rechts

Zutaten für 4 Personen:
200 g Weizenkörner
⅜ l Wasser · 1 Zwiebel
2 Knoblauchzehen · 2 Eßl. kaltgepreßtes Olivenöl
200 g Crème fraîche
2 Schmorgurken (etwa 400 g)
2 Fenchelknollen (etwa 500 g)
2 Bund Dill · 2 Eßl. Sahne · Vollmeersalz · frisch gemahlener weißer Pfeffer

Braucht etwas Zeit

Pro Person etwa 2100 kJ/500 kcal
12 g Eiweiß · 27 g Fett · 50 g Kohlenhydrate · 7 g Ballaststoffe

Garzeit des Weizens: 2 Stunden
Zubereitungszeit: 30 Minuten

Die Weizenkörner mit dem Wasser zum Kochen bringen und zugedeckt bei schwacher Hitze 1 Stunde kochen, dann 1 weitere Stunde quellen lassen. • Die Zwiebel und den Knoblauch schälen und hacken. • Das Olivenöl in einer Pfanne erhitzen. Die Zwiebel und den Knoblauch darin bei schwacher Hitze glasig braten. • Die Weizenkörner mit dem verbliebenen Wasser hinzufügen und kurz mitschmoren. Die Crème fraîche daruntermischen, alles einmal aufkochen und zugedeckt bei schwacher Hitze etwa 15 Minuten garen. • Die Gurken schälen, der Länge nach halbieren, die Kerne herauskratzen und die Gurken in etwa 1 cm dicke Stücke schneiden. Die Fenchelknollen putzen (das Fenchelgrün beiseite legen), waschen, halbieren und den Strunk herausschneiden. Die Hälften in dünne Streifen schneiden. • Den Fenchel unter den Weizen mischen und 5 Minuten garen. • Die Gurken hinzugeben und alles weitere 5 Minuten zugedeckt garen. • Den Dill und das Fenchelgrün waschen, trockentupfen und fein zerkleinern. • Die Sahne in den Weizen rühren, mit Salz und Pfeffer abschmecken und mit dem Dill und dem Fenchelgrün bestreuen.

Risotti für Vegetarier

Spezialitäten aus Italien

Wildreisrisotto mit Tomaten

im Bild links

Zutaten für 3 Personen:
1 Schalotte · 2 Eßl. kaltgepreßtes Maiskeimöl · 200 g Natur-Langkornreis · 75 g Wildreis · 3/8 l Gemüsebrühe · 500 g vollreife Tomaten · 1 Eßl. Butter
1 Teel. frische Thymianblättchen · 125 g Sahne · Vollmeersalz · frisch gemahlener weißer Pfeffer · 50 g Alfalfasprossen · 75 g frisch geriebener Pecorinokäse

Raffiniert

Pro Person etwa 2100 kJ/500 kcal
20 g Eiweiß · 37 g Fett · 61 g Kohlenhydrate · 5 g Ballaststoffe

Keimzeit der Sprossen: 4 Tage
Zubereitungszeit: 1 Stunde

Die Schalotte schälen und hacken. • Das Maiskeimöl in einem Topf erhitzen. Die Schalotte, den Langkorn- und den Wildreis darin bei mittlerer Hitze unter ständigem Rühren anbraten, bis alles vom Öl überzogen ist. • Die Hälfte der Gemüsebrühe dazugießen, den Reis einmal aufkochen und zugedeckt bei schwacher Hitze 35 Minuten garen, dabei nach und nach die restliche Gemüsebrühe dazugießen. • Die Tomaten häuten und in Stücke schneiden, die Stielansätze dabei entfernen. • Die Butter in einer Pfanne erhitzen und die Thymianblättchen darin bei schwacher Hitze anbraten. Die Tomaten hinzufügen und unter Rühren mitschmoren, bis die Flüssigkeit teilweise verdampft ist. • Die Tomaten und die Sahne unter den Reis mischen und alles unter häufigem Umrühren in 10 bis 15 Minuten fertiggaren. • Den Risotto mit Salz und Pfeffer abschmecken. • Die Sprossen mit dem Käse unter den Risotto ziehen.

Risotto mit Kohl

im Bild rechts

Zutaten für 4 Personen:
1 Zwiebel · 1 Knoblauchzehe
4 Eßl. kaltgepreßtes Olivenöl
300 g Natur-Rundkornreis
1¼ l Gemüsebrühe · 500 g Spitzkohl (geputzt gewogen)
2 Eßl. Sesamsamen · 125 g Sahne · Vollmeersalz · frisch gemahlener weißer Pfeffer
75 g frisch geriebener Parmesankäse

Für Ungeübte

Pro Person etwa 2000 kJ/480 kcal
18 g Eiweiß · 35 g Fett · 53 g Kohlenhydrate · 6 g Ballaststoffe

Zubereitungszeit: 45 Minuten

Die Zwiebel und den Knoblauch schälen und hacken. • Die Hälfte des Öls in einem Topf erhitzen. Die Zwiebel, den Knoblauch und den Reis darin bei mittlerer Hitze unter ständigem Rühren anbraten, bis alles vom Öl überzogen ist. • Die Hälfte der Gemüsebrühe dazugießen, den Reis einmal aufkochen und zugedeckt bei schwacher Hitze 15 Minuten garen. • Inzwischen den Spitzkohl waschen, abtropfen lassen und in feine Streifen schneiden. • Das restliche Öl in einer Pfanne erhitzen und die Sesamsamen darin unter ständigem Rühren anrösten, bis sie zart duften. • Den Kohl unter den Reis mischen, die restliche Brühe nach und nach dazugießen, und den Reis im offenen Topf unter häufigem Umrühren in etwa 20 Minuten fertiggaren. • Den Sesam und die Sahne unter den Risotto mischen und alles mit Salz und Pfeffer abschmecken. Zum Schluß den Parmesan mit einer Gabel unter den Risotto ziehen.

Geschmorter Dinkel mit Morcheln

Feine Getreideküche für festliche Anlässe

Zutaten für 4 Personen:
10 g getrocknete Spitz-
morcheln, ersatzweise Stein-
pilze · ½ l Wasser · 200 g
Dinkelkörner · 1 Zwiebel
1 Knoblauchzehe · 1 Eßl. Butter
100 g Crème fraîche · 2 Eßl.
Sahne · 2 Eßl. frisch gehackte
Petersilie · 2 Eßl. Zitronensaft
Vollmeersalz · frisch
gemahlener weißer Pfeffer
1 Messerspitze gemahlener
Koriander

Braucht etwas Zeit

Pro Person etwa 1400 kJ/330 kcal
8 g Eiweiß · 16 g Fett · 40 g
Kohlenhydrate · 2 g Ballaststoffe

Quellzeit: 4 Stunden
Garzeit des Dinkels: 2 Stunden
Zubereitungszeit: 30 Minuten

Die Morcheln mit etwa einem Drittel des Wassers übergießen und zugedeckt 4 Stunden einweichen. • Nach 2 Stunden den Dinkel mit dem restlichen Wasser zum Kochen bringen, zugedeckt bei schwacher Hitze 1 Stunde kochen und 1 weitere Stunde ausquellen lassen. • Die Morcheln abgießen, das Wasser durch eine Kaffeefiltertüte geben. Die Pilze kalt abspülen. Die Zwiebel und den Knoblauch schälen und fein hacken. • Die Butter in einem Topf erhitzen. Die Zwiebel, den Knoblauch und die Morcheln darin bei schwacher Hitze unter Rühren anbraten. Den Dinkel hinzufügen und kurz mitschmoren. • Den Dinkel unter häufigem Umrühren 10 bis 15 Minuten bei mittlerer Hitze schmoren, dabei nach und nach das Einweichwasser der Morcheln und die Crème fraîche hinzugießen. Die Flüssigkeit jeweils wieder einkochen lassen, bis der Eintopf sämig wie ein Risotto ist. • Die Sahne, die Petersilie und den Zitronensaft daruntermischen und alles mit Salz, Pfeffer und dem Koriander abschmecken.

Getreide nach Risotto-Art

Getreideküche leicht und schnell

Graupen mit roten Beten

im Bild links

Zutaten für 4–5 Personen:
1 große Zwiebel · 300 g Graupen · 2 Eßl. kaltgepreßtes Maiskeimöl · ¾ l Gemüsebrühe · 500 g rote Beten · 1 Eßl. Zitronensaft · 1 Bund Petersilie · 100 g saure Sahne · Vollmeersalz · frisch gemahlener weißer Pfeffer · Cayennepfeffer

Für Ungeübte • Raffiniert

Bei 5 Personen etwa 1500 kJ/360 kcal · 10 g Eiweiß · 10 g Fett 57 g Kohlenhydrate · 3 g Ballaststoffe pro Person

Zubereitungszeit: 40 Minuten

Die Zwiebel schälen und fein hacken. • Die Graupen auf ein Sieb geben und unter fließendem kaltem Wasser so lange abspülen, bis das ablaufende Wasser ziemlich klar bleibt. • Das Öl in einem Topf erhitzen. Die Zwiebel darin bei mittlerer Hitze glasig braten. Die Graupen hinzufügen und unter Rühren so lange mitbraten, bis sie vom Fett überzogen sind. • Die Gemüsebrühe dazugießen. Die Graupen einmal aufkochen und zugedeckt bei schwacher Hitze 25 Minuten garen. • Inzwischen die zarten Blättchen der roten Beten abschneiden, waschen, trockentupfen und beiseite legen. Die roten Beten waschen, schälen und auf der Rohkostreibe in die Graupen raffeln. • Den Zitronensaft hinzufügen, alles erneut aufkochen und zugedeckt auf der abgeschalteten Kochstelle 5 Minuten ziehen lassen. • Die Petersilie waschen, trockentupfen und mit den Rote-Beten-Blättchen fein hacken. Mit der sauren Sahne unter die Graupen mischen, mit Salz, Pfeffer und Cayennepfeffer abschmekken und servieren.

Bulgur mit Gemüse

im Bild rechts

Zutaten für 4 Personen:
1 Zwiebel · 1 Knoblauchzehe · 200 g Möhren · 1 getrocknete rote Pfefferschote · 1 Eßl. kaltgepreßtes Olivenöl · 250 g Bulgur · 600 ccm Gemüsebrühe · 1 Paket tiefgefrorene Erbsen (300 g) · 125 g frisch geriebener Parmesankäse · 100 g Crème fraîche · Vollmeersalz · frisch gemahlener weißer Pfeffer

Preiswert

Pro Person etwa 2200 kJ/520 kcal 25 g Eiweiß · 22 g Fett · 55 g Kohlenhydrate · 7 g Ballaststoffe

Vorbereitungszeit: 15 Minuten
Garzeit: 40 Minuten

Die Zwiebel und die Knoblauchzehe schälen und fein hacken. Die Möhren schaben und auf der Rohkostreibe raspeln. Die Pfefferschote zwischen den Fingern aufbrechen und die scharfen Kerne entfernen. • Das Olivenöl in einer Pfanne erhitzen. Die Zwiebel, den Knoblauch und das Bulgur darin bei mittlerer Hitze nur so lange anbraten, bis alle Zutaten gleichmäßig vom Öl überzogen sind. • Die Möhren und die Pfefferschote daruntermischen. Die Brühe dazugießen. • Alles einmal aufkochen und zugedeckt bei schwacher Hitze 25 Minuten garen. • Die Erbsen daruntermischen und erneut aufkochen. Das Gericht zugedeckt bei schwacher Hitze weitere 10 Minuten garen. • Den Käse und die Crème fraîche darunterrühren. Den Eintopf noch einmal erhitzen, mit Salz und Pfeffer abschmekken. • Dazu paßt Salat.

Herzhafte Eintöpfe mit Teigwaren

Spezialitäten aus der bäuerlichen Küche

Krautfleckerl

im Bild links

Zutaten für 4 Personen:
150 g Weizenvollkornmehl
Vollmeersalz · 1 Ei · 3 Eigelbe
1 Eßl. kaltgepreßtes Sonnenblumenöl · 1 Kopf Weißkohl (etwa 1 kg) · 1 große Zwiebel
2 Knoblauchzehen · 1 Eßl. Butter · 2 Eßl. frisch gehackte Petersilie · ⅛ l Gemüsebrühe
½ Eßl. Kümmelkörner · frisch gemahlener weißer Pfeffer
Für die Arbeitsfläche: Mehl

Braucht etwas Zeit

Pro Person etwa 1400 kJ/330 kcal
12 g Eiweiß · 15 g Fett · 36 g Kohlenhydrate · 10 g Ballaststoffe

Vorbereitungszeit: 1 Stunde
Garzeit: 10 Minuten

Für den Nudelteig das Mehl mit Salz, dem Ei, den Eigelben und dem Öl verkneten. Wenn der Teig zu fest ist, etwas kaltes Wasser dazugeben. Ist er klebrig, noch etwas Mehl darunterkneten. • Den Teig in Folie wickeln und 30 Minuten bei Zimmertemperatur ruhen lassen. • Den Weißkohl putzen, waschen, abtropfen lassen und in Streifen schneiden. Die Zwiebel und den Knoblauch schälen und hacken. • Den Teig portionsweise auf wenig Mehl etwa messerrückendick ausrollen und in Quadrate von etwa 2 cm schneiden. • Die Butter in einem Topf erhitzen. Die Zwiebel und den Knoblauch darin bei mittlerer Hitze glasig braten. • Die Kohlstreifen, die Petersilie, die Gemüsebrühe, den Kümmel und Pfeffer hinzufügen, und den Kohl unter Rühren in etwa 5 Minuten bißfest garen. • Die Fleckerl in reichlich sprudelnd kochendem Salzwasser nur so lange garen, bis sie an die Oberfläche steigen, abgießen, abtropfen lassen und mit dem Kraut mischen.

Spätzle mit Grünkohl

im Bild rechts

Zutaten für 4 Personen:
150 g Weizenvollkornmehl
50 g Roggenvollkornschrot
4–5 Eier · Vollmeersalz
1 kg Grünkohl · 1 Zwiebel
½ Eßl. Butter · 250 g Sahne
frisch gemahlener weißer Pfeffer · 50 g frisch geriebener Bergkäse

Preiswert

Pro Person etwa 2700 kJ/640 kcal
31 g Eiweiß · 35 g Fett · 46 g Kohlenhydrate · 9 g Ballaststoffe

Vorbereitungszeit: 30 Minuten
Garzeit: 10 Minuten

Das Mehl mit dem Schrot, zunächst 4 Eiern und Salz zu einem zähflüssigen Spätzleteig verrühren. Sollte der Teig zu fest sein, noch das restliche Ei dazugeben. • Den Teig zugedeckt 20 Minuten ruhen lassen. • Inzwischen reichlich Wasser mit Salz zum Kochen bringen. • Den Grünkohl waschen, trockenschwenken und die Blätter von den Stielen streifen. Die Zwiebel schälen und hacken. • Die Butter in einem Topf erhitzen. Die Zwiebel bei mittlerer Hitze darin glasig braten. • Den Grünkohl und die Sahne hinzufügen, einmal aufkochen und zugedeckt bei schwacher Hitze etwa 5 Minuten garen. • Währenddessen den Spätzleteig portionsweise vom Brett schaben oder durch den Spätzlehobel in das sprudelnd kochende Wasser drücken. • Die Spätzle garen, bis sie an die Oberfläche steigen, mit einem Schaumlöffel herausnehmen und in einer vorgewärmten Schüssel warm halten. • Den Grünkohl mit Salz und Pfeffer abschmecken, mit den Spätzle mischen und mit dem geriebenen Käse bestreut anrichten.

Gemüsetopf nach Pichelsteiner Art

Mit viel Gemüse und wenig Fleisch zubereitet

Zutaten für 4 Personen:
300 g Lammschulter (ohne Knochen) · 1 kg Möhren, Knollensellerie, Lauch und Weißkohl, gemischt (geputzt gewogen) · 1 kg vorwiegend festkochende Kartoffeln
2 Zwiebeln · Vollmeersalz
frisch gemahlener schwarzer Pfeffer · 50 g Butter
¼ l Gemüsebrühe · 1 Teel. Kümmelkörner · 1 Teel. getrockneter Majoran · ½ Bund Petersilie

Braucht etwas Zeit

Pro Person etwa 2300 kJ/550 kcal
23 g Eiweiß · 25 g Fett · 59 g Kohlenhydrate · 11 g Ballaststoffe

Vorbereitungszeit: 45 Minuten
Garzeit: 1–1¼ Stunden

Die Lammschulter vom größten Teil des Fetts befreien und in etwa 3 cm große Würfel schneiden. • Alle Gemüse waschen, putzen oder schälen und zerkleinern: die Möhren und den Sellerie in dünne Scheiben, den Lauch in etwa 1 cm lange Stücke und den Weißkohl in Streifen schneiden. Die Kartoffeln schälen, waschen und würfeln. Die Zwiebeln schälen und fein hacken. • Das Fleisch, die Gemüse, die Kartoffeln und die Zwiebeln schichtweise in einen festschließenden Schmortopf geben und jede Schicht mit Salz und Pfeffer würzen. Die Butter in Flöckchen darauf verteilen. Die Gemüsebrühe an den Seiten dazugießen. Den Kümmel und den Majoran über den Gemüsetopf streuen. • Den Gemüsetopf zugedeckt bei starker Hitze zum Kochen bringen, dann bei schwacher Hitze 1 bis 1¼ Stunden garen, bis das Fleisch weich ist. • Die Petersilie waschen, die Blättchen abzupfen, trockentupfen und hacken. • Den Gemüsetopf mit der Petersilie bestreut servieren.

Info für Vegetarier: Das Fleisch weglassen. Zum Pichelsteiner gebratene Tofuscheiben servieren, die zuvor in Sojasauce mariniert worden sind.

Eintöpfe mit Huhn, Getreide und Hülsenfrüchten

Auch ohne Fleisch reich an Eiweiß

Hähnchenkeulen mit Roggen

im Bild links

Zutaten für 4 Personen:
6 Shiitake-Pilze · ¼ l Wasser
200 g Roggenkörner
¼ l Gemüsebrühe · 1 Zwiebel
2 Knoblauchzehen · 1 Eßl. kaltgepreßtes Sojaöl · 4 Hähnchenkeulen (etwa 800 g) · 6 Eßl. Sojasauce · Cayennepfeffer
2 Eßl. frisch gehackte Petersilie

Braucht etwas Zeit
Für Ungeübte

Pro Person etwa 1700 kJ/400 kcal
39 g Eiweiß · 10 g Fett · 37 g Kohlenhydrate · 8 g Ballaststoffe

Quell- und Kochzeit: 4 Stunden
Vorbereitungszeit: 10 Minuten
Garzeit: 50 Minuten

Die Pilze 4 Stunden zugedeckt in dem Wasser einweichen. • Nach 2 Stunden den Roggen mit der Gemüsebrühe zum Kochen bringen und zugedeckt bei schwacher Hitze 1 Stunde kochen lassen. Vom Herd ziehen und zugedeckt 1 weitere Stunde quellen lassen. • Die Pilze abgießen, das Einweichwasser durch eine Kaffeefiltertüte gießen und beiseite stellen. Die Pilze kalt abspülen, trockentupfen und in Streifen schneiden, dabei die harten Stiele entfernen. • Die Zwiebel und die Knoblauchzehen schälen und fein hacken. • Das Öl in einem Schmortopf erhitzen. Die Hähnchenkeulen darin auf beiden Seiten bei starker bis mittlerer Hitze braun anbraten. • Den Roggen, die Pilze, die Zwiebel und die Knoblauchzehen hinzufügen. • Das Einweichwasser der Pilze und die Sojasauce dazugießen. Alles aufkochen und zugedeckt bei schwacher Hitze etwa 40 Minuten garen. • Das Gericht mit Cayennepfeffer abschmecken und mit der Petersilie bestreut anrichten.

Dicke Bohnen mit Huhn

im Bild rechts

Zutaten für 2 Personen:
500 g vollreife Tomaten
1 große Zwiebel · 1 Knoblauchzehe · 1 getrocknete rote Pfefferschote · 1 Eßl. kaltgepreßtes Olivenöl
2 Hähnchenkeulen (etwa 440 g) · 1 Eßl. getrocknetes Bohnenkraut · 1 Paket tiefgefrorene Dicke Bohnen (300 g) · Vollmeersalz · 1 Eßl. frisch gehackte Petersilie

Schnell

Pro Person etwa 2100 kJ/500 kcal
51 g Eiweiß · 14 g Fett · 42 g Kohlenhydrate · 6 g Ballaststoffe

Vorbereitungszeit: 15 Minuten
Garzeit: 25 Minuten

Die Tomaten mit kochendem Wasser überbrühen, häuten und würfeln, dabei die Stielansätze entfernen. Die Zwiebel und die Knoblauchzehe schälen und hacken. Die Kerne der Pfefferschote entfernen. • Das Öl in einem Schmortopf erhitzen. Die Hähnchenkeulen darin auf beiden Seiten bei starker bis mittlerer Hitze braun anbraten. • Die Tomaten, die Zwiebel, den Knoblauch, die Pfefferschote, das Bohnenkraut und die Dicken Bohnen hinzufügen, einmal aufkochen und zugedeckt bei schwacher Hitze 15 Minuten garen. Das Gericht mit Salz abschmecken und mit der Petersilie bestreut servieren.

Info für Vegetarier: Die Hühnerkeulen beim ersten Gericht durch 300 g gekeimte Mungobohnen ersetzen. Das zweite Gericht ebenfalls ohne Fleisch zubereiten und als Beilage Reispuffer (Rezept Seite 172, halbe Menge) oder Hirse-Eierkuchen (Rezept Seite 162, halbe Menge) servieren.

Eintöpfe mit Kartoffeln

Ein leichtes Gericht für den Sommer, ein deftiges für Herbst und Winter

Kartoffeln mit Blumenkohl in Meerrettichsahne

im Bild links

Zutaten für 3 Personen:
800 g mehligkochende Kartoffeln · 1/8 l Wasser
Vollmeersalz · 1 kleiner Blumenkohl (etwa 800 g)
1/4 Stange frischer Meerrettich, etwa 10 cm lang · 1 Teel. Butter
250 g Sahne · frisch gemahlener weißer Pfeffer
frisch geriebene Muskatnuß

Schnell • Raffiniert

Pro Person etwa 2200 kJ/520 kcal
13 g Eiweiß · 28 g Fett · 56 g Kohlenhydrate · 10 g Ballaststoffe

Zubereitungszeit: 35 Minuten

Die Kartoffeln schälen, waschen, abtrocknen, würfeln, mit dem Wasser und Salz in einem Topf einmal aufkochen und zugedeckt bei schwacher Hitze 10 Minuten garen. • Inzwischen den Blumenkohl putzen, in Röschen teilen, waschen und abtropfen lassen. Die zarten Blumenkohlblättchen beiseite legen. Den Meerrettich schälen, reiben und zugedeckt beiseite stellen. • Den zerteilten Blumenkohl auf die Kartoffeln legen, erneut aufkochen und weitere 10 Minuten garen. • Nur den Blumenkohl mit einem Schaumlöffel herausnehmen und in einer vorgewärmten Schüssel warm halten. • Die Butter und die Sahne zu den Kartoffeln geben und einmal aufkochen. • Den Meerrettich daruntermischen. Die Kartoffeln mit Pfeffer und Muskatnuß abschmecken, zum Blumenkohl geben und alles vorsichtig mischen. • Die Blumenkohlblättchen waschen, trockentupfen, hacken und darüber streuen.

Mein Tip: Für Blumenkohl lassen sich keine exakten Garzeiten angeben. Prüfen Sie während des Garens lieber einige Male mit einer Messerspitze, ob der Kohl bißfest ist. Zu weicher Blumenkohl schmeckt nicht.

Kartoffeln nach Szegediner Art

im Bild rechts

Zutaten für 2 Personen:
250 g Zwiebeln · 2 Knoblauchzehen · 500 g mehligkochende Kartoffeln · 500 g Sauerkraut
2 Eßl. kaltgepreßtes Sojaöl
1–2 Eßl. edelsüßes Paprikapulver · 1 Eßl. Kümmelkörner
1/8 l Gemüsebrühe · Cayennepfeffer · 200 g saure Sahne
1 Eßl. frisch gehackte Petersilie
1 Eßl. Schnittlauchröllchen

Schnell • Preiswert

Pro Person etwa 2300 kJ/550 kcal
15 g Eiweiß · 26 g Fett · 67 g Kohlenhydrate · 12 g Ballaststoffe

Vorbereitungszeit: 15 Minuten
Garzeit: 25 Minuten

Die Zwiebeln und die Knoblauchzehen schälen und hacken. Die Kartoffeln schälen, waschen und würfeln. Das Sauerkraut mit einer Gabel zerpflücken. • Das Öl in einem Topf erhitzen. • Die Zwiebeln und den Knoblauch darin bei mittlerer Hitze glasig braten. Die Kartoffeln und das Sauerkraut dazugeben. • Das Paprikapulver und den Kümmel darüber streuen und alles einige Male umrühren. Die Gemüsebrühe hinzugießen, einmal aufkochen, und den Eintopf zugedeckt bei schwacher Hitze 20 Minuten garen, bis die Kartoffeln weich sind. • Den Eintopf mit 1 kräftigen Prise Cayennepfeffer abschmecken. • Die saure Sahne mit der Petersilie und dem Schnittlauch verrühren und zum Eintopf servieren.

Feine Gemüseeintöpfe

Die gehaltvollen Saucen machen satt

Gemischtes Gemüse mit Kerbelsauce

im Bild links

Zutaten für 3 Personen:
200 g Butter · 2 Eigelbe · 2 Eßl. heißes Wasser · 1 Eßl. Zitronensaft · Vollmeersalz · Cayennepfeffer · 750 g Broccoli
2 junge Kohlrabiknollen (etwa 400 g) · 500 g Zuckerschoten
1 Handvoll frischer Kerbel

Raffiniert

Pro Person etwa 3200 kJ/760 kcal
21 g Eiweiß · 60 g Fett · 35 g Kohlenhydrate · 18 g Ballaststoffe

Zubereitungszeit: 40 Minuten

Für die Kerbelsauce die Butter bei schwacher Hitze zerlassen und warm halten. • Die Eigelbe mit dem heißen Wasser und dem Zitronensaft über dem warmen Wasserbad zu einer schaumigen Creme aufschlagen. • Die Butter unter ständigem Schlagen nach und nach daruntermischen. Die Sauce mit Salz und Cayennepfeffer abschmecken und bis zum Servieren lauwarm halten. • Die Broccoli waschen, putzen und in Stiele und Röschen teilen. Die Kohlrabi putzen, schälen, waschen und in etwa bleistiftdicke Stifte schneiden. Das Kohlrabigrün beiseite legen. Die Zuckerschoten waschen und putzen. • In einem Topf etwa 2 l leicht gesalzenes Wasser zum Kochen bringen. Zuerst die Broccolistiele und die Kohlrabi darin etwa 3 Minuten garen. Die Röschen und die Zuckerschoten hinzugeben und weitere 2 Minuten kochen. • Die Gemüse mit einem Schaumlöffel herausnehmen und abgetropft in eine vorgewärmte Schüssel geben. (Das Kochwasser für eine Suppe verwenden.) • Die Kohlrabiblättchen und den Kerbel waschen, fein hacken und in die Sauce rühren. • Die Sauce über das Gemüse geben.

Gemüse mit Eiersauce

im Bild rechts

Zutaten für 3 Personen:
3 Eier · 600 g weißer Spargel
500 g junge Zucchini
¼ l Gemüsebrühe · 1 Paket tiefgefrorene Erbsen (300 g)
1 Eßl. Weizenvollkornmehl
1 Handvoll Brunnenkresse
125 g Sahne · 1 Eigelb
Cayennepfeffer

Raffiniert

Pro Person etwa 1800 kJ/430 kcal
23 g Eiweiß · 22 g Fett · 32 g Kohlenhydrate · 8 g Ballaststoffe

Zubereitungszeit: 45 Minuten

Die Eier in etwa 8 Minuten hart kochen, kalt abschrecken und schälen. • Den Spargel schälen, waschen und in etwa 5 cm lange Stücke schneiden. Die Spargelköpfe beiseite legen. Die Zucchini waschen, abtrocknen, putzen und in fingerdicke Stifte schneiden. • Die Gemüsebrühe zum Kochen bringen. Zuerst die Spargelstücke 5 Minuten garen, dann die Spargelköpfe, die Zucchini und die Erbsen dazugeben und alles weitere 3 Minuten sprudelnd kochen. • Die Gemüse abgießen (die Brühe dabei auffangen) und warm halten. • Das Mehl in einem Topf anrösten. Die Brühe langsam unter ständigem Schlagen hinzugießen. Die Sauce aufkochen und dabei weiterschlagen, bis sich das Mehl ganz aufgelöst hat. • Die Sauce zugedeckt bei schwacher Hitze 5 Minuten kochen. • Die Eier hacken. Die Brunnenkresse waschen, trockentupfen und zerkleinern. • Die Sahne mit dem Eigelb verquirlen und in die heiße, nicht kochende Sauce rühren. Die gehackten Eier und die Kresse daruntermischen. Die Sauce mit Cayennepfeffer abschmecken und über die Gemüse gießen.

Süßsaure Gemüse mit Trockenobst

Spezialität der vegetarischen Küche

Zutaten für 5 Personen:
200 g gemischtes ungeschwefeltes Trockenobst
⅛ l trockener Weißwein, ersatzweise frisch gekochter schwarzer Tee · 250 g Staudensellerie · 1 Fenchelknolle (etwa 250 g) · 200 g Möhren · 1 reife feste Birne (Clapps Liebling oder Alexander Lucas)
1 Orange · 1 große Zwiebel
2 Knoblauchzehen · 1 Stück frische Ingwerwurzel, etwa 2 cm lang · 2 Eßl. kaltgepreßtes Sonnenblumenöl · ¼ l Sojamilch · 1 Teel. Gelbwurz (Kurkuma) · ½ Teel. gemahlener Koriander · je ¼ Teel. Kreuzkümmel (Kumin) und Zimtpulver · je 1 Messerspitze Nelkenpfeffer und frisch geriebene Muskatnuß · Vollmeersalz · Cayennepfeffer
1–2 Eßl. milder Himbeer- oder Apfelessig

Raffiniert

Pro Person etwa 1500 kJ/360 kcal
7 g Eiweiß · 8 g Fett · 61 g Kohlenhydrate · 10 g Ballaststoffe
Quellzeit: 3 Stunden
Vorbereitungszeit: 40 Minuten
Garzeit: 10 Minuten

Das Trockenobst heiß abspülen und zugedeckt in dem Wein oder dem abgekühlten Tee 3 Stunden einweichen. • Das Obst herausnehmen und in Stücke schneiden. Die Einweichflüssigkeit zum Schmoren der Gemüse aufbewahren. • Den Sellerie und den Fenchel putzen (die Blättchen jeweils abschneiden und beiseite legen), waschen und zerkleinern: Den Sellerie in etwa 1 cm breite Stücke, die halbierte Fenchelknolle (den Strunk herausschneiden) in Streifen schneiden. Die Möhren, die Birne und die Orange schälen. Die Möhren in Stifte, die Birne und die Orange in Schnitze teilen. Diese drei Zutaten miteinander mischen: durch die Fruchtsäure der Orange wird die Birne nicht braun. • Die Zwiebel und die Knoblauchzehen schälen und hacken. Die Ingwerwurzel wie eine Kartoffel schälen, aber nicht zerkleinern, damit man sie nach dem Garen wieder leicht entfernen kann. • Das Öl in einem Topf erhitzen. Die Zwiebel und den Knoblauch darin glasig braten. Den Ingwer, die Gemüse und das frische Obst hinzufügen. • Die Einweichflüssigkeit vom Obst und die Sojamilch dazugießen. Die Gelbwurz, den Koriander, den Kreuzkümmel, den Zimt, den Nelkenpfeffer und den Muskat daruntermischen. Alles einmal aufkochen und zugedeckt bei schwacher Hitze 5 Minuten kochen lassen. Das Trockenobst hinzufügen und nur erhitzen. • Die Ingwerwurzel entfernen. • Die süßsauren Gemüse mit Salz, Cayennepfeffer und dem Essig abschmecken. • Die Sellerie- und die Fenchelblättchen waschen, trockentupfen, fein hacken und über das Gericht streuen.

Mein Tip: Sojamilch wird aus gemahlenen gelben Sojabohnen hergestellt und ist unter der Bezeichnung »Sojadrink« in Reformhäusern oder Naturkostläden erhältlich. Wie man sie selbst herstellt, steht auf Seite 26. Gewürze wie Gelbwurz, Kreuzkümmel und Koriander können Sie ebenfalls dort oder auch in Spezialgeschäften für asiatische Lebensmittel kaufen. Wer keines dieser Geschäfte in der Nähe hat, fragt – wie bei allen anderen seltenen Gewürzen – in der Apotheke nach.

Gemüsecurry mit Sprossen und Tofu

Vegetarisches aus der indischen Küche

Zutaten für 4 Personen:
250 g Tofu · 500 g vollreife Tomaten · je 1 dünne Stange Lauch und Staudensellerie
2 Schalotten · 2 Knoblauchzehen · 500 g gekeimte Mungobohnen · 2 Eßl. kaltgepreßtes Maiskeimöl · 350 g Joghurt · je ½ Teel. Gelbwurz (Kurkuma), Kreuzkümmel (Kumin), gemahlener Koriander und gemahlener Kümmel
¼ Teel. Cayennepfeffer
½ unbehandelte Zitrone
Vollmeersalz · 2 Eßl. frisch gehackte Petersilie

Raffiniert • Für Ungeübte

Pro Person etwa 1100 kJ/260 kcal
15 g Eiweiß · 14 g Fett · 15 g Kohlenhydrate · 3 g Ballaststoffe

Keimzeit der Sprossen: 5 Tage
Zubereitungszeit: 45 Minuten

Den abgetropften Tofu in Würfel von etwa 1 cm Kantenlänge schneiden. Die Tomaten mit kochendem Wasser überbrühen, häuten und achteln, dabei die Stielansätze entfernen. Den Lauch und den Sellerie putzen, waschen, abtrocknen und in etwa 2 cm breite Stücke schneiden. Die Schalotten schälen und halbieren, die Knoblauchzehen schälen und hacken. Die Mungosprossen kalt abspülen und abtropfen lassen. • Das Öl in einem Schmortopf erhitzen. Den Tofu darin rundherum anbraten. Die Schalotten und den Knoblauch hinzufügen und nur kurz mitbraten. • Die Gemüse, die Sprossen, den Joghurt und die Gewürze daruntermischen. Alles einmal aufkochen und zugedeckt bei schwacher Hitze 10 Minuten garen. • Inzwischen von der Zitrone ein hauchdünnes Stück Schale abschneiden und in feine Streifen schneiden. Die Zitrone auspressen. • Das Curry mit Salz und dem Zitronensaft abschmecken, mit der Zitronenschale und der Petersilie bestreuen und servieren.
• Dazu paßt Naturreis.

Lasagne mit Frühlingsgemüsen

Vollwertiges aus der italienischen Küche

Zutaten für 6 Personen:
230 g Weizenvollkornmehl
Vollmeersalz · 1 Ei · 1–3 Eigelbe
1 Eßl. kaltgepreßtes Maiskeimöl
½ l Milch · 1 Bund Petersilie
1 Zweig frischer Estragon
125 g Sahne · 150 g frisch
geriebener mittelalter Gouda-
käse · frisch gemahlener weißer
Pfeffer · frisch geriebene
Muskatnuß · Cayennepfeffer
300 g Mozzarellakäse · 500 g
gemischte Gemüse wie Zucker-
schoten, junger Kohlrabi, junge
Zucchini · 50 g grob gehackte
Pistazien · 50 g frisch
geriebener Pecorino- oder
Parmesankäse · 20 g Butter
Für die Arbeitsfläche: Mehl

Braucht etwas Zeit

Pro Person etwa 2800 kJ/670 kcal
33 g Eiweiß · 41 g Fett · 36 g
Kohlenhydrate · 6 g Ballaststoffe

Vorbereitungszeit: 1½ Stunden
Backzeit: 45 Minuten

Für den Teig 200 g Mehl mit Salz, dem Ei, zunächst nur 1 Eigelb und dem Öl zu einem geschmeidigen Nudelteig verkneten, der nicht an den Fingern kleben darf. Wenn er zu fest oder bröckelig ist, nacheinander die restlichen Eigelbe oder auch etwas Wasser darunterkneten und zwischendurch immer wieder die Konsistenz des Teiges mit dem Finger prüfen. • Den Nudelteig in Folie wickeln und ruhen lassen, bis die Sauce zubereitet ist. • Für die Sauce das restliche Mehl in einem Topf unter Rühren anrösten, bis es einen starken Duft ausströmt. • Die Milch nach und nach dazugießen. Dabei kräftig mit einem Schneebesen rühren, damit das Mehl nicht zu sehr klumpt. Alles einmal aufkochen und dabei weiter mit dem Schneebesen schlagen, bis die Sauce glatt und sämig ist. Die Sauce bei schwacher Hitze 5 Minuten zugedeckt kochen lassen und dabei häufig umrühren, damit nichts anbrennt. • Inzwischen die Petersilie und den Estragon waschen, trockentupfen, die Blättchen abzupfen und fein hacken. • Die Sahne und den Goudakäse in die Sauce geben und so lange rühren, bis sich der Käse aufgelöst hat. • Die Kräuter daruntermischen, die Sauce mit Salz, Pfeffer, Muskat und Cayennepfeffer pikant abschmecken und lauwarm abkühlen lassen. • Den Nudelteig auf der bemehlten Arbeitsfläche portionsweise millimeterdünn ausrollen und in Platten von etwa 6 mal 15 cm schneiden. • Den Backofen auf 225° vorheizen. • Den Mozzarella abtropfen lassen. Die Hälfte davon fein würfeln, den Rest in Scheiben schneiden. • Die Gemüse vorbereiten: Die Zuckerschoten waschen, trockenschwenken und von ihren Stiel- und Blütenansätzen befreien. Den Kohlrabi schälen, dabei eventuell holzige Stellen entfernen, und den Kohlrabi in etwa bleistiftdicke Stifte schneiden. Das Kohlrabigrün waschen, trockentupfen und grob hakken. Die Zucchini waschen, abtrocknen, die Stiel- und Blütenansätze abschneiden, und die Zucchini in etwas dickere Stifte als die Kohlrabi schneiden. • Eine ofenfeste Form mit etwas Sauce ausgießen. Abwechselnd die Teigplatten, die Mozzarellawürfel, die Pistazien und die Gemüse mit dem Kohlrabigrün hineinschichten. Jede Schicht mit etwas Sauce begießen. Obenauf die restlichen Teigplatten legen. Den Pecorinokäse darüber streuen. Die Mozzarellascheiben und die in Flöckchen geteilte Butter darauf legen. • Die Form in den heißen Backofen (Mitte) schieben, und die Lasagne etwa 45 Minuten backen bis die Oberfläche leicht gebräunt ist. • Dazu passen Rohkostsalate.

Auberginen-Moussaka

Vollwertkost aus Griechenland

Zutaten für 6 Personen:
500 g vollreife Tomaten · 750 g Auberginen · 1 Bund Frühlingszwiebeln · 3 Knoblauchzehen
2 Bund Petersilie · je 2 Zweige frischer Thymian und Rosmarin
⅛ l kaltgepreßtes Olivenöl
40 g Weizenvollkornmehl
⅛ l Gemüsebrühe · ¼ l Milch
100 g Crème fraîche
1 kg mehligkochende Kartoffeln · 50 g Sonnenblumenkerne · 175 g frisch geriebener Bergkäse oder mittelalter Goudakäse · Vollmeersalz · frisch gemahlener schwarzer Pfeffer · Cayennepfeffer · frisch geriebene Muskatnuß · 20 g Butter

Für Ungeübte

Pro Person etwa 2800 kJ/670 kcal
20 g Eiweiß · 43 g Fett · 47 g Kohlenhydrate · 11 g Ballaststoffe

Vorbereitungszeit: 1½ Stunden
Backzeit: 1 Stunde

Die Tomaten mit kochendem Wasser übergießen, häuten und würfeln, dabei die Stielansätze und die Kerne entfernen. Die Auberginen waschen, abtrocknen, von den Stiel- und Blütenansätzen befreien und der Länge nach in etwa 1 cm dicke Scheiben schneiden. Die Frühlingszwiebeln putzen, waschen und mit etwa zwei Dritteln ihres Grüns in feine Ringe teilen. Die Knoblauchzehen schälen und fein hacken. Die Petersilie, den Thymian und den Rosmarin waschen, trockentupfen, die Blättchen beziehungsweise die Nadeln abzupfen und ebenfalls fein zerkleinern. • Etwa ein Drittel des Öls in einer Pfanne erhitzen. • Die erste Portion Auberginen bei schwacher Hitze von beiden Seiten darin anbraten, wieder herausnehmen und auf Küchenpapier abtropfen lassen. Nach und nach das restliche Öl heiß werden lassen und alle Auberginenscheiben darin braten. • Die Tomaten und die Frühlingszwiebeln in die Pfanne geben und bei mittlerer Hitze unter Rühren so lange schmoren, bis die Flüssigkeit, die sich dabei bildet, wieder verdampft ist. Den Knoblauch und die Kräuter dazugeben und noch einige Sekunden mitschmoren. Die Pfanne vom Herd ziehen.
• Das Mehl in einem Topf ohne Fett bei mittlerer Hitze unter Rühren so lange anrösten, bis es einen zarten Duft ausströmt.
• Zuerst die Gemüsebrühe, dann die Milch langsam hinzugießen und dabei kräftig mit einem Schneebesen rühren, damit das Mehl nicht zu sehr klumpt. Alles aufkochen und dabei weiter mit dem Schneebesen schlagen, bis sich eine glatte, sämige Sauce bildet. Die Sauce zugedeckt bei schwächster Hitze 5 Minuten kochen, vom Herd ziehen und die Crème fraîche daruntermischen.
• Während die Sauce kocht, die Kartoffeln vorbereiten: schälen, waschen, abtrocknen und auf dem Gurkenhobel in hauchdünne Scheibchen hobeln. Die Scheiben mit Küchenpapier trockentupfen. • Den Backofen auf 200° vorheizen. • Die Sonnenblumenkerne und den Käse in die Sauce rühren. Die Sauce mit Salz, Pfeffer, Cayennepfeffer und Muskatnuß abschmecken. • Die Auberginen- und die Kartoffelscheiben sowie die geschmorten Tomaten und die Sauce schichtweise in eine ofenfeste Form geben. Nur die Kartoffeln mit etwas Salz würzen. Als oberste Schicht die restliche Sauce auf der Moussaka verteilen und mit Butterflöckchen belegen. • Die Form auf den Rost in den Backofen (Mitte) stellen und die Moussaka etwa 1 Stunde backen. • Dazu paßt Bauernsalat (ohne Tofu; Rezept Seite 47) oder ein anderer gemischter Salat.

Lamm und Kartoffeln nach Art des »Bäckerofen«

Spezialität aus dem Elsaß

Zutaten für 4 Personen:
500 g Lammfleisch (Keule)
1 Knoblauchzehe · ½ Bund Petersilie · 2 Zweige frischer Thymian · 1 Lorbeerblatt
1 Stück unbehandelte Zitronenschale · ½ l trockener Elsässer Weißwein, ersatzweise Gemüsebrühe und 2 Eßl. Zitronensaft · 500 g Zwiebeln
750 g mehligkochende Kartoffeln · Vollmeersalz frisch gemahlener weißer Pfeffer · 2 Eßl. Butter
2 Frühlingszwiebeln

Braucht etwas Zeit

Pro Person etwa 2800 kJ/670 kcal
29 g Eiweiß · 31 g Fett · 46 g Kohlenhydrate · 5 g Ballaststoffe

Vorbereitungszeit: 1 Stunde
Marinierzeit: 2 Stunden
Backzeit: 1 Stunde

Das Fleisch vom Fett befreien und in etwa 1 cm breite Streifen schneiden. Die Knoblauchzehe schälen und fein hacken. Die Petersilie und den Thymian waschen, trockentupfen und die Blättchen abzupfen. Mit dem Lorbeerblatt und der Zitronenschale auf ein Holzbrett geben und mit einem schweren Messer fein zerkleinern. • Das Fleisch, den Knoblauch und die Kräutermischung in eine Schüssel geben. Den Wein darüber gießen. • Das Fleisch zugedeckt im Kühlschrank etwa 2 Stunden marinieren. • Dann herausnehmen und Zimmertemperatur annehmen lassen, während die anderen Zutaten vorbereitet werden. • Den Backofen auf 200° vorheizen. • Die Zwiebeln schälen, halbieren und in feine Scheiben teilen. Die Kartoffeln schälen, waschen, abtrocknen und auf dem Gurkenhobel in etwa 2 mm dünne Scheibchen hobeln. • Eine Schicht Zwiebel- und Kartoffelscheiben in eine ofenfeste Keramik- oder Glasform mit Deckel geben und mit Salz und Pfeffer würzen. • Das Fleisch mit der Marinade darübergeben und mit den restlichen Zwiebeln und Kartoffeln bedecken. Diese Schicht ebenfalls mit Salz und Pfeffer bestreuen. • Die Butter in Flöckchen teilen und auf den »Bäkkerofen« legen. • Die Form in den heißen Backofen (unten) stellen, und das Gericht etwa 1 Stunde garen, bis die Kartoffeln weich sind. • Inzwischen die Frühlingszwiebeln putzen, waschen, trockenschwenken und mit etwa zwei Dritteln des zarten Zwiebelgrüns in sehr feine Röllchen schneiden. • Den »Bäckerofen« mit den Zwiebelröllchen bestreuen und servieren.

Info zur Vollwertkost: Der Original-Bäckerofen, eine elsässische Spezialität, wird mit Schweine- oder Hammelschulter mindestens 2 Stunden gegart. Für die Vollwertküche sind solche Garzeiten bei Fleisch und Gemüse nicht empfehlenswert. Deshalb schlage ich Ihnen in diesem Rezept ein sehr zartes Stück vom Lamm, nämlich Fleisch aus der Keule, vor. Außerdem werden die Kartoffeln sehr dünn geschnitten, wodurch sich die Garzeit weiter verringert. Selbstverständlich können Sie auch Schweinefleisch verwenden, wenn Sie bei einem Lieferanten kaufen, der natürlich gemästete Tiere (Adressen Seite 12 und 218) anbietet. Wer vegetarisch essen will, ersetzt die Fleischmenge durch Zwiebeln: Kartoffeln und Gemüse in die Form schichten, mit der Weinmischung (nur ⅜ l Wein verwenden) übergießen und im Backofen garen. Da Kartoffeln zwar hochwertiges, doch nur wenig Eiweiß enthalten, sollten Sie dazu Tofuschnitzel oder Bunten Sprossensalat (Rezept Seite 49) servieren.

Geschichtete Kartoffeln mit Gemüse und Fleisch

Wie viele Backofengerichte gut für die Gästebewirtung geeignet

Zutaten für 6 Personen:
100 g rote Bohnen · ½ l Wasser
3 Zwiebeln · 2 Knoblauchzehen
1 Lorbeerblatt · 500 g vollreife Tomaten · 750 g vorwiegend festkochende Kartoffeln
250 g junge Zucchini · 1 Bund Bohnenkraut · 1 Bund Petersilie
1 Handvoll frische Salbeiblättchen · 3 Eßl. kaltgepreßtes Olivenöl · 300 g gehacktes Lammfleisch · Vollmeersalz
frisch gemahlener schwarzer Pfeffer · 125 g Sahne · 100 g frisch geriebener Bergkäse
30 g Butter

Braucht etwas Zeit

Pro Person etwa 2300 kJ/550 kcal
23 g Eiweiß · 33 g Fett · 40 g Kohlenhydrate · 8 g Ballaststoffe

Quellzeit: 8 Stunden
Gar- und Vorbereitungszeit: 1½ Stunden
Backzeit: 40 Minuten

Die Bohnen mit dem Wasser bedeckt 8 Stunden einweichen. • 1 Zwiebel und 1 Knoblauchzehe schälen. Beide Zutaten und das Lorbeerblatt zu den eingeweichten Bohnen geben. • Die Bohnen einmal aufkochen und zugedeckt bei schwacher Hitze 1½ Stunden garen. • Inzwischen die Tomaten mit kochendem Wasser überbrühen, häuten und in Scheiben schneiden, dabei die Stielansätze entfernen. Die Kartoffeln schälen, waschen, abtrocknen und in dünne Scheiben schneiden. Die Zucchini waschen, abtrocknen, von Stiel- und Blütenansätzen befreien und längs in ½ cm dicke Scheiben schneiden. Die restlichen Zwiebeln und die Knoblauchzehe schälen und fein hacken. Das Bohnenkraut, die Petersilie und die Salbeiblättchen waschen, trockenschwenken und hacken. • Den Backofen auf 250° vorheizen. • Das Öl in einem Schmortopf erhitzen. Die Zwiebeln, den Knoblauch und das Lammhack darin anbraten, bis das Fleisch krümelig ist. • Die Mischung einstweilen in eine Schüssel geben, denn der Schmortopf wird schichtweise mit allen Zutaten gefüllt. • Die Zwiebel, den Knoblauch und das Lorbeerblatt aus den vorgegarten Bohnen nehmen. Die Bohnen mit der Flüssigkeit, die sie noch nicht aufgesogen haben, in den Schmortopf geben und den Bratfond damit lösen. • Die Hälfte der Tomatenscheiben, das Fleisch, die Kartoffeln, die Zucchinischeiben und zum Schluß den Rest der Tomaten schichtweise daraufgeben. Jede Schicht mit etwas Kräutermischung bestreuen und mit Salz und Pfeffer würzen. Die Sahne rundherum am Rand hinzugießen. • Den Käse darüber streuen. Die Butter in Flöckchen teilen und darauf legen. • Den Schmortopf in den heißen Backofen (Mitte) stellen und etwa 40 Minuten backen, bis er oben schön gebräunt ist und die Kartoffeln weich sind.
• Dazu paßt Tomaten- oder Gurkensalat mit Kräutern.

Info für Vegetarier: Das Fleisch weglassen und entweder die Menge der Kartoffeln auf 1 kg erhöhen (¼ l Sahne nehmen) oder 250 g Tofu hacken und wie das Fleisch mit den Zwiebeln und dem Knoblauch in Öl anbraten. Den Tofu mit 2 Eßlöffeln Sojasauce würzen und mit den anderen Zutaten in die Form schichten.

Ratatouille mit Reis

Spezialität aus Frankreich

Zutaten für 3 Personen:
200 g Natur-Langkornreis
400 ccm Gemüsebrühe
1 Aubergine (etwa 200 g)
400 g junge Zucchini · 500 g vollreife Tomaten · 1 Zwiebel
2 Knoblauchzehen · 6 Zweige frischer Thymian · 2 Zweige frischer Rosmarin · ⅛ l kaltgepreßtes Olivenöl · 1 Teel. getrockneter Oregano · Vollmeersalz · frisch gemahlener weißer Pfeffer · 2 Eßl. Schnittlauchröllchen · ½ Eßl. Butter

Für Ungeübte

Pro Person etwa 2400 kJ/570 kcal
11 g Eiweiß · 46 g Fett · 57 g Kohlenhydrate · 7 g Ballaststoffe

Vorbereitungszeit: 50 Minuten
Backzeit: 30 Minuten

Den Reis mit der Gemüsebrühe aufkochen, zugedeckt bei schwacher Hitze in etwa 45 Minuten körnig ausquellen lassen. • Inzwischen die Aubergine und die Zucchini waschen, putzen und der Länge nach in ½ cm dicke Scheiben schneiden. Die Tomaten häuten und vierteln, dabei die Stielansätze herausschneiden. Die Zwiebel und den Knoblauch schälen. Die Zwiebel in Ringe schneiden, den Knoblauch hacken. Den Thymian und den Rosmarin waschen, trockentupfen und die Blättchen und Nadeln abzupfen. • Den Backofen auf 220° vorheizen. • Das Öl (bis auf 2 Eßlöffel) in einem Schmortopf erhitzen. • Die Aubergine und die Zucchini portionsweise darin bei schwacher Hitze auf beiden Seiten braun braten. • Wenn die Gemüse angebraten sind, die Zwiebeln und den Knoblauch im Bratfett glasig braten. • Die Gemüse und die Tomaten in die Form schichten und jeweils mit den frischen Kräutern, dem Oregano, Salz und Pfeffer bestreuen. Das restliche Öl darüber träufeln. • Die Form in den Backofen (Mitte) stellen und die Ratatouille 30 Minuten garen. • Den Reis mit dem Schnittlauch und der Butter mischen und dazu servieren.

Überbackener Tofu

Reich an pflanzlichem Eiweiß

Zutaten für 4 Personen:
500 g grüne Paprikaschoten
250 g vollreife Tomaten
500 g Tofu · 2 Knoblauchzehen
2 Zweige frischer Thymian
Vollmeersalz · 250 g Sahne
100 g frisch geriebener mittelalter Goudakäse · frisch geriebene Muskatnuß
Cayennepfeffer · 2 Eßl. Butter

Raffiniert

Pro Person etwa 2100 kJ/500 kcal
19 g Eiweiß · 41 g Fett · 14 g Kohlenhydrate · 3 g Ballaststoffe

Vorbereitungszeit: 40 Minuten
Backzeit: 30 Minuten

Den Backofen auf 250° vorheizen. • Die Paprikaschoten auf den Rost legen, in den Backofen (Mitte) schieben und 10 bis 15 Minuten backen, bis die Haut Blasen wirft. • Den Backofen auf 200° schalten. • Die Schoten herausnehmen, in ein feuchtes Küchentuch wickeln und 10 Minuten ruhen lassen. • Inzwischen die Tomaten häuten und in Scheiben schneiden, die Stielansätze dabei entfernen. Den abgetropften Tofu in etwa 2 cm dicke Scheiben schneiden.
• Den Knoblauch schälen und hacken. Den Thymian waschen, trockentupfen und die Blättchen abzupfen. • Die Haut der Paprikaschoten abziehen, die Schoten vierteln und von den Rippen und den Kernen befreien. • Die Schoten, die Tomaten und den Tofu schuppenförmig in eine ofenfeste Form schichten, salzen und mit dem Knoblauch und dem Thymian bestreuen. • Die Sahne mit dem Käse mischen, mit Muskat und Cayennepfeffer würzen und darüber gießen. Die Butter in Flöckchen darauf verteilen.
• Den Tofu auf dem Rost im heißen Backofen (Mitte) etwa 30 Minuten überbacken, bis er gebräunt ist.

Geschichtete Zucchini mit Tofu

Eignet sich auch als warme Vorspeise für eine größere Runde

Zutaten für 2–3 Personen:
1 Zwiebel · 1 Knoblauchzehe
1 Bund Petersilie · 4 Zweige frischer Thymian · 250 g Tofu mit Kräutern · 125 g Sahne
100 g frisch geriebener Greyerzer Käse · Vollmeersalz
frisch gemahlener weißer Pfeffer · 1 Eßl. Butter · 1 Eßl. Sesamsamen · 750 g junge Zucchini · 1 vollreife Fleischtomate (etwa 250 g)

Für Ungeübte

Bei 3 Personen etwa 2200 kJ/520 kcal · 23 g Eiweiß · 35 g Fett
24 g Kohlenhydrate · 3 g Ballaststoffe pro Person

Vorbereitungszeit: 40 Minuten
Backzeit: 40 Minuten

Die Zwiebel und die Knoblauchzehe schälen und fein hacken. Die Petersilie und den Thymian waschen und trockenschwenken. Die Petersilie fein hacken, die Thymianblättchen von den Stielen streifen. Den Tofu mit der Sahne im Mixer pürieren. • Alle diese Zutaten mit etwa zwei Dritteln des Käses vermischen und mit Salz und Pfeffer abschmecken. • Den Backofen auf 200° vorheizen.
• Die Butter zerlassen. Die Sesamsamen darin unter ständigem Rühren anrösten. • Die Zucchini waschen, abtrocknen, putzen und der Länge nach in etwa ½ cm dicke Scheiben schneiden. • Eine ofenfeste Form mit Zucchinischeiben auslegen. Etwas Tofumasse darauf streichen. Schichtweise Zucchinischeiben und Tofumasse einfüllen. • Die gewaschene Tomate vom Stielansatz befreien, in Scheiben schneiden und darauf legen. Den restlichen Käse und den Sesam darüber streuen.
• Die Form in den Backofen (Mitte) stellen. Die Zucchini etwa 40 Minuten backen, bis der Käse leicht gebräunt ist.

Backofengerichte mit Kartoffeln

Preiswerte Gästebewirtung

Kartoffeln und Auberginen aus dem Ofen

im Bild links

Zutaten für 2 Personen:
600 g vollreife Tomaten
1 große Zwiebel · 2 Knoblauchzehen · 5 Zweige frischer oder 1 Eßl. getrockneter Oregano
5 Eßl. kaltgepreßtes Olivenöl
400 g vorwiegend festkochende Kartoffeln · 500 g Auberginen · Vollmeersalz frisch gemahlener schwarzer Pfeffer

Für Ungeübte • Raffiniert

Pro Person etwa 2700 kJ/640 kcal
12 g Eiweiß · 39 g Fett · 61 g Kohlenhydrate · 18 g Ballaststoffe

Vorbereitungszeit: 35 Minuten
Backzeit: 40 Minuten

Die Tomaten mit kochendem Wasser überbrühen, häuten und würfeln, die Stielansätze dabei entfernen. Die Zwiebel und die Knoblauchzehen schälen und fein hacken. Den frischen Oregano waschen, trockentupfen und sehr fein zerkleinern; den getrockneten Oregano zwischen den Fingern zerreiben. • Die Tomaten, die Zwiebeln, den Knoblauch, den Oregano und das Olivenöl miteinander vermischen. • Den Backofen auf 220° vorheizen. • Die Kartoffeln schälen, waschen und in etwa 1 cm große Würfel schneiden. Die Auberginen waschen, abtrocknen, von ihren Stiel- und Blütenansätzen befreien und ebenfalls würfeln. • Die Kartoffeln und die Auberginen auf einem Backblech ausbreiten, mit Salz und Peffer bestreuen und mit der Tomatensauce übergießen. • Das Blech in den heißen Backofen (Mitte) schieben, und das Gericht etwa 40 Minuten backen, bis die Kartoffeln weich sind.

Ofenkartoffeln mit Käsekruste

im Bild rechts

Zutaten für 3 Personen:
1 kg kleine neue Kartoffeln
Vollmeersalz · frisch gemahlener weißer Pfeffer
1 Bund frischer Majoran oder Petersilie · 100 g frisch geriebener Emmentaler Käse
3 Eßl. Sonnenblumenkerne
1 Eßl. Butter

Für Ungeübte

Pro Person etwa 2100 kJ/500 kcal
20 g Eiweiß · 21 g Fett · 57 g Kohlenhydrate · 9 g Ballaststoffe

Vorbereitungszeit: 20 Minuten
Backzeit: 1 Stunde

Den Backofen auf 180° vorheizen. • Die Kartoffeln unter kaltem Wasser gründlich abbürsten, abtrocknen, ungeschält halbieren und mit der Schalenseite nach unten in eine flache ofenfeste Form legen. Die Kartoffeln mit Salz und Pfeffer bestreuen. • Den Majoran oder die Petersilie waschen, trockenschwenken und sehr fein hacken. • Die Kräuter mit dem Käse und den Sonnenblumenkernen mischen und über die Kartoffeln verteilen. • Die Butter in Flöckchen teilen und die Kartoffeln damit belegen. • Die Form auf den Rost in den heißen Backofen (Mitte) stellen. Die Kartoffeln etwa 1 Stunde backen, bis die Kartoffeln weich sind. • Dazu paßt Rohkost- oder gemischter Blattsalat.

Fein gewürzte Kartoffelgerichte

Mal exotisch gewürzt, mal mit Kümmel verfeinert

Ofenkartoffeln in Currysahne

im Bild links

Zutaten für 3 Personen:
50 g Butter · 1 kg kleine neue Kartoffeln · Vollmeersalz
je 1 Teel. Gelbwurz (Kurkuma), Kreuzkümmel (Kumin) und Safranfäden · je ½ Teel. gemahlener Koriander und Cayennepfeffer · 1 Messerspitze frisch geriebene Muskatnuß · 5 Kardamomkörner · 5 weiße Pfefferkörner
½ Teel. Senfkörner
¼ l Gemüsebrühe
250 g Sahne

Raffiniert

Pro Person etwa 2600 kJ/620 kcal
9 g Eiweiß · 41 g Fett · 56 g Kohlenhydrate · 7 g Ballaststoffe

Vorbereitungszeit: 15 Minuten
Backzeit: 1 Stunde

Den Backofen auf 200° vorheizen. • Die Butter in eine ofenfeste Form geben, die groß genug sein muß, daß die Kartoffeln nebeneinander darin Platz haben. Die Form in den Ofen schieben, und die Butter schmelzen lassen. • Die Kartoffeln unter fließendem kaltem Wasser gründlich bürsten, abtrocknen und in die Form geben. Die Kartoffeln sparsam mit Salz bestreuen. • Die Gelbwurz, den Kreuzkümmel, den Safran, den Koriander, den Cayennepfeffer, die Muskatnuß, die Kardamom-, die Pfeffer- und die Senfkörner in einen Mörser geben und möglichst fein zerreiben. • Die Gewürzmischung mit der Gemüsebrühe und der Sahne verquirlen und über die Kartoffeln gießen. • Die Form auf den Rost in den heißen Backofen (Mitte) stellen. Die Kartoffeln etwa 1 Stunde garen, bis sie weich sind. Dabei etwa alle 10 Minuten mit der Currysahne beschöpfen. • Dazu paßt Möhren- oder Rote-Bete-Rohkost mit Apfelscheiben und Kräuteressig.

Kartoffeln mit Zwiebeln in Kümmelsahne

im Bild rechts

Zutaten für 3 Personen:
500 g Gemüsezwiebeln
50 g Butter · 500 g kleine neue Kartoffeln · Vollmeersalz
¼ l Gemüsebrühe
200 g Crème fraîche · frisch gemahlener weißer Pfeffer
Cayennepfeffer · frisch geriebene Muskatnuß
¼ Teel. Kreuzkümmel (Kumin)
1–2 Eßl. Kümmelkörner

Preiswert

Pro Person etwa 2200 kJ/520 kcal
8 g Eiweiß · 35 g Fett · 43 g Kohlenhydrate · 5 g Ballaststoffe

Vorbereitungszeit: 20 Minuten
Backzeit: 1 Stunde

Den Backofen auf 200° vorheizen. • Die Zwiebeln schälen, halbieren und in dünne Scheiben schneiden. • Die Butter in einer Pfanne erhitzen. Die Zwiebeln hinzufügen und bei mittlerer bis schwacher Hitze unter häufigem Wenden glasig braten. • Die Zwiebeln in eine ofenfeste Form geben, die so groß sein muß, daß die Kartoffeln nebeneinander darin Platz haben. • Die Kartoffeln unter fließendem kaltem Wasser gründlich bürsten, abtrocknen und in die Form geben. Die Kartoffeln sparsam mit Salz bestreuen. • Die Brühe mit der Crème fraîche verquirlen und mit Peffer, Cayennepfeffer, Muskatnuß, dem Kreuzkümmel und dem Kümmel würzen. • Die Mischung über den Kartoffeln und den Zwiebeln verteilen. • Die Form auf den Rost in den heißen Backofen (Mitte) stellen. Die Kartoffeln etwa 1 Stunde garen, bis sie weich sind.

Gebackene Kartoffeln und rote Beten mit zwei Saucen

Würzig scharf durch frischen Meerrettich

Zutaten für 6 Personen:
6 gleich große mehligkochende Kartoffeln (etwa 1,5 kg)
6 gleich große rote Beten (etwa 1,5 kg) · 1 Bund Frühlingszwiebeln · 200 g saure Sahne
350 g Joghurt · 2 Eßl. Zitronensaft · Vollmeersalz · frisch gemahlener schwarzer Pfeffer
1 Teel. kaltgepreßtes Sonnenblumenöl · ¼ Stange frischer Meerrettich, etwa 10 cm lang
1 Teel. Weizenvollkornmehl
1 Teel. weiche Butter
⅛ l Gemüsebrühe
125 g Sahne · 1 Eigelb
1 Eßl. frisch gehackte Petersilie

Preiswert

Pro Person etwa 2000 kJ/480 kcal
14 g Eiweiß · 15 g Fett · 70 g Kohlenhydrate · 13 g Ballaststoffe

Vorbereitungszeit: 15 Minuten
Back- und Garzeit: 1¼ Stunden

Den Backofen auf 180° vorheizen. • Die Kartoffeln und die roten Beten unter fließendem kalten Wasser gründlich abbürsten. Die Schale der Kartoffeln oben kreuzweise einritzen. Die Blätter der roten Beten abschneiden, ohne dabei das Fruchtfleisch zu verletzen. Die zarten Blättchen für die Sauce beiseite legen. • Die Kartoffeln und die roten Beten auf ein Backblech legen, in den heißen Ofen (Mitte) schieben und etwa 1¼ Stunden backen, bis sie weich sind. • Für die Zwiebelsauce die Frühlingszwiebeln putzen, waschen, trockenschwenken und mit etwa zwei Dritteln ihres Grüns in feine Röllchen schneiden. Die rote-Beten-Blättchen fein hacken.
• Die saure Sahne und den Joghurt mit einem Schneebesen schaumig schlagen. Die Zwiebelröllchen, die rote-Beten-Blättchen, 1 Eßlöffel Zitronensaft, Salz, Pfeffer und das Öl daruntermischen. • Für die Meerrettichsauce den Meerrettich schälen und nicht zu fein reiben. Den Meerrettich zugedeckt beiseite stellen. Das Mehl mit der Butter verkneten. • Die Gemüsebrühe in einem Topf zum Kochen bringen. Die Mehlbutter in die Brühe rühren, erneut aufkochen und zugedeckt bei schwacher Hitze 5 Minuten kochen lassen. Die Kochstelle auf die schwächste Temperaturstufe schalten.
• Während die Sauce kocht, 2 Eßlöffel Sahne mit dem Eigelb verquirlen. Die restliche Sahne steif schlagen. • Die Sauce von der Kochstelle ziehen. Die Sahne mit dem Eigelb daruntermischen. Den Meerrettich in die Sauce geben, den Topf wieder auf die Kochstelle setzen und die Sauce einige Minuten ziehen lassen. • Die Sauce mit dem Rest des Zitronensaftes und eventuell auch Salz abschmecken. Die steif geschlagene Sahne und die Petersilie mit dem Schneebesen darunterziehen.
• Die gebackenen Kartoffeln und die roten Beten kreuzweise einschneiden, etwas auseinanderdrücken und nach Wunsch mit je etwa 1 Eßlöffel der beiden Saucen überziehen. Die restlichen Saucen gesondert dazu servieren.

Mein Tip: Damit Meerrettich seine aromatische Schärfe behält, sollten Sie ihn
• möglichst nicht auf der Rohkostreibe, sondern im Zusatzgerät der elektrischen Küchenmaschine reiben: das geht viel schneller und schont Ihre Tränendrüsen;
• frisch geriebenen Meerrettich gut zudecken und nur höchstens 30 Minuten stehenlassen;
• nicht mitkochen und in heißen Saucen nur ziehen lassen, aber nicht aufkochen.

Gefüllte Auberginen

Die Füllung schmeckt auch in Paprikaschoten oder Zwiebeln

Zutaten für 4–5 Personen:

1 kleine Zwiebel · 2 Knoblauchzehen · 2 Eßl. kaltgepreßtes Sonnenblumenöl
100 g Roggenschrot
3/8 l Gemüsebrühe · 500 g vollreife Tomaten · 250 g junge Zucchini · 150 g Mozzarellakäse
50 g Walnußkerne · 1 Bund Petersilie · 1 Bund Schnittlauch
5 Zweige frischer Thymian
4 gleich große feste Auberginen (etwa 1 kg) · 1 Ei
100 g frisch geriebener Parmesankäse
Vollmeersalz · frisch gemahlener schwarzer Peffer
2 Eßl. Crème fraîche

Braucht etwas Zeit

Bei 5 Personen etwa 2000 kJ/ 480 kcal · 24 g Eiweiß · 27 g Fett 32 g Kohlenhydrate · 11 g Ballaststoffe pro Person

Vorbereitungszeit: 1½ Stunden
Backzeit: 45 bis 50 Minuten
Fertigstellung: 10 Minuten

Die Zwiebel und den Knoblauch schälen und fein hakken. • 1 Eßlöffel Öl in einem Topf erhitzen. Die Zwiebel und den Knoblauch darin glasig braten. Den Roggenschrot dazugeben und unter Rühren anbraten. • ¼ l Gemüsebrühe hinzugießen, einmal aufkochen und den Schrot zugedeckt bei schwacher Hitze 10 Minuten kochen, dann auf der abgeschalteten Kochstelle 1 Stunde quellen lassen. • Inzwischen die Hälfte der Tomaten mit kochendem Wasser überbrühen, häuten und fein hacken, dabei die Stielansätze entfernen. Die Zucchini waschen, abtrocknen, von den Stiel- und den Blütenansätzen befreien und würfeln. Den Mozzarella abtropfen lassen und fein würfeln. Die Walnußkerne hakken. • Die Petersilie, den Schnittlauch und den Thymian waschen und trockentupfen. Die Petersilie und den Schnittlauch fein zerkleinern, die Thymianblättchen abzupfen und für die Sauce beiseite legen. • Den Backofen auf 200° vorheizen. • Die Auberginen waschen, abtrocknen und die Stielansätze abschneiden. Die Auberginen der Länge nach halbieren. Das Fruchtfleisch mit einem kleinen Messer herauslösen, dabei einen etwa fingerbreiten Rand stehenlassen, damit man die Auberginen füllen kann. Das Fruchtfleisch fein hacken. • Für die Füllung den Schrot, die gehackten Tomaten und das Auberginenfleisch, den Mozzarella, die Nüsse, die Hälfte der Petersilie, den Schnittlauch, das Ei und etwa die Hälfte des Parmesans mischen. Die Füllung mit Salz und Pfeffer würzen und in die Auberginenhälften geben. • Die Auberginen nebeneinander auf ein Backblech setzen, mit dem Rest des Parmesankäses bestreuen und mit dem restlichen Sonnenblumenöl beträufeln. Die Zucchiniwürfel um die Auberginen legen, den Thymian darüberstreuen und die restliche Gemüsebrühe dazugießen. • Die Form auf den Rost in den Backofen (Mitte) stellen. Die Auberginen 45 bis 50 Minuten garen. • Inzwischen die noch übrigen Tomaten häuten und ebenfalls fein hacken. Die Stielansätze herausschneiden. • Die Auberginenhälften auf vorgewärmten Tellern anrichten und im abgeschalteten Backofen warm halten. • Die Garflüssigkeit mit den geschmorten Zucchini in einen Topf umgießen. Die Zucchini nach Wunsch pürieren oder mit einem Kartoffelstampfer zerdrücken. • Die Crème fraîche darunterrühren. Alles einmal aufkochen, eventuell mit Salz und Pfeffer würzen. • Die gehackten Tomaten und den Rest der Petersilie daruntermischen. Die Auberginen mit der Sauce umgießen und servieren. • Dazu passen Salate und Brot.

Wirsingroulade mit Pesto

Schmeckt mit Frühwirsing oder auch Spitzkohl am besten

Zutaten für 4 Personen:
1 Wirsingkohl (etwa 1,5 kg)
frisch gemahlener weißer
Pfeffer · Schale und Saft von
½ unbehandelten Zitrone
3 Bund Basilikum · 6 Knoblauch-
zehen · 150 g frisch geriebener
Parmesankäse
50 g Pinienkerne · 75 g Butter
100 g frisch geriebenes alt-
backenes Vollkornbrot

Raffiniert

Pro Person etwa 2300 kJ/550 kcal
27 g Eiweiß · 34 g Fett · 31 g Kohlenhydrate · 15 g Ballaststoffe

Vorbereitungszeit: 1 Stunde
Backzeit: 30 Minuten

Den Wirsing putzen, den Strunk so gut wie möglich herausschneiden. • Den Kohl in reichlich sprudelnd kochendem Wasser garen, bis man die äußeren Blätter ablösen kann. • Den Kohl herausnehmen und 12 bis 15 Blätter ablösen. Den Kohl weitere 5 Minuten kochen lassen. • Die dicken Rippen der abgelösten Blätter flach schneiden. Die Blätter so auf der Arbeitsfläche übereinanderlegen, daß sich ein Quadrat von etwa 30 mal 30 cm ergibt. Mit Pfeffer bestreuen. • Den Kohlkopf aus dem Wasser nehmen, halbieren, vollkommen vom Strunk befreien und fein zerkleinern. • Den Backofen auf 180° vorheizen. • Die Zitronenschale hacken. Das Basilikum waschen, trockentupfen und zerkleinern. Den Knoblauch schälen und hacken. • Diese Zutaten, den Zitronensaft, den Käse und die Pinienkerne zu einer Paste verreiben. Den zerkleinerten Wirsing daruntermischen. Die Butter bis auf 2 Eßlöffel darunterkneten. • Die Füllung auf den Wirsingblättern verteilen, diese zu einer Roulade aufrollen und in eine ofenfeste Form geben. • Die Roulade auf den Rost in den Backofen (Mitte) stellen und 30 Minuten garen. • Die restliche Butter zerlassen und leicht bräunen. Das Brot darin anrösten. • Die Roulade mit der Butter übergossen servieren.

Sauerkrautstrudel

Spezialität aus Österreich

Zutaten für 4–5 Personen:
300 g Weizenvollkornmehl
Vollmeersalz · 8 Eßl. kaltgepreßtes Sonnenblumenöl
150 ccm lauwarmes Wasser
1 Eigelb · 700 g Sauerkraut
1 große Zwiebel · 1 Knoblauchzehe · 1 Bund frischer Majoran
100 g rote Linsen · ⅛ l Gemüsebrühe · frisch gemahlener schwarzer Pfeffer · 1 Eßl. grob gemahlener Kümmel
50 g Butter · 125 g saure Sahne
1 Teel. edelsüßes Paprikapulver
1 große mehligkochende Kartoffel (etwa 250 g)
Zum Ausrollen: Mehl

Braucht etwas Zeit

Bei 5 Personen etwa 2800 kJ/670 kcal · 17 g Eiweiß · 36 g Fett 64 g Kohlenhydrate · 10 g Ballaststoffe pro Person

Vorbereitungszeit: 1¾ Stunden
Backzeit: 40 Minuten

Für den Strudelteig das Mehl mit Salz, 5 Eßlöffeln Öl, dem Wasser und dem Eigelb verkneten. Der Teig muß weich und glatt sein, darf aber nicht kleben. Den Teig in zwei Portionen teilen, jeweils in Pergamentpapier wickeln und in einem angewärmten Topf etwa 1 Stunde ruhen lassen. • Inzwischen für die Füllung das Sauerkraut grob zerschneiden. Die Zwiebel und die Knoblauchzehe schälen und hacken. Den Majoran waschen, trockentupfen und fein zerkleinern. • Das restliche Öl in einer Pfanne erhitzen. Die Zwiebel und den Knoblauch darin bei mittlerer Hitze glasig braten. • Das Sauerkraut, den Majoran und die Linsen hinzugeben und etwa 5 Minuten schmoren. • Die Gemüsebrühe hinzugießen, alles einmal aufkochen und zugedeckt bei schwacher Hitze 10 Minuten garen. Die Füllung mit Salz, Peffer und dem Kümmel abschmecken und lauwarm abkühlen lassen. • Den Backofen auf 220° vorheizen. • Eine ofenfeste Form, in die zwei Teigrollen nebeneinander passen, mit etwas Butter auspinseln. Die restliche Butter zerlassen, aber nicht bräunen. • Ein Küchentuch dünn mit Mehl bestäuben. Die erste Teigportion darauf ganz dünn ausrollen. Rundherum an den Rändern mit den Fingerspitzen ausziehen, daß auch die Ränder gleichmäßig dünn sind. • Den ausgerollten Teig mit etwas Butter bepinseln und die Hälfte der Füllung darauf verteilen. Am Rand jeweils 1 bis 2 cm frei lassen, damit die Füllung beim Aufrollen des Strudels nicht herausquillt. • Die saure Sahne mit dem Paprikapulver verrühren und die Hälfte davon auf der Füllung verteilen. Die Kartoffel schälen, waschen und zur Hälfte in die Füllung raspeln. • Die Teigplatte an den Schmalseiten etwas einschlagen. Das Küchentuch am unteren Rand anheben, den Strudel mit Hilfe des Tuches aufrollen, anheben und vorsichtig in die Form gleiten lassen. • Das zweite Teigstück ebenso ausrollen, füllen, aufrollen und in die Form geben. • Beide Strudel mit der restlichen Butter bestreichen. • Die Form auf den Rost in den Backofen (Mitte) stellen. Die Strudel etwa 40 Minuten backen. Dabei immer wieder mit der Butter bestreichen, die sich in der Form sammelt, damit die Strudel braun und knusprig werden. • Dazu paßt gemischter Salat mit Sahne-Kräuter-dressing.

Mein Tip: Teige aus Vollkornmehl lassen sich nicht – wie Sie es bei Strudel vielleicht gewöhnt sind – hauchdünn ausziehen, sondern nur mit dem Nudelholz ausrollen.

Tomaten aus dem Ofen

Leichte Sommerkost

Zutaten für 2 Personen:
100 g Natur-Langkornreis
200 ccm Wasser · Vollmeersalz
4 feste vollreife Fleischtomaten (etwa 600 g) · 1 Zwiebel
1 Knoblauchzehe · 2 Zweige frischer Thymian · ½ Bund Petersilie · 2 Eßl. kaltgepreßtes Olivenöl · 100 g frisch geriebener Raclette- oder Bergkäse · frisch gemahlener schwarzer Pfeffer

Für Ungeübte

Pro Person etwa 2000 kJ/480 kcal
22 g Eiweiß · 31 g Fett · 44 g Kohlenhydrate · 7 g Ballaststoffe

Vorbereitungszeit: 1 Stunde
Backzeit: 20 Minuten

Den Reis mit dem Wasser und Salz aufkochen und zugedeckt bei schwacher Hitze in 30 bis 40 Minuten ausquellen lassen. • Den Backofen auf 220° vorheizen. • Die Tomaten waschen. Von jeder Tomate einen Deckel abschneiden, die Stielansätze herausstechen, die Tomaten aushöhlen und das ausgehöhlte Fruchtfleisch zerdrücken.
• Die Zwiebel und den Knoblauch schälen und fein hacken. Den Thymian und die Petersilie waschen und trockentupfen. Die Thymianblättchen und die Petersilie fein zerkleinern.
• 1 Eßlöffel Öl im Topf erhitzen. Die Zwiebel, den Knoblauch und die Kräuter darin bei schwacher Hitze 5 Minuten anbraten. Mit dem Tomatenfleisch, dem Reis und dem Käse vermischen.
• Die Masse mit Salz und Pfeffer würzen, in die Tomaten füllen, die Deckel wieder darauf legen, und die Tomaten in eine ofenfeste Form setzen. Den Rest der Reismasse um die Tomaten schichten. Das restliche Öl darüber träufeln. • Die Form auf den Rost in den heißen Backofen (Mitte) stellen. Die Tomaten 20 Minuten backen.

Kohlrabigratin mit Zitronenreis

Schmeckt auch mit Hirse oder Bulgur

Zutaten für 2–3 Personen:
100 g Natur-Langkornreis
200 ccm Wasser · Vollmeersalz
2 junge Kohlrabiknollen (etwa 500 g) · frisch gemahlener weißer Pfeffer · 200 g Sahne
100 g frisch geriebener Emmentaler Käse · 2 Eßl. Butter
1 Stück Schale und 2 Eßl. Saft von 1 unbehandelten Zitrone

Raffiniert

Bei 3 Personen etwa 2200 kJ/520 kcal · 17 g Eiweiß · 43 g Fett 31 g Kohlenhydrate · 2 g Ballaststoffe pro Person

Vorbereitungszeit: 20 Minuten
Backzeit: 40 Minuten

Den Reis mit dem Wasser und Salz in einem Kochtopf mit niedrigem Rand zum Kochen bringen und zugedeckt bei schwächster Hitze 15 Minuten garen. • Inzwischen den Backofen auf 200° vorheizen.
• Die Kohlrabiblättchen abschneiden, waschen, trockentupfen und fein hacken. Die Kohlrabiknollen schälen, von eventuell holzigen Stellen befreien, waschen, abtrocknen und in millimeterdünne Scheibchen hobeln. • Die Kohlrabischeiben dachziegelartig in eine ofenfeste Form mit flachem Rand schichten. Die Blättchen darüber streuen, die Kohlrabi mit Salz und Pfeffer würzen.
• Die Sahne rundherum am Rand hinzugießen. Den Käse darüber streuen. Die Hälfte der Butter in Flöckchen teilen und den Gratin damit belegen. • Die Zitronenschale ganz fein hakken. Die Schale und den Saft sowie den Rest der Butter mit einer Gabel unter den Reis ziehen. • Den Gratin auf den Rost in den heißen Backofen (Mitte), den geschlossenen Topf mit dem Reis auf den Boden des Backofens stellen. • Beide Gerichte etwa 40 Minuten garen, bis die Kohlrabi weich sind.

Auberginen und Zucchini mit Hirsekruste

Mit Salat ein leichtes Hauptgericht

Zutaten für 3–4 Personen:
- 100 g Hirse · ¼ l Gemüsebrühe
- 1 Zwiebel · 1 Knoblauchzehe
- 2 Zweige frischer Thymian
- 1 Stück Schale und knapp
- 3 Eßl. Saft von 1 unbehandelten
- Zitrone · 75 g frisch geriebener
- Bergkäse · 50 g Sonnenblumenkerne · 1 Ei · 5 Eßl. Sahne
- Vollmeersalz · Cayennepfeffer
- 400 g Auberginen · 400 g junge
- Zucchini · 2 Eßl. kaltgepreßtes
- Olivenöl · 1 Eßl. Butter

Braucht etwas Zeit

Bei 4 Personen etwa 2000 kJ/480 kcal · 17 g Eiweiß · 31 g Fett 34 g Kohlenhydrate · 7 g Ballaststoffe pro Person

Vorbereitungszeit: 45 Minuten
Backzeit: 40 Minuten

Die Hirse mit der Gemüsebrühe in einem Topf einmal aufkochen und zugedeckt bei schwacher Hitze 35 Minuten garen. • Die Hirse etwas abkühlen lassen. • Den Backofen auf 180° vorheizen.
• Während die Hirse gart, die Zwiebel und die Knoblauchzehe schälen und fein hacken. Den Thymian waschen, trockentupfen und die Blättchen abzupfen. Die Zitronenschale in feine Streifen schneiden. • Diese Zutaten mit der Hirse, dem Käse, den Sonnenblumenkernen, dem Ei und der Sahne mischen, mit Salz und 1 kräftigen Prise Cayennepfeffer abschmecken. • Die Auberginen und die Zucchini waschen, putzen und der Länge nach in etwa 2 cm dicke Scheiben schneiden.
• Die Scheiben auf ein Backblech legen, mit dem Zitronensaft und dem Öl beträufeln, mit der Hirsemasse bestreichen und mit der in Flöckchen geteilten Butter belegen. • Das Blech in den heißen Backofen (Mitte) schieben. Das Gemüse etwa 40 Minuten überbacken.

Gratin von Kartoffeln und schwarzen Bohnen

Reich an Ballaststoffen

Zutaten für 4 Personen:
- 200 g schwarze Bohnen
- 400 ccm Gemüsebrühe
- 1 Zwiebel · 1 Knoblauchzehe
- 1 getrocknete rote Pfefferschote · 1 Zweig frischer
- Thymian · 1 Lorbeerblatt
- 2 Gewürznelken · 400 g mehligkochende Kartoffeln · Vollmeersalz · frisch gemahlener weißer
- Pfeffer · 300 g Mozzarellakäse
- 200 g Sahne

Für Ungeübte

Pro Person etwa 2400 kJ/570 kcal 30 g Eiweiß · 29 g Fett · 48 g Kohlenhydrate · 13 g Ballaststoffe

Quellzeit: 8 Stunden
Vorbereitungszeit: 1¾ Stunden
Backzeit: 40 Minuten

Die Bohnen in der Gemüsebrühe zugedeckt 8 Stunden einweichen. • Die Zwiebel und die Knoblauchzehe schälen. Die Pfefferschote zwischen den Fingern aufbrechen und die Kerne entfernen. Den Thymian waschen. • Alle diese Zutaten mit dem Lorbeerblatt und den Gewürznelken zu den Bohnen geben. Die Bohnen einmal aufkochen und zugedeckt 1½ Stunden bei schwacher Hitze kochen lassen. Die Bohnen abgießen und lauwarm abkühlen lassen. • Den Backofen auf 200° vorheizen. • Die Kartoffeln schälen, waschen und in hauchdünne Scheibchen hobeln. Die Scheiben schuppenförmig in eine Gratinform geben. Die Bohnen darüber verteilen und alles mit Salz und Pfeffer würzen. • Den Mozzarella in Scheiben schneiden und darüber verteilen. Die Sahne rundherum dazugießen. • Die Form auf den Rost in den heißen Backofen (Mitte) stellen. Den Gratin etwa 40 Minuten überbacken: Die Oberfläche soll schön gebräunt und die Sahne aufgesogen sein.

Herzhafte Gratins mit Gemüse und Käse

Der ländlichen Küche Italiens nachempfunden

Überbackenes Brot mit Tomaten

im Bild links

Zutaten für 4 Personen:
250 g Weizenvollkornbrot
1/8 l heiße Milch · 2 vollreife Fleischtomaten (etwa 500 g)
300 g Mozzarellakäse · 1 Bund frischer Majoran · 2 Eier · 100 g Sahne · 50 g frisch geriebener Parmesankäse · Vollmeersalz frisch gemahlener weißer Pfeffer · 20 g Butter
2 Eßl. Schnittlauchröllchen

Schnell

Pro Person etwa 2400 kJ/570 kcal
31 g Eiweiß · 33 g Fett · 33 g Kohlenhydrate · 6 g Ballaststoffe

Vorbereitungszeit: 30 Minuten
Backzeit: 25 bis 30 Minuten

Das Vollkornbrot in etwa 1/2 cm dicke Scheiben schneiden, mit der Milch übergießen und etwa 15 Minuten einweichen, bis die Milch aufgesogen ist. • Den Backofen auf 180° vorheizen. • Die Tomaten waschen und in Scheiben schneiden, die Stielansätze dabei entfernen. Den abgetropften Mozzarella ebenfalls in Scheiben schneiden. Den Majoran waschen, trockenschwenken und sehr fein zerkleinern. • Die Eier mit der Sahne und dem Parmesan mischen. • Eine ofenfeste Form mit der Hälfte der Brotscheiben auslegen. Die Tomaten darauf legen, mit Salz, Peffer und dem Majoran bestreuen und mit dem Mozzarella abdecken. Die restlichen Brotscheiben darüber verteilen und mit der Eier-Käse-Sahne übergießen. Alles mit der in Flöckchen geteilten Butter belegen. • Die Form auf den Rost in den heißen Backofen (Mitte) stellen. Das Brot 25 bis 30 Minuten backen, bis die Oberfläche schön gebräunt ist. • Das überbackene Brot mit dem Schnittlauch bestreut servieren. • Dazu passen marinierte Hülsenfrüchte (Rezepte Seite 33) oder Gemüse (Rezepte Seite 30 und 31).

Gratin von Tomaten, Zucchini und Schafkäse

im Bild rechts

Zutaten für 3–4 Personen:
500 g vollreife Tomaten
500 g junge Zucchini
500 g Schafkäse (Feta)
Vollmeersalz · frisch gemahlener schwarzer Peffer
1 Eßl. getrockneter Oregano
3 Eßl. kaltgepreßtes Olivenöl

Schnell

Bei 4 Personen etwa 2000 kJ/ 480 kcal · 21 g Eiweiß · 38 g Fett 11 g Kohlenhydrate · 3 g Ballaststoffe pro Person

Vorbereitungszeit: 20 Minuten
Backzeit: 20 Minuten

Den Backofen auf 220° vorheizen. • Die Tomaten waschen und in Scheiben schneiden, dabei die Stielansätze entfernen. Die Zucchini waschen, abtrocknen, von den Stiel- und den Blütenansätzen befreien und quer ebenfalls in etwa 1/2 cm dicke Scheiben schneiden. Den Schafkäse abtropfen lassen, in Würfel von etwa 5 cm Kantenlänge, dann in Scheiben teilen. • Alle diese Zutaten dachziegelartig in eine ofenfeste Form mit niedrigem Rand schichten, mit Salz, Peffer und dem Oregano bestreuen. Das Öl darüber träufeln. • Die Form auf den Rost in den heißen Backofen (Mitte) stellen. Den Gratin etwa 20 Minuten backen bis der Käse an den Rändern gebräunt ist. • Dazu passen Salat und Brot.

Gemüsegratin mit Fisch

Reich an leichtverdaulichem Eiweiß

Zutaten für 4 Personen:
500 g vollreife Tomaten
250 g junge Zucchini
1 Bund Frühlingszwiebeln
500 g Seelachsfilets · Saft von ½ Zitrone · Vollmeersalz · frisch gemahlener weißer Pfeffer
2 Knoblauchzehen
1 Bund Petersilie · 50 g fein geriebenes Knäckebrot
1 Eßl. Sesamsamen · 50 g Butter
250 g Sahne

Raffiniert

Pro Person etwa 2200 kJ/520 kcal
30 g Eiweiß · 34 g Fett · 23 g Kohlenhydrate · 5 g Ballaststoffe

Vorbereitungszeit: 40 Minuten
Backzeit: 20 bis 25 Minuten

Die Tomaten häuten und in Scheiben schneiden, dabei die Stielansätze entfernen. Die Zucchini waschen, abtrocknen, putzen und in fingerdicke Scheiben schneiden. Die Frühlingszwiebeln putzen, waschen und mit etwa zwei Dritteln des Zwiebelgrüns in 3 cm lange Stücke schneiden. • Die Fischfilets in 4 Stücke teilen, mit dem Zitronensaft, Salz und Pfeffer würzen. • Den Backofen auf 200° vorheizen. • Die Zucchini in eine ofenfeste Form mit flachem Rand legen. Die Frühlingszwiebeln und den Fisch darauf legen und mit den Tomatenscheiben bedecken. Die Tomaten mit Salz und Pfeffer würzen. • Den Knoblauch schälen und fein hacken. Die Petersilie waschen, trockentupfen, fein hacken und mit dem Knoblauch, dem Knäckebrot, dem Sesam und der Butter verkneten. Die Masse in Flöckchen auf die Tomaten legen. • Die Sahne rundherum dazugießen. • Die Form auf den Rost in den heißen Backofen (Mitte) stellen. Den Gratin 20 bis 25 Minuten backen.

Info für Vegetarier: Den Fisch durch Tofustreifen ersetzen, die in einer Mischung aus 2 Eßlöffeln Zitronensaft, 1 Eßlöffel Olivenöl und 1 zerdrückten Knoblauchzehe mariniert worden sind.

Überbackene Kartoffelklößchen mit Wirsing

Schmecken auch mit Spinat oder Lauch

Zutaten für 4–5 Personen:
500 g mehligkochende Kartoffeln · 1 kleine Zwiebel
1 kleiner Wirsingkohl (etwa 1 kg) · 3 Eßl. kaltgepreßtes Sonnenblumenöl
Vollmeersalz · 1 Teel. gemahlener Koriander · 150 g Weizenvollkornmehl · 50 g Weizenvollkorngrieß · 2 Eier
1–2 Eigelbe · frisch gemahlener weißer Pfeffer · frisch geriebene Muskatnuß · ½ Bund Petersilie
½ Bund frischer Majoran
200 g Sahne · 100 g frisch geriebener Parmesankäse
1 Teel. Butter

Braucht etwas Zeit

Bei 5 Personen etwa 2500 kJ/ 600 kcal · 23 g Eiweiß · 33 g Fett 50 g Kohlenhydrate · 11 g Ballaststoffe pro Person

Vorbereitungszeit: 1¼ Stunden
Backzeit: 20 bis 25 Minuten

Die Kartoffeln gründlich unter fließendem kaltem Wasser bürsten und mit wenig Wasser in der Schale weich kochen. Das dauert je nach Größe der Kartoffeln 30 bis 40 Minuten. • Inzwischen die Zwiebel schälen und fein hacken. Den Wirsing von den äußeren welken Blättern befreien, vierteln und den Strunk keilförmig herausschneiden. Die Wirsingviertel kalt abspülen, abtropfen lassen und in etwa 1 cm breite Streifen schneiden. • Das Öl nach und nach in einer Pfanne erhitzen. • Den Wirsing darin portionsweise bei mittlerer bis schwacher Hitze unter ständigem Wenden anbraten, bis er halbweich ist. Mit der letzten Wirsingportion die Zwiebel anbraten. Den Wirsing mit Salz und Koriander würzen und auf dem Boden einer ofenfesten Form verteilen. Die Form soll so groß sein, daß die Kartoffelklößchen nebeneinander darin Platz haben. • Die gegarten Kartoffeln schälen und heiß durch die Kartoffelpresse drükken. Die Masse mit dem Mehl, dem Grieß, 1 Ei, 1 Eigelb, Salz, je 1 kräftigen Prise Pfeffer und Muskat zu einem nicht zu festen, formbaren Teig verkneten. Wenn der Teig zu weich, das heißt in der Konsistenz wie Quark ist, noch etwas Grieß daruntermischen. Zu festen Teig mit dem restlichen Eigelb verkneten. • Den Backofen auf 220° vorheizen. • Aus dem Kartoffelteig mit zwei in kaltes Wasser getauchten Teelöffeln etwa 35 Klößchen abstechen und in reichlich sprudelnd kochendem Salzwasser so lange garen, bis sie an die Oberfläche steigen. • Die Klößchen mit einem Schaumlöffel herausnehmen, abtropfen lassen und auf den Wirsing legen. • Für die Sauce die Petersilie und den Majoran waschen, trockenschwenken und fein hacken. • Die Sahne mit dem restlichen Ei, dem Käse und den Kräutern verquirlen, mit Pfeffer und Muskatnuß, eventuell auch mit Salz würzen und über die Kartoffelklößchen gießen. Die Butter in kleine Stückchen teilen und darauf legen. • Die Form auf den Rost in den heißen Backofen (Mitte) stellen. Die Klößchen 20 bis 25 Minuten überbacken, bis sie an der Oberfläche schön gebräunt sind. • Dazu paßt Kohlrabirohkost mit Möhren (Rezept Seite 48) oder gemischte Blattsalate mit Radieschen, Tomaten und Gurke.

Überbackene Roggenklößchen mit Gemüsestreifen

Kräftige Kost, reich an Ballaststoffen

Zutaten für 4 Personen:
- 1 kleine Zwiebel · 1 Knoblauchzehe · 2 Eßl. kaltgepreßtes Maiskeimöl · 150 g Roggenschrot · 300 ccm Gemüsebrühe
- 1 kleine Kohlrabiknolle (etwa 200 g) · 250 g Möhren
- 1 Stange Lauch · Vollmeersalz
- frisch gemahlener schwarzer Pfeffer · 300 g vollreife Tomaten · 5 frische Salbeiblättchen · 125 g Sahne
- 75 g Weizenvollkornmehl
- 75 g Weizenvollkorngrieß
- 2 Eier · 2 Eßl. Crème fraîche
- 1 Eßl. Schnittlauchröllchen
- Cayennepfeffer · frisch geriebene Muskatnuß · 50 g frisch geriebener mittelalter Goudakäse · 30 g Butter

Braucht etwas Zeit

Pro Person etwa 2800 kJ/670 kcal
20 g Eiweiß · 35 g Fett · 64 g Kohlenhydrate · 10 g Ballaststoffe

Vorbereitungszeit: 1 Stunde und 10 Minuten
Backzeit: 20 bis 25 Minuten

Die Zwiebel und die Knoblauchzehe schälen und fein hacken. • 1 Eßlöffel Öl in einem Topf erhitzen. • Die Zwiebel und den Knoblauch unter Rühren darin glasig braten. Den Roggenschrot hinzufügen und einige Male umrühren. • Die Gemüsebrühe dazugießen und einmal aufkochen. Den Schrot zugedeckt bei schwacher Hitze 20 Minuten garen, bis er sich zusammenklumpt und am Topfboden leicht anliegt. Den Schrot auf der abgeschalteten Kochstelle 45 Minuten quellen lassen. • Inzwischen die Gemüse vorbereiten: Die Kohlrabiblättchen abschneiden, waschen, trockentupfen und fein hacken. Die Möhren und den Kohlrabi schälen, waschen, abtrocknen und in etwa bleistiftdicke Stifte schneiden. Den Lauch putzen, waschen, trockenschwenken und mit etwa zwei Dritteln des zarten Lauchgrüns in 1 cm breite Stücke schneiden. • Das restliche Öl in einer Pfanne erhitzen. • Die Gemüse darin unter häufigem Umrühren bei mittlerer Hitze 5 Minuten anbraten. • Die Gemüse mit Salz und Pfeffer würzen und auf dem Boden einer ofenfesten Form verteilen, die so groß sein sollte, daß die Klößchen nebeneinander darin Platz haben. • Für die Tomatensahne die Tomaten waschen, von den Stielansätzen befreien und pürieren oder – gehäutet – ganz fein zerkleinern. Die Salbeiblättchen waschen, trockentupfen und in Streifen schneiden. Die Tomaten mit dem Salbei und der Sahne vermischen. Die Sauce mit Salz und Pfeffer würzen. • Den Schrot mit dem Mehl, dem Grieß, den Eiern, der Crème fraîche, den Kohlrabiblättchen und dem Schnittlauch zu einem nicht zu festen, jedoch formbaren Teig mischen. Den Teig mit Salz, Cayennepfeffer und Muskatnuß würzen. • Den Backofen auf 220° vorheizen. • Von dem Teig mit zwei nassen Teelöffeln etwa 32 Klößchen abstechen und in reichlich sprudelnd kochendem Salzwasser garen, bis sie an die Oberfläche steigen. Die Klößchen mit einem Schaumlöffel herausnehmen, abtropfen lassen und auf die Gemüse legen. • Die Tomatensahne darüber gießen. Alles mit dem Käse bestreuen und mit der in Flöckchen geteilten Butter belegen. • Die Form auf den Rost in den Backofen (Mitte) stellen und die Roggenklößchen 20 bis 25 Minuten überbacken, bis der Käse leicht gebräunt ist. • Dazu paßt gemischter Salat mit Knoblauch-Kräuter-Dressing.

Gefüllte Eierkuchen

Lassen sich auf Vorrat backen und einfrieren

Weizen-Eierkuchen mit Pilzen

im Bild links

Zutaten für 4 Personen:
100 g Weizenvollkornmehl
¼ l Wasser · Vollmeersalz
2 Eier · 1 Zwiebel · 1 Knoblauchzehe · 300 g Egerlinge
2 Eßl. Butter · 125 g Sahne
2 Eßl. frisch gehackte Petersilie
100 g frisch geriebener Hartkäse · Cayennepfeffer
Zum Backen: Maiskeimöl

Braucht etwas Zeit

Pro Person etwa 2200 kJ/520 kcal
17 g Eiweiß · 41 g Fett · 22 g Kohlenhydrate · 4 g Ballaststoffe

Vorbereitungszeit: 1 Stunde
Backzeit: 20 Minuten

Das Mehl mit dem Wasser, Salz und den Eiern verrühren und daraus in Öl 8 Eierkuchen backen. • Den Backofen auf 200° vorheizen. • Die Zwiebel und den Knoblauch hacken. Die Pilze putzen und blättrig schneiden. • 1 Eßlöffel Butter in einer Pfanne erhitzen. Die Zwiebel und den Knoblauch darin glasig braten. Die Pilze dazugeben und 1 Minute braten. • Die Sahne, die Petersilie und die Hälfte des Käses hinzufügen und aufkochen. Die Füllung mit Salz und Cayennepfeffer würzen und auf den Eierkuchen verteilen. • Die Eierkuchen aufrollen und in eine ofenfeste Form legen. Den Rest des Käses und der Butter darauf verteilen. • Die Form auf den Rost in den Backofen (Mitte) stellen. Die Eierkuchen 20 Minuten backen.

Hafer-Eierkuchen mit Sprossen und Käse

im Bild rechts

Zutaten für 4 Personen:
50 g Hafervollkornmehl · 50 g Weizenvollkornmehl · ¼ l Milch
200 ccm Wasser · Vollmeersalz
3 Eier · 300 g vollreife Tomaten
2 Frühlingszwiebeln · 5 frische Salbeiblättchen · 1 Eßl. Butter
300 g gemischte Sprossen
frisch gemahlener weißer Pfeffer · 125 g frisch geriebener Hartkäse · 100 g Crème fraîche
Zum Backen: Weizenkeimöl

Braucht etwas Zeit

Pro Person etwa 2900 kJ/690 kcal
38 g Eiweiß · 45 g Fett · 33 g Kohlenhydrate · 9 g Ballaststoffe

Keimzeit der Sprossen: 4 Tage
Vorbereitungszeit: 1 Stunde
Backzeit: 20 Minuten

Die Mehlsorten mit der Milch, dem Wasser und Salz verrühren. 2 Eier daruntermischen. • Etwas Öl in einer Pfanne erhitzen. Aus dem Teig 8 dünne Eierkuchen backen; dabei darauf achten, daß sie an der Unterseite braun angebakken sind, sonst zerbrechen sie beim Wenden. • Den Backofen auf 200° vorheizen. • Die Tomaten häuten und würfeln, dabei die Stielansätze entfernen. Die Frühlingszwiebeln putzen, waschen und in feine Ringe schneiden. Den gewaschenen Salbei in Streifen schneiden. • Die Butter in einer Pfanne erhitzen. Die Tomaten, die Zwiebeln, den Salbei und die Sprossen darin bei mittlerer Hitze 5 Minuten anbraten und mit Pfeffer abschmecken. • Diese Mischung und den Käse bis auf 2 Eßlöffel auf den Eierkuchen verteilen. Die Eierkuchen aufrollen und in eine ofenfeste Form legen. • Die Crème fraîche mit dem restlichen Käse und dem restlichen Ei verrühren und darüber gießen. • Die Form auf den Rost in den heißen Backofen (Mitte) stellen. Die Eierkuchen 20 Minuten backen.

Gefüllte Pizza mit Tomaten und Käse

Italienische Calzone – vollwertig zubereitet

Zutaten für 4–6 Personen:
400 g Weizenvollkornmehl
100 g Roggenvollkornmehl
1 Würfel frische Hefe · 150 ccm lauwarme Milch · ¼ l lauwarmes Wasser · 3 Eßl. kaltgepreßtes Olivenöl · Vollmeersalz · 2 Zwiebeln · 2 Knoblauchzehen · 750 g vollreife Tomaten
300 g Mozzarellakäse · 1 Bund Petersilie · 1 Bund Basilikum
3 Zweige frischer Thymian
2 Eßl. Pinienkerne · 100 g frisch geriebener Parmesankäse
2 Eßl. frisch geriebenes, altbackenes Vollkornbrot · frisch gemahlener schwarzer Pfeffer
Für die Arbeitsfläche: Mehl
Für das Blech und zum Bestreichen: Olivenöl

Braucht etwas Zeit

Bei 6 Personen etwa 2800 kJ/ 670 kcal · 30 g Eiweiß · 31 g Fett 64 g Kohlenhydrate · 11 g Ballaststoffe pro Person

Vorbereitungszeit: 1¾ Stunden
Backzeit: 45 Minuten

Für den Hefeteig die beiden Mehlsorten in einer Schüssel mischen und eine Mulde in das Mehl drücken. • Die Hefe zerbröckeln, in die Mulde geben, mit etwas Milch und Wasser verrühren, bis sie sich aufgelöst hat. Die Hefe zugedeckt bei Zimmertemperatur 15 Minuten gehen lassen. • Das Mehl mit der Hefe, dem Rest von Milch und Wasser, 1 Eßlöffel Olivenöl und 1 Teelöffel Salz vermischen. Alles mit den Knethaken des Handrührgerätes etwa 10 Minuten durchrühren, bis sich der Teig in langen Zapfen von Rand und Boden der Schüssel löst. • Die Schüssel mit einem Küchentuch bedecken und den Teig bei Zimmertemperatur etwa 1 Stunde gehen lassen, bis er sein Volumen verdoppelt hat. • Inzwischen die Zwiebeln und die Knoblauchzehen schälen und hacken. Die Tomaten mit kochendem Wasser überbrühen, häuten und in kleine Würfel schneiden. • Dabei die Stielansätze und den größten Teil der Kerne zuvor entfernen, sonst wird die Füllung zu flüssig. Den Mozzarella abtropfen lassen und ebenfalls würfeln. Die Kräuter kalt abspülen und trockenschwenken. Die Petersilie und das Basilikum fein hacken, die Thymianblättchen von den Stielen streifen. Die Pinienkerne auf ein Brett geben und mit einem Messer fein hacken. • Das restliche Öl in einer Pfanne erhitzen. Die Zwiebeln und den Knoblauch unter Rühren darin glasig braten. Die Tomaten hinzufügen und bei starker Hitze unter häufigem Umrühren 5 Minuten schmoren. • Die Tomaten lauwarm abkühlen lassen, dann mit dem Mozzarella, dem Parmesan, den Kräutern, den gehackten Pinienkernen und dem geriebenen Brot vermischen. Die Füllung mit Salz und Pfeffer würzen. • Ein Backblech mit etwas Öl einfetten. • Den Hefeteig in zwei Portionen teilen. Jede Portion auf Mehl zu einer knapp fingerdicken, möglichst runden Platte ausrollen. • Die erste Platte auf das Backblech legen. Die Hälfte der Füllung auf die eine Seite der Teigplatte häufen, die Platte wie ein Omelett zusammenklappen und die Ränder mit einer Gabel fest zusammendrücken. • Die zweite Platte danebenlegen, füllen und zusammenklappen. • Die Pizzen mit einem Küchentuch bedeckt weitere 10 Minuten gehen lassen. • Währenddessen den Backofen auf 200° vorheizen. • Die Pizzen gleichmäßig mit Öl bestreichen. • Das Backblech in den heißen Backofen (Mitte) schieben. Die Pizzen 45 Minuten backen, bis sie leicht gebräunt sind. • Dazu paßt Bauernsalat (ohne Tofu; Rezept Seite 47).

Kartoffel-Möhren-Soufflé

Eignet sich als festliches Zwischengericht

Zutaten für 4 Personen:
300 g mehligkochende Kartoffeln · 200 g Möhren
50 g Butter · 3 Eier
150 g Sahne · 1 Bund Petersilie
Vollmeersalz · Cayennepfeffer
frisch geriebene Muskatnuß
100 g frisch geriebener Emmentaler Käse
Für die Form: je 1 Eßl. Butter und fein geriebenes Knäckebrot

Preiswert

Pro Person etwa 2100 kJ/500 kcal
16 g Eiweiß · 39 g Fett · 20 g Kohlenhydrate · 4 g Ballaststoffe

Vorbereitungszeit: 55 Minuten
Backzeit: 35 Minuten

Die Kartoffeln waschen und in wenig Wasser mit der Schale in 30 bis 40 Minuten weich kochen. • Die Möhren nur schaben und ebenfalls in wenig Wasser weich kochen. • Die geschälten Kartoffeln und die Möhren noch heiß durch die Kartoffelpresse drücken und lauwarm abkühlen lassen. • Inzwischen die Butter zerlassen. Die Eier trennen, die Eiweiße und die Sahne getrennt sehr steif schlagen. Die Petersilie waschen, trockentupfen und sehr fein hacken. • Den Backofen auf 220° vorheizen. • Eine Souffléform von etwa 1½ l Inhalt mit reichlich Butter ausstreichen und mit Knäckebrot ausstreuen. • Die zerlassene Butter und die Eigelbe nach und nach unter die Kartoffel-Möhren-Masse mischen. Die Masse mit Salz, Cayennepfeffer und Muskatnuß abschmecken. • Die Sahne und den Eischnee daraufgeben, den Käse und die Petersilie darüber streuen. Alles mit einem Schneebesen vorsichtig mischen. • Den Teig in die vorbereitete Form füllen. Die Form auf den Rost in den heißen Backofen (Mitte) stellen. Das Soufflé etwa 35 Minuten backen, bis es an der Oberfläche gebräunt ist. Währenddessen die Backofentür nicht öffnen, sonst fällt das Soufflé zusammen. • Das Soufflé sofort servieren.

Quark-Mais-Soufflé

Würzig durch viele Kräuter

Zutaten für 4 Personen:
50 g Maisgrieß (Polenta)
¼ l Milch · 100 g gemischte frische Kräuter wie Petersilie, Schnittlauch, Gartenkresse, Kerbel, Dill, Brennesseln und Löwenzahn · 4 Eier · 200 g Magerquark · Vollmeersalz frisch gemahlener weißer Pfeffer · frisch geriebene Muskatnuß · 125 g Sahne
Für die Form: je 1 Eßl. Butter und frisch geriebener Greyerzer Käse

Preiswert

Pro Person etwa 1500 kJ/360 kcal
20 g Eiweiß · 24 g Fett · 18 g Kohlenhydrate · 1 g Ballaststoffe

Vorbereitungszeit: 1¼ Stunden
Backzeit: 45 Minuten

Den Maisgrieß mit der Milch in einem Topf einmal aufkochen und zugedeckt bei schwacher Hitze in etwa 45 Minuten ausquellen lassen. Währenddessen häufig umrühren, damit nichts anbrennt. Den Topf von der Kochstelle ziehen und die Polenta lauwarm abkühlen lassen. • Die Kräuter waschen, trockentupfen und fein zerkleinern. • Den Backofen auf 175° vorheizen. • Eine Souffléform von etwa 1½ l Inhalt mit Butter fetten und mit dem Käse ausstreuen. • Die Eier trennen. • Die Eigelbe und den Quark nach und nach unter die Polenta rühren. Die Masse mit Salz, Pfeffer und Muskatnuß würzen. Die Kräuter daruntermischen. • Die Eiweiße und die Sahne getrennt steif schlagen und mit dem Schneebesen unter die Soufflémasse ziehen. Die Masse in die Form füllen. • Die Form auf den Rost in den heißen Backofen (Mitte) stellen. Das Soufflé etwa 45 Minuten backen, bis es gebräunt ist.

Auflauf mit Bulgur

Kann auch mit Vollkorngrieß oder Buchweizen zubereitet werden

Zutaten für 4 Personen:
250 g Bulgur · ⅜ l Wasser · 25 g gemischte frische Kräuter wie Schnittlauch, Dill, Borretsch, Pimpinelle, Estragon, Petersilie, ersatzweise 1 Päckchen tiefgefrorene gemischte Kräuter
4 Eier · 1 Eßl. frisch geriebener Emmentaler Käse · 4 Eßl. Sahne
Vollmeersalz · Cayennepfeffer
frisch geriebene Muskatnuß
Für die Form: Butter

Preiswert

Pro Person etwa 1600 kJ/380 kcal
16 g Eiweiß · 15 g Fett · 39 g Kohlenhydrate · 6 g Ballaststoffe

Vorbereitungszeit: 40 Minuten
Backzeit: 45 Minuten

Das Bulgur mit dem Wasser einmal aufkochen, zugedeckt bei mittlerer Hitze etwa 4 Minuten kochen und auf der abgeschalteten Kochstelle weitere 20 Minuten quellen lassen. • Den Bulgurbrei lauwarm abkühlen lassen. • Den Backofen auf 180° vorheizen. • Die Kräuter waschen, trockentupfen und fein zerkleinern. • Die Eier trennen. Die Eigelbe, den Käse, die Sahne und die Kräuter unter den Bulgurbrei mischen. Die Masse mit Salz, Cayennepfeffer und Muskatnuß abschmecken. • Die Eiweiße sehr steif schlagen und unter die Bulgurmasse ziehen. • Die Masse in einer gefetteten Auflaufform glattstreichen und auf den Rost in der heißen Backofen (Mitte) stellen. • Den Auflauf etwa 45 Minuten backen; er ist gar, wenn sich die Oberfläche nicht mehr bewegt. • Dazu paßt Tomatensauce und gemischter Blatt- oder Rohkostsalat.

Herzhafte Aufläufe mit Nudeln

Können auch mit Resten von Teigwaren zubereitet werden

Nudelauflauf mit Käse und Kräutern

im Bild links

Zutaten für 4–5 Personen:
Vollmeersalz · 300 g feine Vollkornsuppennudeln · 75 g Butter
1 Knoblauchzehe · 50 g gemischte frische Kräuter wie Petersilie, Kerbel und Brunnenkresse, ersatzweise 2 Päckchen tiefgefrorene gemischte Kräuter
3 Eier · 100 g Crème fraîche
Cayennepfeffer · frisch geriebene Muskatnuß · 150 g frisch geriebener Parmesankäse
Für die Form: Butter

Für Ungeübte

Bei 5 Personen etwa 2400 kJ/ 570 kcal · 25 g Eiweiß · 33 g Fett 40 g Kohlenhydrate · 6 g Ballaststoffe

Vorbereitungszeit: 30 Minuten
Backzeit: 45 Minuten

Reichlich Wasser mit Salz zum Kochen bringen und die Nudeln darin in etwa 4 Minuten bißfest kochen, kalt abschrecken und abtropfen lassen. Die Butter unter die noch heißen Nudeln mischen. • Den Backofen auf 200° vorheizen. Eine ofenfeste Form mit Butter fetten. • Den Knoblauch schälen und fein hacken. Die Kräuter waschen, trockentupfen und fein zerkleinern. • Die Eier trennen. Die Eigelbe, den Knoblauch, die Kräuter und die Crème fraîche unter die Nudeln mischen, mit Cayennepfeffer und Muskatnuß abschmecken. • Die Eiweiße sehr steif schlagen und auf die Nudelmasse geben. Den Käse darüberstreuen und alles vorsichtig mischen. • Die Masse in der Form glattstreichen, die Form auf den Rost in den heißen Backofen (Mitte) stellen. Den Auflauf etwa 45 Minuten backen, bis er gebräunt ist.

Nudelauflauf mit Erbsen und Safran

im Bild rechts

Zutaten für 4–5 Personen:
300 g breite Vollkornnudeln
Vollmeersalz · 1 Paket tiefgefrorene Erbsen (300 g)
1 Knoblauchzehe · 75 g Butter
1 Briefchen Safranfäden · 3 Eier
2 Eßl. frisch gehackte Petersilie
100 g Sahne · frisch gemahlener weißer Pfeffer · frisch geriebene Muskatnuß · 150 g frisch geriebener Bergkäse
Für die Form: Butter

Raffiniert

Bei 5 Personen etwa 2600 kJ/ 620 kcal · 26 g Eiweiß · 35 g Fett 48 g Kohlenhydrate · 6 g Ballaststoffe pro Person

Vorbereitungszeit: 40 Minuten
Backzeit: 45 Minuten

Die Nudeln in Salzwasser in etwa 6 Minuten bißfest garen. Die Erbsen in wenig Salzwasser 5 Minuten garen. • Den Knoblauch schälen und hacken. • Die Butter in einem Topf zerlassen. Die Safranfäden zerkrümeln, mit dem Knoblauch in die Butter geben, vom Herd nehmen und unter Umrühren ziehen lassen. • Die Nudeln abtropfen lassen, mit der Safran-Butter und den abgetropften Erbsen vermischen. • Den Backofen auf 200° vorheizen. Eine ofenfeste Form fetten. • Die Eier trennen. Die Eigelbe, die Petersilie und die Sahne unter die Nudeln mischen. Die Masse mit Pfeffer und Muskatnuß abschmecken. • Die Eiweiße steif schlagen, mit dem Käse auf die Nudelmasse geben und alles vorsichtig mischen. • Die Masse in der Form glattstreichen, die Form auf den Rost in den heißen Backofen (Mitte) stellen, und den Auflauf etwa 45 Minuten backen.

Gemüseauflauf

Wählen Sie Gemüse der Saison

Zutaten für 4 Personen:
500 g Schwarzwurzeln · 2 Eßl. Zitronensaft · Vollmeersalz
300 g Broccoli · 250 g Tofu mit Kräutern · 200 g Crème fraîche
150 ccm Sojamilch · 2 Eier
2 Eßl. frisch gehackte Petersilie
150 g frisch geriebener Raclette-Käse · frisch gemahlener schwarzer Pfeffer · 1 Eßl. Butter

Braucht etwas Zeit

Pro Person etwa 2400 kJ/570 kcal
25 g Eiweiß · 37 g Fett · 30 g Kohlenhydrate · 13 g Ballaststoffe

Vorbereitungszeit: 40 Minuten
Backzeit: 40 Minuten

Die Schwarzwurzeln schälen und jeweils sofort in kaltes Wasser mit 1 Eßlöffel Zitronensaft geben, damit sie sich nicht verfärben. • Etwa 1 l Wasser mit Salz und dem restlichen Zitronensaft zum Kochen bringen, und die Schwarzwurzeln darin etwa 15 Minuten garen. • Den Backofen auf 200° vorheizen. • Die Broccoli putzen, waschen und in Stiele und Röschen teilen. • Die Schwarzwurzeln herausnehmen, und die Broccolistiele 5 Minuten im Wasser garen, dann die Röschen dazugeben und noch einmal 2 Minuten garen. • Die Gemüse in eine ofenfeste Form geben. • Den Tofu mit der Crème fraîche im Mixer pürieren, mit der Sojamilch, den Eiern, der Petersilie und dem Käse verrühren. Die Masse mit Pfeffer und eventuell Salz abschmecken, über das Gemüse gießen und mit der in Flöckchen geteilten Butter belegen. • Die Form auf den Rost in den heißen Backofen (Mitte) stellen. Den Auflauf etwa 40 Minuten backen, bis er keine Blasen mehr bildet und oben gebräunt ist.

Steckrüben mit Brotkruste

Schmeckt auch gut mit Zwiebeln

Zutaten für 4 Personen:
1 Zwiebel · 1 Bund Petersilie
2 Eßl. Butter · 1 kg Steckrüben
1 Eßl. gemahlener Kümmel
frisch geriebene Muskatnuß
Vollmeersalz · frisch gemahlener weißer Pfeffer
200 g Crème fraîche · 250 g Sahne · 50 g frisch geriebenes, altbackenes Vollkornbrot
150 g frisch geriebener Greyerzer oder Emmentaler Käse

Preiswert

Pro Person etwa 2800 kJ/670 kcal
17 g Eiweiß · 56 g Fett · 21 g Kohlenhydrate · 9 g Ballaststoffe

Vorbereitungszeit: 30 Minuten
Backzeit: 45 Minuten

Die Zwiebel schälen und hacken. Die Petersilie waschen, trockentupfen und ebenfalls fein zerkleinern. • Die Hälfte der Butter in einem kleinen Topf zerlassen. Die Zwiebel und die Petersilie bei schwacher bis mittlerer Hitze unter Rühren darin etwa 5 Minuten anbraten, bis die Zwiebel weich ist. • Den Backofen auf 220° vorheizen. • Die Steckrüben schälen, waschen, abtrocknen, halbieren und in feine Scheibchen hobeln. • Eine ofenfeste Form mit flachem Rand schuppenförmig mit den Steckrüben auslegen. Die Rüben mit dem Kümmel, Muskatnuß, Salz und Pfeffer würzen. • Die Crème fraîche mit der Sahne verquirlen und darüber gießen. • Die Zwiebel-Petersilien-Mischung mit dem Brot und dem Käse mischen und über den Rüben verteilen. Die restliche Butter in Flöckchen teilen und darauf legen. • Die Form auf den Rost in den heißen Backofen (Mitte) stellen. Die Steckrüben etwa 45 Minuten backen, bis sie weich sind und die Oberfläche schön gebräunt ist.

Roggenpilaw mit Aprikosen

Vollwertige Getreidekost aus der türkischen Küche

Zutaten für 4 Personen:
15 getrocknete ungeschwefelte Aprikosen · 1 l Wasser · 250 g Roggenkörner · 1 Zwiebel
1 Knoblauchzehe · 1 Stück frische Ingwerwurzel, etwa 2 cm lang · 1 getrocknete rote Pfefferschote · ⅛ l kaltgepreßtes Maiskeimöl
1 Würfel Gemüsebrühe
1 Stück Schale und Saft von ½ unbehandelten Zitrone
75 g Pistazien · 2 Auberginen (etwa 400 g) · ½ Bund Petersilie · 1 Eßl. Butter

Für Ungeübte

Pro Person etwa 3100 kJ/740 kcal
13 g Eiweiß · 48 g Fett · 62 g Kohlenhydrate · 12 g Ballaststoffe

Quell- und Garzeit: 5 Stunden
Zubereitungs- einschließlich Backzeit: 1 Stunde

Die Aprikosen heiß abwaschen und in ¼ l Wasser etwa 5 Stunden einweichen. • Nach 2½ Stunden den Roggen mit dem restlichen Wasser aufkochen, zugedeckt bei schwacher Hitze 1 Stunde kochen und auf der abgeschalteten Kochstelle weitere 1½ Stunden ausquellen lassen. • Den Backofen auf 180° vorheizen. • Die Zwiebel und den Knoblauch schälen und fein hacken. Die Ingwerwurzel wie eine Kartoffel nicht zu dünn schälen und halbieren. Die Pfefferschote zwischen den Fingern aufbrechen und die scharfen Kerne entfernen. • Die Aprikosen aus dem Einweichwasser nehmen (das Wasser zum Schmoren aufbewahren) und grob zerschneiden. • 1 Eßlöffel Öl in einem Schmortopf erhitzen. • Die Zwiebel, den Knoblauch, den Ingwer und die Pfefferschote darin bei mittlerer Hitze anbraten, bis die Zwiebel glasig ist. • Den Roggen mit der Flüssigkeit, die noch nicht aufgesogen ist, hinzufügen. Die Aprikosen ebenfalls mit ihrem Einweichwasser, den Würfel Gemüsebrühe, etwas dünn abgeschnittene Zitronenschale, den Zitronensaft und die Hälfte der Pistazien daruntermischen.
• Alles einmal aufkochen, in den heißen Backofen (unten) stellen und 30 Minuten zugedeckt garen. • Inzwischen die Auberginen waschen und abtrocknen, von den Stielansätzen befreien und in etwa fingerdicke Scheiben schneiden. • Das restliche Öl nach und nach in einer Pfanne erhitzen. Die Auberginenscheiben bei schwacher Hitze darin portionsweise auf beiden Seiten braun braten. Wenn alle Scheiben gebraten sind, die Auberginen zum Pilaw in den Backofen schieben, damit sie beim Servieren heiß sind.
• Die Petersilie waschen, trockentupfen und fein hacken.
• Den Ingwer und die Zitronenschale aus dem Pilaw nehmen. Die Butter mit einer Gabel unter den Pilaw ziehen. • Den Pilaw mit der Petersilie bestreuen und in eine vorgewärmte Schüssel füllen. Die gebratenen Auberginen auf dem Pilaw anrichten.

Mein Tip: Sie können den Pilaw auch mit Lamm oder Huhn zubereiten. Wenn Sie die preiswerte Lammschulter verwenden, wird sie in etwa gulaschgroße Würfel geschnitten und zuerst mit Zwiebel, Knoblauch, Ingwer, Pfefferschote und dem Einweichwasser der Aprikosen 1 Stunde geschmort. Dann den Roggen und die Aprikosen hinzufügen und den Pilaw wie oben beschrieben fertigstellen. Das zarte Lammfleisch aus der Keule oder Hühnerkeulen brauchen zum Schmoren ebenfalls nur etwa 30 Minuten, können also gleich mit allen anderen Zutaten gegart werden. Benötigte Mengen: 400 g Lammfleisch (ohne Fett und Knochen) oder 4 Hühnerkeulen, 150 g Roggenkörner und 700 ccm Wasser.

Überbackene Bohnen

Schmeckt auch lauwarm als Vorspeise oder Imbiß

Zutaten für 4 Personen:
400 g rote Bohnen · 1 l Wasser
3 Zwiebeln · 2 Gewürznelken
1 Lorbeerblatt · 1 Zweig frischer Rosmarin · 500 g vollreife Tomaten · 1 Knoblauchzehe
1 Bund Bohnenkraut
2 Eßl. kaltgepreßtes Olivenöl
2–3 getrocknete rote Pfefferschoten · Vollmeersalz
100 g frisch geriebenes Knäckebrot · 50 g Butter

Für Ungeübte

Pro Person etwa 2600 kJ/620 kcal
27 g Eiweiß · 20 g Fett · 84 g Kohlenhydrate · 27 g Ballaststoffe

Quellzeit: 8 Stunden
Vorbereitungs- einschließlich Garzeit: 50 Minuten
Backzeit: 1½ Stunden

Die Bohnen in dem Wasser etwa 8 Stunden einweichen. • 1 geschälte, halbierte Zwiebel, die Gewürznelken, das Lorbeerblatt und den gewaschenen Rosmarin dazugeben. Die Bohnen zugedeckt bei schwacher Hitze 30 Minuten garen. • Inzwischen die Tomaten mit kochendem Wasser überbrühen, häuten und würfeln, die Stielansätze entfernen. Die restlichen Zwiebeln und den Knoblauch schälen und hacken. Das Bohnenkraut waschen und zerkleinern. • Den Backofen auf 175° vorheizen. • Das Öl in einem Schmortopf erhitzen. Die Zwiebeln darin glasig braten. Den Knoblauch, das Bohnenkraut und die Tomaten hinzufügen und mitbraten, bis sich Flüssigkeit bildet. • Die Bohnen mit der Kochflüssigkeit hinzugießen (die Zwiebel und das Lorbeerblatt vorher entfernen). Den Bratfond unter Rühren ablösen. • Die Pfefferschoten von einem Teil der scharfen Kerne befreien und dazugeben. Die Bohnen mit Salz würzen. • Das Brot mit der Butter wie zu Streuseln verkneten und über den Bohnen verteilen. • Den Topf auf den Rost in den heißen Backofen (unten) stellen. Die Bohnen etwa 1½ Stunden garen.

Hauptgerichte und Beilagen

Kerniges Bulgur, kombiniert mit sahnigem Schichtkäse und würziger Minze, eingehüllt in zarten Chinakohl – das ist nur eines der köstlichen Gerichte, die Ihnen dieses Kapitel vorstellt (Rezept Seite 137). Sie können wählen zwischen rein vegetarischen Mahlzeiten und solchen, die mit Fisch oder Fleisch ergänzt sind. Lassen Sie sich Bekanntes schmecken, das vollwertig zubereitet wird: Frikadellen mit Schrot, Linsen oder Reis, Eierkuchen mit Hirse und Löwenzahn, Kartoffelgemüse und Leipziger Allerlei, Ravioli mit scharfem Auberginengemüse und zarten Spargel mit Eierschmarren. Oder kosten Sie Ungewöhnliches: Bananengemüse und Couscous, sanft geschmortes Getreide mit würzigem Seetang, fein gefüllte Reisrollen und knusprige Fladenbrote, roten Reis oder Azukibohnen. Vollwertküche für jeden Tag, für Feste und für Gäste, leichte Kost und raffinierte Schlemmereien – all das ist geboten. Lassen Sie sich die gesunden Gerichte so richtig gut schmecken!

Gemüsepäckchen mit Sauce béarnaise

Feine Vollwertküche für festliche Anlässe

Zutaten für 4 Personen:
500 g junge Zucchini, Lauch und braune Egerlinge, gemischt
1 kg Mangold (mit möglichst großen Blättern)
Vollmeersalz · frisch gemahlener weißer Pfeffer
2 Eßl. kaltgepreßtes Sonnenblumenöl · 2 Schalotten
4 weiße Pfefferkörner · 1 Bund Estragon · 1 Handvoll frischer Kerbel · 2 Eßl. trockener Weißwein · 3 Eßl. Estragon-Weinessig · 200 g Butter · 2 Eigelbe
2 Eßl. heißes Wasser · Cayennepfeffer

Raffiniert

Pro Person etwa 2400 kJ/570 kcal
10 g Eiweiß · 53 g Fett · 15 g Kohlenhydrate · 4 g Ballaststoffe

Zubereitungszeit: 1¾ Stunden

Die Zucchini waschen, abtrocknen, von den Stiel- und Blütenansätzen befreien und in etwa 5 cm lange, bleistiftdicke Stifte schneiden. Den Lauch putzen, die Stange längs halbieren, waschen, abtrocknen und mit etwa zwei Dritteln des zarten Lauchgrüns in 5 cm lange Streifen schneiden. Die Pilze putzen und blättrig schneiden. Die Mangoldstiele abschneiden, waschen, trockentupfen und in Streifen schneiden. • Die Mangoldblätter in eine Schüssel legen und mit etwa 1 l sprudelnd kochendem Wasser übergießen. Das Wasser sofort wieder abgießen (für eine Suppe verwenden), die Blätter abtropfen lassen, nebeneinander auf der Arbeitsfläche ausbreiten und mit Salz und Pfeffer bestreuen. Die Menge der Blätter reicht für 20 bis 24 Päckchen; kleinere Blätter werden an den Rändern so übereinandergelegt, daß sie eine ausreichend große Fläche zum Füllen ergeben. • Alle vorbereiteten Gemüse außer den Mangoldstielen auf den Blättern verteilen und diese wie zu einem Päckchen zusammenfalten. • Das Öl in einem weiten Topf erhitzen. Die Mangoldpäckchen nebeneinander hineinlegen, die Stiele hinzufügen und alles zugedeckt bei schwacher Hitze 25 Minuten schmoren. • Inzwischen für die Sauce béarnaise die Schalotten schälen und sehr fein hacken. Die Pfefferkörner mit einer Messerklinge zerdrücken. Den Estragon und den Kerbel waschen und trockenschwenken. Die Blättchen abzupfen und beiseite legen; sie werden zum Schluß unter die Sauce béarnaise gemischt. Die Stiele der Kräuter grob hacken. • Den Weißwein mit dem Essig, den Schalotten, den Pfefferkörnern und den Kräuterstielen in einen Topf geben und zum Kochen bringen. Den Sud unter Rühren bei mittlerer Hitze einkochen lassen, bis nur noch etwa 1 Eßlöffel Flüssigkeit übrig ist. • Den Sud durch ein kleines Sieb – am besten ein Teesieb – gießen. Die Schalotten und die Kräuter ausdrücken und wegwerfen. Den Sud warm halten. • Die Butter bei schwacher Hitze zerlassen, aber nicht bräunen, und ebenfalls warm halten. • Die Eigelbe mit dem heißen Wasser über dem warmen Wasserbad zu einer dicken, schaumigen Creme aufschlagen. • Die Butter unter ständigem Schlagen zuerst teelöffelweise, dann in dünnem Strahl unter die Eigelbcreme mischen. Die Butter darf dabei nur warm, nicht heiß sein, sonst gerinnt die Creme. • Den warmen Kräutersud teelöffelweise unter die Creme schlagen. Die Kräuterblättchen fein hacken und untermischen. Die Sauce béarnaise mit Salz und Cayennepfeffer abschmecken. • Die Gemüsepäckchen auf vorgewärmten Tellern anrichten und mit etwas Sauce béarnaise umgießen. Die restliche Sauce gesondert dazu reichen. • Dazu passen Pellkartoffeln oder Reis.

Gefüllte Reisrollen mit Tomatensauce

Vollwertkost ohne tierisches Eiweiß, der asiatischen Küche nachempfunden

Zutaten für 2–3 Personen:
100 g Natur-Rundkornreis
200 ccm Gemüsebrühe
2 Frühlingszwiebeln · 1 Möhre (etwa 150 g) · 1 kleine Fenchelknolle (etwa 250 g) · 1 Bund Petersilie · 1 Eßl. Butter · frisch gemahlener schwarzer Pfeffer
24 Blätter Reispapier (Durchmesser etwa 16 cm) · 1 kg vollreife Tomaten · 1 große Zwiebel
2 Knoblauchzehen · 1 frische grüne Pfefferschote · 3 Zweige frischer Thymian · 2 Eßl. kaltgepreßtes Olivenöl · Vollmeersalz · 1 Prise Zuckerrohrgranulat

Braucht etwas Zeit
Raffiniert

Bei 3 Personen etwa 1500 kJ/ 360 kcal · 11 g Eiweiß · 17 g Fett 55 g Kohlenhydrate · 10 g Ballaststoffe pro Person

Zubereitungszeit: 1¾ Stunden

Den Reis mit der Gemüsebrühe einmal aufkochen und zugedeckt bei schwacher Hitze in etwa 45 Minuten ausquellen lassen. • Inzwischen die Frühlingszwiebeln putzen, waschen und in feine Ringe schneiden. Die Möhre schälen, waschen und klein würfeln. Das Fenchelgrün abschneiden, waschen und hacken. Die Fenchelknolle halbieren, kalt abspülen, den Strunk keilförmig herausschneiden und den Fenchel in feine Streifen schneiden. Die Petersilie waschen, trockenschwenken und sehr fein hacken. • Die Butter in einem Topf erhitzen. Alle Gemüse hinzufügen und bei mittlerer Hitze unter ständigem Wenden etwa 3 Minuten anbraten. • Die Gemüse, das Fenchelgrün und die Petersilie unter den gegarten Reis mischen und mit Pfeffer würzen. • 4 Küchentücher in kaltes Wasser tauchen und auswringen. 2 der Tücher nebeneinander auf der Arbeitsfläche ausbreiten. Jeweils 2 Reispapierblätter übereinandergelegt auf die Tücher geben und mit den beiden anderen feuchten Tüchern abdecken. Die Blätter in etwa 15 Minuten geschmeidig werden lassen. • Währenddessen die Tomaten mit kochendem Wasser überbrühen, häuten und grob zerkleinern, die Stielansätze dabei entfernen. Die Zwiebel und den Knoblauch schälen und fein hacken. Die Pfefferschote längs halbieren, Rippen und alle Kerne entfernen, die Schotenhälften kalt abspülen und in feine Streifen schneiden. Den Thymian waschen, die Blättchen von den Stielen streifen. • Das Öl in einer Pfanne erhitzen. Die Zwiebel, den Knoblauch, die Pfefferschote und den Thymian darin bei mittlerer Hitze anbraten. • Die Tomaten hinzufügen und bei mittlerer Hitze unter Wenden etwa 10 Minuten schmoren, bis die Flüssigkeit wieder verdampft ist und die Tomaten zerfallen sind. • Inzwischen die Reis-Gemüse-Füllung auf den Reispapierblättern verteilen: Die Füllung jeweils in die Mitte der Blätter häufen und zu einem vierkantigen Block formen. Die Blätter so darüber zusammenfalten, daß kleine »Päckchen« entstehen. Damit die Päckchen zusammenhalten, die Ränder mit Wasser bestreichen und festkleben. • In einem Topf mit Siebeinsatz etwa fingerhoch Wasser zum Kochen bringen. • Die Reisrollen auf den Siebeinsatz legen und zugedeckt bei schwacher Hitze 5 Minuten dämpfen. • Die Tomatensauce mit Salz und dem Zuckerrohrgranulat abschmecken und auf Teller verteilen. Die Reisrollen darauf anrichten.

Mein Tip: Reispapierblätter gibt es in asiatischen Lebensmittelgeschäften. Ersatzweise nehmen Sie blanchierte Kohl- oder Mangoldblätter.

Pellkartoffeln mit Frühlingssauce

Schmeckt auch mit jungen roten Beten

Zutaten für 4 Personen:
1 kg kleine neue Kartoffeln
1 Bund Petersilie · 1 großes
Stück Schale und etwas Saft
von ¼ unbehandelten Zitrone
2 Knoblauchzehen · 50 g
weiche Butter · 40 g Weizen-
vollkornmehl · ¼ l Gemüse-
brühe · 200 g Sahne · Vollmeer-
salz · Cayennepfeffer · frisch
gemahlener weißer Pfeffer
1 Möhre (etwa 150 g)

Für Ungeübte

Pro Person etwa 2100 kJ/500 kcal
9 g Eiweiß · 27 g Fett · 54 g
Kohlenhydrate · 7 g Ballaststoffe

Zubereitungszeit: 30 Minuten

Die Kartoffeln unter fließendem Wasser gründlich bürsten und in wenig Wasser zugedeckt mit der Schale garen. Das dauert etwa 30 Minuten. • Inzwischen die Petersilie waschen, trockentupfen und fein zerkleinern. Die Zitronenschale hauchdünn abschneiden und sehr fein hacken. Den Knoblauch schälen und ebenfalls fein hacken. • Die Petersilie mit der Zitronenschale, einigen Tropfen Zitronensaft und dem Knoblauch vermischen. Die Hälfte davon mit der Butter und dem Mehl verkneten. • Die Gemüsebrühe mit der Sahne einmal aufkochen. Die gewürzte Butter-Mehl-Mischung in Stücke teilen und nach und nach mit dem Schneebesen in die kochende Flüssigkeit rühren. Die Sauce mit Salz, Cayennepfeffer und Pfeffer abschmecken und zugedeckt warm halten. • Die Möhre schälen und raspeln. • Die Kartoffeln abgießen, etwas ausdämpfen lassen, auf vorgewärmte Teller verteilen und halbieren. Die Sauce, die restliche Petersilien-Zitronen-Mischung und zum Schluß die geraspelte Möhre darübergeben.

Gemischte Kartoffelpfanne

Schnelle Vollwertküche

Zutaten für 2 Personen:
1 Zwiebel · 400 g kleine neue
Kartoffeln · 5 frische Salbei-
blättchen · 3 Eßl. kaltgepreßtes
Olivenöl · je 1 grüne, gelbe und
rote Paprikaschote (etwa 500 g)
150 g Austernpilze oder braune
Egerlinge · Vollmeersalz
frisch gemahlener schwarzer
Pfeffer · 150 g Joghurt · 2 Eßl.
Crème fraîche · 1 Eßl. Schnitt-
lauchröllchen · 1 Prise Kreuz-
kümmel (Kumin)

Für Ungeübte

Pro Person etwa 2300 kJ/550 kcal
13 g Eiweiß · 32 g Fett · 53 g
Kohlenhydrate · 9 g Ballaststoffe

Zubereitungszeit: 35 Minuten

Die Zwiebel schälen und in Ringe schneiden. Die Kartoffeln gründlich unter fließendem Wasser bürsten, abtrocknen und würfeln. Den Salbei waschen, trockentupfen und in Streifen schneiden. • Das Öl in einer Pfanne erhitzen. Die Zwiebel, die Kartoffeln und den Salbei darin bei mittlerer Hitze unter Wenden etwa 3 Minuten anbraten und zugedeckt bei schwacher Hitze 10 Minuten garen. • Inzwischen die Paprikaschoten waschen, abtrocknen, achteln, die Rippen und Kerne entfernen. Die Pilze putzen und gegebenenfalls kurz waschen. • Beide Zutaten zu den Kartoffeln geben und alles bei starker bis mittlerer Hitze unter ständigem Wenden weitere 5 Minuten rösten. Die Kartoffeln mit Salz und Pfeffer würzen. • Den Joghurt und die Crème fraîche mit dem Schneebesen schaumig schlagen, mit dem Schnittlauch und dem Kreuzkümmel mischen und mit Pfeffer abschmecken. Die Sauce zu der Kartoffelpfanne servieren.

Kartoffelnocken mit Kressesauce

Reich an hochwertigem Eiweiß

Zutaten für 4 Personen:
500 g mehligkochende Kartoffeln · 150 g Weizenvollkornmehl · 50 g feiner Roggenschrot · 1 Ei · 1 Eigelb
Vollmeersalz · frisch gemahlener weißer Pfeffer
frisch geriebene Muskatnuß
1 Eßl. zerlassene Butter
⅛ l Gemüsebrühe · 250 g Sahne · 1 Eßl. eiskalte Butter
2 Kästchen Gartenkresse

Raffiniert

Pro Person etwa 2330 kJ/550 kcal
13 g Eiweiß · 30 g Fett · 53 g Kohlenhydrate · 7 g Ballaststoffe

Zubereitungszeit: 1½ Stunden

Die Kartoffeln waschen und mit wenig Wasser in der Schale in 30 bis 40 Minuten weich kochen. Die Kartoffeln schälen und heiß durch die Kartoffelpresse drücken. • Die etwas abgekühlte Masse mit dem Mehl, dem Roggenschrot, dem Ei, dem Eigelb, Salz, je 1 kräftige Prise Pfeffer und Muskat zu einem nicht zu festen, formbaren Teig verkneten. • Den Teig mit zwei in kaltes Wasser getauchten Teelöffeln zu Klößchen von etwa 1½ cm Durchmesser abstechen und in reichlich kochendem Salzwasser garen, bis sie an die Oberfläche steigen. • Die Kartoffelnocken herausnehmen, abtropfen lassen, auf vorgewärmte Teller legen und mit der zerlassenen Butter bestreichen. Die Nocken warm halten. • Für die Sauce die Gemüsebrühe in einen Topf gießen und bei starker Hitze unter ständigem Rühren um etwa zwei Drittel einkochen lassen. • Die Sahne nach und nach dazugießen und ebenfalls einkochen lassen. Die kalte Butter in Stücke teilen und mit einem Schneebesen unter die Sauce schlagen. Den Topf von der Kochstelle nehmen. • Die Hälfte der Kresse mit einer Küchenschere abschneiden und über die Kartoffelnocken verteilen, die restliche Kresse in die Sauce geben. • Die Sauce über die Nocken gießen.

Weißkohlrouladen mit Brotfüllung

Schmeckt auch mit Wirsing oder Rotkohl

Zutaten für 4 Personen:
150 g altbackenes Vollkornbrot
⅛ l heiße Milch · 1 frische grüne Pfefferschote · 1 vollreife Fleischtomate (etwa 250 g)
2 Zwiebeln · 1 Knoblauchzehe
2 Bund Petersilie · 1 großes Stück unbehandelte Zitronenschale · 1 Eßl. Zitronensaft
2 Eßl. Kapern · 1 kleines Ei
Vollmeersalz · frisch gemahlener weißer Pfeffer
frisch geriebene Muskatnuß
eventuell 50 g frisch geriebenes, altbackenes Vollkornbrot · 1 Weißkohl (etwa 1 kg) · 2 Eßl. kaltgepreßtes Maiskeimöl
⅛ l Gemüsebrühe · 200 g Crème fraîche · 2 Eßl. fein geschnittenes Fenchelgrün oder Schnittlauchröllchen

Braucht etwas Zeit

Pro Person etwa 1900 kJ/450 kcal
13 g Eiweiß · 26 g Fett · 42 g Kohlenhydrate · 11 g Ballaststoffe

Zubereitungszeit: 1½ Stunden

Das Vollkornbrot in Stücke brechen, in eine Schüssel geben, mit der Milch übergießen und etwa 30 Minuten stehenlassen, bis es sich ganz vollgesogen hat. Die Milch muß unbedingt heiß sein, damit sich das Brot rasch mit der Flüssigkeit verbindet. • Währenddessen die Pfefferschote längs halbieren, von den Rippen und Kernen befreien, kalt abspülen, trockentupfen und fein hacken. Die Tomate mit kochendem Wasser überbrühen, häuten und klein würfeln, dabei den Stielansatz herausschneiden. Die Zwiebeln und die Knoblauchzehe schälen und fein hacken. Die Petersilie waschen, trockentupfen und hacken. Die Zitronenschale in feine Streifen schneiden. • Das eingeweichte Brot mit einer Gabel zerpflükken, mit der Pfefferschote, der Tomate, den Zwiebeln, dem Knoblauch, der Petersilie, der Zitronenschale, dem Saft, den Kapern und dem Ei vermischen, mit Salz, Pfeffer und Muskat würzen. Die Masse soll etwa die Konsistenz wie für Frikadellen haben; wenn sie zu weich ist, das geriebene Brot daruntermischen. • Reichlich Wasser mit Salz zum Blanchieren des Weißkohls zum Kochen bringen. • Den Weißkohl putzen, die welken äußeren Blätter entfernen und den Strunk mit einem spitzen Messer so gut wie möglich herausschneiden. • Den Weißkohl in das sprudelnd kochende Wasser legen und 5 bis 6 Minuten kochen lassen, bis die äußeren Blätter so weich sind, daß man sie ablösen und leicht aufrollen kann. • Den Weißkohl herausnehmen und 12 Blätter ablösen. • Den ganzen Weißkohlkopf für das Gemüse beiseite legen. • Die dicken Rippen der abgelösten Kohlblätter flach schneiden. Die 6 größeren Blätter nebeneinander auf der Arbeitsfläche ausbreiten und die restlichen Kohlblätter darauf legen. Die Brotfüllung darauf verteilen, die Blätter an den Seiten einschlagen, wie Rouladen aufrollen und mit Küchengarn umbinden. • Das Öl in einem Schmortopf erhitzen. Die Kohlrouladen darin bei mittlerer Hitze rundherum anbraten. Die Gemüsebrühe dazugießen. • Die Rouladen zugedeckt bei schwacher Hitze 20 Minuten schmoren. • Inzwischen den Kohlkopf vierteln und den Strunk vollkommen herausschneiden. Den Kohl in Streifen schneiden, mit der Crème fraîche in einem Topf einmal aufkochen und zugedeckt bei schwacher Hitze 5 Minuten garen. • Das Kohlgemüse mit dem Fenchelgrün oder dem Schnittlauch mischen, mit Salz und Pfeffer abschmecken und zu den Rouladen servieren.

Kohlrouladen mit Bulgur

Fein gewürzt mit Pfefferminze

Zutaten für 6 Personen:
4 Eßl. kaltgepreßtes Maiskeimöl · 100 g Bulgur · ½ l Gemüsebrühe · Vollmeersalz · 1 Chinakohl (etwa 1 kg) · 600 g vollreife Tomaten · 1 Zwiebel · 1 Knoblauchzehe · 15 Blättchen frische Pfefferminze · 150 g Schichtkäse · 1 Ei · frisch gemahlener schwarzer Pfeffer · 200 g Crème fraîche

Braucht etwas Zeit

Pro Person etwa 1400 kJ/330 kcal
10 g Eiweiß · 23 g Fett · 19 g Kohlenhydrate · 4 g Ballaststoffe

Vorbereitungszeit: 1¼ Stunden
Garzeit: 30 Minuten
Fertigstellung: 10 Minuten

Einen Eßlöffel Öl erhitzen und das Bulgur darin unter Rühren anrösten. • Etwa ein Drittel der Gemüsebrühe hinzugießen, einmal aufkochen, und das Bulgur zugedeckt bei schwacher Hitze 5 Minuten kochen und weitere 15 Minuten auf der abgeschalteten Kochplatte quellen lassen. • Inzwischen reichlich Wasser mit Salz zum Blanchieren des Chinakohls zum Kochen bringen.
• Den Chinakohl putzen, die welken äußeren Blätter entfernen. 12 schöne, große Blätter vorsichtig ablösen, die dicken Rippen glattschneiden, die Blätter in das sprudelnd kochende Wasser legen und 2 bis 3 Minuten kochen lassen, bis sie so weich sind, daß man sie aufrollen kann. • Den restlichen Chinakohl dann in das kochende Wasser geben und weitere 3 Minuten garen. Den Kohl herausnehmen, abtropfen lassen und ganz fein zerkleinern.
• Die 6 größeren blanchierten Blätter nebeneinander auf der Arbeitsfläche ausbreiten und die restlichen Kohlblätter darauf legen. • Die Tomaten mit kochendem Wasser überbrühen, häuten und klein würfeln. Dabei die Stielansätze und die Kerne entfernen. • Die Zwiebel und den Knoblauch schälen und fein hacken. Die Pfefferminze waschen und trockenschwenken. Die Hälfte davon für die Füllung der Kohlrouladen fein hacken. Die restlichen Blättchen zum Bestreuen der fertigen Kohlrouladen beiseite legen. • Den Schichtkäse mit einer Gabel fein zerdrücken.
• Das Bulgur mit dem zerkleinerten Chinakohl, etwa einem Drittel der gewürfelten Tomaten, mit der Zwiebel, der Pfefferminze, dem Knoblauch, dem Schichtkäse und dem Ei mischen. Die Masse mit Salz und Pfeffer pikant abschmecken.
• Die Bulgurfüllung auf den Kohlblättern verteilen, die Blätter an den Seiten einschlagen, wie Rouladen aufrollen und mit Küchengarn umbinden. • Das restliche Öl in einem Schmortopf erhitzen und die Kohlrouladen darin bei mittlerer Hitze rundherum anbraten. • Die restliche Gemüsebrühe und die übrigen Tomaten dazugeben.
• Die Kohlrouladen zugedeckt bei schwacher Hitze etwa 30 Minuten schmoren. • Die Rouladen auf einer vorgewärmten tiefen Platte anrichten (das Küchengarn vorher entfernen) und warm halten. • Die Crème fraîche in die Schmorflüssigkeit rühren und die Sauce bei starker Hitze nach Wunsch cremig einkochen lassen. • Die restlichen Pfefferminzblättchen fein hacken, die Kohlrouladen damit bestreuen, mit der Sauce umgießen und sofort servieren.
• Dazu passen Pellkartoffeln.

Lauch mit Käse und Nüssen

Schmeckt auch mit Kohlrabi

Zutaten für 3 Personen:
150 g Natur-Langkornreis
350 ccm Gemüsebrühe
500 g Lauch · 1 Zweig frischer Estragon · 1 Eßl. kaltgepreßtes Maiskeimöl · 2 Eßl. Zitronensaft
Vollmeersalz · frisch gemahlener weißer Pfeffer
125 g Sahne · 100 g Walnußkerne · 1 Bund Schnittlauch
100 g frisch geriebener Emmentaler Käse

Preiswert

Pro Person etwa 2670 kJ/630 kcal
22 g Eiweiß · 51 g Fett · 40 g Kohlenhydrate · 5 g Ballaststoffe

Zubereitungszeit: 45 Minuten

Den Reis mit 300 ccm Gemüsebrühe aufkochen und zugedeckt bei schwacher Hitze in etwa 45 Minuten ausquellen lassen. • Inzwischen den Lauch putzen, waschen und mit etwa zwei Dritteln des Lauchgrüns in fingerdicke Stücke schneiden. Den Estragon waschen, trockentupfen, die Blättchen abzupfen. • Das Öl in einem weiten Topf erhitzen. Den Lauch und die Estragonblättchen hinzufügen und bei mittlerer Hitze unter Rühren etwa 2 Minuten anbraten. • Den Lauch mit dem Zitronensaft, Salz und 1 kräftigen Prise Pfeffer würzen. • Den Rest der Gemüsebrühe und die Sahne hinzugießen, einmal aufkochen und das Gemüse zugedeckt bei schwacher Hitze etwa 5 Minuten garen. • Die Walnußkerne auf ein Brett geben und grob hacken. • Den Schnittlauch kalt abspülen, trockentupfen, in feine Röllchen schneiden und unter den gegarten Reis mischen. • Die Nüsse und den Käse unter das Lauchgemüse mischen. • Dazu paßt Tomatensalat.

Wirsing und Kartoffeln mit Mandelsauce

Leichte Frühlingsküche

Zutaten für 4 Personen:
750 g kleine neue Kartoffeln
Vollmeersalz · 1 Wirsingkohl (etwa 1 kg) · 2 Eßl. kaltgepreßtes Maiskeimöl
¼ l Gemüsebrühe · 125 g Sahne · 30 g frisch gemahlene Mandeln · 1 Teel. Zitronensaft
frisch gemahlener weißer Pfeffer · 1 Eßl. Butter

Für Ungeübte • Raffiniert

Pro Person etwa 1900 kJ/450 kcal
12 g Eiweiß · 27 g Fett · 42 g Kohlenhydrate · 12 g Ballaststoffe

Zubereitungszeit: 30 Minuten

Die Kartoffeln unter fließendem Wasser bürsten und in wenig Salzwasser etwa 30 Minuten garen. • Inzwischen den Wirsing putzen und achteln. Den Strunk keilförmig herausschneiden, die Wirsingachtel waschen und abtropfen lassen. • Das Öl in einem weiten Topf erhitzen. Die Wirsingstücke nebeneinander hineinlegen und bei schwacher Hitze etwa 3 Minuten anbraten, dann wenden. • Die Hälfte der Gemüsebrühe hinzugießen, einmal aufkochen, und den Wirsing zugedeckt bei schwacher Hitze in etwa 10 Minuten bißfest garen. • Für die Sauce 2 Eßlöffel Sahne mit den Mandeln mischen. Die restliche Sahne steif schlagen. • Den Rest der Gemüsebrühe einmal aufkochen, die Mandelsahne daruntermischen. Den Zitronensaft, Salz und 1 kräftige Prise Pfeffer hinzufügen. Die Butter in kleine Stücke teilen und nach und nach mit einem Schneebesen in die Sauce schlagen. Den Topf von der Kochstelle nehmen. Die geschlagene Sahne unter die Sauce ziehen. • Die Kartoffeln abgießen und ungeschält mit dem Wirsing auf vorgewärmten Tellern anrichten. Den Wirsing mit der Sauce überziehen.

Spargel mit Parmesansahne und Eierschmarren

Schmeckt im Winter auch mit Schwarzwurzeln

Zutaten für 4 Personen:
3/8 l Milch · 250 g Sahne · 150 g Weizenvollkornmehl · Vollmeersalz · 4 Eier · 50 g Butter
2 kg grüner Spargel · 1 Prise Zuckerrohrgranulat · 100 g frisch geriebener Parmesankäse
frisch gemahlener weißer Pfeffer · 1 Eßl. frisch gehackter Kerbel
Zum Backen: kaltgepreßtes Sonnenblumenöl

Raffiniert

Pro Person etwa 3700 kJ/880 kcal
36 g Eiweiß · 59 g Fett · 49 g Kohlenhydrate · 23 g Ballaststoffe

Zubereitungszeit: 1 Stunde

Für den Schmarren die Milch und 3 Eßlöffel Sahne in eine Schüssel geben. Das Mehl darüber sieben, 1 Prise Salz dazugeben und alles mischen. Die Eier darunterrühren. 2 Eßlöffel Butter zerlassen, in dünnem Strahl dazugießen und kräftig daruntermischen. • Eine Pfanne erhitzen und mit etwas Butter auspinseln. • Etwa ein Viertel des Teiges in die Pfanne geben, wie einen Eierkuchen zugedeckt an der Unterseite backen, wenden und offen fertigbakken. Den Eierkuchen mit zwei Gabeln zerreißen und noch einige Sekunden rösten. Den Schmarren herausnehmen und warm halten. Den restlichen Teig ebenso verarbeiten. • Die Spargelstangen nur von eventuell holzigen Stellen befreien und waschen. • Einen großen Topf zu drei Viertel mit Wasser füllen. Das Zuckerrohrgranulat und 1 Prise Salz zugeben. Das Wasser zum Kochen bringen, den Spargel darin bei mittlerer Hitze in 8 bis 10 Minuten bißfest kochen. • Währenddessen die restliche Butter und die übrige Sahne in einen Topf geben und einmal aufkochen. Den Käse darin unter Rühren auflösen. Die Sauce mit Pfeffer würzen. Den Kerbel daruntermischen. • Den Spargel auf einer vorgewärmten Platte anrichten, mit der Sauce überziehen, und zum Eierschmarren servieren.

Gemüseplatte mit Tofuklößchen

Reich an pflanzlichem Eiweiß, Vitaminen und Ballaststoffen

Zutaten für 4 Personen:
1 kleine Zwiebel · 1 Knoblauchzehe · 250 g Tofu · 1 Ei
20 g Roggenvollkornmehl
2 Eßl. Sonnenblumenkerne
je ½ Teel. Gelbwurz (Kurkuma) und Kreuzkümmel (Kumin)
je 1 Messerspitze Koriander- und Ingwerpulver · Cayennepfeffer · Vollmeersalz
1,5 kg gemischte Gemüse der Saison wie Broccoli, Blumenkohl, Rosenkohl, Weißkohl, weiße Rübchen, Kohlrabi und Möhren · 300 g Wurzel- oder Blattspinat · 3 Eßl. Butter
¼ l Sojamilch · 1 Briefchen Safranfäden · 1 Eßl. frisch gehackte Petersilie · 2 Eßl. Sojasauce · 1 Eßl. Zitronensaft

Braucht etwas Zeit

Pro Person etwa 1700 kJ/400 kcal
22 g Eiweiß · 21 g Fett · 34 g Kohlenhydrate · 15 g Ballaststoffe

Zubereitungszeit: 1 Stunde

Die Zwiebel und den Knoblauch schälen und fein hakken. • Den Tofu abtropfen lassen, mit einer Gabel fein zerdrücken und mit der Zwiebel, dem Knoblauch, dem Ei, dem Roggenmehl, den Sonnenblumenkernen, den Gewürzen und Salz zu einem Teig mischen. Mit den Händen gründlich durchkneten und zu walnußgroßen Bällchen formen. • Die geputzten Gemüse zerkleinern: Die Broccoli in Röschen und Stiele, den Blumenkohl in Röschen teilen, die Rosenkohlröschen halbieren. Den Weißkohl in etwa 4 cm breite Streifen schneiden, die weißen Rübchen, den Kohlrabi und die Möhren in etwa bleistiftdicke Stifte schneiden. Den Spinat verlesen, von eventuell harten Stielen befreien, mehrmals gründlich waschen und abtropfen lassen. • 2 Eßlöffel Butter in einem Schmortopf erhitzen. Alle Gemüse bis auf den Spinat hinzugeben und zugedeckt bei schwacher bis mittlerer Hitze zugedeckt in etwa 20 Minuten bißfest garen. • Inzwischen die Sojamilch einmal aufkochen. Den Safran zwischen den Fingern zerreiben und hinzugeben. • Die Tofuklößchen in die Sojamilch legen und zugedeckt bei schwacher Hitze 10 Minuten garen, dabei einmal vorsichtig wenden. • Die restliche Butter in einem Topf zerlassen, den Spinat dazugeben und zugedeckt in der Butter nur zusammenfallen lassen. • Den Spinat in die Mitte einer vorgewärmten Platte häufen. Die anderen Gemüse um den Spinat anrichten, die Tofuklößchen darauf legen und mit der Petersilie bestreuen. • Die Sojamilch mit der Sojasauce und dem Zitronensaft abschmecken. Die Sauce gesondert dazu servieren.

Info zur Vollwertkost: Richten Sie sich beim Gemüse wirklich nach dem jeweiligen Marktangebot, damit die Nährstoffe stimmen und die Belastung an Schadstoffen möglichst gering bleibt (Treibhausgemüse wird mit Dünge- und Pflanzenschutzmitteln behandelt!). Die im Rezept genannten Gemüse schmecken im Herbst. Eine gute Kombination im Frühjahr sind: Spargel, Erbsen, Lauch, Möhren und Zucchini. Im Sommer nehmen Sie Tomaten, Auberginen und Paprikaschoten, im Winter Weißkohl, Grünkohl, Rosenkohl und Möhren. Wenn Sie keine Zeit haben, vorweg etwas Frisches zu servieren, sollten Sie einen Teil der Gemüse als Rohkost oder den Spinat als Salat zubereiten. Denn in der Vollwertkost wird ja immer Rohes mit Gegartem kombiniert.

Tofuklößchen in Senfsauce mit Kartoffelschnee

Festliche Vollwertküche

Zutaten für 4 Personen:
1 Schalotte · 250 g Tofu · 1 Eßl.
Sojasauce · 3 Teel. scharfer Senf
2 Eßl. Kapern · 1 Ei · 20 g
Weizenvollkornmehl · 2 Eßl.
fein geriebenes Knäckebrot
700 g mehligkochende
Kartoffeln · 200 ccm Gemüse-
brühe · 2 Eigelbe · 1 Eßl.
Zitronensaft · frisch gemahlener
weißer Pfeffer · 40 g Butter
30 g Senfsprossen · ⅛ l Milch
1 Bund Petersilie

Raffiniert

Pro Person etwa 1600 kJ/380 kcal
14 g Eiweiß · 17 g Fett · 40 g
Kohlenhydrate · 5 g Ballaststoffe

Keimzeit der Sprossen: 4 Tage
Zubereitungszeit: 1 Stunde

Die Schalotte schälen und fein hacken. Den Tofu abtropfen lassen und mit einer Gabel sehr fein zerdrücken. • Den Tofu mit der Schalotte, der Sojasauce, 1 Teelöffel Senf, den Kapern, dem Ei, dem Mehl und den Brotbröseln zu einem Teig verkneten. Den Teig mit den Händen sehr gut durchkneten, etwa walnußgroße Bällchen daraus formen und zugedeckt beiseite stellen. • Die Kartoffeln schälen, waschen, würfeln und mit 5 Eßlöffeln Gemüsebrühe in einen Topf geben. • Die Kartoffeln zum Kochen bringen und zugedeckt bei schwacher Hitze in etwa 20 Minuten sehr weich kochen. • Währenddessen die restliche Gemüsebrühe in einem weiten Topf einmal aufkochen. Die Tofuklößchen hineinlegen und zugedeckt bei schwacher Hitze 10 Minuten garen, dabei einmal vorsichtig wenden. • Den Backofen auf 50° anheizen. • Die Tofuklößchen herausnehmen und zugedeckt auf einer vorgewärmten tiefen Platte im Backofen warm halten, bis die Sauce und der Kartoffelschnee zubereitet sind. • Für die Sauce die Eigelbe und den restlichen Senf in einer Schüssel verrühren. Den Zitronensaft und 1 kräftige Prise Pfeffer hinzufügen. • Die Schüssel über das warme Wasserbad stellen. Die Brühe der Tofuklößchen unter ständigem Schlagen langsam hinzugießen und alles zu einer schaumigen Creme aufschlagen. • Etwa zwei Drittel der Butter in Flöckchen teilen und nach und nach in die Sauce schlagen. Die Senfsprossen kalt abspülen, sehr gut trockenschwenken und in die Sauce mischen. • Die Sauce über die Tofuklößchen gießen. • Die Milch und die restliche Butter zu den gegarten Kartoffeln geben. Alles mit den Quirlen des Handrührgerätes auf der höchsten Schaltstufe vermischen, bis ein glattes Püree entstanden ist. • Die Petersilie waschen, trockentupfen und sehr fein hakken. Die Hälfte davon unter den Kartoffelschnee mischen, den Rest über die Tofuklößchen streuen. • Den Kartoffelschnee neben den Klößchen anrichten. • Dazu paßt gemischte Rohkost.

Mein Tip: Die Senfsauce schmeckt auch zu pochierten Fischfilets. Nehmen Sie Lachsschnitzel, Schollenfilets oder Seezunge, die eine sehr kurze Garzeit haben. Die Fischfilets werden nur einmal in der heißen Gemüsebrühe gewendet, auf eine vorgewärmte Platte gelegt, mit 2 Eßlöffeln Gemüsebrühe beträufelt und zugedeckt im auf 50° vorgeheizten Backofen warm gehalten. Mit der Pochierflüssigkeit können Sie die Senfsauce zubereiten. Wer wirklich vollwertig essen, das heißt an tierischem Eiweiß sparen will, rechnet pro Person knapp 100 g Fischfilet, erhöht die Menge der Sprossen auf 50 g, die Kartoffelmenge auf 1 kg.

Leipziger Allerlei mit Käse-Grießklößchen

Das bekannte Gericht vegetarisch zubereitet

Zutaten für 3–4 Personen:
10 g getrocknete Morcheln
¼ l Wasser · 100 g Butter · 50 g frisch geriebener Emmentaler Käse · 1 Ei · Vollmeersalz
frisch geriebene Muskatnuß
1 Eßl. frisch gehackte Petersilie
125 g Weizenvollkorngrieß
1,5 kg Möhren, Knollensellerie, Kohlrabi, grüne Bohnen, grüner und weißer Spargel, gemischt
½ Paket tiefgefrorene Erbsen (150 g) · 1 Teel. gekörnte Gemüsebrühe · frisch gemahlener weißer Pfeffer
1 Bund Schnittlauch
100 g Crème fraîche

Raffiniert

Bei 4 Personen etwa 2600 kJ/620 kcal · 20 g Eiweiß · 35 g Fett 52 g Kohlenhydrate · 12 g Ballaststoffe pro Person

Quellzeit: 4 Stunden
Zubereitungszeit: 1¼ Stunden

Die Morcheln mit dem Wasser übergießen und 4 Stunden zugedeckt einweichen. • Die Pilze herausnehmen, kalt abspülen und abtropfen lassen. Das Einweichwasser durch eine Kaffeefiltertüte gießen. • Für die Klößchen die Hälfte der Butter mit dem Käse schaumig rühren. Das Ei, Salz, Muskatnuß, die Petersilie und den Vollkorngrieß daruntermischen. Den Teig 30 Minuten ruhen lassen, damit der Grieß quellen kann. • Inzwischen die Gemüse schälen beziehungsweise putzen, waschen, abtropfen lassen und zerkleinern: Die Möhren, den Sellerie und die Kohlrabi in Stifte schneiden, die grünen Bohnen halbieren, den Spargel in etwa 5 cm lange Stücke schneiden. • Reichlich Wasser mit Salz zum Kochen bringen. Die Bohnen im sprudelnd kochenden Wasser 5 Minuten blanchieren, mit einem Schaumlöffel herausnehmen, kurz in kaltes Wasser mit einigen Eiswürfeln tauchen und sehr gut abtropfen lassen. • Das Wasser erneut zum Kochen bringen. Aus dem Klößchenteig mit angefeuchteten Händen 12 walnußgroße Klößchen formen und im leise kochenden Wasser etwa 10 Minuten garen. • Währenddessen die restliche Butter in einem Topf zerlassen. • Die Morcheln, die zerkleinerten Gemüse und die Erbsen dazugeben und so lange bei mittlerer Hitze in der Butter wenden, bis alles von einem dünnen Fettfilm überzogen ist. • Das Einweichwasser der Pilze und die gekörnte Gemüsebrühe hinzugießen und einmal aufkochen. Die Gemüse zugedeckt bei schwacher bis mittlerer Hitze in 10 bis 15 Minuten bißfest garen und mit Pfeffer abschmecken. • Inzwischen den Schnittlauch kalt abspülen, trockentupfen, in feine Röllchen schneiden und etwa die Hälfte davon mit der Crème fraîche mischen. • Die Gemüse auf eine vorgewärmte tiefe Platte geben und etwa 1 Eßlöffel Schnittlauch-Creme als Klecks in die Mitte setzen. Den restlichen Schnittlauch über das Gemüse verteilen. Die Creme gesondert dazu servieren. • Die Klößchen mit einem Schaumlöffel aus dem Wasser nehmen, sehr gut abtropfen lassen, und die Gemüse damit umlegen.

Info zur Vollwertkost: Das Originalrezept wird mit Krebsschwänzen zubereitet. Dies widerspricht auch der Vollwertkost nicht. Wenn Sie also nicht rein vegetarisch essen möchten, können Sie pro Person 3 geschälte Hummerkrabbenschwänze in je ½ Eßlöffel kaltgepreßtem Sonnenblumenöl und Butter etwa 5 Minuten bei mittlerer Hitze braten und auf den Gemüsen anrichten.

Hefeklöße mit Sauerkraut

Kräftige Winterkost, reich an Vitaminen

Zutaten für 4 Personen:
10 g frische Hefe · ⅛ l lauwarme Milch · 300 g Weizenvollkornmehl · 3 Eier · Vollmeersalz · 1 Zwiebel · 1 Bund Majoran · 2 Eßl. kaltgepreßtes Maiskeimöl · 750 g Sauerkraut
1 Lorbeerblatt · 2 Wacholderbeeren · 1 Teel. Kümmelkörner
⅛ l naturtrüber Apfelsaft
⅛ l Gemüsebrühe · 6 Scheiben Vollkorntoastbrot (etwa 140 g)
2 säuerliche Äpfel (Boskop, etwa 500 g) · frisch gemahlener weißer Pfeffer

Braucht etwas Zeit

Pro Person etwa 2700 kJ/640 kcal
21 g Eiweiß · 16 g Fett · 94 g Kohlenhydrate · 12 g Ballaststoffe

Zubereitungszeit: 1 ¼ Stunden

Die zerbröckelte Hefe in der Milch auflösen, mit dem Mehl, den Eiern und Salz in einer Schüssel verrühren und zugedeckt bei Zimmertemperatur 1 Stunde ruhen lassen. • Inzwischen die geschälte Zwiebel und den gewaschenen Majoran hakken. • Das Öl in einem Topf erhitzen. Die Zwiebel und den Majoran darin bei mittlerer Hitze anbraten, bis die Zwiebel glasig ist. Etwa drei Viertel des Sauerkrautes kurz mitbraten. Das Lorbeerblatt, die Wacholderbeeren und den Kümmel dazugeben. • Den Apfelsaft und die Gemüsebrühe dazugießen, einmal aufkochen, und das Kraut 30 Minuten garen. • Reichlich Wasser mit Salz zum Kochen bringen. • Das Toastbrot rösten, erkalten lassen, würfeln und unter den Hefeteig mischen. • Vom Teig mit zwei in kaltes Wasser getauchten Eßlöffeln Klöße abstechen, in das Wasser geben und 20 Minuten offen ziehen lassen. • Die Äpfel vierteln, vom Kerngehäuse befreien, schälen, in Schnitze teilen, unter das Kraut mischen und 5 Minuten mitgaren. • Das restliche rohe Sauerkraut grob hakken, unter das Kraut mischen und alles mit Pfeffer abschmekken. • Das Kraut mit den Klößen auf einer Platte anrichten.

Polenta mit Bohnengemüse und gewürzter Butter

Enthält reichlich Ballaststoffe und hochwertiges pflanzliches Eiweiß

Zutaten für 3 Personen:
100 g schwarze Bohnen
900 ccm Wasser · 2 kleine Zwiebeln · 2 Gewürznelken
1 Bund Suppengrün · 2 Bund Bohnenkraut · 1 Lorbeerblatt
Vollmeersalz · 200 g Maisgrieß (Polenta) · 300 g grüne Bohnen
1 Knoblauchzehe · 1 Eßl. kaltgepreßtes Maiskeimöl
1 Teel. gekörnte Gemüsebrühe
200 g vollreife Tomaten · frisch gemahlener schwarzer Pfeffer
20 g Butter · ½ kleine unbehandelte Zitrone · ½ Bund Petersilie

Für Ungeübte
Braucht etwas Zeit

Pro Person etwa 2200 kJ/520 kcal
18 g Eiweiß · 13 g Fett · 87 g Kohlenhydrate · 14 g Ballaststoffe

Quellzeit: 8 Stunden
Garzeit: 2 Stunden
Fertigstellung: 20 Minuten

Die Bohnen in einen Topf geben, mit ¼ l Wasser übergießen und zugedeckt 8 Stunden einweichen.
• 1 Zwiebel schälen und mit den Gewürznelken spicken. Das Suppengrün putzen und waschen. 1 Bund Bohnenkraut ebenfalls waschen und mit dem Suppengrün und dem Lorbeerblatt zusammenbinden. • Die Bohnen im Einweichwasser mit der Zwiebel und dem Suppengrünbündel zum Kochen bringen. • Die Temperatur zurückschalten, und die Bohnen bei schwacher Hitze zugedeckt 1¾ Stunden garen. • Nach 1 Stunde das restliche Wasser mit Salz in einem Topf aufkochen. Den Maisgrieß unter Rühren langsam einrieseln lassen, einmal aufkochen und zugedeckt bei schwächster Hitze 1 Stunde garen. • Die grünen Bohnen waschen und putzen. Die restliche Zwiebel und die Knoblauchzehe schälen und hacken. Den zweiten Bund Bohnenkraut waschen, trockentupfen, die Blättchen abzupfen und die Stiele ganz fein hacken. Die Blättchen einstweilen beiseite legen. • Das Maiskeimöl erhitzen. Die Zwiebel und den Knoblauch darin glasig braten. • Die Bohnenkrautstiele, die Gemüsebrühe, die grünen Bohnen und die vorgegarten schwarzen Bohnen mit der Garflüssigkeit dazugeben. Die gespickte Zwiebel und das Suppengrün vorher entfernen und wegwerfen. • Das Bohnengemüse zugedeckt bei schwacher Hitze weitere 15 Minuten garen, bis die grünen Bohnen weich, aber noch knackig sind.
• Inzwischen die Tomaten mit kochendem Wasser überbrühen, häuten und würfeln, dabei die Stielansätze entfernen. Die Bohnenkrautblättchen hacken. Beide Zutaten unter das Bohnengemüse mischen und alles noch einmal erhitzen, aber nicht mehr kochen lassen. Das Gemüse mit 1 kräftigen Prise Pfeffer abschmecken. • Die Butter zerlassen und dabei leicht bräunen. • Die Zitronenschale ganz dünn abschneiden und fein hacken. Die Zitrone auspressen. Die Petersilie waschen, trockentupfen und ebenfalls fein zerkleinern. • Die Zitronenschale, den -saft und die Petersilie in die Butter geben und einige Sekunden darin ziehen lassen. • Die gewürzte Butter mit einer Gabel unter die Polenta mischen. • Die Polenta auf eine vorgewärmte tiefe Platte geben und das Bohnengemüse daneben anrichten.

Hirse mit Pilzen und Tomatengemüse

Schmeckt auch mit Bulgur oder Buchweizen

Zutaten für 2 Personen:
1 kleine Zwiebel · 2 Eßl. kaltgepreßtes Olivenöl · 150 g Hirse · 300 ccm Gemüsebrühe
600 g vollreife Tomaten
1 Bund Suppengrün
1 Bund Frühlingszwiebeln
100 g braune Egerlinge
2 Eßl. Zitronensaft
Vollmeersalz · frisch gemahlener schwarzer Pfeffer
1 Prise Zuckerrohrgranulat
2 Eßl. gehacktes Basilikum

Für Ungeübte

Pro Person etwa 2400 kJ/570 kcal
16 g Eiweiß · 20 g Fett · 81 g Kohlenhydrate · 15 g Ballaststoffe

Zubereitungszeit: 45 Minuten

Die Zwiebel schälen und fein hacken. • 1 Teelöffel Öl in einem Topf erhitzen. Die Zwiebel und die Hirse darin bei mittlerer Hitze unter Rühren anbraten, bis die Zwiebel glasig ist. • Die Gemüsebrühe hinzugießen und einmal aufkochen. Die Hirse zugedeckt bei schwacher Hitze 30 Minuten garen. • Die Tomaten mit kochendem Wasser überbrühen, häuten, achteln und die Stielansätze herausschneiden. Das Suppengrün putzen, waschen und fein zerkleinern. Die Frühlingszwiebeln putzen, waschen und in 5 cm lange Stücke schneiden. Die Pilze putzen, gegebenenfalls kurz waschen, blättrig schneiden und mit dem Zitronensaft mischen. • Das restliche Öl in einer Pfanne erhitzen. Das Suppengrün und die Zwiebeln darin unter Rühren anbraten. Die Tomaten hinzufügen, mit Salz, Pfeffer und dem Zuckerrohrgranulat würzen und zugedeckt bei schwacher Hitze 5 Minuten garen. • Die Pilze unter die Hirse mischen und weitere 5 Minuten garen. • Das Tomatengemüse mit dem Basilikum bestreuen und zur Hirse servieren.

Linsenreis mit Dillsauce und Tofu

Ballaststoff- und eiweißreich

Zutaten für 3 Personen:
250 g Tofu · 2 Eßl. Sojasauce
1 Zwiebel · 3 Eßl. kaltgepreßtes Maiskeimöl · 100 g schwarze Linsen (Puy-Linsen)
100 g Natur-Langkornreis
½ l Gemüsebrühe
1 Eßl. Sesamsamen · 2 Bund Dill
200 g Crème fraîche · frisch gemahlener weißer Pfeffer

Für Ungeübte • Preiswert

Pro Person etwa 2300 kJ/550 kcal
21 g Eiweiß · 37 g Fett · 47 g Kohlenhydrate · 4 g Ballaststoffe

Vorbereitungszeit: 5 Minuten
Marinierzeit: 2 Stunden
Zubereitungszeit: 50 Minuten

Den abgetropften Tofu in Scheiben schneiden, mit der Sojasauce beträufeln und zugedeckt 2 Stunden ziehen lassen. • Die Zwiebel schälen und fein hacken. • 1 Eßlöffel Öl in einem Topf erhitzen. Die Zwiebel, die Linsen und den Reis darin bei mittlerer Hitze anbraten. • Die Gemüsebrühe dazugießen, einmal aufkochen und den Linsenreis zugedeckt bei schwacher Hitze 35 bis 45 Minuten garen, bis Reis und Linsen weich sind. • Inzwischen den Tofu in 1 Eßlöffel Öl pro Seite 2 bis 3 Minuten braten, herausnehmen und auf vorgewärmten Tellern warm halten. • Den Sesam im restlichen Öl anrösten und über den Tofu streuen. • Den Dill waschen, trockenschwenken und fein hacken. • Die Brühe, die vom Linsenreis nicht aufgesogen worden ist, in einen anderen Topf umgießen. • Die Crème fraîche hinzufügen und alles bei starker Hitze unter Rühren auf etwa zwei Drittel einkochen lassen. • Die Sauce mit Pfeffer abschmecken. Den Dill daruntermischen. • Den Linsenreis neben dem Tofu anrichten und mit der Sauce überziehen.

Couscous mit Gemüse und scharfer Sauce

Eine nordafrikanische Spezialität, vollwertig zubereitet

Zutaten für 6–8 Personen:
500 g Couscous · etwa ½ l Gemüsebrühe · 30 g Butter
1 kg gemischte Gemüse wie Möhren, Weißkohl, Lauch und Broccoli oder Auberginen, Zucchini und Tomaten
1 Gemüsezwiebel (etwa 250 g)
1 frische grüne Pfefferschote
2 Knoblauchzehen · 250 g gekeimte Kichererbsen · 2 Eßl. kaltgepreßtes Sonnenblumenöl
450 g Joghurt · 1 Teel. Kreuzkümmel (Kumin) · ½ Teel. Cayennepfeffer · Vollmeersalz
2–3 frische Pfefferminzblätter
je 1 Bund Petersilie und Schnittlauch

Braucht etwas Zeit

Bei 8 Personen etwa 1800 kJ/ 430 kcal · 15 g Eiweiß · 11 g Fett 65 g Kohlenhydrate · 5 g Ballaststoffe pro Person

Keimzeit der Sprossen: 3 Tage
Quellzeit: 30 Minuten
Zubereitungszeit: 1¼ Stunden

Den Couscous in eine Schüssel geben, etwa ⅜ l Gemüsebrühe langsam dazugießen, und den Couscous mit einem Holzlöffel durchrühren, bis es gleichmäßig befeuchtet ist und sich etwas zusammenklumpt; allerdings darf keine Brühe in der Schüssel stehenbleiben. • Den Couscous 30 Minuten quellen lassen. Dann die Klumpen zwischen den Fingern zerreiben, bis der Couscous wieder locker ist. • In einem festschließenden Topf etwa fingerhoch Wasser zum Kochen bringen. Den Couscous pyramidenförmig hineinschichten. Die Butter in Flöckchen darauf verteilen. Den Topfdeckel mit einem Küchentuch umwickeln und fest auf den Topf drücken. • Den Couscous bei schwacher bis schwächster Hitze zugedeckt 1 Stunde garen. • Inzwischen die Gemüse putzen, waschen und zerkleinern: Die Möhren schälen und in Stifte schneiden. Den Weißkohl gegebenenfalls vom Strunk und den dicken Blattrippen befreien und die Blätter in Streifen schneiden. Den Lauch mit etwa zwei Dritteln seiner zarten grünen Blätter in 2 cm lange Stükke, die Broccoli in Röschen und Stiele teilen. • Oder die Auberginen und die Zucchini von ihren Stiel- und Blütenansätzen befreien und in Scheiben schneiden. Die Tomaten mit kochendem Wasser überbrühen, häuten und würfeln. Dabei die Stielansätze entfernen. • Die Gemüsezwiebel schälen und in Ringe schneiden. Die frische Pfefferschote von einem Teil der scharfen Kerne befreien. Die Knoblauchzehen schälen und hacken. Die Kichererbsensprossen kalt abspülen und abtropfen lassen. • Das Sonnenblumenöl bis auf 1 Teelöffel erhitzen. Die Kichererbsen, die Gemüse, die Zwiebel, die Pfefferschote und den Knoblauch darin unter Rühren anbraten. • Die restliche Gemüsebrühe dazugießen, einmal aufkochen, und das Gemüse zugedeckt bei schwacher Hitze je nach Sorte in 5 bis 10 Minuten bißfest garen. • Inzwischen den Joghurt mit dem Kreuzkümmel, dem Cayennepfeffer und Salz kräftig verrühren. Die Pfefferminzblätter waschen, trockentupfen, fein hacken und daruntermischen. • Die Petersilie und den Schnittlauch ebenfalls waschen, trockenschwenken und fein zerkleinern. • Den Couscous locker auf eine Platte häufen und mit den Gemüsen umlegen. Die Petersilie und den Schnittlauch darüberstreuen. Die Joghurtsauce dazu servieren.

Tofu-Paprika-Gemüse mit Tomatensauce und Käsereis

Leichte Sommerküche

Zutaten für 4 Personen:
250 g Tofu · 1 Knoblauchzehe
1 Bund Bohnenkraut
2 getrocknete rote Pfeffer-
schoten · 3 Eßl. kaltgepreßtes
Olivenöl · 200 g Natur-
Langkornreis · 400 ccm Wasser
Vollmeersalz · 500 g grüne
Paprikaschoten · 2 Zwiebeln
500 g vollreife Tomaten
5 frische Salbeiblättchen · frisch
gemahlener schwarzer Pfeffer
1 Prise Zuckerrohrgranulat
3 Eßl. Sahne · 2 Eßl. frisch
gehackte Petersilie · 1 Eßl. frisch
geriebener Parmesankäse

Für Ungeübte • Raffiniert

Pro Person etwa 1400 kJ/330 kcal
14 g Eiweiß · 19 g Fett · 45 g
Kohlenhydrate · 5 g Ballaststoffe

Vorbereitungszeit: 15 Minuten
Marinierzeit: 2 Stunden
Zubereitungszeit: 45 Minuten

Den Tofu abtropfen lassen und in etwa 1 cm große Würfel schneiden. Die Knoblauchzehe schälen und fein hacken. Das Bohnenkraut waschen, trockenschwenken und fein hacken. Die Pfefferschoten zwischen den Fingern aufbrechen, die Kerne restlos entfernen. • Den Knoblauch, das Bohnenkraut und die Pfefferschoten mit 2 Eßlöffeln Öl verrühren und über den Tofu träufeln. Den Tofu zugedeckt 2 Stunden marinieren. • Den Reis mit dem Wasser und Salz einmal aufkochen und zugedeckt bei schwacher Hitze in etwa 45 Minuten ausquellen lassen. • Inzwischen die Paprikaschoten vierteln, von Rippen und Kernen befreien, waschen und in Streifen schneiden. Die Zwiebeln schälen und fein hacken. Die Tomaten mit kochendem Wasser überbrühen, häuten und grob zerkleinern, die Stielansätze dabei entfernen. Die Salbeiblättchen waschen und in Streifen schneiden. • Das restliche Öl in einer Pfanne erhitzen. Etwa die Hälfte der gehackten Zwiebeln und den Salbei unter Rühren darin anbraten. Die Tomaten hinzufügen und zugedeckt bei starker Hitze garen, bis sie zerfallen sind und die Flüssigkeit, die sich gebildet hat, fast ganz eingekocht ist. • Die Tomaten mit Pfeffer und dem Zuckerrohrgranulat würzen. 1 Eßlöffel Sahne daruntermischen. Die Tomaten zugedeckt warm halten. • Während die Tomaten garen, einen Topf ohne Fett erhitzen. • Den marinierten Tofu, die Paprikaschoten und den Rest der Zwiebeln darin bei starker bis mittlerer Hitze unter Rühren anbraten. Alles unter weiterem Rühren etwa 4 Minuten kräftig braten, bis die Paprikaschoten bißfest sind. • Den Reis mit der restlichen Sahne, der Petersilie und dem Parmesankäse mischen. • Das Tofu-Paprika-Gemüse und den Reis auf vorgewärmte Teller verteilen, beides mit der Tomatensauce überziehen und servieren. • Dazu paßt Salat.

Mein Tip: Im Winter ersetzen Sie die Paprikaschoten durch Grünkohl oder Wirsing. Statt Bohnenkraut können Sie Petersilie verwenden. Oder Sie nehmen getrocknetes Bohnenkraut, das sehr aromatisch schmeckt. Frische Tomaten gibt es im Winter meist nicht in guter Qualität; verwenden Sie statt dessen geschälte Dosentomaten, die keine Konservierungs- oder andere Zusatzstoffe enthalten.

Maisfladen mit Fleischfüllung

Der südamerikanischen Küche nachempfunden

Zutaten für 4 Personen:
200 g Maisgrieß (Polenta)
200 g Weizenvollkornmehl
Vollmeersalz · 150–175 ccm Wasser · 1 Zwiebel
750 g Staudensellerie
1 Eßl. kaltgepreßtes Maiskeimöl
500 g gehacktes Lammfleisch
200 g Crème fraîche
2 Eßl. Schnittlauchröllchen
frisch gemahlener weißer Pfeffer
Zum Braten: 3 Eßl. kaltgepreßtes Maiskeimöl

Schnell

Pro Person etwa 4000 kJ/950 kcal
37 g Eiweiß · 54 g Fett · 79 g Kohlenhydrate · 8 g Ballaststoffe

Zubereitungszeit: 30 Minuten

Den Maisgrieß mehlfein mahlen, mit dem Weizenmehl und Salz mischen und mit so viel Wasser verkneten, daß ein fester Teig entsteht, der sich gut ausrollen lassen muß und nicht kleben darf. Den Teig in 4 gleich große Stücke teilen und zu dünnen Fladen ausrollen.
• Jeweils 1 knappen Eßlöffel Öl in einer Pfanne erhitzen, und die Fladen darin bei mittlerer Hitze pro Seite etwa 1 Minute braten. • Die Fladen im Backofen warm halten. • Die Zwiebel schälen und hacken. Den Sellerie putzen, waschen und in dünne Scheiben schneiden. Die Sellerieblättchen zum Bestreuen des Gerichts beiseite legen.
• Das Öl erhitzen. • Das Fleisch und die Zwiebel darin unter Rühren braten, bis das Fleisch krümelig ist. • Den Sellerie und die Crème fraîche daruntermischen und alles weitere 2 Minuten garen. • Den Schnittlauch und die Sellerieblättchen daruntermischen, mit Salz und Pfeffer würzen und auf den Maisfladen verteilen. Die Fladen einmal zusammenklappen und servieren.

Info für Vegetarier: Das Fleisch durch kleingewürfelten Tofu ersetzen.

Crêpes mit Gemüse

Festliche Vollwertküche

Zutaten für 4 Personen:
150 ccm Milch · 50 g Sahne
50 g Weizenvollkornmehl
25 g Buchweizenvollmehl
Vollmeersalz · 2 Eier
3 Eßl. zerlassene Butter · 2 Bund
Schnittlauch · 1 Bund Dill
200 g Crème fraîche · 300 g
Joghurt · frisch gemahlener
weißer Pfeffer · 1 Eßl. Zitronensaft · 1 Kohlrabiknolle (etwa
250 g) · 250 g Zuckerschoten
500 g Wurzelspinat
50 g Alfalfasprossen · 1 kleine
Zwiebel · 1 Knoblauchzehe
2 Eßl. kaltgepreßtes Maiskeimöl

Braucht etwas Zeit

Pro Person etwa 2500 kJ/600 kcal
21 g Eiweiß · 41 g Fett · 37 g
Kohlenhydrate · 10 g Ballaststoffe

Keimzeit der Sprossen: 4–5 Tage
Zubereitungszeit: 1¾ Stunden

Für die Crêpes die Milch und die Sahne in eine Schüssel geben. Das Weizen- und das Buchweizenmehl darüber sieben, 1 Prise Salz hinzugeben. Alles mit einem Schneebesen kräftig verrühren, bis sich das Mehl mit der Flüssigkeit verbunden hat. Die Eier darunterrühren. 2 Eßlöffel Butter in dünnem Strahl dazugießen und unter den Teig mischen. • Den Backofen auf 50° anheizen. Eine Platte für die Crêpes hineinstellen. • Eine Pfanne von 16 cm Durchmesser ohne Fett erhitzen, bis ein Wassertropfen, den man hineinträufelt, zischend verdampft. • Die Pfanne mit etwas zerlassener Butter auspinseln. Die Teigmenge für eine dünne Crêpe hineingeben und zugedeckt auf der Unterseite backen. Die Crêpe wenden und ohne Deckel fertigbacken. • Auf diese Weise nacheinander etwa 16 Crêpes zubereiten und im Backofen warm halten. • Für die Sauce den Schnittlauch und den Dill waschen, trockentupfen und fein zerkleinern. • Die Kräuter mit der Crème fraîche und dem Joghurt vermischen. Die Sauce mit Salz, Pfeffer und dem Zitronensaft abschmecken. • Die Kohlrabiblättchen abschneiden, waschen, trockentupfen, hacken und auf die Sauce streuen. • Für das Gemüse die Kohlrabiknolle schälen, von eventuell holzigen Stellen befreien, waschen, abtrocknen und in beistiftdünne Stifte schneiden. Die Zuckerschoten und den Spinat ebenfalls gründlich waschen. Von den Zuckerschoten die Stiel- und Blütenansätze, vom Spinat die Wurzeln und alle harten Stiele abschneiden. Die Sprossen waschen und abtropfen lassen. Die Zwiebel und den Knoblauch schälen und fein hacken. • Das Öl in einer Pfanne erhitzen. Die Zwiebel und den Knoblauch darin bei schwacher Hitze glasig braten. • Die Kohlrabistifte und die Zuckerschoten hinzufügen und unter Rühren 5 Minuten schmoren. • Den Spinat portionsweise dazugeben und jeweils nur so lange schmoren, bis die Blätter weich werden und zusammenfallen. Zum Schluß die Sprossen daruntermischen. Die Gemüse mit Salz und Pfeffer abschmecken. • Die Crêpes füllen: Jeweils 1 Crêpe mit etwas Gemüse belegen. Etwa 1 Eßlöffel Sauce darüber träufeln und die Crêpe einmal zusammenklappen. Die restliche Sauce gesondert zu den Crêpes servieren.

Bohnen mit Lamm und Wildreis

Schmeckt auch mit Naturreis

Zutaten für 4 Personen:
100 g wilder Reis · 350 ccm
Wasser · 300 g Lammfleisch
(Keule) · 1 kg grüne Bohnen
1 Schalotte · 1 Knoblauchzehe
1 Eßl. Butter · ½ l Gemüsebrühe
1 Eßl. kaltgepreßtes Maiskeimöl
Vollmeersalz · frisch gemahlener
schwarzer Pfeffer · 1 Bund
Bohnenkraut

Raffiniert

Pro Person etwa 1500 kJ/360 kcal
21 g Eiweiß · 23 g Fett · 29 g
Kohlenhydrate · 8 g Ballaststoffe

Zubereitungszeit: 45 Minuten

Den wilden Reis mit dem Wasser zum Kochen bringen und zugedeckt bei schwacher Hitze 45 Minuten garen. • Währenddessen das Fleisch vom größten Teil des Fetts befreien und in dünne Streifen schneiden. Die Bohnen waschen, abtropfen lassen und putzen. Die Schalotte und die Knoblauchzehe schälen und fein hacken. • Die Butter in einem Topf erhitzen. Die Schalotte und den Knoblauch unter Rühren darin anbraten. • Die Gemüsebrühe dazugießen und zum Kochen bringen. • Die Bohnen hinzufügen und in der kochenden Brühe in etwa 15 Minuten bißfest garen. • Das Öl in einer Pfanne erhitzen. Das Fleisch darin etwa 30 Sekunden braten, bis es sich grau färbt. • Das gebratene Fleisch mit den abgetropften Bohnen (die Brühe für ein anderes Gericht verwenden) mischen, mit Salz und Pfeffer abschmecken und in eine Schüssel geben. • Das Bohnenkraut waschen, trockentupfen und fein hacken. Jeweils die Hälfte davon über die Bohnen und den Wildreis streuen.

Info für Vegetarier: Das Fleisch durch Tofuscheiben ersetzen.

Steckrüben mit Kartoffeln und Lamm

Schmeckt im Sommer mit weißen Rüben oder Kohlrabi

Zutaten für 6 Personen:
750 g mehligkochende
Kartoffeln · 300 g Lamm-
schulter (ohne Knochen)
1 kg Steckrüben · 1 große
Zwiebel · 2 Knoblauchzehen
1 Eßl. kaltgepreßtes Maiskeimöl
⅜ l Gemüsebrühe · frisch
gemahlener weißer Pfeffer
200 g Crème fraîche · 2 Bund
Schnittlauch

Für Ungeübte

Pro Person etwa 1600 kJ/380 kcal
15 g Eiweiß · 22 g Fett · 30 g
Kohlenhydrate · 8 g Ballaststoffe

Zubereitungszeit: 50 Minuten

Die Kartoffeln waschen und mit der Schale in wenig Wasser zugedeckt garen. Das dauert je nach Größe der Kartoffeln 30 bis 40 Minuten. • Inzwischen das Fleisch vom größten Teil des Fetts befreien und in etwa 1 cm große Stücke schneiden. Die Steckrüben putzen, schälen und ebenfalls in 1 cm große Würfel schneiden. Die Zwiebel und die Knoblauchzehen schälen und fein hacken. • Das Öl in einem Schmortopf erhitzen. Das Fleisch darin bei starker bis mittlerer Hitze rundherum anbraten. Die Zwiebel, den Knoblauch und die Rüben hinzufügen. • Die Gemüsebrühe dazugießen, alles mit Pfeffer würzen, einmal aufkochen und zugedeckt bei schwacher Hitze 30 Minuten garen. • Die Kartoffeln abgießen, schälen, in Würfel schneiden und mit der Crème fraîche vorsichtig unter die Steckrüben mischen. • Den Schnittlauch waschen, trockentupfen und in feine Röllchen schneiden. Die Sahnerüben damit bestreuen und servieren.

Info für Vegetarier: Das Fleisch weglassen und mit den Rüben 200 g vorgegarte Weizenkörner schmoren.

Sahnekohl mit Putenfleisch

Kann auch mit Wirsing, Grünkohl oder Chinakohl zubereitet werden

Zutaten für 6 Personen:
1 Kopf Weißkohl (etwa 2 kg)
1 große Zwiebel · 2 Knoblauchzehen · 1 Putenoberkeule (etwa 1 kg) · Vollmeersalz
frisch gemahlener schwarzer Pfeffer · Cayennepfeffer
1 Eßl. kaltgepreßtes Maiskeimöl
2 Teel. Kümmelkörner
2 Teel. getrockneter Majoran
⅛ l trockener Weißwein oder Gemüsebrühe · 250 g Sahne
1 Lorbeerblatt · 3 Wacholderbeeren · 2 Bund Petersilie

Braucht etwas Zeit

Pro Person etwa 1600 kJ/380 kcal
27 g Eiweiß · 20 g Fett · 17 g Kohlenhydrate · 8 g Ballaststoffe

Vorbereitungszeit: 1 Stunde
Garzeit: 1 Stunde
Fertigstellung: 10 Minuten

Die äußeren welken Blätter des Weißkohls entfernen. Den Weißkohl vierteln, den Strunk keilförmig herausschneiden, die Kohlviertel waschen und in etwa 1 cm breite Streifen schneiden; dabei die dicken Rippen entfernen. Etwa 2 Handvoll der innersten, zarten Kohlblättchen zum Bestreuen des Gerichts beiseite legen. • Die Zwiebel und den Knoblauch schälen und fein hacken. • Die Putenkeule trockentupfen und rundherum mit Salz, reichlich Pfeffer und Cayennepfeffer einreiben. • Das Öl in einem Schmortopf erhitzen. Die Putenkeule darin bei starker bis mittlerer Hitze auf beiden Seiten insgesamt etwa 10 Minuten anbraten, bis die Haut goldbraun ist. Die Keule herausnehmen. • Das ausgebratene Fett in ein Schälchen gießen und nach Bedarf für das Anbraten des Weißkohls verwenden. • Den Weißkohl portionsweise bei mittlerer Hitze anbraten und jeweils wieder herausnehmen. Zum Schluß die Zwiebel und den Knoblauch im Bratfett kurz anrösten, ebenfalls wieder aus dem Topf nehmen und mit dem Kohl mischen. • Eine Schicht Kohl in den Topf geben, mit wenig Salz, dem Kümmel und dem Majoran würzen. Die Putenkeule darauflegen und mit dem restlichen Weißkohl bedecken. Die obere Schicht Weißkohl ebenfalls würzen. • Den Weißwein oder die Gemüsebrühe und die Sahne rundherum dazugießen, das Lorbeerblatt und die Wacholderbeeren auf den Kohl legen. • Den Topf schließen, und das Gericht zugedeckt bei mittlerer bis schwacher Hitze etwa 1 Stunde garen: Die Putenkeule ist gar, wenn beim Anstechen klarer Saft austritt. • Die Petersilie waschen, trockentupfen und ganz fein hacken. • Die Putenkeule aus dem Kohl nehmen und das Fleisch in Scheiben vom Knochen schneiden. • Das Fleisch und den Sahnekohl auf vorgewärmten Tellern anrichten. • Das rohe gehackte Weißkraut und die Petersilie über den Sahnekohl streuen und mit der Garflüssigkeit begießen. • Dazu passen Pellkartoffeln oder Brot.

Info für Vegetarier: Das Fleisch durch 750 g mehligkochende Kartoffeln ersetzen: Die Kartoffeln schälen, waschen, in dünne Scheiben schneiden und wie den Kohl portionsweise anbraten (zum Anbraten kaltgepreßtes Maiskeimöl verwenden). Den Kohl und die Kartoffeln schichtweise in den Schmortopf geben und wie im nebenstehenden Rezept beschrieben würzen und schmoren.

Bananengemüse mit scharfer Kokossauce und gebratenem Tofu

Eine ungewöhnliche Kombination, die Sie probieren sollten

Zutaten für 4 Personen:
1 Kokosnuß (etwa 500 g)
300 ccm warmes Wasser
200 g Natur-Langkornreis
400 ccm Gemüsebrühe · 750 g
unreife Bananen · 1 Zwiebel
1 Knoblauchzehe · 1 grüne
Pfefferschote · 1 Teel. Senf-
körner · 1 Teel. Gelbwurz
1 Teel. gemahlener Koriander
3 Eßl. kaltgepreßtes Maiskeimöl
Vollmeersalz · 500 g Tofu mit
Gemüse oder Kräutern
schwarzer Pfeffer · 1 Bund
Petersilie · 1 Stück Schale und
2 Eßl. Saft von 1 unbehandelten
Zitrone · 1 Eßl. Butter
1 Briefchen Safranfäden
Cayennepfeffer

Raffiniert

Pro Person etwa 2200 kJ/520 kcal
17 g Eiweiß · 30 g Fett · 72 g Kohlenhydrate · 6 g Ballaststoffe

Zubereitungszeit: 1¼ Stunden

Für die Kokosmilch die Kokosnuß mit einem Hammer aufschlagen, das Fleisch herauslösen, in Stücke brechen und mit dem Wasser im Mixer pürieren. Das Püree durch ein mit einem Küchentuch ausgelegtes Sieb gießen, mit einem Löffel gut ausdrücken und wegwerfen. Diese Kokosmilch beiseite stellen. • Den Reis mit der Gemüsebrühe aufkochen und zugedeckt bei schwacher Hitze in etwa 45 Minuten ausquellen lassen. • Die Bananen schälen und in etwa 2 cm lange Stücke schneiden. Die Zwiebel und den Knoblauch schälen und fein hacken. Die Pfefferschote längs halbieren, die Rippen und die Kerne entfernen, die Schotenhälften kalt abspülen und in feine Streifen schneiden. • Die Senfkörner mit der Gelbwurz und dem Koriander in einem Mörser zerdrücken. • Etwa die Hälfte des Öls in einem Topf erhitzen. • Die Zwiebel, den Knoblauch, die Pfefferschote und die Gewürzmischung hinzufügen und bei mittlerer Hitze unter ständigem Rühren etwa 2 Minuten anbraten. Die Bananen und etwas Salz hinzufügen und weitere 2 Minuten mitbraten. • Die Kokosmilch hinzugießen, einmal aufkochen und alles zugedeckt bei schwacher Hitze 10 Minuten garen, dabei häufig umrühren, damit nichts anbrennt. • Den abgetropften Tofu in Scheiben schneiden und auf beiden Seiten mit Pfeffer bestreuen. • Die Petersilie waschen, trockentupfen und sehr fein hacken. Die Zitronenschale in ganz feine Streifen schneiden. • Die Butter zerlassen, aber nicht bräunen und von der Kochstelle nehmen. Die Safranfäden zwischen den Fingern zerreiben, in die Butter geben und ziehen lassen. • Das restliche Öl in einer Pfanne erhitzen. Die Tofuscheiben darin bei starker Hitze auf beiden Seiten kräftig anbraten. Die Temperatur zurückschalten. Den Tofu bei mittlerer Hitze pro Seite etwa 2 Minuten braten. • Währenddessen die Zitronenschale, den Saft und die Petersilie unter das Bananengemüse mischen. Das Gemüse nach Wunsch noch mit Cayennepfeffer scharf abschmecken. • Die Safranbutter mit einer Gabel unter den Reis ziehen. • Die Tofuschnitzel mit dem Gemüse und dem Reis auf vorgewärmten Tellern anrichten und sofort servieren.

Mein Tip: Wer auf Fleisch nicht verzichten möchte, läßt den Tofu weg und brät statt dessen 4 doppelte Lammkoteletts von je etwa 150 g im heißen Öl pro Seite etwa 2 Minuten.

Tofu-Curry mit süßsauren Früchten und Orangenreis

Enthält kein tierisches Eiweiß

Zutaten für 4 Personen:
1 unbehandelte Orange · 200 g Natur-Langkornreis
½ l Gemüsebrühe · 2 Gewürznelken · 3 Zwiebeln · 2 Knoblauchzehen · 250 g Staudensellerie · 1 Ananas · 2 Orangen
250 g Tofu · 2 getrocknete rote Pfefferschoten · 1 Teel. Bockshornkleesamen · 1 Teel. Gelbwurz (Kurkuma) · ½ Teel. Kreuzkümmel (Kumin) · ½ Teel. Zimtpulver · ½ Teel. gemahlener Koriander · 3 Eßl. kaltgepreßtes Sojaöl · 3 Eßl. Rosinen
Vollmeersalz
1–2 Eßl. milder Obstessig
2 Eßl. frisch gehackte Petersilie

Für Ungeübte
Braucht etwas Zeit

Pro Person etwa 1600 kJ/380 kcal
12 g Eiweiß · 15 g Fett · 70 g Kohlenhydrate · 5 g Ballaststoffe

Zubereitungszeit: 55 Minuten

Die Orange unter fließendem heißem Wasser waschen, abtrocknen und 2 etwa 5 cm lange Schalenstücke ganz dünn abschneiden. Die Orangenschale in feine Streifen schneiden, die Orange auspressen. • Den Reis mit dem Orangensaft und knapp 400 ccm Gemüsebrühe einmal aufkochen. Die Orangenschale und die Gewürznelken daruntermischen. Den Reis zugedeckt bei schwacher Hitze in etwa 45 Minuten ausquellen lassen. • Inzwischen die Zwiebeln und die Knoblauchzehen schälen und grob hacken. Den Staudensellerie waschen, von eventuell harten Fasern befreien und in etwa 1 cm lange Stücke schneiden. Die Sellerieblättchen abschneiden und zum Bestreuen des Gemüses beiseite legen. Die Ananas schälen und in Stücke schneiden. Die Orangen schälen, filetieren und die Filets noch einmal halbieren, den Saft dabei auffangen. Den Tofu abtropfen lassen und in etwa 1 cm große Würfel schneiden. Die Pfefferschoten zwischen den Fingern aufbrechen, dabei die Kerne restlos entfernen. • Alle Gewürze in einem Schälchen mischen. • Die Hälfte des Öls in einem Topf erhitzen. Etwa 1 Eßlöffel Zwiebeln darin bei mittlerer Hitze glasig braten. • Den Sellerie und die Ananas hinzufügen und zugedeckt bei schwacher Hitze 5 Minuten dünsten. • Das restliche Öl in einem zweiten Topf erhitzen. Den Rest der Zwiebeln, den Knoblauch, den Tofu, die gemischten Gewürze und die Pfefferschoten hinzufügen und bei mittlerer Hitze unter Rühren kräftig anbraten. • Die restliche Gemüsebrühe hinzugießen, alles einmal aufkochen und zugedeckt bei schwacher Hitze 10 Minuten kochen. • Die Orangen zu der Sellerie-Ananas-Mischung geben und alles weitere 5 Minuten garen. • Die Rosinen unter die Früchte mischen und alles mit 1 Prise Salz und dem Essig abschmecken. • Das Tofu-Curry ebenfalls mit Salz würzen und mit der Petersilie bestreut in einer vorgewärmten Schüssel anrichten. • Die Sellerieblättchen waschen, trockentupfen und zerkleinern. Die süßsauren Früchte damit bestreuen. Die Früchte und den Reis zum Curry servieren

Mein Tip: Bei der Zubereitung von frischer Ananas sollten Sie den inneren, härteren Kern mitverwenden. Er schmeckt ebenso gut wie das weiche äußere Fleisch und enthält noch mehr Ballaststoffe.

Gewürztes Omelett mit gemischtem Curry

Vollwertkost aus der indischen Küche

Zutaten für 4 Personen:
1 Kokosnuß (etwa 500 g)
½ l Wasser · 2 Teel. Gelbwurz (Kurkuma) · 2 Zwiebeln
2 Knoblauchzehen · 1 Stück frische Ingwerwurzel, etwa 2 cm lang · 1 frische grüne Pfefferschote · 3 Eßl. kaltgepreßtes Sonnenblumenöl
150 g braune Linsen · 500 g vorwiegend festkochende Kartoffeln · 150 g Cashewnußkerne · 4 Eier · 2 Eßl. Sahne
Vollmeersalz · frisch gemahlener weißer Pfeffer
¼ Teel. Kreuzkümmel (Kumin)
frisch geriebene Muskatnuß
½ Eßl. Butter · 2 Frühlingszwiebeln

Raffiniert

Pro Person etwa 3400 kJ/810 kcal
26 g Eiweiß · 55 g Fett · 54 g Kohlenhydrate · 9 g Ballaststoffe

Zubereitungszeit: 1¼ Stunden

Für die Kokosmilch die Kokosnuß mit einem Hammer aufschlagen, das Fleisch herauslösen, in Stücke brechen und mit dem Wasser im Mixer pürieren. Das Kokospüree durch ein mit einem Küchentuch ausgelegtes Sieb gießen, dabei mit einem Löffel gut ausdrücken und dann wegwerfen. Die Gelbwurz in die ausgepreßte Kokosmilch rühren. • Die Zwiebeln und die Knoblauchzehen schälen und fein hacken. Die Ingwerwurzel wie eine Kartoffel schälen und ebenfalls sehr fein zerkleinern. Den Stielansatz der Pfefferschote abschneiden, die Schote halbieren und die Rippen und alle Kerne entfernen. Die Schotenhälften kalt abspülen, trockentupfen und in feine Streifen schneiden. • 1 Eßlöffel Öl in einem Topf erhitzen. Die Zwiebeln und den Knoblauch darin bei mittlerer bis schwacher Hitze unter Rühren glasig braten. Den Ingwer, die Linsen und die Pfefferschote hinzugeben und mitbraten, bis alles vom Öl überzogen ist. • Die Kokosmilch dazugießen, einmal aufkochen und zugedeckt bei schwacher Hitze 30 Minuten garen. • Inzwischen die Kartoffeln schälen, waschen und würfeln. • Die Kartoffeln und die Cashewnußkerne zu den Linsen geben, erneut aufkochen und dann zugedeckt bei schwacher Hitze weitere 20 Minuten garen, bis die Kartoffeln weich sind. • Während das Curry gart, die Eier mit der Sahne, Salz, Pfeffer, dem Kreuzkümmel und Muskatnuß verquirlen. • Das restliche Öl und die Butter in einer Pfanne nur so heiß werden lassen, daß die Butter zerläuft und aufschäumt, aber nicht braun wird. • Die Eier in die Pfanne gießen und bei schwacher Hitze an der Unterseite stocken lassen. Das Omelett mit einer Gabel rundherum vom Pfannenrand lösen, dabei die Pfanne leicht kippen, damit die noch flüssige Eimasse den heißen Pfannenboden berührt und ebenfalls stockt. Das Omelett mit der Gabel vorsichtig aufrollen, so daß es halbmondförmig am Pfannenrand liegt und in vier Stücke teilen. • Die Stücke jeweils auf vorgewärmte Teller gleiten lassen und warm halten, falls das Curry noch nicht fertig ist. • Die Frühlingszwiebeln putzen, waschen und mit etwa zwei Dritteln des zarten Zwiebelgrüns in dünne Ringe schneiden. • Das Curry mit Salz abschmecken und neben den Omeletts anrichten. Die Zwiebelröllchen darüber streuen.

Schwarzwurzeln mit Schrot und Sahnekartoffeln

Schmeckt auch mit Broccoli, Blumenkohl oder Fenchel

Zutaten für 3 Personen:
75 g Roggenschrot · ⅛ l Wasser
500 g mehligkochende
Kartoffeln · Vollmeersalz
1 kg Schwarzwurzeln · 1 Schuß
Essig · 1 l Gemüsebrühe · Saft
von 1 Zitrone · 3 Eier · 2 Bund
Petersilie · 1 Bund Schnittlauch
100 g Butter · 4 Eßl. Sahne

Preiswert

Pro Person etwa 3700 kJ/880 kcal
20 g Eiweiß · 42 g Fett · 100 g
Kohlenhydrate · 33 g Ballaststoffe

Zubereitungszeit: 1 Stunde und 10 Minuten

Den Schrot mit dem Wasser einmal aufkochen und zugedeckt bei schwacher Hitze 10 Minuten kochen und auf der abgeschalteten Kochstelle weitere 50 Minuten quellen lassen. • Die Kartoffeln unter fließendem Wasser bürsten und in wenig Salzwasser zugedeckt bei schwacher Hitze garen. Das dauert je nach Größe der Kartoffeln 30 bis 40 Minuten. • Inzwischen die Schwarzwurzeln schälen, waschen und sofort in kaltes Essigwasser legen, damit sie sich nicht verfärben. • Die Gemüsebrühe mit dem Zitronensaft zum Kochen bringen, die Schwarzwurzeln hinzufügen, einmal aufkochen und zugedeckt bei schwacher Hitze in etwa 15 Minuten bißfest garen. • Währenddessen die Eier in 8 Minuten hart kochen, abgießen, kalt abschrecken, schälen und fein würfeln. Die Kräuter waschen, trockentupfen und fein zerkleinern. • Die Butter erhitzen. Den Schrot dazugeben und unter Rühren leicht anrösten. • Die Kartoffeln abgießen, schälen und in einer Schüssel mit der Sahne und dem Schnittlauch mischen. • Die Schwarzwurzeln ebenfalls abgießen (die Garflüssigkeit für eine Suppe verwenden), abtropfen lassen und auf einer vorgewärmten Platte anrichten. Die Eier und die Petersilie darüber verteilen. Die Butter-Schrot-Mischung darübergeben.

Getreidepudding mit Pilzsauce

Reich an pflanzlichem Eiweiß und Ballaststoffen

Zutaten für 6 Personen:
200 g Haferkörner · knapp ½ l Wasser · 100 g Weizenschrot
100 g Sahne · 100 ccm Gemüsebrühe · 2 Scheiben Vollkorntoastbrot · 1 große Zwiebel
1 Bund Petersilie · ½ Bund Majoran · 250 g Tofu · ½ kleine unbehandelte Zitrone · 3 Eier
Vollmeersalz · Cayennepfeffer
100 g braune Egerlinge
1 vollreife Tomate (etwa 150 g)
1 Schalotte · 1 Eßl. kaltgepreßtes Maiskeimöl · 200 g Crème fraîche · 1 Bund Schnittlauch
Für die Form: 1 Eßl. Butter und 2 Eßl. geriebenes Knäckebrot

Braucht etwas Zeit

Pro Person etwa 2100 kJ/300 kcal
16 g Eiweiß · 27 g Fett · 45 g Kohlenhydrate · 4 g Ballaststoffe

Garzeit für Hafer und Schrot: 2 Stunden
Zubereitungszeit: 1½ Stunden

Einen Topf ohne Fett erhitzen. Den Hafer darin bei mittlerer Hitze unter Rühren anrösten, bis er einen zarten Duft ausströmt. Das Wasser dazugießen, einmal aufkochen und den Hafer zugedeckt bei schwacher Hitze 1 Stunde köcheln lassen. Den Topf vom Herd ziehen und das Getreide 1 Stunde zugedeckt quellen lassen. • Währenddessen den Weizenschrot mit der Sahne und der Gemüsebrühe verrühren und zugedeckt ebenfalls 1 Stunde quellen lassen. • In einem großen Topf so viel Wasser zum Kochen bringen, daß die Form, in der der Pudding gart, zu etwa zwei Dritteln darin steht. • Den Toast rösten und klein würfeln. Die Zwiebel schälen und fein hacken. Die Kräuter waschen, trockenschwenken und ebenfalls sehr fein zerkleinern. Den abgetropften Tofu mit einer Gabel zerdrücken. Ein etwa 5 cm langes Stück Zitronenschale ganz dünn abschneiden und fein hacken. Die Zitrone auspressen. Die Eier trennen. • Den Hafer mit dem Weizenschrot, den Brotwürfeln, der Zwiebel, den Kräutern, dem Tofu, der Zitronenschale, dem -saft und den Eigelben vermischen. Den Teig mit Salz und 1 kräftigen Prise Cayennepfeffer würzen. Die Eiweiße steif schlagen und unter den Teig ziehen. • Eine Puddingform mit Deckel von 1,5 l Inhalt mit reichlich Butter ausfetten und mit dem Knäckebrot ausstreuen. Den Teig einfüllen. Die geschlossene Form in das Wasserbad stellen. • Den Topf ebenfalls schließen, und den Pudding darin bei schwacher Hitze etwa 70 Minuten garen. • Während der letzten 30 Minuten die Pilzsauce zubereiten: Die Pilze putzen, gegebenenfalls waschen, trockentupfen und mit einem großen Messer fein hacken. Die Tomate mit kochendem Wasser überbrühen, häuten und klein würfeln, dabei den Stielansatz und die Kerne entfernen. Die Schalotte schälen und fein hacken. • Das Öl in einem Topf erhitzen. Die Pilze und die Schalotte darin anschmoren. • Nach und nach die Crème fraîche dazugeben und jeweils bei starker Hitze unter ständigem Rühren cremig einkochen lassen. • Die Tomate hinzufügen und unter weiterem Rühren nur erhitzen. Den Topf vom Herd ziehen und die Sauce zugedeckt warm halten. • Beim Pudding die Garprobe machen: An einem Holzspießchen, das in den Pudding gestochen wird, darf nichts haften bleiben. Den garen Pudding aus dem Wasserbad nehmen und in der Form 5 Minuten ruhen lassen. • Den Schnittlauch kalt abspülen, trockentupfen, in feine Röllchen schneiden und unter die Sauce mischen. • Den Pudding auf eine Platte stürzen und die Sauce gesondert dazu servieren.

Ravioli mit Tomatenpüree und scharfem Auberginengemüse

Vollwertiges aus Italien

Zutaten für 4–6 Personen:
400 g Weizenvollkornmehl
Vollmeersalz · 5 Eier
⅛ l kaltgepreßtes Olivenöl
1–3 Eigelbe · 500 g vollreife Tomaten · 2 große Zwiebeln
1 Knoblauchzehe · 150 g Schafkäse (Feta) · 500 g Auberginen
1 frische rote Pfefferschote
2 Zweige frischer Rosmarin
125 g Sahne
Für die Arbeitsfläche: Mehl

Braucht etwas Zeit

Bei 6 Personen etwa 2900 kJ/ 690 kcal · 22 g Eiweiß · 41 g Fett 53 g Kohlenhydrate · 11 g Ballaststoffe pro Person

Zubereitungszeit: 2¼ Stunden

Für den Teig das Mehl mit Salz, den Eiern, 1 Eßlöffel Öl und zunächst nur 1 Eigelb verkneten. Der Teig soll fest, dabei doch geschmeidig sein. Bei Bedarf noch die restlichen Eigelbe oder auch ein paar Tropfen kaltes Wasser darunterkneten. • Den Teig in Folie wickeln und 1 Stunde bei Zimmertemperatur ruhen lassen, damit das Mehl quellen kann. • Inzwischen für das Tomatenpüree die Tomaten mit kochendem Wasser überbrühen, häuten und würfeln, dabei die Stielansätze herausschneiden. 1 Zwiebel und die Knoblauchzehe schälen und hacken. • 2 Eßlöffel Öl in einem weiten Topf erhitzen. Die Zwiebel und den Knoblauch darin bei mittlerer Hitze glasig braten. Die Tomaten hinzufügen und unter häufigem Umrühren bei starker Hitze zu einem dicken Püree einkochen. Das Püree erkalten lassen. • Den Schafkäse fein zerkrümeln und unter das Tomatenpüree mischen. • Den Nudelteig in Portionen teilen und auf einer bemehlten Arbeitsfläche zu sehr dünnen Platten ausrollen. • Die Füllung auf einer Teigplatte in Häufchen von 1 Teelöffel verteilen; dabei zwischen den Häufchen jeweils etwa 5 cm Abstand lassen. Den Teig zwischen den Häufchen mit Wasser bestreichen, damit die Teigschichten zusammenhalten. Eine zweite Teigplatte darüber legen und die Teigschichten zwischen der Füllung mit den Fingern gut andrücken. Die Ravioli mit einem Teigrädchen ausschneiden. Auf diese Weise alle Teigplatten und die Füllung zu Ravioli verarbeiten. Die Ravioli ruhen lassen, bis das Gemüse zubereitet ist. • Für das Auberginengemüse die zweite Zwiebel schälen und hacken. Die gewaschenen, geputzen Auberginen würfeln. Die Pfefferschote halbieren, die Rippen und alle Kerne entfernen, die Schotenhälften kalt abspülen und in Streifen schneiden. Den Rosmarin waschen, trockentupfen und die Nadeln abstreifen. • Das restliche Öl in einer Pfanne erhitzen. Die Zwiebel, die Auberginen, die Pfefferschote und den Rosmarin darin bei mittlerer Hitze unter ständigem Wenden anbraten, dann bei schwacher Hitze 5 Minuten schmoren. Die Sahne daruntermischen und alles noch einmal erhitzen. • In einem großen Topf reichlich Wasser mit Salz zum Kochen bringen. • Sobald das Wasser etwa 2 Minuten sprudelnd kocht, die Ravioli hineingeben und in 3 bis 6 Minuten »al dente« kochen. Die exakte Kochzeit läßt sich nicht angeben; sie richtet sich nach der Beschaffenheit des Teiges und der eventuellen Trockenzeit der Ravioli. Sehr feuchte Teige garen am schnellsten, bereits angetrocknete dagegen brauchen mehr Zeit. • Die gegarten Ravioli mit einem Schaumlöffel aus dem Wasser nehmen, gut abtropfen lassen, mit dem Auberginengemüse mischen und auf vorgewärmten Tellern anrichten.

Kartoffelgemüse mit pochierten Eiern

Leichtes Gericht, das keine Mühe macht

Zutaten für 4 Personen:
1 kg vorwiegend festkochende Kartoffeln · 1 Zwiebel
1 Eßl. Butter · 3/8 l Gemüsebrühe
125 g Sahne · Vollmeersalz
frisch gemahlener weißer Pfeffer · 1 l Wasser
2 Eßl. Essig · 8 Eier
1 kleines Bund Schnittlauch

Preiswert

Pro Person etwa 2100 kJ/500 kcal
20 g Eiweiß · 26 g Fett · 43 g Kohlenhydrate · 6 g Ballaststoffe

Zubereitungszeit: 35 Minuten

Die Kartoffeln schälen, waschen und würfeln. Die Zwiebel schälen und fein hakken. • Die Butter in einem Topf erhitzen. Die Zwiebel bei mittlerer Hitze darin glasig braten. Die Kartoffelwürfel, die Gemüsebrühe und die Sahne dazugeben. • Die Kartoffeln mit Salz und Pfeffer würzen, einmal aufkochen und zugedeckt bei schwacher Hitze in etwa 20 Minuten garen. • Inzwischen das Wasser mit dem Essig und Salz in einem Topf zum Kochen bringen. • Die Eier einzeln in einer Schöpfkelle aufschlagen und nacheinander in das sprudelnde Wasser gleiten lassen.
• Die Temperatur zurückschalten und die Eier bei mittlerer Hitze 4 Minuten garen. • Den Schnittlauch waschen, trokkentupfen und fein zerkleinern.
• Die pochierten Eier mit einem Schaumlöffel herausnehmen, kalt abschrecken und nach Wunsch an den Rändern glattschneiden. • Den Schnittlauch unter das Kartoffelgemüse mischen. Das Gemüse anrichten und mit den Eiern belegen.
• Dazu passen gemischte Blattsalate.

Saures Kartoffelgemüse mit Zwiebelspießchen

Spezialität aus Süddeutschland

Zutaten für 4 Personen:
1 kg vorwiegend festkochende Kartoffeln · knapp 1/4 l Wasser
Vollmeersalz · 20 kleine Zwiebeln oder Schalotten
16 frische Salbeiblättchen
40 g Butter · 2 milchsaure Gurken (etwa 60 g)
200 g Crème fraîche
2–3 Eßl. Apfelessig
frisch gemahlener weißer Pfeffer
2 Eßl. frisch gehackte Petersilie

Für Ungeübte

Pro Person etwa 2000 kJ/480 kcal
9 g Eiweiß · 24 g Fett · 55 g Kohlenhydrate · 7 g Ballaststoffe

Zubereitungszeit: 35 Minuten

Die Kartoffeln schälen, waschen und in etwa 2 cm dicke Scheiben schneiden. Mit dem Wasser und Salz zum Kochen bringen und zugedeckt bei schwacher Hitze etwa 20 Minuten garen. • Inzwischen die Zwiebeln schälen, die Salbeiblättchen waschen und trockentupfen. Beide Zutaten auf 4 Holzspießchen verteilen.
• Etwa die Hälfte der Butter in einer Pfanne erhitzen. Die Zwiebelspießchen darin bei schwacher bis mittlerer Hitze unter häufigem Wenden etwa 10 Minuten braten, von der Kochstelle ziehen und warm halten. • Die Gurken würfeln und mit der restlichen Butter, der Crème fraîche und dem Essig unter die Kartoffeln mischen. • Das Kartoffelgemüse mit Pfeffer abschmecken und mit den Zwiebelspießchen auf vorgewärmten Tellern anrichten. Die Petersilie über das Kartoffelgemüse streuen.

Paprikagemüse mit Huhn

Aus der ungarischen Küche

Zutaten für 4 Personen:
1 Huhn (etwa 1,3 kg) · Vollmeersalz · 2 große Zwiebeln
10 frische Salbeiblättchen
500 g vollreife Tomaten
1 getrocknete rote Pfefferschote · 1 Eßl. kaltgepreßtes Olivenöl · 1 kg rote und grüne Paprikaschoten · 200 g saure Sahne · 1 Eßl. frisch gehackte Petersilie

Für Ungeübte

Pro Person etwa 1940 kJ/460 kcal
48 g Eiweiß · 22 g Fett · 22 g Kohlenhydrate · 6 g Ballaststoffe

Zubereitungszeit: 25 Minuten
Garzeit: 50 Minuten

Das Huhn in acht Stücke schneiden und mit Salz würzen. • Die Zwiebeln schälen und hacken, die Salbeiblättchen waschen, trockentupfen und in Streifen schneiden. Die Tomaten häuten und in Stücke schneiden, die Stielansätze dabei entfernen. Die Pfefferschote von den scharfen Kernen befreien. • Das Öl in einem Schmortopf erhitzen. Die Hühnerkeulen und -flügel darin bei mittlerer bis starker Hitze etwa 10 Minuten auf beiden Seiten anbraten, dann herausnehmen. Die Hühnerbruststücke pro Seite 2 Minuten anbraten. • Die Keulen und die Flügel, die Zwiebel, den Salbei, die Tomaten und die Pfefferschote hinzufügen und alles zugedeckt bei schwacher Hitze schmoren. • Inzwischen die Paprikaschoten vierteln, putzen, waschen, in Streifen schneiden, zum Huhn geben und alles weitere 15 Minuten schmoren. • Die saure Sahne (2 Eßlöffel zum Garnieren zurückbehalten) daruntermischen und erhitzen. • Das Gemüse mit dem Fleisch auf einer Platte anrichten, mit der Petersilie bestreuen und mit der restlichen sauren Sahne beträufeln.

Info für Vegetarier: Das Huhn weglassen und Pellkartoffeln sowie 1 weiteren Becher saure Sahne zum Gemüse servieren.

Geschmortes Gemüse mit Salsa verde

Vegetarische Kost ohne tierisches Eiweiß

Zutaten für 6 Personen:
1 Aubergine (etwa 300 g)
2 junge Zucchini (etwa 300 g)
je 1 grüne, rote und gelbe Paprikaschote (etwa 600 g)
1 Gemüsezwiebel (etwa 250 g)
500 g vollreife Tomaten
1 Zweig frischer Thymian
1 Zweig frischer Rosmarin
5 frische Salbeiblättchen
⅛ l kaltgepreßtes Olivenöl
Vollmeersalz · frisch gemahlener schwarzer Pfeffer
2 Frühlingszwiebeln · 2 Knoblauchzehen · 3 Eßl. frisch gehackte Petersilie · 1 Eßl. Kapern · 1 Eßl. Zitronensaft
1 Teel. Balsamessig

Für Ungeübte

Pro Person etwa 1200 kJ/290 kcal
5 g Eiweiß · 22 g Fett · 17 g Kohlenhydrate · 5 g Ballaststoffe

Zubereitungszeit: 1 Stunde

Die Gemüse vorbereiten und zerkleinern: Die Aubergine und die Zucchini würfeln, die Paprikaschoten in Achtel teilen, die geschälte Gemüsezwiebel in Ringe schneiden. Die Tomaten mit kochendem Wasser überbrühen, häuten und der Länge nach vierteln, dabei die Stielansätze und die Kerne entfernen. Die Kräuter waschen und nur die Blättchen hacken. • 3 Eßlöffel Öl in einer Pfanne erhitzen. Die Gemüse bis auf die Tomaten sowie die Kräuter darin bei starker Hitze unter ständigem Wenden 5 Minuten anbraten. • Die Gemüse mit Salz und Pfeffer würzen, die Tomaten darauf verteilen und alles zugedeckt bei mittlerer bis schwacher Hitze 8 Minuten schmoren. • Für die Sauce die Frühlingszwiebeln putzen, waschen und in feine Ringe schneiden. Den Knoblauch schälen und fein hacken. • Beide Zutaten mit der Petersilie, den Kapern, dem Zitronensaft, dem Balsamessig, etwas Salz, Pfeffer und dem restlichen Öl verrühren. • Die Gemüse auf einer vorgewärmten Platte anrichten und die Sauce gesondert dazu reichen.

Gemüse mit Seetang und gemischtem Getreide

Kann mit jedem Gemüse der Jahreszeit zubereitet werden

Zutaten für 3–4 Personen:
150 g Hafer-, Gersten- und Weizenkörner, gemischt
¾ l Gemüsebrühe · 100 g Hirse- und Buchweizenkörner, gemischt · 25 g Seetang (Hiziki)
½ l Wasser · 2 große Zwiebeln
300 g Möhren · 300 g Staudensellerie · 300 g Lauch
1 Eßl. kaltgepreßtes Olivenöl
Vollmeersalz · frisch gemahlener weißer Pfeffer · 1 Bund Petersilie · 1 Eßl. Butter

Braucht etwas Zeit

Bei 4 Personen etwa 1600 kJ/ 380 kcal · 12 g Eiweiß · 11 g Fett 58 g Kohlenhydrate · 9 g Ballaststoffe

Garzeit für Getreide und Seetang: 2 Stunden
Zubereitungszeit: 45 Minuten

Die Hafer-, Gersten- und Weizenkörner mit etwa ½ l Gemüsebrühe einmal aufkochen, zugedeckt bei schwacher Hitze 30 Minuten kochen und 1 Stunde auf der abgeschalteten Kochstelle quellen lassen. Die Hirse und den Buchweizen hinzufügen, erneut aufkochen und alles zugedeckt bei schwacher Hitze weitere 30 Minuten garen. • Währenddessen den Seetang in dem Wasser 15 Minuten einweichen. • Dann mit dem Wasser zum Kochen bringen und zugedeckt bei schwacher Hitze 15 Minuten garen. Den Seetang abgießen und abtropfen lassen. • Die Zwiebeln schälen und hacken. Die Möhren schälen, waschen und in dünne Stifte schneiden. Die Sellerieblättchen abschneiden und zum Bestreuen der Gemüse beiseite legen. Die Selleriestangen waschen und in fingerbreite Stücke schneiden. Den Lauch putzen, die Stangen der Länge nach kreuzweise einschneiden und die Blätter auseinanderbiegen. Den Lauch unter fließendem kaltem Wasser waschen und dabei alle Schmutzreste abspülen. Die Lauchstangen trockenschwenken und mit etwa zwei Dritteln des zarten Grüns in fingerbreite Stücke schneiden. • Das Öl in einem Topf erhitzen. • Die Zwiebeln darin bei schwacher Hitze unter Rühren glasig braten. • Die Gemüse und den Seetang hinzufügen, bei mittlerer Hitze unter weiterem Rühren anbraten und mit Salz und Pfeffer würzen. • Die restliche Gemüsebrühe hinzufügen, einmal aufkochen und die Gemüse zugedeckt bei schwacher Hitze in 2 bis 3 Minuten bißfest garen. • Die Petersilie und die Sellerieblättchen waschen, trockentupfen und fein zerkleinern. • Das gemischte Getreide eventuell mit Salz und mit Pfeffer würzen. Die Butter mit einer Gabel daruntermischen. • Das Getreide auf vorgewärmten Tellern verteilen. Die Gemüse daneben anrichten und mit der Petersilie und den Sellerieblättchen bestreuen.

Mein Tip: Seetang gibt es in gut sortierten Reformhäusern, Naturkostläden und Spezialgeschäften für asiatische (vor allem koreanische und japanische) Lebensmittel zu kaufen. Mit Hiziki, das in der Form wie Korallen aussieht, können Sie Getreide- und Gemüsegerichte anreichern (siehe auch Seite 16). Seetangblätter (Nori) werden gefüllt und gerollt wie Reisblätter (Rezept Seite 133). Nori müssen Sie zuerst in einer Pfanne ohne Fettzugabe bei mittlerer Hitze anrösten, bis es sich grün färbt; dann ist es so geschmeidig, daß man es rollen kann. Seetang schmeckt leicht nach Fisch; das Einweich- und Kochwasser von Hiziki sollten Sie unbedingt abgießen, sonst ist der Fischgeschmack zu stark.

Hirse-Eierkuchen mit Löwenzahngemüse

Löwenzahn können Sie auch beim Gemüsehändler kaufen

Zutaten für 2 Personen:
75 g Hirse · 50 g Weizenvollkornmehl · knapp 300 ccm Wasser · Vollmeersalz · 2 Eier
1 Zwiebel · 250 g Löwenzahn
250 g junge Zucchini · 1 Eßl. Butter · 125 g Sahne · frisch gemahlener weißer Pfeffer
½ Teel. Kreuzkümmel (Kumin)
Zum Backen: 7 Eßl. kaltgepreßtes Sonnenblumenöl

Raffiniert

Pro Person etwa 3700 kJ/880 kcal
21 g Eiweiß · 60 g Fett · 63 g Kohlenhydrate · 8 g Ballaststoffe

Zubereitungszeit: 45 Minuten

Für die Eierkuchen die Hirse mehlfein mahlen. • Mit dem Weizenvollkornmehl, dem Wasser und Salz verrühren. Die Eier daruntermischen. • Etwa 1 Eßlöffel Öl in einer Pfanne von 16 cm Durchmesser erhitzen. Die Teigmenge für einen dicken Eierkuchen hinzufügen und den Kuchen bei starker bis mittlerer Hitze backen, bis er sich vom Pfannenboden löst. Den Eierkuchen wenden, fertigbacken und im Backofen warm halten. Auf diese Weise in reichlich Öl weitere 7 Eierkuchen backen. • Die Zwiebel schälen und hacken. Den Löwenzahn putzen, gründlich waschen, abtropfen lassen und grob zerschneiden. • Die Zucchini waschen, putzen und in Stifte schneiden. • Die Butter in einem Topf zerlassen. Die Zwiebel darin bei schwacher Hitze glasig braten. • Die Zucchini dazugeben und unter Rühren 2 Minuten schmoren. Den Löwenzahn und die Sahne hinzufügen, einmal aufkochen und unter häufigem Umrühren weitere 2 bis 3 Minuten garen.
• Das Gemüse mit Salz, Pfeffer und dem Kreuzkümmel abschmecken und zu den Eierkuchen servieren.

Gerstenpflänzchen mit Gurkensalat

Kann mit jedem Getreide zubereitet werden

Zutaten für 2 Personen:
200 g Gerstenkörner · 400 ccm Wasser · 1 Zwiebel
25 g Sonnenblumenkerne
2 Eier · 30 g frisch geriebener Bergkäse · Vollmeersalz
½ Teel. gemahlener Koriander
1 Teel. getrockneter Oregano
1 Salatgurke (etwa 500 g)
1 Bund Dill · 100 g saure Sahne
1 Eßl. Apfelessig · 1 Teel. kaltgepreßtes Maiskeimöl
Zum Backen: 2 Eßl. kaltgepreßtes Sonnenblumenöl

Braucht etwas Zeit

Pro Person etwa 3400 kJ/810 kcal
30 g Eiweiß · 40 g Fett · 86 g Kohlenhydrate · 12 g Ballaststoffe

Garzeit der Gerste: 2 Stunden
Zubereitungszeit: 45 Minuten

Die Gerste mit dem Wasser einmal aufkochen, zugedeckt bei schwacher Hitze 1 Stunde kochen und auf der abgeschalteten Kochstelle 1 weitere Stunde quellen lassen.
• Dann die Zwiebel schälen und fein hacken. • Die Gerste gegebenenfalls abgießen, mit der Zwiebel, den Sonnenblumenkernen, den Eiern und dem Käse vermischen. Die Masse mit wenig Salz, dem Koriander und dem Oregano würzen. • Öl in einer Pfanne erhitzen. Aus der Teigmenge handtellergroße Pflänzchen formen, in die Pfanne geben, bei mittlerer bis schwacher Hitze auf der Unterseite etwa 5 Minuten backen. Die Pflänzchen wenden, weitere 2 bis 3 Minuten backen, herausnehmen und warm halten.
• Die Gurke schälen und in dünne Scheiben hobeln. Den Dill waschen, trockenschwenken und fein hacken. Beide Zutaten mit der sauren Sahne mischen. Den Salat mit Salz, dem Essig und dem Öl abschmecken und zu den Gerstenpflänzchen servieren.

Linsenpflänzchen mit buntem Kartoffelsalat

Reich an Ballaststoffen

Zutaten für 5 Personen:
800 g festkochende Kartoffeln
2 Zwiebeln · 5 Eßl. kaltgepreßtes Maiskeimöl · 250 g rote Linsen · knapp ¾ l einfache Gemüsebrühe · ¼ l doppelt starke Gemüsebrühe (Instant)
1 Eßl. Kräutersenf · 5 Eßl. Weißweinessig · 4 Eßl. kaltgepreßtes Olivenöl · 1 Bund Suppengrün
1 Ei · 40 g Weizenvollkornmehl
50 g frisch geriebene Walnußkerne · Vollmeersalz · 1 Teel. getrocknetes Bohnenkraut frisch gemahlener schwarzer Pfeffer · ½ Salatgurke (etwa 250 g) · ¼ Kopf Endiviensalat (etwa 150 g) · 1 kleiner Kopf Radicchio (etwa 100 g) · 50 g Feldsalat · 1 Bund Schnittlauch
1 Kästchen Gartenkresse

Braucht etwas Zeit

Pro Person etwa 2900 kJ/690 kcal
22 g Eiweiß · 37 g Fett · 68 g Kohlenhydrate · 10 g Ballaststoffe

Zubereitungszeit: 1½ Stunden

Für den Salat die Kartoffeln unter kaltem Wasser abbürsten und in wenig Wasser mit der Schale zugedeckt weich kochen. Das dauert je nach Größe 30 bis 40 Minuten. • Währenddessen 1 Zwiebel schälen und hacken. • 1 Eßlöffel Maiskeimöl in einem Topf erhitzen. Die Zwiebel darin bei mittlerer Hitze anbraten. Die Linsen hinzufügen und so lange unter Rühren mitbraten, bis sie vom Öl überzogen sind. • Die einfache Gemüsebrühe hinzugießen, einmal aufkochen, und die Linsen zugedeckt bei schwacher Hitze in etwa 20 Minuten sehr weich garen. • Inzwischen die zweite Zwiebel schälen, fein hacken und mit der doppeltstarken heißen Gemüsebrühe übergießen. • Den Senf mit dem Essig und dem Olivenöl verrühren und über die gehackte Zwiebel geben. • Die gegarten Kartoffeln abgießen, noch heiß schälen und in etwa ½ cm dicke Scheiben schneiden. Die Zwiebel-Marinade darüber gießen, und die Kartoffeln zugedeckt durchziehen lassen, bis die restlichen Zutaten vorbereitet und die Linsenpflänzchen gebraten sind. • Das Suppengrün putzen, waschen und fein zerkleinern. Mit dem Ei, dem Mehl und den Walnüssen unter die Linsen mischen. Die Masse soll die Konsistenz eines weichen, formbaren Teiges haben. Ist sie zu flüssig, noch etwas Mehl daruntermischen. Den Teig mit Salz, dem zerriebenen Bohnenkraut und Pfeffer abschmecken. • Das restliche Maiskeimöl in einer Pfanne erhitzen. Von dem Linsenteig mit zwei Eßlöffeln kleine Häufchen abstechen, in die Pfanne geben und wie Frikadellen flach drükken. • Die Pflänzchen bei mittlerer Hitze auf der Unterseite 3 bis 4 Minuten braten, bis sie sich ablösen lassen, wenden und in etwa 4 Minuten fertigbraten. • Die gebratenen Pflänzchen herausnehmen und warm halten. • Die Salatgurke schälen und in dünne Scheiben hobeln. Die Blattsalate putzen, einige Male gründlich waschen und sehr gut abtropfen lassen. Den Endiviensalat nudelig schneiden, den Radicchio in mundgerechte Stücke zupfen. Den Schnittlauch waschen, trockentupfen und in feine Röllchen schneiden. • Die Gurke, die Blattsalate und den Schnittlauch unter den Kartoffelsalat mischen. Den Salat noch einmal mit Essig und eventuell Salz abschmecken und mit der Kresse bestreut anrichten. Die Linsenpflänzchen dazu servieren.

Schrotpflänzchen mit Zucchinigemüse

Herzhaft und saftig wie Frikadellen

Zutaten für 2 Personen:
60 g Roggenschrot · 150 g Joghurt · 500 g junge Zucchini
1 kleine Zwiebel · 2 Eier · 30 g frisch geriebener Parmesankäse
Vollmeersalz · Cayennepfeffer
1 Bund Frühlingszwiebel
1 Stück Schale und 3 Eßl. Saft von 1 unbehandelten Zitrone
1 Bund Petersilie · 200 g junge Möhren · 1 Eßl. Butter
100 g Crème fraîche · frisch gemahlener schwarzer Pfeffer
Zum Backen: 2 Eßl. kaltgepreßtes Maiskeimöl

Braucht etwas Zeit

Pro Person etwa 3300 kJ/790 kcal
27 g Eiweiß · 52 g Fett · 53 g Kohlenhydrate · 7 g Ballaststoffe

Quellzeit: 8 Stunden
Zubereitungszeit: 50 Minuten

Den Roggenschrot mit dem Joghurt vermischen und zugedeckt im Kühlschrank 8 Stunden quellen lassen. • Die Zucchini waschen, abtrocknen und von den Stiel- und Blütenansätzen befreien. 1 Zucchino von etwa 200 g auf der Rohkostreibe raffeln, die anderen beiseite legen, bis die Schrotpflänzchen zubereitet sind. • Die Zwiebel schälen und fein hacken. • Das geraffelte Zucchino, die Zwiebel, die Eier und den Käse unter den gequollenen Schrot mischen. Die Masse mit wenig Salz und mit 1 kräftigen Prise Cayennepfeffer abschmecken. • Öl in einer Pfanne erhitzen. Mit einem Eßlöffel Pflänzchen von etwa 4 cm Durchmesser nebeneinander in die Pfanne setzen. • Die Pflänzchen bei mittlerer bis schwacher Hitze etwa 5 Minuten backen, bis sie sich vom Pfannenboden lösen lassen, wenden und in etwa 3 Minuten fertigbacken. Die Pflänzchen herausnehmen und warm halten. • Wenn die Pflänzchen fertig sind, das Gemüse zubereiten: Die restlichen Zucchini in etwa bleistiftdicke Stifte schneiden. Die Frühlingszwiebeln putzen, waschen und mit etwa zwei Dritteln des zarten Zwiebelgrüns in etwa 1 cm lange Stücke schneiden. Die Zitronenschale in Streifen schneiden. Die Petersilie waschen, trockenschwenken und ganz fein hacken. Die Möhren schälen und waschen. • Die Butter in einem weiten Topf erhitzen. Die Zucchini und die Frühlingszwiebel darin bei mittlerer Hitze unter ständigem Wenden 5 Minuten schmoren. Die Zitronenschale und den -saft, die Crème fraîche und die Petersilie hinzufügen und alles nur noch erhitzen. • Das Gemüse mit Salz und Pfeffer abschmecken und auf vorgewärmte Teller verteilen. Die Möhren auf der Rohkostreibe über das Gemüse reiben. • Die Schrotpflänzchen neben dem Gemüse anrichten.

Info zur Vollwertkost: Das Gemüse sollten Sie nach dem Marktangebot wählen. Kombinieren Sie wie im Rezept oben möglichst Gemüsesorten, die unter der Erde wachsen (Knollensellerie, Schwarzwurzeln, Möhren oder Porree) mit Sorten, die über der Erde wachsen (Blattgemüse wie Spinat, Kohl, Tomaten, Auberginen, Paprikaschoten) und richten Sie einen Teil davon roh an.

Kartoffelgratin mit Spinat-Sprossen-Gemüse

Vitaminreiche Kost für den Winter

Zutaten für 3 Personen:
1 Knoblauchzehe · 30 g Butter
750 g mehligkochende Kartoffeln · Vollmeersalz · frisch gemahlener weißer Pfeffer
3/8 l Sojamilch · 1 kg Wurzel- oder Blattspinat · 1 kleine Zwiebel · 100 g gekeimte Mungobohnen · 4 Eßl. kaltgepreßtes Sojaöl · 1 Eßl. Kürbiskerne

Für Ungeübte • Preiswert

Pro Person etwa 2500 kJ/600 kcal
21 g Eiweiß · 33 g Fett · 56 g Kohlenhydrate · 16 g Ballaststoffe

Keimzeit der Sprossen: 5 Tage
Zubereitungs- und Backzeit: 55 Minuten

Den Backofen auf 220° vorheizen. • Die Knoblauchzehe schälen und halbieren. Eine Gratinform zuerst mit der Knoblauchzehe ausreiben, dann mit etwas Butter ausstreichen. • Die Kartoffeln schälen, waschen, abtrocknen, auf dem Gurkenhobel in dünne Scheibchen hobeln und die Form damit auslegen. Die Kartoffeln mit Salz und Pfeffer würzen, mit 1/4 l Sojamilch übergießen und mit der restlichen Butter in Flöckchen belegen. • Die Form auf den Rost in den heißen Backofen (Mitte) stellen. Den Gratin etwa 40 Minuten backen, bis die Kartoffeln weich sind und die Flüssigkeit aufgesogen haben. Bei Bedarf noch etwas Sojamilch nachgießen.
• Während der Gratin gart, den Spinat putzen, waschen und abtropfen lassen. Die Zwiebel schälen und hacken. Die Mungokeime waschen und abtropfen lassen. • Das Öl in einem großen Topf erhitzen. • Die Mungokeime und die Zwiebel darin bei mittlerer Hitze anbraten. Den Rest der Sojamilch dazugießen und einmal aufkochen. Den Spinat hinzufügen und unter häufigem Wenden garen, bis er zusammenfällt.
• Das Gemüse mit Salz und Pfeffer abschmecken und mit den Kürbiskernen bestreut zum Kartoffelgratin servieren.

Tofufrikassee mit Hirse

Festliche Vollwertküche

Zutaten für 4 Personen:
2 kleine Zwiebeln · 1 Eßl. kaltgepreßtes Maiskeimöl
200 g Hirsekörner · 800 ccm Gemüsebrühe · 300 g Tofu
1 Bund Petersilie · 1 Eßl. Butter
2 Eßl. Weizenvollkornmehl
1 milchsaure Gurke (etwa 30 g)
1 Eßl. Pistazien · 4 Blätter Wirsingkohl · 4 Eßl. Sahne
30 g frisch geriebener mittelalter Goudakäse · 1 Eßl. Kapern
Vollmeersalz · Cayennepfeffer
1 Teel. Zitronensaft
1 Bund Schnittlauch
Für die Tassen: 1 Eßl. Butter

Raffiniert

Pro Person etwa 2000 kJ/480 kcal
16 g Eiweiß · 25 g Fett · 47 g Kohlenhydrate · 6 g Ballaststoffe

Zubereitungszeit: 50 Minuten

Die Zwiebeln schälen und fein hacken. • Das Öl in einem Topf erhitzen. • Die Hälfte der Zwiebeln darin bei mittlerer Hitze glasig braten. Die Hirse hinzufügen und unter Rühren so lange mitbraten, bis alle Körner vom Öl überzogen sind. • Knapp die Hälfte der Gemüsebrühe hinzugießen, einmal aufkochen, und die Hirse im fest verschlossenen Topf bei schwacher Hitze etwa 35 Minuten garen. • Inzwischen den Tofu abtropfen lassen und in kleine Würfel schneiden. Die Petersilie waschen, trockentupfen und fein hacken. Die Butter in einer Pfanne zerlassen. Die restlichen Zwiebelwürfel, die Petersilie und den Tofu darin bei mittlerer Hitze unter Rühren anbraten, bis die Zwiebel glasig ist. Das Mehl über den Tofu streuen und bei starker Hitze unter ständigem Rühren anrösten, bis es zart duftet. • Den Rest der Gemüsebrühe unter Rühren nach und nach dazugießen. Alles unter weiterem Rühren aufkochen, bis eine glatte, sämige Sauce entstanden ist, und zugedeckt bei schwacher Hitze 10 Minuten leise kochen lassen. • Die Gurke abtropfen lassen und klein würfeln. Die Pistazien grob hacken. Die Wirsingblätter waschen, trockentupfen, von eventuell dicken Rippen befreien und in feine Streifen schneiden. • Den Wirsing, die Pistazien, die Gurke, die Sahne, den Käse und die Kapern zum Tofu geben und so lange rühren, bis sich der Käse vollkommen aufgelöst hat. Das Tofufrikassee mit wenig Salz, Cayennepfeffer und dem Zitronensaft abschmecken. • Den Schnittlauch waschen, trockentupfen, in feine Röllchen schneiden und unter die Hirse mischen. • Vier Tassen mit reichlich weicher Butter ausstreichen. Die Hirse darin verteilen, gut festdrücken und auf vorgewärmte Teller stürzen. Das Tofufrikassee daneben anrichten. • Dazu paßt Rohkostsalat.

Mein Tip: Hirse schmeckt sehr würzig und kann ebenso wie Reis als Beilage, Risotto, Auflauf und vieles mehr zubereitet werden. Sie gart von allen Getreidesorten am schnellsten – auch schneller als Naturreis – und muß nicht vorgeweicht werden. Wichtig ist jedoch, daß der Topf wirklich fest schließt, damit die Hirse weich wird.

Tofuschnitzel mit Sellerie-Apfelsalat

Reich an leichtverdaulichem pflanzlichem Eiweiß

Zutaten für 4 Personen:
500 g Tofu mit Kräutern
1 Zwiebel · 3 Eßl. Sojasoße
1 Ei · 1 Teel. Kräutersenf · 2 Eßl. Estragonessig · 1 Teel. Balsamessig · ⅛ l kaltgepreßtes Sonnenblumenöl · 125 g Johurt
Vollmeersalz · frisch gemahlener schwarzer Pfeffer
½ Bund Petersilie · ½ Bund Basilikum · 1 Bund Schnittlauch
1 milchsaure Gurke (etwa 30 g)
1 Eßl. Kapern · ½ Knollensellerie (etwa 500 g) · 1 säuerlicher Apfel (Boskop, Gravensteiner oder Glockenapfel, etwa 200 g)
2 Eßl. Weizenvollkornmehl

Preiswert • Für Ungeübte

Pro Person etwa 2200 kJ/520 kcal
15 g Eiweiß · 40 g Fett · 26 g Kohlenhydrate · 4 g Ballaststoffe

Zubereitungszeit: 1 Stunde

Den Tofu abtropfen lassen und in etwa 1 cm dicke Scheiben schneiden. Die Zwiebel schälen und auf der Rohkostreibe reiben oder so fein zerkleinern, daß sie wie Püree ist. Die Zwiebel mit der Sojasoße vermischen. Die Tofuscheiben damit bestreichen, aufeinanderlegen und zugedeckt marinieren, bis der Salat zubereitet ist. • Das Ei in 7 Minuten fast hart kochen, kalt abschrecken, schälen und halbieren. Das Eigelb vorsichtig herauslösen, das Eiweiß hacken und für den Salat beiseite stellen. • Für die Salatsauce das Eigelb mit dem Senf und den beiden Essigsorten glattrühren. Vom Öl 4 Eßlöffel zum Braten des Tofus abnehmen. Das restliche Öl in dünnem Strahl zur Eigelbmischung geben und alles mit einem Schneebesen zur Mayonnaise aufschlagen. • Den Joghurt daruntermischen, und die Sauce sparsam mit Salz und Pfeffer würzen. • Die Petersilie, das Basilikum und den Schnittlauch waschen, trockentupfen und fein zerkleinern. • Die Gurke würfeln, mit den Kapern und der gehackten Petersilie und dem Basilikum unter die Sauce mischen. • Den Sellerie putzen, schälen, waschen und auf der Rohkostreibe nicht zu fein raspeln. Den Apfel vierteln, schälen, vom Kerngehäuse befreien und ebenfalls raspeln. • Den Sellerie und den Apfel mit der Sauce vermischen. Den Salat mit dem gehackten Eiweiß und den Schnittlauchröllchen (etwas Schnittlauch für die Tofuschnitzel übrigbehalten) bestreuen. • Das restliche Öl in einer Pfanne erhitzen. Die Tofuscheiben im Mehl wenden und bei mittlerer bis schwacher Hitze im Öl auf jeder Seite etwa 2 Minuten braten. • Die Tofuschnitzel auf vorgewärmte Teller verteilen und mit dem Rest des Schnittlauchs bestreuen. Den Salat daneben anrichten.

Mein Tip: Knollensellerie ist ein Herbst- und Wintergemüse. Im Frühjahr und Sommer können Sie den Salat mit Kohlrabi, Möhren oder auch Rettich zubereiten. Wer Mayonnaise als Grundlage für das Salatdressing nicht mag, rührt die Sauce aus Crème fraîche und Joghurt. Das Ei in 8 Minuten ganz hart kochen, hacken und mit den Kräutern, der Gurke und den Kapern untermischen.

Fladenbrote mit Linsen-Mais-Gemüse

Schmeckt auch mit schwarzen Bohnen

Zutaten für 5 Personen:
500 g Weizenvollkornmehl
Vollmeersalz · etwa 300 g
lauwarme Buttermilch
2 Schalotten · 1 Knoblauchzehe
1 Bund Bohnenkraut · 1 Dose
Maiskörner (340 g) · 2 Eßl. kalt-
gepreßtes Maiskeimöl · 300 g
schwarze Linsen (Puy-Linsen)
½ l Gemüsebrühe · 100 g
Crème fraîche · 1–2 Eßl.
Zitronensaft · frisch gemahlener
weißer Pfeffer
Für die Arbeitsfläche: Mehl
Zum Backen: kaltgepreßtes
Maiskeimöl

Für Ungeübte
Gut vorzubereiten

Pro Person etwa 3400 kJ/810 kcal
32 g Eiweiß · 23 g Fett · 110 g
Kohlenhydrate · 12 g Ballaststoffe

Vorbereitungszeit: 15 Minuten
Ruhezeit: 2 Stunden
Fertigstellung: 1 Stunde

Das Mehl mit 1 kräftigen Prise Salz in eine Schüssel geben. Die Buttermilch nach und nach dazugießen und alles mit den Händen kräftig kneten, bis ein formbarer, doch geschmeidiger Teig entstanden ist, der etwa die Konsistenz von Strudelteig haben sollte. • Den Teig zu einer Kugel formen, in geöltes Pergamentpapier wikkeln und etwa 2 Stunden bei Zimmertemperatur ruhen lassen. • Für das Linsen-Mais-Gemüse die Schalotten und die Knoblauchzehe schälen und fein hacken. Das Bohnenkraut waschen, trockenschwenken, die Blättchen abzupfen und zum Bestreuen des fertigen Gemüses beiseite legen. Die Bohnenkrautstiele ganz fein hakken. Die Maiskörner auf ein Sieb geben und kalt abspülen, um den Zucker zu entfernen, der Dosenmais zugesetzt wird. • Das Öl erhitzen. Die Schalotten darin glasig braten. • Die Bohnenkrautstiele, die Linsen, den Knoblauch und die Gemüsebrühe dazugeben, einmal aufkochen und zugedeckt bei schwacher Hitze 30 Minuten garen. • Währenddessen für die Fladenbrote die Teigkugel in etwa 16 eigroße Stücke teilen. Jedes Stück noch einmal kräftig durchkneten. Die Arbeitsfläche leicht mit Mehl bestäuben. Die Teigstücke zuerst mit dem Handballen flachdrücken, dann mit der Nudelrolle zu möglichst dünnen Fladen ausrollen. • Den Backofen auf 50° vorheizen • Eine Pfanne bei schwacher bis mittlerer Hitze heiß werden lassen und mit wenig Öl auspinseln. Die Teigfladen darin nacheinander auf jeder Seite etwa 1 Minute backen, bis sie hell gebräunt sind und Blasen werfen. Die Pfanne hin und wieder mit Öl ausstreichen. • Die gebackenen Brote in ein Küchentuch wickeln und im Backofen warm halten. • Den Mais und die Crème fraîche unter das Linsengemüse mischen, erneut aufkochen und zugedeckt bei schwacher Hitze weitere 5 Minuten garen. • Das Gemüse mit dem Zitronensaft, Salz und Pfeffer abschmecken und warm halten, bis alle Fladenbrote gebacken sind. Das Gemüse mit dem Bohnenkraut bestreuen und mit den Broten anrichten. • Dazu paßt außerdem gemischter Salat.

Mein Tip: Wenn Sie frischen Zuckermais am Kolben bekommen, garen Sie das Linsengemüse wie oben beschrieben. Die Maiskolben werden gesondert in kochendem Salzwasser etwa 10 Minuten gegart. Gut abtropfen lassen und kurz vor dem Servieren mit etwas zerlassener Butter beträufeln und mit frisch gehackter Petersilie bestreuen.

Sesamkartoffeln mit Kräuterfisch

Leichte Frühlingsküche

Zutaten für 4 Personen:
750 g neue kleine Kartoffeln
200 g Crème fraîche · Saft von ½ Zitrone · 4 Eßl. frisch gehackte, gemischte Kräuter wie Petersilie, Kerbel, Schnittlauch, Dill und wenig Estragon
Vollmeersalz · frisch gemahlener weißer Pfeffer
8 Schollenfilets (je etwa 80 g)
1 Eßl. Butter · 3 Eßl. Sesamsamen

Raffiniert • Schnell

Pro Person etwa 2300 kJ/550 kcal
44 g Eiweiß · 27 g Fett · 35 g Kohlenhydrate · 7 g Ballaststoffe

Zubereitungszeit: 35 Minuten

Den Backofen auf 220° vorheizen. • Die Kartoffeln unter fließendem kaltem Wasser gründlich bürsten und mit wenig Wasser zugedeckt mit der Schale weichkochen. Das dauert etwa 25 Minuten. • Inzwischen die Crème fraîche mit dem Zitronensaft, den Kräutern, Salz und Pfeffer verrühren. • Die Schollenfilets nebeneinander in eine ofenfeste Form mit flachem Rand legen und mit der Kräutercreme überziehen. • Die Form auf den Rost in den heißen Backofen (Mitte) stellen, und die Fischfilets etwa 5 Minuten garen. • Die Kartoffeln abgießen. • Die Butter in einer Pfanne zerlassen. Die Kartoffeln und den Sesam hinzufügen und die Kartoffeln etwa 3 Minuten braten, dabei immer wieder wenden, damit sie von allen Seiten bräunen.

Info für Vegetarier: Statt Fisch dünne Lauchstangen verwenden. Den Lauch putzen, dabei etwa ein Drittel des Grüns entfernen. Die Stangen längs halbieren, gründlich waschen und trockenschwenken. Den Lauch in die Form legen, mit der Kräutersahne überziehen und etwa 20 Minuten im heißen Backofen garen.

Vollwertgerichte nach China-Art

Reich an pflanzlichem Eiweiß

Sautierter Tofu mit Gemüse

im Bild links

Zutaten für 3 Personen:
250 g Tofu · 4 Eßl. Sojasauce
1 Eßl. trockener Sherry, ersatzweise Zitronensaft · 250 g Lauch (Porree) · 250 g braune Egerlinge · 300 g vollreife Tomaten · 3 Eßl. kaltgepreßtes Maiskeimöl · Vollmeersalz frisch gemahlener weißer Pfeffer · 1 Eßl. Schnittlauchröllchen

Für Ungeübte

Pro Person etwa 100 kJ/260 kcal
11 g Eiweiß · 19 g Fett · 13 g Kohlenhydrate · 5 g Ballaststoffe

Zubereitungszeit: 35 Minuten

Den abgetropften Tofu grob hacken, mit der Sojasauce und dem Sherry übergießen und ziehen lassen, bis die anderen Zutaten vorbereitet sind. • Den Lauch und die Pilze putzen und waschen. Den Lauch in 1 cm breite Stücke, die Pilze blättrig schneiden. Die Tomaten mit kochendem Wasser überbrühen, häuten und würfeln, dabei die Stielansätze entfernen. • Das Öl erhitzen. Zuerst den Tofu bei starker Hitze unter Rühren darin etwa 3 Minuten anbraten, dann alle Gemüse hinzufügen und nur erhitzen. • Das Gericht mit Salz und Pfeffer abschmecken und mit dem Schnittlauch bestreuen. • Dazu paßt Reis.

Sautierte Gemüse mit Nudeln

im Bild rechts

Zutaten für 3 Personen:
5 Mu-err-Pilze · ⅛ l Wasser
200 g Möhren · 2 Stangen Staudensellerie · 1 grüne Paprikaschote (etwa 200 g)
2 dünne Stangen Lauch
1 Knoblauchzehe · 250 g breite Sojanudeln · Vollmeersalz
4 Eßl. kaltgepreßtes Sonnenblumenöl · ⅛ l Gemüsebrühe
1 Eßl. Sojasauce · 1 Eßl. frisch gehackte Petersilie · 2 Eßl. Sonnenblumenkerne

Braucht etwas Zeit

Pro Person etwa 2600 kJ/620 kcal
32 g Eiweiß · 38 g Fett · 35 g Kohlenhydrate · 12 g Ballaststoffe

Quellzeit: 5 Stunden
Zubereitungszeit: 45 Minuten

Die Mu-err-Pilze in dem Wasser 5 Stunden einweichen. • Dann kalt abspülen und in Streifen schneiden. Das Einweichwasser durch eine Kaffeefiltertüte gießen. • Alle Gemüse putzen, waschen und zerkleinern: Die Möhren in streichholzdünne Stifte, die Selleriestangen in ½ cm dicke Stücke, die Paprikaschote in Streifen und den Lauch in 1 cm lange Stücke schneiden. Das Selleriegrün beiseite legen. Den Knoblauch schälen und fein hacken. • Die Nudeln in reichlich Salzwasser mit 1 Eßlöffel Öl in etwa 6 Minuten bißfest garen. • Währenddessen in einer Pfanne 2 Eßlöffel Öl erhitzen. • Die Pilze, die Möhren, den Sellerie und die Paprikaschoten darin bei schwacher Hitze unter Rühren etwa 2 Minuten braten. • Das Einweichwasser der Pilze, die Gemüsebrühe und die Sojasauce hinzufügen und einmal aufkochen. Den Lauch und den Knoblauch dazugeben und nur heiß werden lassen. • Die Gemüse mit den Sellerieblättchen und der Petersilie bestreut warm halten. • Den Rest des Öls in der Pfanne erhitzen. • Die Nudeln abgießen, trockenschwenken, mit den Sonnenblumenkernen in das Öl geben und etwa 2 Minuten durchrühren.

Gebratene Nudeln mit Gemüse und Fleisch

Spezialität aus China

Zutaten für 4 Personen:
5 Shiitake-Pilze · ⅛ l Wasser
1 doppeltes Hühnerbrüstchen (etwa 220 g) · 50 g braune Egerlinge · 150 g Wurzelspinat
1 Knoblauchzehe
100 g gekeimte Mungobohnen
250 g dünne Sojanudeln (Suppennudeln) · Vollmeersalz
6 Eßl. kaltgepreßtes Maiskeimöl
⅛ l Gemüse- oder Hühnerbrühe · 2 Eßl. trockener Sherry, ersatzweise Gemüsebrühe und Zitronensaft gemischt
1 Eßl. Sojasauce

Raffiniert

Pro Person etwa 2200 kJ/520 kcal
33 g Eiweiß · 34 g Fett · 19 g Kohlenhydrate · 8 g Ballaststoffe

Keimzeit der Sprossen: 5 Tage
Quellzeit: 6 Stunden
Zubereitungszeit: 45 Minuten

Die Pilze mit dem Wasser übergießen und 6 Stunden zugedeckt einweichen. • Die Pilze herausnehmen, kalt abspülen und ohne die harten Stiele in etwa 1 cm breite Streifen schneiden. Das Einweichwasser durch eine Kaffeefiltertüte gießen. • Das Hühnerbrüstchen häuten, entbeinen und ebenfalls in Streifen schneiden. Die Egerlinge putzen, gegebenenfalls kurz waschen und vierteln. Die Wurzelansätze des Spinats entfernen, die Blätter mehrmals waschen und trockenschwenken. Die Knoblauchzehe schälen und fein hacken. Die Mungobohnen kalt abspülen und abtropfen lassen. • Für die Nudeln reichlich Wasser mit Salz und 1 Eßlöffel Öl zum Kochen bringen. • 2 weitere Eßlöffel Öl in einer Pfanne erhitzen. Die Fleischstreifen darin bei starker Hitze unter ständigem Umwenden nur so lange braten, bis sie sich weiß färben. Das Fleisch herausnehmen und warm halten. • Die Mungokeime und die Shiitake-Pilze in die Pfanne geben und bei starker bis mittlerer Hitze unter ständigem Wenden etwa 2 Minuten braten. Die Egerlinge, den Spinat und den Knoblauch hinzufügen und einige Sekunden mitbraten. • Das Einweichwasser der Pilze, die Brühe, den Sherry und die Sojasauce dazugießen. • Alles einmal aufkochen, das Hühnerfleisch wieder dazugeben, die Pfanne von der Kochstelle ziehen und die Fleisch-Gemüse-Mischung zugedeckt warm halten. • Möglichst parallel zur Zubereitung dieser Mischung die Nudeln im sprudelnd kochenden Wasser in etwa 3 Minuten bißfest garen. • Das restliche Öl in einer zweiten Pfanne erhitzen. • Die Nudeln abgießen, sehr gut trockenschwenken und bei starker Hitze im heißen Öl unter ständigem Wenden anbraten. • Die Fleisch-Gemüse-Mischung in einer vorgewärmten tiefen Platte anrichten. Die Nudeln daraufgeben, und alles mit zwei Gabeln nur locker durchmischen. • Das Gericht sofort servieren.

Info für Vegetarier: Entweder die doppelte Menge Mungobohnen keimen lassen oder 250 g Tofu abtropfen lassen, in etwa bleistiftdicke Stifte schneiden und wie das Hühnerfleisch im heißen Öl braten. Das Gericht zusätzlich mit gerösteten Sesamsamen bestreuen. Der Tofu wird noch würziger, wenn Sie ihn zuvor in 2 Eßlöffeln Sojasauce marinieren. In diesem Fall bereiten Sie das Gemüse ohne Sojasauce zu.

Reispuffer mit Tomaten-Auberginen-Salat

Schmeckt im Sommer, wenn es aromatische Tomaten gibt

Zutaten für 4 Personen:
200 g Natur-Rundkornreis
450 ccm Wasser · Vollmeersalz
1 Aubergine (etwa 250 g)
5 Eßl. kaltgepreßtes Weizenkeimöl · 2 Eier · 2 Eßl. Weizenvollkornmehl · 1 Eßl. frisch gehackte Petersilie · 500 g vollreife Tomaten · 2 Frühlingszwiebeln · frisch gemahlener schwarzer Pfeffer
1 Eßl. Rotweinessig · 2 Eßl. kaltgepreßtes Olivenöl
2 Eßl. frisch gehacktes Basilikum

Raffiniert • Preiswert

Pro Person etwa 1700 kJ/400 kcal
13 g Eiweiß · 32 g Fett · 40 g Kohlenhydrate · 6 g Ballaststoffe

Zubereitungszeit: 50 Minuten

Den Reis grob schroten, mit dem Wasser und Salz einmal aufkochen und zugedeckt bei schwächster Hitze 20 Minuten garen. Dann abkühlen lassen. • Die Aubergine waschen, abtrocknen, vom Stielansatz befreien und würfeln. • 3 Eßlöffel Weizenkeimöl in einer Pfanne erhitzen. • Die Auberginenwürfel darin bei schwacher Hitze unter Wenden in etwa 15 Minuten bißfest braten.
• Den Reisbrei mit den Eiern, dem Mehl und der Petersilie vermischen. Aus dem Teig 8 flache Puffer formen und im restlichen Weizenkeimöl pro Seite etwa 5 Minuten braten.
• Die Tomaten waschen, abtrocknen und in Scheiben schneiden, die Stielansätze dabei entfernen. Die Frühlingszwiebeln putzen und in Ringe schneiden. • Die Tomaten auf einer Platte anrichten, mit den Zwiebelringen und den Auberginen belegen. • Salz, Pfeffer, den Essig und das Olivenöl verrühren und über den Salat gießen. Das Basilikum darüber streuen. • Die Reispuffer mit dem Salat servieren.

Quarknudeln mit Tomatengemüse

Schmecken im Winter auch mit Sahnekohl

Zutaten für 4 Personen:
½ Würfel frische Hefe · 2 Teel. lauwarmes Wasser · 1 Prise Zuckerrohrgranulat · 250 g Weizenvollkornmehl · 200 g Sahne · 2 Eier · 250 g Magerquark · Vollmeersalz · Cayennepfeffer · 750 g vollreife Tomaten · 2 Schalotten
1 Knoblauchzehe · 1 Eßl. kaltgepreßtes Olivenöl · frisch gemahlener weißer Pfeffer
2 Eßl. gehacktes Basilikum

Raffiniert • Preiswert

Pro Person etwa 2300 kJ/530 kcal
24 g Eiweiß · 24 g Fett · 53 g Kohlenhydrate · 10 g Ballaststoffe

Ruhezeit: 1 Stunde
Zubereitungszeit: 1 Stunde

Die Hefe zerbröckeln, mit dem Wasser und dem Zuckerrohrgranulat verrühren.
• Das Mehl mit der Hefe, der Hälfte der Sahne, den Eiern, dem Quark, Salz und Cayennepfeffer einige Minuten verrühren und zugedeckt etwa 1 Stunde bei Zimmertemperatur ruhen lassen, bis sich das Volumen des Teiges verdoppelt hat. • Aus dem Teig mit einem Eßlöffel 8 Klöße abstechen, in einen Kochtopf legen und zugedeckt weitere 30 Minuten gehen lassen. • Die Tomaten häuten und achteln, die Stielansätze entfernen. Die Schalotten und die Knoblauchzehe schälen und hacken. • Die restliche Sahne zu den Klößen gießen, zum Kochen bringen und die Klöße zugedeckt bei schwacher Hitze 15 Minuten garen. • Das Öl erhitzen. Die Schalotten und den Knoblauch darin anbraten. Die Tomaten hinzufügen, heiß werden lassen und mit Salz und Pfeffer würzen. • Die Quarknudeln und das Tomatengemüse mit dem Basilikum bestreuen.

Kartoffelschmarren mit Sellerie-Apfelgemüse

Spezialität aus Süddeutschland

Zutaten für 2 Personen:

- 400 g mehligkochende Kartoffeln · 1 Schalotte · 1 Bund Petersilie · 1 Stück frische Ingwerwurzel, etwa 1 cm lang
- 250 g Staudensellerie
- 1 säuerlicher Apfel (Boskop, oder Glockenapfel, etwa 250 g)
- ½ unbehandelte Zitrone
- 75 g Weizenvollkornmehl
- 1 kleines Eigelb · Vollmeersalz
- frisch geriebene Muskatnuß
- 5 Eßl. kaltgepreßtes Maiskeimöl
- ⅛ l Gemüsebrühe · frisch gemahlener weißer Pfeffer

Preiswert

Pro Person etwa 3200 kJ/760 kcal
13 g Eiweiß · 42 g Fett · 80 g Kohlenhydrate · 10 g Ballaststoffe

Zubereitungszeit: 1 Stunde

Die Kartoffeln gründlich waschen und ungeschält in wenig Wasser zugedeckt weich kochen. Je nach Größe der Kartoffeln dauert das 30 bis 40 Minuten. • Die gegarten Kartoffeln abgießen, kurz kalt abschrecken, schälen, durch die Kartoffelpresse drücken und etwas auskühlen lassen. • Während die Kartoffeln garen, die Schalotte schälen und fein würfeln. Die Petersilie waschen, trockentupfen und fein hacken. Die Ingwerwurzel schälen und halbieren. Die grünen Blättchen der Selleriestangen abschneiden und zum Bestreuen des Gemüses beiseite legen. Den Sellerie putzen, waschen, die eventuell harten Fasern mit einem Messer abziehen und die Stangen in etwa fingerbreite Stücke schneiden. Den Apfel vierteln, schälen, vom Kerngehäuse befreien und in Schnitze teilen. 1 Stück Zitronenschale abschneiden und in dünne Streifen schneiden. Den Saft auspressen und unter die Apfelschnitze mischen, damit sie sich nicht zu stark verfärben. • Für den Schmarren die durchgepreßten Kartoffeln mit dem Mehl, dem Eigelb, Salz und Muskatnuß verkneten. • 4 Eßlöffel Öl in einer Pfanne erhitzen. Die Kartoffelmasse darin verteilen und mit einem Holzlöffel festdrücken. • Die Pfanne schließen und den Kartoffelschmarren bei schwacher Hitze 10 Minuten auf der Unterseite backen. • Inzwischen für das Gemüse das restliche Öl in einem Topf erhitzen. • Die Schalotte, die Hälfte der Petersilie, den Ingwer, den Sellerie und den Apfel hinzugeben und unter Rühren etwa 1 Minute schmoren. • Die Gemüsebrühe hinzugießen, einmal aufkochen und das Gemüse zugedeckt in etwa 5 Minuten bißfest garen und anschließend warm halten. • Den Schmarren mit zwei Gabeln in mundgerechte Stücke zerteilen. Die Stücke bei mittlerer bis starker Hitze unter ständigem Wenden in etwa 10 Minuten goldbraun und knusprig backen. • Die Sellerieblättchen waschen, trockentupfen und nach Wunsch etwas zerkleinern. • Das Gemüse mit Salz und Pfeffer abschmecken, mit den Sellerieblättchen und der restlichen Petersilie bestreuen und zum Kartoffelschmarren servieren.

Mein Tip: Die Kartoffeln für den Schmarren müssen nicht unbedingt frisch gekocht werden; notfalls können Sie ihn auch mit übriggebliebenen Pellkartoffeln zubereiten. Es ist jedoch wichtig, daß Sie eine mehlige Kartoffelsorte verwenden. Mit neuen oder mit Salatkartoffeln gelingt der Schmarren nicht, weil der Teig dann zu feucht ist.

Gefüllter Kürbis

Herbstküche für Gäste

Zutaten für 6 Personen:
400 g Staudensellerie · 400 g säuerliche Äpfel · 1 Kürbis (etwa 2 kg) · 1 Zwiebel
3 Knoblauchzehen · 2 Eßl. Butter · je 1 Teel. Gelbwurz (Kurkuma), Kreuzkümmel (Kumin) und Zimtpulver
je ½ Teel. gemahlener Nelkenpfeffer, Kardamom und Koriander · frisch geriebene Muskatnuß · Cayennepfeffer
Saft von 1 Zitrone
Vollmeersalz · frisch gemahlener weißer Pfeffer
¼ l Gemüsebrühe · 200 g Crème fraîche · 2 Eßl. frisch gehackte Petersilie

Braucht etwas Zeit

Pro Person etwa 1200 kJ/290 kcal
5 g Eiweiß · 17 g Fett · 30 g Kohlenhydrate · 4 g Ballaststoffe

Vorbereitungszeit: 20 Minuten
Garzeit: 45 Minuten

Den Sellerie putzen, waschen und in etwa 1 cm lange Stücke schneiden. Die Sellerieblättchen beiseite legen. Die Äpfel vierteln, vom Kerngehäuse befreien, schälen und in Schnitze teilen. Den Kürbis waschen und den Blütenansatz des Kürbis so kappen, daß der Kürbis aufrecht steht. Den Stielansatz wie einen Deckel abschneiden. Die Kerne mit einem Eßlöffel herausholen. Die Zwiebel und den Knoblauch schälen und hacken. • Die Butter in einem großen Topf zerlassen. Die Zwiebel, den Knoblauch und alle Gewürze darin unter Rühren anbraten. • Alles mit dem Sellerie und den Äpfeln mischen, mit dem Zitronensaft, Salz und Pfeffer abschmecken und in den Kürbis füllen. Den »Deckel« darauf legen. • Den Kürbis in den Topf setzen, die Gemüsebrühe dazugießen, aufkochen, und den Kürbis zugedeckt bei schwacher Hitze etwa 45 Minuten schmoren. • Die Crème fraîche zur Schmorflüssigkeit geben und nach Wunsch einkochen lassen. • Die gehackten Sellerieblättchen mit der Petersilie in die Sauce geben.

Gefüllte Kohlrabi mit Linsen

Schmeckt auch mit Zwiebeln

Zutaten für 4 Personen:
1 Zwiebel · 1 kleine Möhre (etwa 100 g) · ½ Eßl. kaltgepreßtes Olivenöl · 100 g braune Linsen · ½ l Gemüsebrühe · 4 junge Kohlrabiknollen (etwa 1,2 kg) · Vollmeersalz
1 Bund frisches oder 1 Teel. getrocknetes Bohnenkraut
50 g frisch geriebener Emmentaler Käse · 1 Eßl. Weißweinessig · frisch gemahlener schwarzer Pfeffer
½ Eßl. Butter · 125 g Sahne
1 Eßl. frisch gehackte Petersilie

Braucht etwas Zeit

Pro Person etwa 1600 kJ/380 kcal
17 g Eiweiß · 19 g Fett · 36 g Kohlenhydrate · 5 g Ballaststoffe

Vorbereitungszeit: 1 Stunde
Garzeit: 40 Minuten

Die Zwiebel und die Möhre schälen und fein würfeln. • Das Olivenöl in einem Topf erhitzen. Die Zwiebel und die Möhre darin bei mittlerer Hitze anbraten. Die Linsen hinzufügen und so lange unter Rühren mitbraten, bis sie mit Öl überzogen sind. • Etwa ⅜ l Gemüsebrühe hinzugießen, einmal aufkochen, und die Linsen zugedeckt bei schwacher Hitze 40 Minuten garen. • Inzwischen die Kohlrabi putzen, schälen, dabei eventuell holzige Stellen entfernen. Die zarten grünen Blättchen abschneiden und für die Füllung beiseite legen. • Die Kohlrabi waschen und in reichlich kochendem, leicht gesalzenem Wasser etwa 30 Minuten garen, bis sie so weich sind, daß sie sich gut aushöhlen lassen. • Das Bohnenkraut waschen, trockenschwenken und sehr fein hacken (getrocknetes Bohnenkraut nur zwischen den Fingern zerreiben). • Die Linsen gegebenenfalls abgießen und die Kochflüssigkeit dabei auffangen. • Die abgetropften Kohlrabi mit einem Teelöffel aushöhlen. Das ausgehöhlte Kohlrabifleisch und die gewaschenen Kohlrabiblättchen fein hacken, mit den Linsen, dem Bohnenkraut, dem Käse, dem Weißweinessig, Salz und Pfeffer mischen und wieder in die Kohlrabi füllen. Wenn etwas Füllung übrigbleibt, wird sie später neben die Kohlrabi in den Topf gegeben und mitgeschmort. • Die Butter in einem Topf erhitzen, der so groß sein muß, daß die Kohlrabi nebeneinander darin Platz haben. • Die Kohlrabi in den Topf setzen, die restliche Gemüsebrühe, die Sahne und eventuell auch die Kochflüssigkeit der Linsen hinzugießen und alles zugedeckt bei mittlerer bis schwacher Hitze 40 Minuten schmoren. • Die Kohlrabi aus dem Topf nehmen und auf einer vorgewärmten tiefen Platte anrichten. • Die Schmorflüssigkeit nach Wunsch cremig einkochen, dann erst die Petersilie hinzufügen. • Die Kohlrabi mit der Sauce umgießen und sofort servieren. • Dazu passen Pellkartoffeln.

Info zur Vollwertkost: Da Fleisch – in Maßen genossen – den Prinzipien der Vollwertkost nicht widerspricht, können Sie die Linsen auch durch Lamm- oder Hühnerfleisch ersetzen. Das Fleisch (etwa 200 g) wird zuerst gewürfelt, dann mit einem scharfen, schweren Messer fein zerkleinert. Das Gehackte mit dem ausgehöhlten Kohlrabifleisch und den anderen Zutaten mischen.

Herzhafte Wintergemüse

Feine Beilagen zu Getreidefrikadellen oder Kartoffeln

Rotkohl mit Quitten und Kastanien

im Bild links

Zutaten für 6 Personen:
200 g Eßkastanien (Maronen)
1 Quitte (etwa 200 g)
1 Kopf Rotkohl (etwa 1 kg)
1 kleine Zwiebel · 2 Eßl. kaltgepreßtes Sonnenblumenöl
2 Gewürznelken
1 Teel. schwarze Pfefferkörner
1 Lorbeerblatt
¼ l naturtrüber Apfelsaft
1 Stück frische Ingwerwurzel, etwa 1 cm lang · Vollmeersalz
1 Teel. gemahlener Koriander

Raffiniert

Pro Person etwa 800 kJ/190 kcal
4 g Eiweiß · 6 g Fett · 31 g Kohlenhydrate · 7 g Ballaststoffe

Vorbereitungszeit: 40 Minuten
Garzeit: 20 Minuten

Die Kastanien mit einem spitzen Messer kreuzweise einschneiden, mit Wasser bedeckt einmal aufkochen und zugedeckt bei schwacher Hitze 10 Minuten kochen. • Dann abgießen, kalt abschrecken und schälen, dabei auch die innere braune Haut entfernen. • Inzwischen die Quitte schälen, waschen und in dünne Schnitze teilen. Den Rotkohl putzen, vierteln, vom Strunk befreien und in etwa 1 cm breite Streifen schneiden. Die Zwiebel schälen und hacken. • Das Öl in einem großen Topf erhitzen. Die Zwiebel darin bei schwacher bis mittlerer Hitze glasig braten. Die Kastanien, die Quitte und den Rotkohl hinzufügen und alles unter Rühren kurz anbraten. • Die Nelken, die Pfefferkörner und das Lorbeerblatt dazugeben, den Apfelsaft hinzugießen und einmal aufkochen. • Das Gemüse zugedeckt bei schwacher Hitze 20 Minuten bißfest garen. • Die Ingwerwurzel schälen und fein raspeln. • Das Gemüse mit dem Ingwer, Salz und dem Koriander abschmecken.

Mein Tip: Auf diese Art können Sie auch Rosenkohl, Möhren, Wirsing und Sauerkraut zubereiten.

Sellerie mit Nüssen

im Bild rechts

Zutaten für 4 Personen:
300 g Knollensellerie · 300 g Staudensellerie · 200 g Crème fraîche · Schale und Saft von ½ unbehandelten Zitrone
100 g Walnußkerne · 1 Eßl. Pistazien · Vollmeersalz · frisch gemahlener weißer Pfeffer

Für Ungeübte

Pro Person etwa 1600 kJ/380 kcal
8 g Eiweiß · 33 g Fett · 14 g Kohlenhydrate · 5 g Ballaststoffe

Zubereitungszeit: 20 Minuten

Den Knollen- und den Stangensellerie schälen beziehungsweise putzen und waschen. Die Sellerieknolle in etwa bleistiftdünne Stifte, die Selleriestangen in etwa 1 cm lange Stücke schneiden. Das Selleriegrün beiseite legen. • Den Sellerie mit der Crème fraîche in einen Topf geben, einmal aufkochen und zugedeckt bei schwacher Hitze in etwa 5 Minuten bißfest garen. • Die Zitronenschale, die Nüsse und die Pistazien hacken und unter den Sellerie mischen. Das Gemüse mit Salz, Pfeffer und dem Zitronensaft abschmecken.

Mein Tip: Auf diese Art zubereitet schmecken auch Kohlrabi, Fenchel, Weißkohl, Wirsing, Chinakohl und Grünkohl.

Sahnige Gemüsegerichte

Schmecken zu kurzgebratenem Tofu und Fleisch

Lauch und Möhren in Schnittlauchsahne

im Bild links

Zutaten für 4 Personen:
500 g Lauch · 500 g junge Möhren mit Blättern
1 Eßl. Butter · 1 Teel. gemahlener Koriander · 200 g Sahne
1 junger Zucchino (etwa 250 g)
2 Bund Schnittlauch · Vollmeersalz · frisch gemahlener weißer Pfeffer
Cayennepfeffer

Für Ungeübte

Pro Person etwa 1200 kJ/290 kcal
6 g Eiweiß · 21 g Fett · 21 g Kohlenhydrate · 6 g Ballaststoffe

Zubereitungszeit: 20 Minuten

Den Lauch putzen, waschen und mit etwa zwei Dritteln des zarten Grüns in 5 cm lange Stücke schneiden. Die Möhren schälen und waschen. Die grünen Blätter abschneiden, die zartesten beiseite legen, die anderen wegwerfen. Die Möhren in fingerdicke Stifte schneiden. • Die Butter in einem Topf zerlassen. Den Lauch und die Möhren darin bei mittlerer Hitze unter Wenden anbraten. • Den Koriander darüber stäuben, die Sahne hinzugießen, einmal aufkochen, und die Gemüse zugedeckt bei mittlerer Hitze 5 bis 7 Minuten garen. • Den Zucchino waschen, abtrocknen, vom Stiel- und Blütenansatz befreien und auf der Rohkostreibe raffeln. Den Schnittlauch waschen, trockentupfen und in feine Röllchen schneiden. Die Möhrenblättchen fein hacken. • Die Gemüse mit Salz, Pfeffer und Cayennepfeffer abschmecken, die Zucchinoraspel daruntermischen. Den Schnittlauch und die Möhrenblättchen darüber streuen.

Zwiebel-Apfel-Gratin mit Salbei

im Bild rechts

Zutaten für 4 Personen:
1 Knoblauchzehe · 6 Blättchen frischer Salbei · 1 Eßl. Butter
500 g Zwiebeln · 500 g säuerliche Äpfel · Saft von 1 kleinen Zitrone · Vollmeersalz · frisch gemahlener weißer Pfeffer
300 g Crème fraîche

Schnell • Preiswert

Pro Person etwa 1600 kJ/380 kcal
4 g Eiweiß · 28 g Fett · 31 g Kohlenhydrate · 1 g Ballaststoffe

Vorbereitungszeit: 15 Minuten
Backzeit: 20 Minuten

Den Backofen auf 220° vorheizen. • Den Knoblauch schälen, den Salbei waschen und trockentupfen. Beide Zutaten sehr fein hacken. • Eine Gratinform mit etwa der Hälfte der Butter ausstreichen und mit der Knoblauch-Salbei-Mischung ausstreuen. • Die Zwiebeln schälen und auf dem Gurkenhobel in millimeterdünne Scheiben hobeln. Die Äpfel halbieren, schälen und das Kerngehäuse herausstechen. Die Äpfel ebenfalls fein hobeln. • Die Zwiebel- und die Apfelscheiben schuppenförmig in die Form schichten, dabei die Äpfel mit dem Zitronensaft beträufeln und die Zwiebeln mit Salz würzen. Alles mit Pfeffer bestreuen. • Die Crème fraîche rundherum am Rand der Form dazugießen. • Den Gratin auf den Rost in den heißen Backofen (Mitte) stellen und etwa 20 Minuten backen, bis die Äpfel weich sind und die Flüssigkeit aufgesogen ist. Gegebenenfalls zwischendurch am Rand der Form noch etwas Sahne nachgießen.

Mein Tip: Die Zwiebeln lassen sich durch Kartoffeln, Lauch und Sellerie ersetzen.

Hafer mit Sahne und Kräutern

Reich an Eiweiß und Ballaststoffen

Zutaten für 5 Personen:
250 g Haferkörner · ½ l Wasser
1 Schalotte · 1 Eßl. Butter
200 g Sahne · 1 Teel. gekörnte Gemüsebrühe · 2 Eßl. frisch gehackte, gemischte Kräuter wie Petersilie, Schnittlauch, Kerbel, Borretsch, Zitronenmelisse und junge Brennesseln
Vollmeersalz · frisch gemahlener weißer Pfeffer
Cayennepfeffer · 1 Möhre (etwa 200 g)

Braucht etwas Zeit

Pro Person etwa 1500 kJ/360 kcal
8 g Eiweiß · 20 g Fett · 37 g Kohlenhydrate · 2 g Ballaststoffe

Garzeit des Hafers: 2 Stunden
Zubereitungszeit: 15 Minuten

Die Haferkörner mit dem Wasser zum Kochen bringen, zugedeckt bei schwacher Hitze 1 Stunde kochen und auf der abgeschalteten Kochstelle 1 weitere Stunde quellen lassen. • Die Schalotte schälen und fein hacken. • Die Butter in einem Topf erhitzen. Die Schalotte darin bei schwacher Hitze glasig braten. • Die Haferkörner hinzufügen und bei starker Hitze unter Rühren einige Sekunden schmoren. • Die Sahne nach und nach dazugießen und jeweils wieder einkochen lassen, bis der Hafer sämig wie Risotto ist. Die gekörnte Brühe unterrühren. • Die Kräuter daruntermischen, den Hafer mit Salz, Pfeffer und Cayennepfeffer abschmecken. • Die Möhre schälen, waschen, raspeln und über den Hafer streuen. • Paßt zu allen Gerichten, die man auch mit Reis ißt.

Mein Tip: Auf dieselbe Art können Sie auch alle anderen Getreidesorten zubereiten. Hirse muß nicht vorgekocht, sondern kann gleich in einer Mischung aus ⅛ l Wasser und 250 g Sahne gegart werden. Als Hauptgericht mit Salat reicht die Menge für 3 Personen.

Gedämpfter Reis

Spezialität aus dem Iran

Zutaten für 4 Personen:
250 g roter Langkornreis
½ l Wasser · Vollmeersalz
30 g Butter · 50 g Vollkornbrot
in dünnen Scheiben

Für Ungeübte

Pro Person etwa 380 kJ/140 kcal
6 g Eiweiß · 7 g Fett · 40 g Kohlenhydrate · 1 g Ballaststoffe

Vorbereitungszeit: 15 Minuten
Garzeit: 1¼ Stunden

Den Reis mit dem Wasser und Salz in einem hohen Topf zum Kochen bringen und etwa 5 Minuten sprudelnd kochen lassen, bis die Körner gerade bißfest sind. • Den Reis auf ein Sieb schütten, kalt abschrecken und abtropfen lassen. • Die Hälfte der Butter in den Topf geben und zerlassen. Den Topfboden mit den Brotscheiben auslegen. • Den Reis pyramidenförmig in den Topf häufen. Die restliche Butter in Flöckchen auf dem Reis verteilen. • Den Topfdeckel mit einem Küchentuch umwickeln, fest auf den Topf drücken und beschweren, damit der Topf wirklich dicht schließt. • Den Reis bei schwacher Hitze 1¼ Stunden dämpfen. • Zum Servieren den Topf kurz in kaltes Wasser tauchen, damit sich das Brot und der Reis vom Topfboden lösen. • Den Reis in eine vorgewärmte Schüssel geben und mit den nun gerösteten Brotscheiben belegt anrichten.

Mein Tip: Roter Reis – erhältlich in Geschäften für asiatische Lebensmittel – ist eine der vielen verschiedenen Reissorten. Sie können ihn durch normalen Natur-Langkornreis ersetzen.

Gewürztes Bulgur

Schmeckt zu gebratenem Gemüse und Joghurt

Zutaten für 4 Personen:
1 Eßl. Gelbwurz (Kurkuma)
1 Teel. Kreuzkümmel (Kumin)
1 Briefchen Safranfäden
½ Teel. Bockshornkleesamen
¼ Teel. Korianderkörner
3 weiße Pfefferkörner
je 1 Messerspitze Nelkenpfeffer
und frisch geriebene
Muskatnuß · 1 kleine Zwiebel
1 Knoblauchzehe · 1 Stück
frische Ingwerwurzel, etwa
2 cm lang · 1 Eßl. kaltgepreßtes
Sonnenblumenöl
1 Teel. Butter · 250 g Bulgur
600 ccm Wasser · 1 Würfel
Gemüsebrühe

Für Ungeübte

Pro Person etwa 1100 kJ/260 kcal
8 g Eiweiß · 6 g Fett · 39 g Kohlenhydrate · 6 g Ballaststoffe

Vorbereitungszeit: 10 Minuten
Garzeit: 35 Minuten

Die Gelbwurz, den Kreuzkümmel, den Safran, den Bockshornklee, den Koriander, den Pfeffer, den Nelkenpfeffer und die Muskatnuß in einem Mörser fein zerreiben. • Die Zwiebel, die Knoblauchzehe und die Ingwerwurzel schälen. Die Zwiebel und den Knoblauch fein hacken, den Ingwer halbieren. • Das Öl und die Butter in einem hohen Topf erhitzen. • Die zerriebenen Gewürze, die Zwiebel, den Knoblauch und den Ingwer darin bei schwacher bis mittlerer Hitze unter ständigem Rühren anrösten, bis die Zwiebel glasig ist. • Das Bulgur dazugeben und so lange rühren, bis es gleichmäßig von den Gewürzen überzogen ist. • Das Wasser und die Gemüsebrühe hinzufügen. • Das Bulgur einmal aufkochen und zugedeckt bei schwächster Hitze etwa 35 Minuten garen, bis das Wasser vollkommen aufgesogen ist.

Keine deftige Kost, sondern feine Beilagen

Azukibohnen mit Kräutersauce

im Bild links

Zutaten für 4 Personen:
250 g Azukibohnen
3/8 l Wasser · 1 Zwiebel
1 Lorbeerblatt · 1/8 l trockener Weißwein, ersatzweise Gemüsebrühe und 1 Eßl. Zitronensaft · 2 Knoblauchzehen · je 1 Handvoll Petersilie und Kerbel · 1 Zweig frischer Estragon · 1 Zweig frisches Bohnenkraut · 75 g Butter
1 Eßl. Zitronensaft · Vollmeersalz · frisch gemahlener weißer Pfeffer

Raffiniert • Braucht etwas Zeit

Pro Person etwa 1600 kJ/380 kcal
15 g Eiweiß · 17 g Fett · 39 g Kohlenhydrate · 14 g Ballaststoffe

Quellzeit: 8 Stunden
Garzeit der Bohnen: 1½ Stunden
Fertigstellung: 20 Minuten

Die Bohnen mit dem Wasser übergießen und zugedeckt 8 Stunden einweichen. • Die Zwiebel schälen, mit dem Lorbeerblatt und dem Wein zu den Bohnen geben, alles einmal aufkochen und die Bohnen zugedeckt bei schwacher Hitze 1½ Stunden garen. • Inzwischen die Knoblauchzehen schälen und ganz fein hacken. Die Kräuter waschen, trockenschwenken und ganz fein hakken, dabei vom Estragon und Bohnenkraut nur die Blättchen verwenden. • Den Knoblauch und die Kräuter mit der Butter und dem Zitronensaft verkneten. Die Kräuterbutter in den Kühlschrank stellen. • Die Zwiebel und das Lorbeerblatt aus den gegarten Bohnen nehmen. Die Bohnen abgießen und das Kochwasser dabei auffangen. Die Bohnen in einer vorgewärmten Schüssel warm halten. • Das Kochwasser der Bohnen in einem Topf auf etwa 4 Eßlöffel einkochen lassen. • Die kalte Kräuterbutter in Flöckchen teilen und nach und nach mit dem Schneebesen in die Flüssigkeit schlagen, bis eine sämige Sauce entstanden ist. • Die Kräutersauce mit Salz und Pfeffer abschmecken und über die Bohnen gießen.

Dicke Bohnen mit Sahne

im Bild rechts

Zutaten für 4 Personen:
1 kleine Zwiebel · 1 Knoblauchzehe · 1 Eßl. kaltgepreßtes Maiskeimöl · 2 Pakete tiefgefrorene Dicke Bohnen (600 g) · 3 Eßl. Wasser
1 Teel. gekörnte Gemüsebrühe
1 Bund Dill · 125 g Sahne
150 g Joghurt · 1 Eigelb · frisch gemahlener weißer Pfeffer

Schnell • Für Ungeübte

Pro Person etwa 1400 kJ/330 kcal
15 g Eiweiß · 17 g Fett · 32 g Kohlenhydrate · 1 g Ballaststoffe

Zubereitungszeit: 20 Minuten

Die Zwiebel und die Knoblauchzehe schälen und fein hacken. • Das Öl in einem Topf erhitzen. Die Zwiebel und den Knoblauch darin bei schwacher Hitze anbraten. • Die dicken Bohnen, das Wasser und die gekörnte Brühe hinzufügen. Die Bohnen zum Kochen bringen und zugedeckt bei schwacher Hitze etwa 10 Minuten garen. • Inzwischen den Dill waschen, trockentupfen und sehr fein hacken. • Die Sahne mit dem Joghurt und dem Eigelb verquirlen. • Die Sahne-Joghurt-Mischung in die Bohnen rühren und erhitzen, aber nicht mehr kochen lassen, sonst gerinnen Joghurt und Eigelb. • Den Dill unter die Bohnen mischen, das Gemüse mit Pfeffer abschmecken und servieren.

Hülsenfrüchte aus der Vollwertküche

Schmecken auch lauwarm oder abgekühlt als Vorspeisen

Linsen mit Schalotten

im Bild links

Zutaten für 4 Personen:
2 Knoblauchzehen · 5 Zweige frischer Thymian · 2 Eßl. kaltgepreßtes Maiskeimöl · 250 g schwarze Linsen (Puy-Linsen) · ½ l Gemüsebrühe · 150 g Schalotten · frisch gemahlener weißer Pfeffer · 2 Eßl. milder Himbeeressig · 1 Eßl. frisch gehackte Petersilie

Für Ungeübte

Pro Person etwa 1300 kJ/310 kcal
16 g Eiweiß · 9 g Fett · 40 g Kohlenhydrate · 3 g Ballaststoffe

Zubereitungszeit: 45 Minuten

Die Knoblauchzehen schälen und fein hacken. Den Thymian waschen, trockentupfen und die Blättchen abstreifen.
• Das Öl in einem Topf erhitzen. Den Knoblauch und den Thymian bei schwacher Hitze darin anbraten. Die Linsen und die Gemüsebrühe dazugeben, einmal aufkochen, und die Linsen zugedeckt bei schwacher Hitze etwa 30 Minuten garen. • Inzwischen die Schalotten schälen und in die einzelnen Zehen teilen. • Die Schalotten zu den Linsen geben, erneut aufkochen und alles weitere 10 Minuten bei schwacher Hitze garen.
• Das Gemüse mit Pfeffer und dem Himbeeressig abschmekken und mit der Petersilie bestreut servieren.

Mein Tip: Die Garzeit von Linsen läßt sich nicht exakt angeben; sie hängt davon ab, wie alt die Linsen sind. Braune Linsen brauchen 40 bis 60 Minuten, schwarze 30 bis 50 Minuten, rote 15 bis 30 Minuten.

Kichererbsen mit Tomaten

im Bild rechts

Zutaten für 4 Personen:
300 g Kichererbsen · 600 ccm Wasser · 2 Zweige frischer Rosmarin · 400 g vollreife Tomaten · 1 Bund Frühlingszwiebeln · 3 Knoblauchzehen
6 Eßl. kaltgepreßtes Olivenöl
Vollmeersalz · frisch gemahlener schwarzer Pfeffer
3 Eßl. frisch gehacktes Bohnenkraut · 2 Eßl. Kapern

Braucht etwas Zeit

Pro Person etwa 2100 kJ/500 kcal
18 g Eiweiß · 27 g Fett · 51 g Kohlenhydrate · 6 g Ballaststoffe

Quellzeit: 8 Stunden
Garzeit der Kichererbsen: 1¾ Stunden
Fertigstellung: 30 Minuten

Die Kichererbsen mit dem Wasser bedeckt 8 Stunden einweichen. • Den Rosmarin kalt waschen, zu den Kichererbsen geben, alles zum Kochen bringen und die Kichererbsen zugedeckt bei schwacher Hitze 1¾ Stunden garen. • Die Tomaten mit kochendem Wasser überbrühen, häuten und würfeln, dabei die Stielansätze entfernen. Die Frühlingszwiebeln putzen, waschen und mit etwa zwei Dritteln ihres Grüns in 5 cm lange Stücke schneiden. Die Knoblauchzehen schälen und fein hacken. • 2 Eßlöffel Öl erhitzen. Die Kichererbsen mit der Garflüssigkeit, die Tomaten, die Frühlingszwiebeln und den Knoblauch dazugeben. • Die Kichererbsen zugedeckt bei schwacher Hitze weitere 15 Minuten garen und mit Salz und Pfeffer abschmecken. • Die Kichererbsen mit dem restlichen Olivenöl, das Bohnenkraut und den Kapern mischen und anrichten.

Desserts, süße Hauptgerichte und Getränke

Ein lockerer Pudding aus Maismehl, Mandeln und Quark, dazu ein Püree aus frischen Früchten hat in der Vollwertküche seinen durchaus berechtigten Platz (Rezept Seite 186). Das Kapitel bietet Ihnen so feine Mehlspeisen wie Vanillesoufflé, Strudel und Crêpes. Doch auch die zarten Desserts der klassischen Küche lassen sich vollwertig zubereiten: Die schokoladige Mousse, die auf der Zunge zergeht, der Flammeri, der Kindheitserinnerungen weckt, die sahnigen Parfaits, die ein gutes Essen so köstlich abrunden. Beliebte Spezialitäten wie Tiramisu und italienischen Biskuitkuchen brauchen Sie ebenfalls nicht zu entbehren. Mit Müsli oder Obstsalaten können Sie den Tag gut beginnen. Dazu die Getränke als anspruchsvolle Apéritifs, vitaminreiche Starts am Morgen oder für zwischendurch.

Vanillesoufflé mit Birnen

Schmeckt mit allen Früchten der Jahreszeit

Zutaten für 4 Personen:
¼ unbehandelte Zitrone
300 ccm Milch · 1½ Teel. Naturvanille · 50 g Zuckerrohrgranulat · 1 Prise Vollmeersalz
50 g Weizenvollkornmehl
2 reife feste Birnen (Alexander Lucas, etwa 400 g) · 4 Eier
75 g frisch geriebene Walnußkerne
Für die Form: ½ Eßl. Butter und 1–2 Eßl. fein geriebener Vollkornzwieback

Raffiniert

Pro Person etwa 1800 kJ/430 kcal
15 g Eiweiß · 23 g Fett · 41 g Kohlenhydrate · 5 g Ballaststoffe

Vorbereitungszeit: 50 Minuten
Backzeit: 35 bis 40 Minuten

Die Schale der Zitrone abreiben. Die Zitrone auspressen und den Saft für die Birnen beiseite stellen. • Die Milch, die Vanille, das Zuckerrohrgranulat, das Salz, die Zitronenschale und das Mehl in einem Topf mit einem Schneebesen kräftig verrühren. Alles unter ständigem Rühren langsam erhitzen und einmal aufkochen. • Den Topf in kaltes Wasser mit einigen Eiswürfeln stellen, und die Masse unter häufigem Rühren erkalten lassen. • Eine ofenfeste Form mit hohem Rand von etwa 2 l Inhalt nur am Boden mit der Butter ausstreichen und mit dem Zwieback ausstreuen. • Die Birnen vierteln, schälen, vom Kerngehäuse befreien und in Schnitze teilen. • Den Boden der Form schuppenförmig mit den Birnenschnitzen auslegen. Den Zitronensaft darüber träufeln. • Den Backofen auf 175° vorheizen. • Die Eier trennen. Die Eigelbe nacheinander unter die abgekühlte Vanillecreme mischen. Die Eiweiße sehr steif schlagen. Den Schnee auf die Creme gleiten lassen, die Walnüsse darüber streuen. Alles mit dem Schneebesen vorsichtig mischen und auf den Birnen glattstreichen. • Die Form auf den Rost in den heißen Backofen (Mitte) stellen. Das Soufflé 35 bis 40 Minuten backen, bis es goldbraun ist.

Keksauflauf mit Marsalasauce

Dessert oder süßes Hauptgericht

Zutaten für 6 Personen:
250 g Vollkornkekse · ¼ l heiße Milch · 125 g heiße Sahne
100 g Butter · 1 Teel. Naturvanille · 1 Teel. Zimtpulver
1 Prise frisch geriebene Muskatnuß · 1 Prise Nelkenpfeffer · abgeriebene Schale von 1 unbehandelten Orange
5 Eier · 1 Prise Vollmeersalz
100 g fein geriebene Pistazien
Saft von 1 Zitrone
1 Teel. Zuckerrohrgranulat
100 ccm trockener Weißwein
2 Eßl. Marsala
Für die Form: ½ Eßl. Butter und 1–2 Eßl. fein geriebenes Knäckebrot

Braucht etwas Zeit

Pro Person etwa 2700 kJ/640 kcal
15 g Eiweiß · 45 g Fett · 36 g Kohlenhydrate · 2 g Ballaststoffe

Vorbereitungszeit: 40 Minuten
Backzeit: 35 Minuten
Fertigstellung: 15 Minuten

Die Vollkornkekse grob zerbröckeln, mit der Milch und der Sahne übergießen und zugedeckt 20 Minuten ziehen lassen, bis die Kekse die Flüssigkeit vollkommen aufgesogen haben. • Die Masse mit den Quirlen des Handrührgerätes kräftig durchrühren, bis sie glatt ist. • Eine ofenfeste Form mit hohem Rand von etwa 2 l Inhalt mit der Butter ausfetten und mit dem Knäckebrot ausstreuen. • Den Backofen auf 180° vorheizen. • Die Butter sehr schaumig rühren. Die Vanille, den Zimt, die Muskatnuß, den Nelkenpfeffer und die Orangenschale daruntermischen.
• Die Eier trennen. Nacheinander 4 Eigelbe unter die Butter mischen (das restliche Eigelb für die Sauce beiseite stellen). Die Keksmasse eßlöffelweise darunterrühren. • Alle Eiweiße mit dem Salz sehr steif schlagen und auf den Teig geben. Die Pistazien darüber streuen.
• Alles mit einem Schneebesen vorsichtig mischen. • Den Teig in der vorbereiteten Form glattstreichen. • Die Form auf den Rost in den heißen Backofen (Mitte) stellen, und den Auflauf etwa 35 Minuten backen. Mit der Stäbchenprobe prüfen, ob er fertig ist: Ein Holzstäbchen in die Mitte des Auflaufs stecken. Wenn keine feuchten oder klebrigen Teigreste mehr daran haften, ist der Auflauf gar.
• Den Auflauf herausnehmen und abkühlen lassen, bis die Sauce zubereitet ist. • Das restliche Eigelb mit dem Zitronensaft, dem Zuckerrohrgranulat, dem Weißwein und dem Marsala in eine Metall- oder Porzellanschüssel geben und über dem warmen Wasserbad zu einer dicken, schaumigen Creme aufschlagen. • Die Creme heiß zum Auflauf servieren.

Mein Tip: An Vollkornkeksen gibt es alle möglichen Geschmacksrichtungen. Probieren Sie, welche Ihnen für dieser Auflauf am besten schmecken. Wenn Sie Kalorien sparen wollen, bereiten Sie den Auflauf mit (ungewürzten) Vollkornbrötchen zu, die Sie ebenfalls in Milch und Sahne einweichen. Zur Abwechslung können Sie auch zusätzlich Obst verwenden: Eine Schicht Teig in die Form füllen, darauf vorbereitete Früchte wie Kirschen, Zwetschgen, Apfel- oder Birnenschnitze oder auch eingeweichtes, zerkleinertes Trockenobst geben und mit dem restlichen Teig bedecken.

Polentapudding mit Fruchtsauce

Süßes Hauptgericht oder Dessert nach einem sehr leichten Essen

Zutaten für 6 Personen:
150 g Maisgrieß (Polenta)
100 g Weizenvollkornmehl
50 g frisch gemahlene Mandeln
100 g Butter · 50 g Zuckerrohrgranulat · abgeriebene Schale und Saft von ½ unbehandelten Zitrone · 1 Teel. Vanillezucker
1 Prise Vollmeersalz
4 Eier · 100 g Magerquark
2 Eßl. Crème fraîche
400 g vollreife Aprikosen
200 g Erdbeeren · 1 Eßl. Honig
1 Eßl. Orangenlikör, ersatzweise Orangensaft · einige Minze- oder Zitronenmelisse-Blättchen
Für die Form: 1 Eßl. Butter und 2 Eßl. fein geriebenes Knäckebrot

Braucht etwas Zeit

Pro Person etwa 2200 kJ/520 kcal
14 g Eiweiß · 27 g Fett · 54 g Kohlenhydrate · 4 g Ballaststoffe

Vorbereitungszeit: 30 Minuten
Garzeit und Fertigstellung: 1½ Stunden

Den Maisgrieß in der Getreidemühle mehlfein mahlen und mit dem Vollkornmehl und den Mandeln mischen. • Die Butter mit dem Zuckerrohrgranulat schaumig rühren. Die Zitronenschale, den -saft, den Vanillezucker und das Salz hinzufügen. • Die Eier trennen. Die Eigelbe nacheinander unter die Masse rühren. Den Quark und die Crème fraîche eßlöffelweise daruntermischen. • Die Eiweiße sehr steif schlagen und auf die Puddingmasse geben. Die Mehl-Mandel-Mischung darüber streuen. • Alles mit einem Schneebesen vorsichtig mischen. • In einem Kochtopf so viel Wasser zum Kochen bringen, daß die Form, in der der Pudding gart, zu etwa zwei Dritteln darin steht. • Eine Puddingform von 1,5 l Inhalt mit Deckel mit der Butter ausfetten und mit dem Knäckebrot ausstreuen. • Den Teig einfüllen und glattstreichen. Die geschlossene Form in das Wasserbad stellen. Den Topf ebenfalls schließen, und den Pudding bei schwacher Hitze etwa 1½ Stunden garen. • Während der letzten 30 Minuten die Fruchtsauce zubereiten: Die Aprikosen mit kochendem Wasser überbrühen, kurz darin ziehen lassen, kalt abschrecken, häuten und vierteln. Die Steine dabei entfernen. • Die Aprikosen im Mixer pürieren. Die Erdbeeren waschen, von den Stielen zupfen und mit einer Gabel zerdrücken. • Das Erdbeermus mit dem Aprikosenpüree, dem Honig und dem Orangenlikör verrühren und bis zum Servieren zugedeckt in den Kühlschrank stellen. • Beim Pudding die Garprobe machen: An einem Holzspießchen, das in den Pudding gestochen wird, darf nichts haften bleiben. Den fertigen Pudding aus dem Wasserbad nehmen und in der Form 5 Minuten ruhen lassen. • Die Minze- oder Melisseblättchen waschen, trockentupfen und in Streifen schneiden. Die Sauce damit bestreuen. • Den Pudding auf eine Platte stürzen und die Sauce gesondert dazu servieren.

Mein Tip: Vanillezucker können Sie selbst zubereiten: 1 Vanilleschote längs halbieren und einen Teil des Marks herauskratzen. 50 g Zucker oder Zukkerrohrgranulat mit dem Vanillemark und der Schote in ein fest verschließbares Schraubglas geben und vor der Verwendung mindestens 5 Tage ziehen lassen. Die Schote nach etwa 6 Monaten erneuern, Zucker jeweils nach Bedarf hinzufügen. Da der Vanillezucker nur als Gewürz, also in kleinen Dosen, verbraucht wird, können Sie ohne weiteres den weißen Industriezucker verwenden.

Kleine Strudel mit Trockenobst

Schmecken auch kalt zum Kaffee oder Tee

Zutaten für 6 Personen:
200 g gemischtes ungeschwefeltes Trockenobst
50 g ungeschwefelte Rosinen
1 unbehandelte Orange · 1 Eßl. Saft und etwas abgeriebene Schale von ½ unbehandelten Zitrone · 3 Eßl. Honig · 4 Eßl. trockener Rotwein oder schwarzer Tee · 200 g Weizenvollkornmehl · Vollmeersalz knapp ⅛ l lauwarmes Wasser
3 Eßl. kaltgepreßtes Sonnenblumenöl · 1 Eigelb · 1 Ei · 250 g Magerquark · 200 g Crème fraîche · ½ Teel. Zimtpulver
150 g grob gehackte Walnußkerne · 50 g frisch geriebenes Vollkornbrot · 50 g Butter
Für die Arbeitsfläche: Mehl

Braucht etwas Zeit

Pro Person etwa 3100 kJ/740 kcal
18 g Eiweiß · 43 g Fett · 63 g Kohlenhydrate · 8 g Ballaststoffe

Vorbereitungszeit: 2 Stunden
Backzeit: 1 Stunde und 10 Minuten

Für die Füllung das Trockenobst und die Rosinen heiß abspülen und abtropfen lassen. Die Orangenschale abreiben, den Saft auspressen. • Das Trockenobst, die Rosinen, die Orangenschale und den -saft, den Zitronensaft (die Schale wird für die Quarkmasse gebraucht), 1 Eßlöffel Honig und den Rotwein oder Tee in einen Topf geben und einmal aufkochen. Die Flüssigkeit bei starker Hitze unter ständigem Rühren sirupartig einkochen lassen. Den Topf von der Kochstelle ziehen, und das Obst im Sud erkalten lassen, dann in Stücke schneiden. • Für den Teig das Mehl mit 1 Prise Salz, dem Wasser, dem Öl und dem Eigelb verkneten. Der Teig muß weich und glatt sein, darf aber nicht kleben. Bei Bedarf noch einige Tropfen lauwarmes Wasser beziehungsweise etwas Mehl hinzugeben. • Den Teig in Pergamentpapier wickeln und in einem angewärmten Topf etwa 30 Minuten ruhen lassen. • Inzwischen für die Quarkmasse das Ei trennen. Das Eigelb mit dem Quark, der Crème fraîche und dem restlichen Honig glattrühren. Die abgeriebene Zitronenschale und den Zimt daruntermischen. • Das Eiweiß mit 1 Prise Salz sehr steif schlagen, auf die Masse geben und alles mit einem Schneebesen vorsichtig mischen. • Den Backofen auf 220° vorheizen. • Den Strudelteig in vier Stücke teilen. Das erste Stück zuerst auf einer bemehlten Arbeitsfläche dünn ausrollen, dann auf ein mit Mehl bestreutes Küchentuch legen und nur den Rand rundherum mit den Fingerspitzen so ausziehen, daß er keinen dicken Wulst bildet. Strudelteig aus Vollkornmehl läßt sich nur dünn ausrollen, nicht richtig ziehen, denn durch den hohen Kleieanteil reißt der Teig leicht. • Die Teigplatte mit einem Teil der Nüsse und etwas Brot bestreuen, mit Quarkmasse bestreichen und mit Trockenobst belegen. Dabei am Rand rundherum etwa 1 cm freilassen, damit die Füllung beim Aufrollen nicht herausquillt. • Die Teigplatte an den Schmalseiten etwas einschlagen. Das Küchentuch am unteren Rand leicht anheben und den Strudel mit Hilfe des Tuches aufrollen. • Die Rolle mit dem Tuch anheben und vorsichtig in eine ofenfeste Form mit niedrigem Rand gleiten lassen. • Die anderen Teigstücke ebenso ausrollen, füllen, aufrollen und in die Form geben. • Die Butter zerlassen. Die Strudel damit bestreichen. • Die Form auf den Rost in den heißen Backofen (Mitte) stellen. Die Strudel etwa 70 Minuten backen, bis sie schön gebräunt sind. Dabei immer wieder mit Butter und der Flüssigkeit bestreichen, die sich in der Form sammelt.

Feine Cremes als Dessert

Leichte Nachspeisen

Vanillecreme mit Obst

im Bild links

Zutaten für 4 Personen:
1 gestrichener Teel. Agar-Agar
2 Eßl. kaltes Wasser · ¼ l Milch
1 Teel. Naturvanille · 1 Prise Vollmeersalz · etwas abgeriebene Schale von ½ unbehandelten Zitrone · 250 g Sahne
1 Eßl. Zuckerrohrgranulat
300 g Himbeeren · ½ Orange
1 Eßl. Honig

Für Ungeübte

Pro Person etwa 1200 kJ/290 kcal
5 g Eiweiß · 22 g Fett · 19 g Kohlenhydrate · 5 g Ballaststoffe

Vorbereitungszeit: 30 Minuten
Kühlzeit: 2 Stunden
Fertigstellung: 10 Minuten

Das Agar-Agar mit dem Wasser verrühren, bis es sich ganz aufgelöst hat. • Die Milch mit der Vanille, dem Salz und der abgeriebenen Zitronenschale in einem Topf erhitzen. • Das Agar-Agar hineinrühren, den Topf von der Kochstelle ziehen und die Milch lauwarm abkühlen lassen. • Die Sahne mit dem Zuckerrohrgranulat steif schlagen und mit einem Schneebesen locker unter die Vanillecreme ziehen. • Die Creme auf tiefe Teller verteilen und 2 Stunden zugedeckt kühlen. • Die Himbeeren verlesen, waschen, vorsichtig trockentupfen und auf der Creme verteilen. • Die Orange auspressen, den Saft mit dem Honig verrühren. Die Himbeeren damit beträufeln.

Avocadocreme mit Pistazien

im Bild rechts

Zutaten für 4 Personen:
2 vollreife Avocados (etwa 500 g) · 1 Orange · 1 Eßl. Zitronensaft · 2 Eßl. Honig
250 g Sahne · 175 g Joghurt
2 Eßl. ungesalzene Pistazien

Schnell

Pro Person etwa 2200 kJ/520 kcal
7 g Eiweiß · 49 g Fett · 16 g Kohlenhydrate · 3 g Ballaststoffe

Zubereitungszeit: 15 Minuten

Die Avocados halbieren, die Kerne herauslösen, die Hälften dünn abschälen und in den Mixer geben. • Die Orange auspressen. Den Saft, den Zitronensaft, den Honig, die Sahne und den Joghurt zu den Avocados geben und alles pürieren. • Die Creme auf hohe Dessertschälchen verteilen. • Die Pistazien auf ein Holzbrett geben und mit einem großen Messer grob hacken. • Die Avocadocreme mit den Pistazien bestreut servieren.

Mein Tip: Den Reifegrad von Avocados erkennen Sie durch Fingerdruck: Die Früchte müssen sich vor allem am Stielansatz leicht eindrücken lassen (etwa wie ein reifer Pfirsich); das Fruchtfleisch ist dann in der Konsistenz etwa wie Butter und läßt sich gut verarbeiten. Harte Avocados wickelt man in Zeitungspapier ein und läßt sie bei Zimmertemperatur nachreifen.

Mousse mit Tofu und Carob

Die beliebte Mousse au chocolat für Vollwertköstler

Zutaten für 6 Personen:
100 g Tofu · 50 g Mascarpone
2 Eßl. Portwein, ersatzweise
2 Eßl. Orangensaft und 1 Eßl.
Zitronensaft · 2 Eßl. Carob
1 Teel. Instant-Kaffeepulver
3 Eier · 20 g Zuckerrohrgranulat
250 g Sahne

Für Ungeübte
Gut vorzubereiten

Pro Person etwa 980 kJ/230 kcal
7 g Eiweiß · 20 g Fett · 6 g Kohlenhydrate · 0 g Ballaststoffe

Zubereitungszeit: 20 Minuten
Kühlzeit: 2 Stunden

Den abgetropften Tofu mit dem Mascarpone und dem Portwein oder der Saftmischung im Mixer pürieren.
• Die Masse mit dem Carob und dem Kaffeepulver vermischen.
• Die Eier trennen. • Die Eigelbe mit dem Zuckerrohrgranulat und 2 Eßlöffeln Sahne verrühren und über dem Wasserbad zu einer dicken, schaumigen Creme aufschlagen. • Die Tofucreme eßlöffelweise darunterschlagen. • Die Schüssel mit der Creme in kaltes Wasser mit einigen Eiswürfeln stellen, und die Creme so lange rühren, bis sie kalt ist. • Die Eiweiße und die restliche Sahne steif schlagen und beides unter die Creme ziehen. • Die Creme auf Dessertschälchen verteilen und vor dem Servieren etwa 2 Stunden zugedeckt kühlen.

Info zur Vollwertkost: Die Zubereitung entspricht der Mousse au chocolat, nur die Zutaten sind der Vollwertkost entsprechend ausgetauscht.

Carobflammeri

Wie Schokoladenpudding, nur vollwertig

Zutaten für 4–6 Personen:
2 Teel. Agar-Agar · 3 Eßl. kaltes
Wasser · ¾ l Milch · 50 g
Zuckerrohrgranulat · 2 Eßl.
Carob · 1 Teel. ungesüßtes
Kakaopulver · 1 Teel. Zimtpulver · 1 Prise Vollmeersalz
abgeriebene Schale von
1 unbehandelten Zitrone
1 Eigelb · 200 g Sahne
1 Teel. Vanillezucker

Raffiniert
Gut vorzubereiten

Bei 6 Personen etwa 990 kJ/240 kcal · 6 g Eiweiß · 16 g Fett
16 g Kohlenhydrate · 0 g Ballaststoffe pro Person

Zubereitungszeit: 30 Minuten
Kühlzeit: 5 Stunden

Das Agar-Agar mit dem Wasser verrühren. • Von der Milch etwa ⅛ l abnehmen und mit dem Zuckerrohrgranulat, dem Carob, dem Kakaopulver und dem Zimtpulver verrühren. • Die restliche Milch mit dem Salz und der Zitronenschale einmal aufkochen. • Zuerst die angerührte Milch, dann das Agar-Agar daruntermischen.
• Den Topf von der Kochstelle ziehen, und die Masse unter häufigem Umrühren erkalten lassen. • Das Eigelb daruntermischen. • Die Sahne mit dem Vanillezucker steif schlagen und mit einem Schneebesen unter den Flammeri ziehen. • Den Flammeri in kalt ausgespülte Förmchen füllen und zugedeckt etwa 5 Stunden kühlen, bis er fest ist. • Zum Servieren den Flammeri rundherum mit einer Messerspitze vom Rand der Förmchen lösen und auf Dessertteller stürzen. • Dazu passen frische Früchte, Vanillesauce oder flüssige, gut gekühlte Sahne.

Tiramisu

Das beliebte italienische Dessert mit vollwertigen Zutaten

Zutaten für 8 Personen:
5 Eier · 3 Eßl. kaltes Wasser
100 g Zuckerrohrgranulat
abgeriebene Schale von
¼ unbehandelten Zitrone
125 g Weizenvollkornmehl
⅜ l Wasser · 2 Eßl. Getreide-kaffee · 4 Eigelbe
500 g Mascarpone · Carob zum Bestreuen
Für das Blech: Butter und Mehl

Braucht etwas Zeit
Gut vorzubereiten

Pro Person etwa 1600 kJ/380 kcal
10 g Eiweiß · 27 g Fett · 24 g Kohlenhydrate · 1 g Ballaststoffe

Vorbereitungszeit: 10 Minuten
Backzeit: 25 Minuten
Fertigstellung: 40 Minuten
Kühlzeit: 8 Stunden

Zwei Backbleche fetten und dünn mit Mehl bestäuben. • Den Backofen auf 180° vorheizen. • Für den Biskuitteig die Eier trennen. • Die Eiweiße mit dem Wasser zu steifem Schnee schlagen. Etwa zwei Drittel des Zuckerrohrgranulats und die Zitronenschale einrieseln lassen und so lange weiterschlagen, bis der Eischnee glänzt. • Die Eigelbe nacheinander nur so lange daruntermischen, bis die Masse gleichmäßig gelb ist. Das Mehl darüber sieben und mit einem Schneebesen vorsichtig darunterziehen. • Den Teig in einen Spritzbeutel mit großer Tülle füllen und mit reichlich Abstand etwa 10 cm lange Löffelbiskuits auf das erste Blech spritzen (die gesamte Teigmenge ergibt etwa 30 Biskuits).
• Das Blech in den heißen Backofen (Mitte) schieben und die Biskuits in etwa 15 Minuten goldgelb backen. • Die Biskuits herausnehmen, sofort vom Blech lösen und auf einem Kuchengitter vollkommen erkalten lassen. • Die zweite Portion Löffelbiskuits nur noch etwa 10 Minuten backen. • Das Wasser einmal aufkochen und sprudelnd kochend über den Getreidekaffee gießen. Den Kaffee 10 Minuten ziehen lassen, durch ein feines Sieb gießen und vollkommen erkalten lassen. • Für die Creme die Eigelbe mit einem Schneebesen sehr schaumig schlagen. Das restliche Zuckerrohrgranulat langsam einrieseln lassen und so lange weiterschlagen, bis es sich aufgelöst hat und eine dikke, hellbraune Schaummasse entstanden ist. • Den Mascarpone eßlöffelweise zu der Eiermasse geben und so lange rühren, bis auch diese Masse dickflüssig und cremig ist. • Etwa 16 Löffelbiskuits nebeneinander in eine flache Form legen. Etwa die Hälfte des Getreidekaffees langsam in die Form gießen und die Form dabei immer wieder leicht schwenken: Die Biskuits saugen den Kaffee sofort auf. • Die Hälfte der Mascarponecreme auf den Biskuits glattstreichen und dabei auch die Zwischenräume der Biskuits ausfüllen. • Die restlichen Löffelbiskuits darauf legen und ebenfalls mit Kaffee tränken. Sobald der Kaffee völlig eingezogen ist, den Rest der Creme darauf glattstreichen.
• Das Tiramisu mit einer dünnen Schicht Carob bestäuben und zugedeckt mindestens 8 Stunden im Kühlschrank durchziehen lassen. • Das Dessert unmittelbar vor dem Servieren noch einmal mit Carob bestäuben, damit die Oberfläche gleichmäßig dunkelbraun ist.

Mein Tip: Wenn Sie den Geschmack von Carob nicht mögen, können Sie das Tiramisu auch mit ungesüßtem Kakaopulver bestäuben; allerdings sollten Sie nur wenig davon verwenden.

Biskuitdessert mit Rotwein und Trockenobst

Schmeckt wie Zuppa romana

Zutaten für 6 Personen:
200 g gemischtes ungeschwefeltes Trockenobst · 1 unbehandelte Orange · 1 Eßl. Zitronensaft · ⅛ l trockener Rotwein · 5 Eier · 4 Eßl. kaltes Wasser · 75 g Zuckerrohrgranulat · 125 g Weizenvollkornmehl · ½ l Milch · 1 Prise Vollmeersalz · 1 Teel. Naturvanille · ½ Teel. Zimtpulver · 4 Eigelbe · 2 Eßl. Cognac · 500 g Sahne
Für das Blech: Butter und Pergamentpapier

Braucht etwas Zeit
Gut vorzubereiten

Pro Person etwa 2700 kJ/640 kcal
16 g Eiweiß · 39 g Fett · 52 g Kohlenhydrate · 4 g Ballaststoffe

Vorbereitungszeit einschließlich Ruhezeit: 3 ½ Stunden
Backzeit: 20 Minuten
Fertigstellung: 30 Minuten
Kühlzeit: 3 Stunden

Das Trockenobst heiß abspülen, abtropfen lassen, in kleine Stücke schneiden und in eine Schüssel geben. • Die Orangenschale etwa zur Hälfte abreiben. Die Orange auspressen. Das Trockenobst mit der Orangenschale und dem -saft, dem Zitronensaft und dem Rotwein übergießen und etwa 3 Stunden ziehen lassen. • Das Obst abgießen und abtropfen lassen, die Flüssigkeit dabei auffangen und zum Tränken des Biskuits beiseite stellen. • Ein Backblech etwa zur Hälfte fetten; das Papier bleibt dann gut haften und kann beim Glattstreichen des Teiges nicht so leicht verrutschen. Ein entsprechend großes Stück Pergamentpapier auf das Blech legen und dieses ebenfalls mit Fett bestreichen. Das Pergamentpapier an der einen Seite als »Begrenzung« hochkniffen, damit der Teig beim Backen nicht auseinanderläuft. • Den Backofen auf 180° vorheizen. • Für den Biskuitteig die Eier trennen. • Die Eiweiße mit dem Wasser zu steifem Schnee schlagen. Etwa die Hälfte des Zuckerrohrgranulats einrieseln lassen und so lange weiterschlagen, bis der Eischnee glänzt. • Die Eigelbe nacheinander nur so lange daruntermischen, bis die Masse gleichmäßig hellbraun ist. 100 g Mehl über die Masse sieben und mit einem Schneebesen vorsichtig darunterziehen. • Den Teig auf dem Papier glattstreichen, das Blech in den heißen Backofen (Mitte) schieben, etwa 15 Minuten backen und noch 5 Minuten im abgeschalteten Ofen stehenlassen. Der Biskuit soll nicht ganz durchgebacken sein, also bei Berührung noch leicht am Finger haften bleiben. • Die Teigplatte auf ein Kuchengitter stürzen, das Pergamentpapier abziehen, und den Biskuit erkalten lassen. • Für die Creme die Milch mit dem Salz, der Vanille und dem Zimtpulver bis knapp unter den Siedepunkt erhitzen. • Die Eigelbe mit dem restlichen Zuckerrohrgranulat in einem Kochtopf sehr schaumig schlagen. Den Rest des Mehls daruntermischen. • Die heiße Milch unter ständigem Schlagen nach und nach dazugießen, unter Rühren erhitzen und einmal aufkochen. Sobald die Creme dick ist, den Topf in eine Schüssel mit kaltem Wasser und einigen Eiswürfeln stellen, und die Creme kaltrühren. • Den Biskuit in Streifen schneiden. • Eine rechteckige Form mit flachem Rand schichtweise mit den Biskuitstreifen auslegen. Den Cognac unter die Weinmarinade mischen, und die Biskuitstreifen jeweils damit tränken. Schichtweise dann mit der Vanillecreme und dem marinierten Trockenobst füllen. • Die oberste Schicht sollte Biskuit sein. • Die Sahne steif schlagen. Die Torte damit überziehen, mit Sahnetupfen garnieren und 3 Stunden kühlen.

Aprikosen mit Tofuschaum

Leichtes Dessert nach einem kräftigen Essen

Zutaten für 4 Personen:
750 g vollreife Aprikosen
1 Eßl. Wasser
1 Eßl. Aprikosenlikör, ersatzweise naturtrüber Apfelsaft
250 g Tofu · ½ Eßl. Zitronensaft
30 g Honig · 250 g Sahne
2 Eßl. ungesalzene Pistazien

Für Ungeübte

Pro Person etwa 1700 kJ/400 kcal
9 g Eiweiß · 28 g Fett · 32 g Kohlenhydrate · 4 g Ballaststoffe

Vorbereitungszeit: 15 Minuten
Kühlzeit: 2 Stunden
Fertigstellung: 10 Minuten

Die Aprikosen waschen, halbieren und entsteinen. Mit dem Wasser und dem Aprikosenlikör in einen Topf geben. Alles einmal aufkochen, und die Früchte zugedeckt bei schwacher Hitze 5 Minuten dünsten. Die Aprikosenschalen, die sich nun abgelöst haben, entfernen. • Die Aprikosen zugedeckt in den Kühlschrank stellen und etwa 2 Stunden kühlen. • Den abgetropften Tofu mit dem Zitronensaft und dem Honig im Mixer pürieren. • Die Sahne steif schlagen und darunterziehen. • Die Aprikosen und den Tofuschaum schichtweise in hohe Dessertgläser verteilen. • Die Pistazien grob hacken und das Dessert damit bestreuen.

Mein Tip: Statt Tofu können Sie auch Magerquark verwenden. Beim Obst sollten Sie sich nach dem Angebot der Saison richten: Gut schmecken Zwetschgen, (geschälte) Pfirsiche, Kirschen und Erdbeeren. Alle diese Früchte müssen nicht gedünstet werden.

Kastanienpüree mit Kirschwasser und Sahne

Spezialität aus der Schweiz

Zutaten für 4 Personen:
500 g Eßkastanien (Maronen)
½ Teel. Naturvanille · 1 Prise frisch geriebene Muskatnuß
2 Schnapsgläser Kirschwasser (4 cl) · 250 g Sahne
2 Eßl. Ahornsirup

Raffiniert

Pro Person etwa 1800 kJ/430 kcal
5 g Eiweiß · 22 g Fett · 52 g Kohlenhydrate · 1 g Ballaststoffe

Garzeit der Kastanien: 30 Minuten
Fertigstellung: 30 Minuten

Die Schale der Kastanien mit einem kleinen, spitzen Messer kreuzweise einschneiden. • Reichlich Wasser zum Kochen bringen, und die Kastanien darin 30 Minuten kochen, abgießen, kurz kalt abschrekken und schälen. Dabei auch die innere braune Haut vollkommen entfernen. • Die Kastanien noch heiß durch die Kartoffelpresse drücken. Das Püree mit der Vanille, der Muskatnuß und dem Kirschwasser vermischen und erkalten lassen. • Dann erneut durch die Kartoffelpresse auf Dessertteller drükken; das Dessert soll wie ein Berg von dünnen Nudeln aussehen. • Die Sahne steif schlagen, in einen Spritzbeutel füllen und hübsch auf das Püree spritzen. • Den Ahornsirup in einem zarten Filigranmuster auf die Sahne träufeln.

Beeren mit Weinschaumsauce

Kann im Winter auch mit Exoten
wie Kiwi oder Ananas zubereitet werden

Zutaten für 3 Personen:
500 g gemischte Beeren (wie Erdbeeren, Brombeeren, Himbeeren, Johannisbeeren und Stachelbeeren) · 6 Vollkornkekse · 3 Eßl. Cognac
1 Eigelb · 1–2 Eßl. Honig
⅛ l trockener Weißwein

Schnell

Pro Person etwa 1400 kJ/330 kcal
6 g Eiweiß · 9 g Fett · 43 g Kohlenhydrate · 9 g Ballaststoffe

Zubereitungszeit: 30 Minuten

Die Beeren verlesen, waschen, vorsichtig trockentupfen und gegebenenfalls von den Stielen zupfen. Alle Beeren mischen und auf Desserttellern anrichten. • Die Kekse grob zerbröckeln und über die Beeren streuen. Den Cognac darüber träufeln • Für die Weinschaumsauce das Ei mit dem Honig (die Menge richtet sich nach der Süße der Beeren) und dem Wein in eine Metall- oder Porzellanschüssel geben und über dem warmen Wasserbad zu einer dicken, schaumigen Creme aufschlagen. • Die Beeren mit der Weinschaumsauce überziehen und sofort servieren.

Mein Tip: Statt einer Weinschaumsauce können Sie aus 1 Ei, Honig nach Geschmack und 125 g Sahne eine Creme über dem Wasserbad aufschlagen. Die Schüssel in kaltes Wasser mit einigen Eiswürfeln stellen, und die Creme kaltrühren. 3 Eßlöffel Sahne mit einem Schneebesen steif schlagen und unter die Creme ziehen. Bei diesem Rezept ersetzen Sie den Cognac durch roten, ungesüßten Fruchtsaft.

Mariniertes Obst mit Zimtsahne

Schmeckt auch mit Trockenobst

Zutaten für 6 Personen:
12 frische Datteln · 2 Schnapsgläser Orangenlikör (4 cl), ersatzweise Saft von 1 kleinen Orange · 3 Eßl. Mandelblättchen · 3 rosa Grapefruits
3 Kiwis · 1 Eßl. Zitronensaft
2 Eßl. Ahornsirup · 250 g Sahne
1 Teel. Zuckerrohrgranulat
1–2 Teel. Zimtpulver

Raffiniert

Pro Person etwa 1300 kJ/310 kcal
3 g Eiweiß · 16 g Fett · 36 g Kohlenhydrate · 1 g Ballaststoffe

Zubereitungszeit: 20 Minuten

Die Datteln entsteinen, in Streifen schneiden, mit dem Orangenlikör beträufeln und zugedeckt ziehen lassen, bis die anderen Zutaten vorbereitet sind. • Die Mandelblättchen in einer Pfanne ohne Fettzugabe unter Rühren goldgelb rösten. • Die Grapefruits schälen, alle weißen Häutchen entfernen, und die Früchte in Scheiben schneiden. Den Saft dabei auffangen. • Die Scheiben auf ein Brett legen, den weißen Mittelteil, in dem die Kerne sitzen, jeweils mit einem Apfelausstecher entfernen. Die Kiwis schälen und ebenfalls in Scheiben schneiden. • Das Obst auf Desserttellern hübsch anrichten, mit den Datteln und den Mandelblättchen belegen. • Den Orangenlikör, den die Datteln nicht aufgesogen haben, mit dem aufgefangenen Grapefruitsaft, dem Zitronensaft und dem Ahornsirup mischen und über das Obst träufeln. • Die Sahne mit dem Zukkerrohrgranulat und dem Zimt steif schlagen, in einen Spritzbeutel füllen und das Dessert damit garnieren.

Lebkuchenparfait mit Sanddornsauce

Unkompliziertes Dessert für ein festliches Menü

Zutaten für 4 Personen:
2 Vollkornlebkuchen (je etwa 40 g; selbstgebacken oder fertig gekauft) · abgeriebene Schale und Saft von 1 unbehandelten Orange · 4 Eigelbe
½ Teel. Naturvanille · 250 g Sahne · 300 g Joghurt · 2 Eßl. ungesüßter Sanddornsirup
1 Eßl. Zuckerrohrgranulat

Raffiniert
Gut vorzubereiten

Pro Person etwa 1800 kJ/430 kcal
9 g Eiweiß · 32 g Fett · 27 g Kohlenhydrate · 0 g Ballaststoffe

Ruhezeit: 2 Stunden
Zubereitungszeit: 30 Minuten
Kühlzeit und Fertigstellung: 2½ Stunden

Die Lebkuchen von den Oblaten ablösen, grob zerkleinern, mit der Orangenschale bestreuen, mit dem Saft beträufeln und zugedeckt etwa 2 Stunden ziehen lassen. • Die Eigelbe mit der Vanille in eine Edelstahl- oder Porzellanschüssel geben und zu einer dicken, schaumigen Creme aufschlagen. • Die Sahne steif schlagen und unter die Creme ziehen. • Die Creme im Gefriergerät in etwa 2 Stunden halb fest werden lassen, dabei immer wieder durchrühren, damit sie geschmeidig bleibt. • Die Lebkuchen im Mixer pürieren und unter das Halbgefrorene mischen. • Die Schüssel wieder in das Gefriergerät stellen, und das Parfait noch einmal etwa 30 Minuten kühlen. • Inzwischen für die Sauce den Joghurt mit dem Sanddornsirup und dem Zuckerrohrgranulat schaumig schlagen. • Das Parfait auf Tellern anrichten und mit etwas Sauce umgießen. Die restliche Sauce gesondert dazu reichen.

Orangenparfait mit Mohnsauce

Feines Dessert für den Winter

Zutaten für 6 Personen:
50 g Honig · abgeriebene Schale und Saft von 1 kleinen unbehandelten Orange · 2 Eier
250 g Sahne · 20 g gemahlener Mohn · 10 g Zuckerrohrgranulat
¼ l Milch · etwas abgeriebene Schale von ½ unbehandelten Zitrone · 1 Eigelb
Zum Garnieren: Orangenfilets

Raffiniert

Pro Person etwa 1100 kJ/260 kcal
6 g Eiweiß · 19 g Fett · 15 g Kohlenhydrate · 0 g Ballaststoffe

Zubereitungszeit: 30 Minuten
Kühlzeit: 3 Stunden
Fertigstellung: 30 Minuten

Den Honig in eine Schüssel geben und über dem Wasserbad flüssig, aber nicht heiß werden lassen. • Die Orangenschale, den -saft und die Eier zum Honig geben und über dem Wasserbad zu einer dicken, schaumigen Creme aufschlagen. • Die Schüssel in kaltes Wasser mit einigen Eiswürfeln stellen. Die Creme so lange durchrühren, bis sie kalt ist. • Etwa 200 g Sahne steif schlagen und unter die Creme ziehen. • Die Creme zugedeckt in das Gefriergerät stellen und in etwa 3 Stunden fest werden lassen. Dabei immer wieder mit einem Schneebesen durchrühren. • Für die Mohnsauce den Mohn mit dem Zuckerrohrgranulat und der Milch in einem Topf aufkochen und zugedeckt bei schwacher Hitze 15 Minuten ziehen lassen. • Die Zitronenschale hinzufügen. Die Mohnmilch lauwarm abkühlen lassen. • Die restliche Sahne steif schlagen. • Zuerst das Eigelb, dann die Sahne mit einem Schneebesen unter die Mohnmilch ziehen. • Dessertteller mit Mohnsauce ausgießen. Das Parfait portionieren, auf der Sauce anrichten und mit Orangenfilets garnieren.

Feine Crêpes zum Dessert

Schmecken nach einem sehr leichten Essen

Crêpes mit Sanddorneis und Obst

im Bild links

Zutaten für 6 Personen:
4 Eier · 4 Eßl. Ahornsirup
4 Eßl. Sanddornsirup
300 g Sahne · 40 g Butter
150 ccm Milch
75 g Weizenvollkornmehl
1 Prise Vollmeersalz
500 g Erdbeeren · Saft von
1 kleinen Orange · Ahornsirup
zum Beträufeln

Braucht etwas Zeit

Pro Person etwa 1700 kJ/400 kcal
9 g Eiweiß · 27 g Fett · 34 g Kohlenhydrate · 3 g Ballaststoffe

Vorbereitungszeit: 15 Minuten
Kühlzeit: 3 Stunden
Fertigstellung: 30 Minuten

Für das Eis 2 Eier mit dem Ahorn- und Sanddornsirup zu einer dicken, schaumigen Creme aufschlagen. 200 g Sahne steif schlagen und darunterziehen. • Die Masse in eine Edelstahl- oder Porzellanschüssel geben und im Gefriergerät in etwa 3 Stunden fest werden lassen. Dabei immer wieder durchrühren, damit sich keine Eiskristalle bilden. • Dann für die Crêpes die Butter zerlassen, aber nicht bräunen. • Die Milch und den Rest der Sahne in eine Schüssel geben. Das Mehl darüber sieben, das Salz dazugeben. Alles mit dem Schneebesen durchschlagen, bis ein glatter Teig entstanden ist. Die restlichen Eier darunterrühren.
2 Eßlöffel Butter in dünnem Strahl dazugießen und kräftig daruntermischen. • Eine Pfanne von 16 cm Durchmesser ohne Fett erhitzen. Die Zischprobe machen, und die Pfanne mit etwas zerlassener Butter auspinseln. Die Teigmenge für 1 dünne Crêpes hineingeben. • Die Pfanne zudecken, die Crêpe an der Unterseite backen, wenden und ohne Deckel auf der zweiten Seite fertigbacken. • Alle Crêpes so backen und dabei die Pfanne hin und wieder mit etwas Butter auspinseln. • Die Erdbeeren waschen, abzupfen und auf Tellern verteilen. • Die restliche Butter und den Orangensaft in die Pfanne geben. • Die Crêpes zweimal zusammenfalten, in der Butter-Saft-Mischung wenden, neben den Erdbeeren anrichten und mit Ahornsirup beträufeln. Das Eis portionieren und dazulegen.

Crêpes mit Mandeln und Sahne

im Bild rechts

Zutaten für 6 Personen:
40 g Butter · 150 ccm Milch
250 g Sahne · 75 g Weizenvollkornmehl · 1 Prise Vollmeersalz
2 Eier · 1 Eßl. Ahornsirup
100 g grob gehackte Mandeln
2 Schnapsgläser Mandellikör
(4 cl), ersatzweise Fruchtsaft
1 Teel. Zuckerrohrgranulat

Braucht etwas Zeit

Pro Person etwa 1600 kJ/380 kcal
9 g Eiweiß · 31 g Fett · 16 g Kohlenhydrate · 2 g Ballaststoffe

Zubereitungszeit: 45 Minuten

Die Crêpes wie nebenstehend beschrieben mit 50 g Sahne und 2 Eßlöffeln Butter zubereiten, backen und warm halten. • Die restliche Butter, den Ahornsirup und die Mandeln in einer Pfanne unter Rühren erhitzen, bis die Mandeln goldbraun sind. Die Pfanne vom Herd ziehen, und der Likör unter die Mandeln mischen. • Die restliche Sahne mit dem Zuckerrohrgranulat steif schlagen. • Die Crêpes auf Teller verteilen, die Mandelmischung und die Sahne darübergeben.

Feine Desserts aus dem Backofen

Am besten nach einem leichten, festlichen Menü servieren

Gratinierte Zwetschgen

im Bild links

Zutaten für 2 Personen:
250 g reife Zwetschgen
30 g Vollkornkekse
2 Eßl. Zwetschgenwasser oder Orangensaft · 100 g Crème fraîche · 125 g Sahne · 1 Eigelb
1 Eßl. Ahornsirup

Für Ungeübte

Pro Person etwa 2300 kJ/550 kcal
6 g Eiweiß · 41 g Fett · 35 g Kohlenhydrate · 7 g Ballaststoffe

Vorbereitungszeit: 35 Minuten
Backzeit: 7 Minuten

Die Zwetschgen waschen, abtrocknen, halbieren, entsteinen und schuppenförmig in tiefen, ofenfesten Tellern anordnen. • Die Kekse grob zerbröckeln und über die Zwetschgen streuen. Das Zwetschgenwasser oder den Orangensaft darüber träufeln. • Die Crème fraîche mit der Sahne, dem Eigelb und dem Ahornsirup verrühren und über den Zwetschgen verteilen. Die Zwetschgen 20 Minuten ziehen lassen.
• Den Backofen auf 250° vorheizen. • Die Teller auf den Rost in den heißen Backofen (Mitte) stellen. Die Zwetschgen etwa 7 Minuten überbacken, bis sie weich sind und die Sahnemischung an der Oberfläche gebräunt ist.

Mein Tip: Den Gratin können Sie auch mit Beeren zubereiten. In diesem Fall muß er jedoch unter dem Elektrogrill gegart werden. Denn selbst bei starker Oberhitze werden Beeren im Backofen zu weich.

Apfelgratin mit Preiselbeeren

im Bild rechts

Zutaten für 4 Personen:
1 Eßl. Butter · 700 g säuerliche Äpfel (Gravensteiner, Boskop oder Glockenapfel) · Saft von 1 kleinen Zitrone · 1 Eßl. Zuckerrohrgranulat · 2 Eßl. grob gehackte Haselnußkerne
300 g Sahne · 100 g Preiselbeerkompott

Für Ungeübte

Pro Person etwa 1800 kJ/430 kcal
3 g Eiweiß · 32 g Fett · 34 g Kohlenhydrate · 2 g Ballaststoffe

Vorbereitungszeit: 20 Minuten
Backzeit: 20 Minuten

Den Backofen auf 220° vorheizen. • Eine Gratinform mit etwa der Hälfte der Butter ausstreichen. • Die Äpfel schälen, das Kerngehäuse herausstechen, und die Äpfel auf dem Gurkenhobel in feine Scheibchen hobeln. • Die Scheiben schuppenförmig in die Form schichten, mit dem Zitronensaft beträufeln und mit dem Zuckerrohrgranulat und den Nüssen bestreuen. • Die Sahne rundherum am Rand der Form dazugießen. Das Preiselbeerkompott in Tupfen auf den Gratin setzen und die restliche Butter flöckchenweise darüber geben. • Die Form auf den Rost in den heißen Backofen (Mitte) stellen. Den Gratin etwa 20 Minuten backen, bis die Äpfel weich sind und die Flüssigkeit aufgesogen ist. Gegebenenfalls gießen Sie am Rand der Form noch etwas Sahne nach.

Kiwis mit Eis und Orangensabayon

Leichtes Dessert, das auch nach einem kräftigen Essen schmeckt

Zutaten für 4 Personen:
4 Kiwis · 1 Eßl. Orangenlikör nach Belieben
1 kleines Ei · Saft von 1 kleinen Orange · 1 Teel. Zuckerrohrgranulat · 4 Portionen selbstgemachtes Lebkuchenparfait oder Sanddorneis (Rezepte Seite 194 und 195)
1 Eßl. frisch gehackte, ungesalzene Pistazien

Schnell

Pro Person etwa 1900 kJ/450 kcal
10 g Eiweiß · 33 g Fett · 28 g Kohlenhydrate · 0 g Ballaststoffe

Zubereitungszeit: 20 Minuten

Die Kiwis vorsichtig schälen, quer in Scheiben schneiden, auf Desserttellern anrichten und mit dem Orangenlikör beträufeln. • Für den Orangensabayon das Ei mit dem Orangensaft und dem Zuckerrohrgranulat in eine Metall- oder Porzellanschüssel geben und über dem warmen Wasserbad zu einer dicken, schaumigen Creme aufschlagen. • Das Eis neben den Kiwis anrichten, alles mit dem Orangensabayon überziehen, mit den Pistazien bestreuen und sofort servieren. • Dazu passen noch Löffelbiskuits aus Vollkornmehl (siehe Rezept Tiramisu, Seite 190).

Mein Tip: Statt der Kiwis können Sie je nach Saison auch frische Beeren und/oder Ananasscheiben verwenden.

Bunte Obstsalate

Vitaminreiche Nachspeisen, die auch den Brunch fein ergänzen

Kirschen-Pfirsichsalat mit Vanillesahne

im Bild links

Zutaten für 4 Personen:
500 g reife Pfirsiche · 500 g
Kirschen · 1 Eßl. Sanddornsirup
2 Eßl. Ahornsirup
1 Eßl. Orangensaft · ⅛ l Milch
1 Teel. Naturvanille · 1 Ei
1 Teel. Zuckerrohrgranulat
1 Teel. Weizenvollkornmehl
125 g Sahne

Für Ungeübte

Pro Person etwa 1300 kJ/310 kcal
6 g Eiweiß · 13 g Fett · 41 g
Kohlenhydrate · 3 g Ballaststoffe

Zubereitungszeit einschließlich Ruhezeit: 1 Stunde und 10 Minuten

Die Pfirsiche häuten, entsteinen und in Schnitze teilen. Die Kirschen waschen, trockenschwenken, von den Stielen zupfen und entsteinen. • Beide Obstsorten in einer Schüssel vorsichtig mischen. • Den Sanddorn- und den Ahornsirup mit dem Orangensaft verrühren, über das Obst gießen und alles zugedeckt im Kühlschrank 1 Stunde ziehen lassen. • Die Milch mit der Vanille bis knapp unter den Siedepunkt erhitzen. • Das Ei mit dem Zuckerrohrgranulat in einem Topf sehr schaumig schlagen. Das Mehl darüber stäuben. • Den Topf auf die Kochstelle setzen, die Milch langsam zu der Eiercreme gießen und alles unter ständigem Rühren erhitzen, bis die Creme dick wird. • Den Topf in eine Schüssel mit kaltem Wasser und einigen Eiswürfeln stellen, und die Creme so lange rühren, bis sie kalt ist. • Die Sahne halbsteif schlagen und darunterziehen. • Den Obstsalat auf Desserttellern anrichten, mit der Vanillesahne übergießen und servieren.

Obstsalat mit Avocados und Nüssen

im Bild rechts

Zutaten für 4 Personen:
1 große Orange · 3 frische
Feigen · 500 g weiße und blaue
Weintrauben, gemischt
250 g frische Ananas · je 1 Eßl.
Sonnenblumenkerne, grob
gehackte Haselnüsse und
Kürbiskerne · 2 reife, aber feste
Avocados (etwa 400 g)
300 g Dickmilch · 1 Eßl. Crème
fraîche 2 Eßl. Zitronensaft
2 Eßl. Honig oder Ahornsirup

Raffiniert

Pro Person etwa 2100 kJ/500 kcal
9 g Eiweiß · 27 g Fett · 54 g
Kohlenhydrate · 5 g Ballaststoffe

Zubereitungszeit: 20 Minuten

Die Orange schälen, von allen weißen Häutchen befreien und in Stücke schneiden. Die Feigen mit einem kleinen spitzen Messer häuten und in Schnitze teilen. Die Weintrauben waschen, abtupfen, halbieren und entkernen. Die Ananas in Stücke schneiden. • Alle diese Zutaten in einer Schüssel mit den Sonnenblumenkernen, den Haselnüssen und den Kürbiskernen mischen. Den Obstsalat auf Desserttellern verteilen. • Die Avocados halbieren, von den Kernen befreien, schälen und in dünne Scheibchen schneiden. • Die Scheibchen fächerförmig auf den Obstsalat anrichten. • Die Dickmilch mit der Crème fraîche, dem Zitronensaft und dem Honig schaumig schlagen und über das Obst gießen. • Dazu passen Vollkornkekse.

Müslis zum Frühstück

Wählen Sie das Obst der Jahreszeit entsprechend

Müsli mit Beeren und Flocken

im Bild links vorne

Zutaten für 3 Personen:
4 Eßl. Haferkörner · ⅛ l Milch
500 g gemischte Beeren
200 g Sahne · 150 g Joghurt
4 Eßl. Gerstenflocken
Zum Süßen: Honig

Für Ungeübte

Pro Person etwa 2000 kJ/480 kcal
11 g Eiweiß · 28 g Fett · 43 g
Kohlenhydrate · 8 g Ballaststoffe

Quellzeit: 7 Stunden
Zubereitungszeit: 10 Minuten

Den Hafer grob schroten, mit der Milch verrühren und zugedeckt im Kühlschrank 7 Stunden quellen lassen. • Die Beeren verlesen, waschen, trokkenschwenken und auf tiefe Teller verteilen. • Den Getreidebrei mit der Sahne und dem Joghurt verrühren und nach Wunsch mit Honig süßen. • Die Mischung über die Beeren gießen und alles mit den Gerstenflocken bestreut servieren.

Sprossenmüsli mit Obst und Nüssen

im Bild links hinten

Zutaten für 2 Personen:
2 Eßl. Gerstenkörner · ¼ l Milch
300 g gemischtes frisches Obst
75 g Weizensprossen · Saft von
1 Orange · 150 g Joghurt
100 g gehackte Walnußkerne
Zum Süßen: Honig

Für Ungeübte

Pro Person etwa 3300 kJ/790 kcal
27 g Eiweiß · 44 g Fett · 69 g
Kohlenhydrate · 9 g Ballaststoffe

Keimzeit der Sprossen: 3 Tage
Quellzeit: 7 Stunden
Zubereitungszeit: 10 Minuten

Die Gerstenkörner grob schroten und in der Milch 7 Stunden quellen lassen. • Das Obst waschen, zerkleinern und mit den abgespülten Sprossen und dem Orangensaft beträufeln. • Den Getreidebrei und den Joghurt vermischen und auf Teller verteilen. Mit dem Obst belegen und mit den Nüssen bestreuen. Das Müsli nach Geschmack mit Honig süßen.

Frischkornmüsli mit Obst und Dickmilch

im Bild rechts

Zutaten für 4 Personen:
4 Eßl. Roggenkörner
600 g Dickmilch
2 Eßl. ungeschwefelte Rosinen
50 g Sonnenblumenkerne
400 g Äpfel, Bananen und
Orangen, gemischt · 1 Eßl.
Zitronensaft · 1–2 Eßl. Apfel-
dicksaft

Für Ungeübte

Pro Person etwa 1300 kJ/310 kcal
11 g Eiweiß · 10 g Fett · 40 g
Kohlenhydrate · 5 g Ballaststoffe

Quellzeit: 7 Stunden
Zubereitungszeit: 15 Minuten

Den Roggen in der Getreidemühle grob schroten, mit der Dickmilch und den Rosinen vermischen und zugedeckt im Kühlschrank 7 Stunden quellen lassen. • Die Sonnenblumenkerne ebensolang keimen lassen. • Die Äpfel vierteln, schälen, vom Kerngehäuse befreien und in Schnitze teilen. Die Bananen schälen und in Scheiben schneiden. Die Orangen ebenfalls schälen und in Stücke schneiden. Den Saft dabei auffangen. • Den Getreidebrei mit den Sonnenblumenkernen, dem Obst, dem Zitronensaft und dem Apfeldicksaft mischen, in Schälchen füllen und servieren.

Desserts mit Sauermilchprodukten

Reich an Eiweiß und Milchsäuren

Dickmilchcreme mit Zwetschgen

im Bild links

Zutaten für 4 Personen:
300 g Dickmilch · 2 Eigelbe
1 Eßl. Zuckerrohrgranulat
1–2 Eßl. Zitronensaft · 1 Teel. Agar-Agar · 2 Eßl. kaltes Wasser · 100 g Sahne · 500 g Zwetschgen · ½ Teel. Zimtpulver · 1 Eßl. Honig

Für Ungeübte

Pro Person etwa 1200 kJ/290 kcal
8 g Eiweiß · 15 g Fett · 27 g Kohlenhydrate · 7 g Ballaststoffe

Zubereitungszeit einschließlich Kühlzeit: 50 Minuten

Die Dickmilch mit den Eigelben, dem Granulat und dem Zitronensaft schaumig schlagen und lauwarm erhitzen. • Das Agar-Agar mit dem Wasser verrühren und in einem kleinen Topf etwa 2 Minuten kochen lassen. Lauwarm abkühlen und unter die Dickmilch mischen. Die Sahne steif schlagen und darunterziehen. Die Masse 30 Minuten kühl stellen. • Die Zwetschgen vorbereiten, vierteln, auf Teller geben, mit dem Zimt bestreuen und mit dem Honig beträufeln. • Die Creme auf den Zwetschgen anrichten.

Sahnejoghurt mit Früchten

im Bild hinten

Zutaten für 2 Personen:
250 g gemischte Beeren wie Erdbeeren, Himbeeren und Brombeeren · 1 Nektarine
1 Eßl. Honig · 300 g Joghurt
1 Schnapsglas Cassis (Johannisbeerlikör, 2 cl), ersatzweise Johannisbeersaft · 250 g Sahne
1 Eßl. Zuckerrohrgranulat
1 Teel. Naturvanille

Für Ungeübte • Schnell

Pro Person etwa 2700 kJ/640 kcal
11 g Eiweiß · 46 g Fett · 44 g Kohlenhydrate · 7 g Ballaststoffe

Zubereitungszeit: 30 Minuten

Die Beeren waschen. Die Nektarine waschen, halbieren, entsteinen und in Schnitze teilen. • Das Obst in einer Schüssel mit dem Honig mischen. • Den Joghurt mit dem Cassis verrühren. • Die Sahne mit dem Zuckerrohrgranulat und der Vanille steif schlagen und unter den Joghurt ziehen. • Alles mit den Beeren mischen und auf Schälchen verteilen.

Quarkcreme mit Heidelbeeren

im Bild rechts

Zutaten für 4 Personen:
500 g Heidelbeeren · 3 Eßl. Ahornsirup · 1 großer reifer Pfirsich · 250 g Magerquark
2 Eßl. Crème fraîche · 200 g Sahne · 1 Eßl. Butter · 1 Eßl. kernige Vollkorn-Haferflocken
1 Teel. Zimtpulver

Schnell

Pro Person etwa 1700 kJ/400 kcal
12 g Eiweiß · 24 g Fett · 37 g Kohlenhydrate · 3 g Ballaststoffe

Zubereitungszeit: 20 Minuten

Die Heidelbeeren vorbereiten, auf Schälchen verteilen und mit 2 Eßlöffeln Ahornsirup beträufeln. • Den Pfirsich häuten, entsteinen und mit dem restlichen Ahornsirup pürieren. • Das Püree mit dem Quark und der Crème fraîche verrühren. • Die Sahne steif schlagen und darunterziehen. Die Creme über die Beeren geben. • Die Butter zerlassen. Die Haferflocken darin knusprig rösten, mit dem Zimt mischen und über die Creme geben.

Schichtspeisen mit Obst

Schmeckt auch Kindern

Preiselbeercreme

im Bild oben

Zutaten für 2 Personen:
- 250 g Sahne · 1 Eßl. Zuckerrohrgranulat · 300 g Joghurt
- 4 Eßl. Preiselbeerkompott
- 4 Scheiben Vollkornzwieback

Schnell

Pro Person etwa 2900 kJ/690 kcal
13 g Eiweiß · 47 g Fett · 51 g Kohlenhydrate · 2 g Ballaststoffe

Zubereitungszeit: 15 Minuten

Die Sahne mit dem Granulat steif schlagen. Den Joghurt mit dem Preiselbeerkompott mischen. • Den Zwieback grob zerkleinern. • Alle Zutaten schichtweise in Dessertgläser füllen.

Kirschcreme mit Brotbröseln

im Bild unten

Zutaten für 4 Personen:
- 300 g Dickmilch · 200 g Crème fraîche · 200 g saure Sahne
- 2 Eßl. Zuckerrohrgranulat
- 300 g Kirschen · 100 g altbackenes Vollkornbrot
- 50 g Vollkornkekse

Gut vorzubereiten

Pro Person etwa 1900 kJ/480 kcal
9 g Eiweiß · 26 g Fett · 43 g Kohlenhydrate · 3 g Ballaststoffe

Zubereitungszeit: 30 Minuten

Die Dickmilch mit der Crème fraîche und der sauren Sahne in eine Schüssel geben und mit einem Schneebesen kräftig durchschlagen. Das Granulat daruntermischen. • Die Kirschen waschen, von den Stielen zupfen und entsteinen. • Das Vollkornbrot reiben, die Kekse grob zerbröseln und beides mischen. • Die Creme, die Kirschen und die Brot-Keks-Mischung schichtweise auf Dessertgläser verteilen.

Milchmixgetränke

Zum Frühstück oder zwischendurch

Mangodrink

im Bild links

Zutaten für 1 Person:
1 reife Mango · 1/8 l Möhrensaft
1/8 l frisch gepreßter Orangensaft · 1/2 Teel. kaltgepreßtes Walnußöl · 2 Blättchen frische Zitronenmelisse

Raffiniert

Etwa 920 kJ/220 kcal · 3 g Eiweiß
0 g Fett · 52 g Kohlenhydrate
7 g Ballaststoffe

Zubereitungszeit: 10 Minuten

Die Mango schälen, in Stükken vom Kern schneiden und mit den beiden Säften und dem Öl im Mixer pürieren. • Den Drink mit der Zitronenmelisse garnieren.

Avocadomilch

im Bild 2. von links

Zutaten für 4 Personen:
1 reife Avocado (etwa 200 g)
1 unbehandelte Zitrone
2–3 Eßl. Honig · 1/2 l Milch
250 g Buttermilch

Schnell

Pro Person etwa 980 kJ/230 kcal
7 g Eiweiß · 14 g Fett · 19 g Kohlenhydrate · 1 g Ballaststoffe

Zubereitungszeit: 10 Minuten

Die Avocado halbieren, vom Kern befreien, schälen und in den Mixer geben. • 1 großes Stück Zitronenschale abschneiden und in feine Streifen schneiden. Die Zitrone auspressen. • Die Avocado mit dem Zitronensaft, dem Honig, der Milch und der Buttermilch im Mixer pürieren. • Auf Gläser verteilen und mit der Zitronenschale bestreuen.

Birnenmilch

im Bild 2. von rechts

Zutaten für 1 Person:
1 kleine reife Birne · 1/2 Zitrone
1/2 Eßl. Birnendicksaft · 1/4 l Milch
1 Prise Nelkenpfeffer

Schnell

Etwa 1100 kJ/260 kcal · 9 g Eiweiß · 9 g Fett · 36 g Kohlenhydrate · 2 g Ballaststoffe

Zubereitungszeit: 10 Minuten

Die Birne vierteln, vom Kerngehäuse befreien, schälen und in Schnitze teilen. • Die Zitrone auspressen, mit der Birne, dem Birnendicksaft und der Milch in den Mixer geben. • Alles pürieren, mit dem Nelkenpfeffer würzen und gut gekühlt servieren.

Erdbeermilch

im Bild rechts

Zutaten für 2 Personen:
400 g Erdbeeren · 1 Eßl. Orangensaft · 2 Eßl. Zuckerrohrgranulat · 1/2 l Milch
1 Eßl. ungesalzene, gehackte Pistazien

Für Ungeübte

Pro Person etwa 1400 kJ/330 kcal
11 g Eiweiß · 14 g Fett · 42 g Kohlenhydrate · 5 g Ballaststoffe

Zubereitungszeit: 10 Minuten
Kühlzeit: 30 Minuten

Die Erdbeeren waschen, von den Stielen zupfen und im Mixer mit dem Orangensaft, dem Zuckerrohrgranulat und der Milch pürieren. • Die Milch auf 2 Gläser verteilen, etwa 30 Minuten kühlen und mit den Pistazien bestreut servieren.

Herzhafte Drinks

Schmecken auch als Aperitif

Tomaten-Gurkensaft

im Bild links

Zutaten für 3 Personen:
500 g vollreife Tomaten
½ Salatgurke (etwa 250 g)
½ Bund Petersilie · Vollmeersalz · frisch gemahlener weißer Pfeffer · Cayennepfeffer
½ Eßl. kaltgepreßtes Olivenöl
⅛ l Mineralwasser

Für Ungeübte

Pro Person etwa 300 kJ/70 kcal
3 g Eiweiß · 3 g Fett · 8 g Kohlenhydrate · 4 g Ballaststoffe

Zubereitungszeit: 20 Minuten

Die Tomaten mit kochendem Wasser überbrühen, häuten, achteln und von den Stielansätzen befreien. Die Gurke schälen und in Stücke schneiden. Die Petersilie waschen. • Alle diese Zutaten im Mixer pürieren. • Das Püree mit Salz, Pfeffer und Cayennepfeffer pikant abschmecken. Das Öl und das Mineralwasser daruntermischen. • Den Saft gut gekühlt servieren.

Rote-Bete-Möhren-Saft

im Bild in der Mitte

Zutaten für 1 Person:
1 rote Bete (etwa 250 g) · 250 g junge Möhren · ½ Zitrone · Vollmeersalz · frisch gemahlener schwarzer Pfeffer · 1 Teel. kaltgepreßtes Weizenkeimöl
1 Eßl. frisch gehackter Dill

Preiswert

Etwa 520 kJ/110 kcal · 7 g Eiweiß
9 g Fett · 45 g Kohlenhydrate
15 g Ballaststoffe

Zubereitungszeit: 15 Minuten

Die Blättchen der roten Bete abschneiden, waschen, trockentupfen und fein hacken. Die rote Bete schälen und in Stücke schneiden. Die Möhren schälen, waschen und mit der roten Bete durch den elektrischen Entsafter geben. • Die Zitrone auspressen, den Saft unter den Drink mischen. • Den Drink mit Salz, Pfeffer und dem Öl verrühren, mit den rote-Bete-Blättchen und dem Dill bestreuen.

Mein Tip: Tomaten und Möhren enthalten das fettlösliche Vitamin A beziehungsweise dessen Vorstufe. Damit das Vitamin vom Körper aufgenommen werden kann, müssen Sie diese Gemüsesäfte immer mit etwas Öl mischen.

Selleriedrink mit Joghurt

im Bild rechts

Zutaten für 1 Person:
1 Stange Staudensellerie
150 g Joghurt · ⅛ l kohlensäurearmes Mineralwasser
2 Eßl. gemischte, frisch gehackte Kräuter wie Dill, Garten- oder Brunnenkresse und Borretsch · 1 Teel. Zitronensaft · Vollmeersalz frisch gemahlener weißer Pfeffer

Schnell

Etwa 520 kJ/120 kcal · 7 g Eiweiß
6 g Fett · 10 g Kohlenhydrate
1 g Ballaststoffe

Zubereitungszeit: 10 Minuten

Den Sellerie waschen und mit den Blättchen ganz fein zerkleinern. • Den Joghurt mit dem Mineralwasser verrühren und mit einem Schneebesen kräftig durchschlagen. • Den Sellerie, die Kräuter und den Zitronensaft daruntermischen. • Den Drink mit Salz und Pfeffer abschmecken.

Menüvorschläge für die Vollwertküche

Regeln für die Zusammenstellung eines Menüs gibt es nur noch wenige: Die Speisenfolge soll abwechslungsreich sein, und Lebensmittel, die einen Gang beherrschen, sollen bei einem der nächsten Gänge nicht noch einmal serviert werden. Bei Menüs mit mehr als drei Gängen muß man besonders darauf achten, daß die Gäste nicht erschöpft und übersatt vom Tisch aufstehen: Eine Suppe, die eigentlich nur für 4 Personen bestimmt ist, reicht bei einem fünfgängigen Menü für 8 Gäste. Deshalb können Sie sich bei den folgenden Menüvorschlägen genau an die im jeweiligen Rezept angegebenen Mengen halten und brauchen die Zutaten nicht etwa zu verdoppeln.
Ein vollwertiges Menü sollte so ausgewogen sein, daß sich leichte Gerichte mit kräftigeren abwechseln. Es sollte alle wesentlichen Nährstoffe enthalten: Pflanzeneiweiß und Milchprodukte, Ballaststoffe aus Getreide und/oder Hülsenfrüchten und aus Gemüse, vitaminreiche Frischkost, essentielle Fettsäuren. Wenn Sie Fleisch oder Fisch essen wollen, wählen Sie bitte nur *ein* entsprechendes Rezept, denn Fleisch und Fisch sind in der Vollwertküche ja die feine Nebensache.
Das Menü sollte dem Körper auch nicht zuviel zumuten: Bei Sprossensalat, gefolgt von einer Suppe mit Hülsenfrüchten, einem Hauptgericht mit geschmortem Getreide und als Abschluß Obstsalat mit Nüssen könnnte der Verdauungstrakt Ihrer Gäste streiken – selbst wenn Sie routinierte Vollwertköstler bewirten.
Richten Sie sich bei der Speisenfolge vor allem nach dem, was Ihnen schmeckt. Und wenn Sie Freunde oder Bekannte von der Vollwertkost überzeugen wollen: Gehen Sie behutsam vor. Wer bisher hauptsächlich Fleisch gegessen hat, kann sich kaum für Roggenpilaw begeistern, sicher jedoch für fein gewürzte Currykartoffeln oder Lasagne mit zartem Gemüse.
Bei der Speisenauswahl sollten Sie auch berücksichtigen, daß die meisten Gerichte unmittelbar vor dem Essen noch fertiggestellt und nicht warm gehalten werden. Planen Sie das Menü also sehr exakt (die genauen Zeitangaben in den Rezepten helfen Ihnen dabei), und wählen Sie die Gerichte so, daß Sie nicht nach jedem Gang für eine halbe Stunde in der Küche verschwinden müssen. Das stört die gemütliche Atmosphäre, in der ein schönes Essen stattfinden sollte, und macht die Köchin oder den Koch unnötig nervös.

Ein Menü zum Einstimmen auf die Vollwertküche (8 Personen)

Spinatsalat mit Tofuscheiben (Rezept Seite 46)
Geschichtete Kartoffeln mit Gemüse und Fleisch (Rezept Seite 107)
Beeren mit Weinschaumsauce (Rezept Seite 193)

Die roten Bohnen für das Hauptgericht werden vorgegart und müssen nicht sofort weiterverarbeitet werden. Ebenso kann der Tofu auch länger als 2 Stunden ziehen. Bevor die Gäste kommen, stellen Sie zuerst den Schmortopf fertig, damit Sie ihn nur noch in den Ofen schieben müssen. Dann wird das Dessert bis auf die Weinschaumsauce zubereitet. Zum Schluß den Tofu braten, den Salat putzen und anrichten. Wenn die Gäste da sind, den Schmortopf in den Ofen stellen und mit dem Vorspeisen-Salat beginnen. Das Hauptgericht kann dann einfach aus dem Ofen geholt und serviert werden. Nach dem Hauptgericht sollten Sie eine Pause einlegen und dann die Sauce aufschlagen; das dauert etwa 5 Minuten.

Ein Menü für alle, die im Kochen noch nicht so geübt sind (4 Personen)

Marinierte gemischte Gemüse (Rezept Seite 31)
Ofenkartoffeln mit Käsekruste (Rezept Seite 110), dazu Kohlrabi mit Möhren und Nüssen (Rezept Seite 48)
Sahnejoghurt mit Früchten (Rezept Seite 200)

Marinierte gemischte Gemüse

Bei diesem Menü können Sie jeden Gang fertigstellen, bevor die Gäste kommen. Beginnen Sie mit den marinierten Gemüsen (die Sie ohne weiteres schon am Vortag zubereiten können, wenn Sie wenig Zeit haben). Danach wird das Dessert zubereitet und zugedeckt in den Kühlschrank gestellt.
Jetzt die Kartoffeln aufs Blech geben und mit der Käsemischung bestreuen. Den Rohkostsalat erst ganz zum Schluß mischen; am besten wäre es, wenn Sie ihn nach der Vorspeise zubereiten.
Im Winter, wenn es keine frischen Bohnen und Auberginen gibt, verwenden Sie tiefgefrorene Bohnen und – statt der Auberginen – Champignons. Beim Hauptgericht müssen es nicht unbedingt neue Kartoffeln sein; Sie können auch die alte Ernte verwenden, sollten jedoch kleine Knollen einer vorwiegend festkochenden Sorte (zum Beispiel »Granola«, »Grata« oder »Clivia«) wählen.

Ein Menü, das man fast komplett vorbereiten kann (8–9 Personen)

Gemüseterrine mit Pilzen und Avocadosauce (Rezept Seite 34), dazu Tomatensalat (Rezept Käsewaffeln mit Tomatensalat, Seite 61)
Gemüsebrühe mit Dinkel (Rezept Seite 75)
Gebackene Kartoffeln und rote Beten mit zwei Saucen (Rezept Seite 112)
Mousse mit Tofu und Carob (Rezept Seite 189)

Die Gemüseterrine können Sie am Vortag zubereiten; der Dinkel für die Suppe wird ebenfalls vorab gegart und – wenn die Gäste da sind – nur einige Minuten mit dem Gemüse aufgekocht. Die Mousse sollte nicht länger als 12 Stunden im Kühlschrank stehen.
Bevor die Gäste kommen, werden zuerst die Kartoffeln und die roten Beten auf das Backblech gegeben, die Zwiebelsauce zubereitet und der Meerrettich gerieben. Dann die Avocadosauce und den Tomatensalat zubereiten und mit der Terrine auf Tellern anrichten. Wenn die Gäste da sind, das vorbereitete Blech in den Ofen schieben und mit dem Essen beginnen. Nach der Suppe beziehungsweise wenn Kartoffeln und rote Beten weich sind, die Meerrettichsauce zubereiten. Da nur je 6 Kartoffeln und rote Beten gebacken werden, müssen beide Zutaten aufgeteilt werden. Am besten richten Sie das Hauptgericht in der Küche auf Tellern an.

Ein schnelles Menü (5–6 Personen)

Avocados mit Kräutercreme (Rezept Seite 38)
Feine Zwiebelsuppe (Rezept Seite 89)
Auberginen und Zucchini mit Hirsekruste (Rezept Seite 117), dazu beliebiger Salat
Carobflammeri (Rezept Seite 189)

Trotz der vier Gänge dauert die Zubereitung des Menüs nur etwa 1 Stunde. Der Carobflammeri wird am Vortag zubereitet, denn er muß mindestens 5 Stunden kühl stehen. Bevor die Gäste kommen, garen Sie zuerst die Hirse. Währenddessen das Brot für die Suppe rösten und mit dem Käse in Suppenteller geben. Die Kräutercreme zubereiten, die Zutaten für die Suppe zerkleinern, die Auberginen- und die Zucchinischeiben auf das Blech geben und mit der Hirsemasse belegen. Zum Schluß die Avocados mit der Kräutercreme anrichten. Die Zwiebeln für die Suppe braten und zugedeckt auf der abgeschalteten Kochstelle stehenlassen; dann braucht man sie mit der Brühe nur aufzukochen. Wenn die Gäste da sind, das vorbereitete Blech in den Ofen schieben. Nach der Suppe den Beilagensalat mischen; am schnellsten ist Tomatensalat zubereitet (Rezept auf Seite 61 bei Käsewaffeln).

Ein festliches Menü für Sommer und Herbst (8 Personen)

Frischkäsemousse mit Kräutern (Rezept Seite 35)
Suppe mit Tomaten und Fisch (Rezept Seite 80)
Waffeln mit Möhren und Lauch (Rezept Seite 62), dazu gemischte Rohkost mit Käse (Rezept Seite 52; Käse eventuell weglassen)
Aprikosen mit Tofuschaum (Rezept Seite 192)

Das Menü ist für die Gästebewirtung ideal, denn es kann in wesentlichen Schritten vorbereitet werden. Die Waffeln backt man gemeinsam bei Tisch. Wer kein Waffeleisen besitzt, wählt als Hauptgang »Fladenbrote mit Linsen-Mais-Gemüse« (Rezept Seite 168). Der Teig für die Fladenbrote kann vorbereitet, die Brote selbst können auf Alufolie über der Holzkohlenglut gegrillt werden.
Die Frischkäsemousse und das Dessert werden vorab zubereitet und kühl gestellt. Dann alle Zutaten für die Suppe vorbereiten und den Teig für die Waffeln beziehungsweise für die Fladenbrote mischen. Das Linsen-Mais-Gemüse kann auch jetzt schon zubereitet und warm gehalten werden.
Kurz bevor die Gäste kommen, die Vorspeise anrichten, die Suppe aufsetzen und zum Schluß die Rohkost mischen.

Gefüllte Reisrollen mit Tomatensauce

Ein festliches Menü für den Winter (8 Personen)

Wintersalat mit Vinaigrette (Rezept Seite 52)
Suppe mit roten Bohnen (Rezept Seite 73)
Gefüllte Reisrollen mit Tomatensauce (Rezept Seite 133)
Gemüseplatte mit Tofuklößchen (Rezept Seite 140)
Lebkuchenparfait mit Sanddornsauce (Rezept Seite 194)

Vorab das Parfait zubereiten. Die Bohnen, eventuell auch das Fleisch für die Suppe vorgaren, die Füllung für die Reisrollen und den Teig für die Tofuklößchen zubereiten. Die Reisblätter füllen und die Klößchen formen. Für die Gemüseplatte sollten Sie tiefgefrorenes Gemüse verwenden; es unterscheidet sich in der Qualität nicht von frischem Gemüse, und Sie sparen eine Menge Vorbereitungszeit. Für die Sauce zu den Reisrollen nehmen Sie am besten geschälte Dosentomaten; im Winter kommen frische Tomaten gewöhnlich aus dem Treibhaus und haben keinerlei Aroma. Die Tomatensauce können Sie ebenfalls vorab kochen und erkalten lassen. Während die Reisrollen gedämpft werden, die Sauce erhitzen.
Bevor die Gäste kommen, die roten Beten in die Suppe raspeln. Den Salat zubereiten und auf Tellern anrichten; Radicchio- und Endivienblätter sind so kräftig, daß sie ruhig 15 Minuten marinieren können.
Nach der Vorspeise die Suppe nur aufkochen und anrichten.
Nach der Suppe die Reisrollen dämpfen und die Sauce erhitzen. Während das Hauptgericht gart – es muß »à la minute« zubereitet werden, was nichts schadet, denn nach drei Gängen verträgt man gut eine kleine Pause – die Joghurtsauce zubereiten, mit dem Sanddornsirup auf Tellern verteilen und das Parfait darauf anrichten.
Die Teller in den Kühlschrank stellen.

Ein festliches Frühlings-Menü (6 Personen)

Canapés mit Gurken und Dillcreme (Rezept Seite 41)
Spargelsuppe mit Tofuklößchen (Rezept Seite 88)
Lasagne mit Frühlingsgemüsen (Rezept Seite 104)
Kiwis mit Eis und Orangensabayon (Rezept Seite 197)

Am Vortag das Eis zubereiten. Den Nudelteig und den Teig für die Tofuklößchen mischen. Die Nudelblätter ausrollen und die Klößchen formen. Die Sauce für die Lasagne kochen und fertigstellen, die Gemüse vorbereiten und die Lasagne in die Form schichten. Kurz bevor die Gäste kommen, die Canapés zubereiten und anrichten. Die Lasagne in den Ofen schieben.
Nach der Vorspeise die Suppe garen. Das Dessert erst nach dem Hauptgang fertigstellen, damit man eine Pause einlegen kann.

Kiwis mit Eis und Orangensabayon

WEIZEN-
ungespritzt

Zum Nachschlagen

Mit herrlich frischen, mit neuen und für manchen von Ihnen vielleicht auch ungewöhnlichen Zutaten arbeiten – das macht die Vollwertküche so anregend. Spaß an der Sache und Genuß am Essen kommen eigentlich von selbst. Notwendige, ergänzende Informationen finden Sie auf den folgenden Seiten: Sie erfahren Wichtiges über Produkte, die Sie täglich kaufen oder erst kennenlernen wollen. Dann wissen Sie gut Bescheid im Naturkostladen, im Reformhaus und in den Supermärkten, die ihr Angebot an Naturkostprodukten inzwischen erweitert haben, und können entsprechend wählen. Essen mit Spaß und Vernunft, lautet die Devise auch dieses neuen Buches. Dazu brauchen Sie die Rezepte und die hervorragenden Fotos, die zum Kochen und Genießen anregen, aber auch all die Informationen, die hier zusammengestellt sind.

Getreide in der Vollwertküche

Getreidekörner und alle Produkte, die aus den ganzen Körnern hergestellt werden, sind eine der Grundlagen vollwertiger Ernährung. Denn Getreide – aus den Wildformen der Gräser kultiviert – liefert dem Organismus fast alles, was er braucht: Der Keim enthält hochwertiges Eiweiß, Fett mit der lebenswichtigen Linolsäure, Vitamine – vor allem Vitamin B_1 und B_2 sowie Niacin – und Mineralstoffe. Der hohe Anteil an Kohlenhydraten, die der Körper bei der Verdauung selbst in Zucker, sprich: Energie, umwandeln muß, sorgt für langanhaltende Sättigung. Die Randschichten des Korns sind reich an verdauungsfördernden Ballaststoffen.

Weizen

enthält von allen Getreidesorten am meisten Eisen, der Keim ist reich an Vitamin E. Der Eiweißgehalt ist im Vergleich zu anderen Getreidesorten hoch, der Fettgehalt gering.

Produkte aus Weizen:

- Bulgur (auch Bulghur oder Burghul) ist vorgekochter, geschälter und mehr oder weniger grob vermahlener Weizen, der auch als »Thermo-Weizengrütze« angeboten wird;
- Couscous ist meist ebenfalls grob vermahlener Weizengrieß; in Nordafrika versteht man unter dieser Bezeichnung jedoch auch Hirse;
- Weizenflocken werden aus geschälten oder ungeschälten Weizenkörnern hergestellt. Grobe, kernige Flocken bestehen aus dem ganzen Korn;
- Weizenkeime sind die abgetrennten Keime des ganzen Korns mit vielen Vitaminen, besonders Vitamin E, und reichlich Fett. Diese Nährstoffe kann man jedoch auch aufnehmen, wenn man die ganzen Körner oder Weizenvollkornmehl ißt;
- Weizenkeimöl wird aus Weizenkeimen gewonnen. Kaufen Sie möglichst kaltgepreßtes Öl (steht auf der Verpackung), das nicht raffiniert, das heißt, von unerwünschten Inhaltsstoffen gereinigt werden muß, die bei einer Pressung von über 60° mit aus der Ölsaat austreten. Wie alle kaltgepreßten Öle besitzt es zudem noch den natürlichen Vitamin-E-Gehalt;
- Weizenkleie fällt beim Mahlen der ganzen Körner an – sowohl in industriellen Großbetrieben als auch beim Selbermahlen von Getreide im Haushalt. Sie besteht hauptsächlich aus den ballaststoffreichen Randschichten des Korns, enthält aber auch Eiweiß, Vitamine und Mineralstoffe. Bei frisch gemahlenem Weizen kann man die Kleie absieben und zum Panieren oder Ausstreuen von Formen verwenden oder das Müsli damit anreichern. Wie für alle Getreideprodukte, gilt auch für Produkte aus Weizen(mehl): Kaufen Sie möglichst nur die Lebensmittel, die noch aus dem vollen Korn bestehen, also Vollkornmehl, -brot, -teigwaren. Denn das Pflanzeneiweiß ist im ganzen Getreidekorn verteilt und setzt sich aus mehreren Aminosäuren zusammen, die eine für den Körper unterschiedliche biologische Wertigkeit besitzen. Die äußeren Schichten des Korns enthalten die hochwertigeren Eiweißbausteine.

Roggen

nach dem Weizen zweitwichtigstes Brotgetreide, das relativ viel Calcium enthält. Roggen liefert etwas weniger, dafür jedoch hochwertigeres Eiweiß als Weizen und etwa ebensoviel Fett. Roggenbrote halten sich länger frisch als Weizenbrote. Roggen wird in der Vollwertküche wie Weizen zubereitet. Allerdings reagiert er beim Kochen langsamer als andere Getreidesorten: Die ganzen Körner brauchen länger zum Garen, Teige mehr Flüssigkeit.

Dinkel

dem Weizen verwandte Getreidesorte mit ähnlichem Nährstoffgehalt. Dinkel ist leicht verdaulich und schmeckt angenehm nußartig. Da er wie Weizen reichlich Klebereiweiß enthält, eignet er sich gut zum Backen. Obwohl eine sehr robuste Pflanze, wird Dinkel nur selten angebaut.

Grünkern

ist unreif geernteter, gedarrter (»Darren« siehe bitte Seite 14/15) Dinkel mit viel hochwertigem Pflanzeneiweiß, Calcium, Phosphor und Eisen. Durch das Darren ist er trotz relativ kurzer Garzeit leicht verdaulich und von einem kräftigen Aroma. Grünkern kann ganz, gemahlen oder geschrotet verarbeitet werden. Zum Backen eignet er sich nicht.

Reis

ist für etwa die Hälfte der Menschheit Grundlebensmittel. Er enthält von allen Getreidesorten am wenigsten Eiweiß, ist jedoch in Verbindung mit Milchprodukten, Eiern und/oder Hülsenfrüchten ein vollwertiges Lebensmittel.

Sein Fettgehalt entspricht etwa dem von Weizen; er ist leicht verdaulich, vitamin- und mineralstoffreich. Allerdings verliert Reis durch industrielle Verarbeitung wertvolle Inhaltsstoffe: Durch Polieren und Schleifen des Reiskorns werden das nährstoffreiche Silberhäutchen, der Keim und die Aleuronschicht entfernt. Weißer Reis ist für die Ernährung also ziemlich wertlos, zumal er auch kaum Ballaststoffe enthält. Bei dem (elfenbeinfarbenen) Parboiled-Reis bleiben die Vitamine durch ein spezielles Verfahren erhalten. Deshalb können Sie ruhig Parboiled-Reis essen, wenn Sie ihn lieber als Naturreis mögen; wichtig ist nur, daß Sie ihn mit ballaststoffreichen Lebensmitteln wie beispielsweise Hülsenfrüchten oder Gemüse und – wegen seines geringen Eiweißgehaltes – mit pflanzlichen oder tierischen Eiweißträgern kombinieren.

Hafer

hat von allen Getreidesorten den höchsten Gehalt an wertvollem Eiweiß und Fett mit der lebenswichtigen Linolsäure. Haferflocken enthalten mehr Calcium als andere (geschälte) Getreideflocken. Zum Backen eignet sich Hafermehl allein nicht, da ihm eine bestimmte Eiweißart fehlt; man muß es also zu gleichen Teilen mit Weizenmehl mischen. Durch den hohen Fettgehalt wird Hafer schneller ranzig als andere Getreidesorten und schmeckt dann leicht bitter. Das nußartige Aroma von Hafer wird durch leichtes Rösten (ohne Fett) noch verstärkt. Für Produkte aus Hafer wie Flocken oder Grütze gilt dasselbe wie für Produkte aus Weizen.

Hirse

ist der Sammelbegriff für eine ganze Reihe von verschiedenen ährenlosen Gräsern. Sie hat von allen Getreidesorten die kleinsten und härtesten Körner, die dennoch am schnellsten gar sind, nicht vorgeweicht werden müssen und sehr leicht verdaulich sind. An Nährstoffen enthält Hirse besonders viel Magnesium, Eisen und Kieselsäure. Da sie kein Klebereiweiß enthält, eignet sie sich nur für flache Kuchen.

Gerste

enthält von allen Getreidesorten am meisten Vitamin B_2, außerdem reichlich Kalium, Calcium, Phosphor und Magnesium. Am nährstoffreichsten sind die ganzen Körner; Graupen, auch Rollgerste oder Perlgerste genannt, sind geschälte, abgeschliffene und polierte Gerstenkörner, die bei dieser Prozedur einen Teil ihrer wertvollen Inhaltsstoffe einbüßen.

Mais

ißt man bei uns vor allem in Form von Kolben als Beilage oder feine Vorspeise. Dieser Zucker- oder Gemüsemais ist erst seit etwa 150 Jahren bekannt. Feldmais dagegen war Grundlebensmittel der Indios, lange vor der Entdeckung Amerikas. Mais enthält etwas mehr Eiweiß als Reis, gilt dennoch als eiweißarme Getreidesorte, die mit einem pflanzlichen oder tierischen Eiweißträger kombiniert werden muß. Ernährungsphysiologisch besonders wertvoll ist die Kombination von Bohnen und Mais, die mehr hochwertiges Nahrungseiweiß liefert als eine Fleisch- oder Fischmahlzeit. Zuckermais gibt es als Gemüse von August bis in den Spätherbst frisch am Kolben, in Dosen, manchmal auch tiefgefroren. Ganze (Feldmais-) Körner sind getrocknet im Handel. Mais enthält kein Klebereiweiß und eignet sich deshalb nicht für hohes Gebäck. Auch Eierkuchenteige lassen sich nicht aus Maismehl allein zubereiten; die Kuchen halten beim Backen in der Pfanne nicht zusammen.

Produkte aus Mais

- Polenta ist aus dem ganzen Korn gemahlener, mehr oder weniger grober Maisgrieß;
- Maiskeimöl ist ein sehr aromatisches Öl aus dem Maiskeimling mit hohem Anteil an Linolsäure, der wichtigsten essentiellen Fettsäure.

Buchweizen

ist kein Getreide (weil es botanisch nicht zu den Gräsern gehört), sondern ein Wiesenkraut, das in der Küche jedoch wie Getreide verarbeitet wird. Er enthält etwa soviel Eiweiß wie Weizen, etwas weniger Fett und wie Getreide Vitamine der B-Gruppe. Buchweizen gibt es ganz, geschrotet (Grütze), als Mehl und als Flocken im Handel.

Hülsenfrüchte und Tofu in der Vollwertküche

Hülsenfrüchte, getrocknete oder frische Samen der Leguminosen, sind die Lebensmittel mit dem höchsten Gehalt an pflanzlichem Eiweiß. Sie versorgen den Körper außerdem mit reichlich Vitaminen der B-Gruppe und mit Eisen. Dazu liefern sie eine ganze Menge unverdauliche Kohlenhydrate, die den Darm schnell passieren und damit die Verdauung unterstützen. Hülsenfrüchte machen also satt, nicht dick, zumal etwa 30 Prozent der zugeführten Kalorien vom Organismus gar nicht verwertet werden. Tofu ist ein ausgezeichneter Fleischersatz, der viel Eiweiß und wertvolle Fettsäuren, jedoch weder Cholesterin noch Purine enthält.

Bohnen

Hülsenfrüchte, die weltweit zu den wichtigsten Kulturpflanzen gehören und für manche Völker der bedeutendste Eiweißlieferant sind. Von Bohnen ißt man nicht nur die Samen, sondern auch die fleischigen Schoten: Frische Stangenbohnen kommen etwa ab Mai, Buschbohnen ab Juli auf den Markt. Von Feuerbohnen mit den roten gesprenkelten Samen (ab August erhältlich) ißt man nur die jungen Schoten, bei älteren werden die Samen verwendet.
Auch von Dicken Bohnen (Puffbohnen, Pferdebohnen, Saubohnen; erhältlich Ende Mai bis Juli) verzehrt man ausschließlich die Samen. Frische Dicke Bohnen sind nur schwer zu bekommen; sie werden meist gleich nach der Ernte tiefgefroren oder in Gläsern oder Dosen konserviert. Da Dicke Bohnen in Süddeutschland weniger als Delikatesse denn als Viehfutter gelten, werden sie selbst tiefgefroren dort kaum angeboten.
Alle Bohnen – ob Schoten oder Samen – enthalten ein natürliches Gift, das erst durch Garen unschädlich gemacht wird. Bohnen sollte man also niemals roh essen.
Alle getrockneten Bohnensamen müssen vor dem Garen 8 bis 12 Stunden eingeweicht werden. Zum Kochen sollte man das Einweichwasser verwenden, weil darin Nährstoffe gelöst sind. Zum Garen brauchen Bohnen je nach Sorte 1½ bis 2½ Stunden.

Getrocknete Bohnensamen:
- Azukibohnen sind kleine rote Sojabohnen, leicht verdaulich, aber nur in kleinen Mengen angebaut und deshalb teuer;
- Borlottibohnen sind rotbraun und gesprenkelt wie Wachtelbohnen; sie eignen sich für Salate und – weil sie bei längerem Garen zerfallen – für Cremesuppen und -saucen;
- Cannellibohnen sind weiße ovale Bohnensamen;
- Flageoletbohnen sind hellgrün, nierenförmig, eignen sich als feine Beilage und für Salate;
- Limabohnen sind große, flache, weiße Bohnenkerne, die man für Salat und marinierte Bohnen verwendet;
- Mungobohnen sind kleine grüne Sojabohnen, die sich am besten zum Keimen eignen;
- rote Bohnen (Kidneybohnen) schmecken süß und eignen sich gut für Backofengerichte und Eintöpfe;
- schwarze Bohnen sind länglich und nierenförmig (es gibt auch schwarze Sojabohnen, die bei uns jedoch kaum angeboten werden), schmecken süßlich und würzig. Sie eignen sich gut für Curries und andere Gerichte mit exotischen Gewürzen;
- Wachtelbohnen (Pintobohnen) sehen aus wie Wachteleier und werden wie rote Bohnen verwendet;
- weiße Bohnen gibt es in verschiedenen Größen. Am feinsten sind die kleinen weißen Perlbohnen.

Erbsen

werden ebenfalls frisch, tiefgefroren, konserviert oder getrocknet angeboten. Frische Erbsen zu kaufen, lohnt sich nicht: sie sind ziemlich teuer, das Auspalen dauert lang und von 1 kg Erbsen mit Schoten bleiben nur etwa 400 g Samen übrig. Außerdem schmecken tiefgefrorene Erbsen ebenso gut wie frische, wenn sie kurz gegart werden.
- Gelbe und grüne Trockenerbsen gibt es geschält und ungeschält. Geschälte Erbsen werden nicht vorgeweicht und garen in etwa 1½ Stunden. Ungeschälte Erbsen brauchen nach dem Vorweichen etwa 2 Stunden;
- Kichererbsen sind gelb bis rötlich gefärbte, unregelmäßig geformte, getrocknete Erbsen, die ebenfalls vorgeweicht werden und eine Garzeit von etwa 2 Stunden haben. Man kann gemahlene Kichererbsen auch zu Klößchen oder Frikadellen verarbeiten;
- Zuckerschoten (Kefen, Mangetout) sind Erbsenschoten

ohne die zähe Innenhaut von Palerbsen. Die Samen sind nicht ausgebildet. Zuckerschoten schmecken als feine Gemüsebeilage, nur in Butter gedünstet, oder als Salat.

Linsen

stammen aus Westasien und wurden bereits im Alten Ägypten kultiviert. Im Lebensmittelhandel unterscheidet man sie nicht nach Sorten, sondern nach Größe, was sich auch auf den Preis auswirkt: Große Linsen sind teurer, obwohl die kleinen besser schmecken. Linsen braucht man nicht vorzuweichen; die Garzeit beträgt zwischen 20 (geschälte rote Linsen) und 75 Minuten.

- Flache große Tellerlinsen gibt es in jedem Supermarkt zu kaufen. An der Farbe erkennen Sie, wie lange die Linsen bereits gelagert sind: Im Laufe der Zeit verfärben sich die grünlichen Linsen gelbbraun bis hellbraun;
- kleine rundliche Puy-Linsen schmecken am besten. Angeboten werden sie nur in Naturkostläden, gut sortierten Reformhäusern sowie Feinkost- und Spezialgeschäften für asiatische Lebensmittel;
- rote Linsen sind intensiv orangerote, halbierte kleine Linsen. Sie garen sehr rasch, gelten jedoch nicht mehr als vollwertig, da die ballaststoffreiche Schale entfernt ist. Zu kaufen gibt es sie ebenfalls in Naturkostläden, manchen Reformhäusern und vor allem in asiatischen Lebensmittelgeschäften. Rote Linsen können zu Brei verkocht werden.

Sojabohnen

neben Azuki-, Mungo- und vielen anderen Sorten gibt es noch die Gelbe Sojabohne, die man vor allem zur Tofuherstellung verwendet. Sie enthält reichlich Eiweiß, das der Organismus jedoch nur teilweise verwerten kann, wenn die Bohnen wie andere Hülsenfrüchte zubereitet werden. Außerdem sind sie nicht sehr bekömmlich. Sinnvoller ist es deshalb, nicht die Gelben Sojabohnen, sondern die aus ihnen hergestellten Produkte zu essen.
Die Garzeiten von allen getrockneten Hülsenfrüchten – ob vorgeweicht oder nicht – lassen sich nicht exakt angeben. Wie schnell Hülsenfrüchte weich werden, hängt von der Lagerungszeit ab: je länger gelagert, desto länger die Garzeit. Außerdem ist der Kalkgehalt des Einweich- und Kochwassers entscheidend: in sehr kalkhaltigem Wasser werden Hülsenfrüchte überhaupt nicht richtig gar. Weichen Sie in diesem Fall die Hülsenfrüchte in abgekochtem und gefiltertem Wasser ein.
Ob Sie dagegen Hülsenfrüchte schon vor oder erst nach dem Garen salzen, spielt nach meinen Erfahrungen für das Weichwerden keine Rolle.

Tofu

ist eine quarkähnliche Masse, die aus der Milch gelber Sojabohnen besteht (zur Herstellung von Sojamilch und Tofu siehe bitte Seite 26/27). Er ist reich an hochwertigem pflanzlichem Eiweiß, leicht verdaulich, joule-/kalorienarm und so vielseitig zu verwenden wie kaum ein anderes Lebensmittel der Vollwertküche. Allerdings enthält Tofu kaum Kohlenhydrate und Ballaststoffe und sollte deshalb immer mit Lebensmitteln kombiniert werden, die reich an diesen Inhaltsstoffen sind.
In Naturkostläden und Reformhäusern gibt es Tofu inzwischen in vielen verschiedenen Zubereitungsarten zu kaufen: weichen und schnittfesten Tofu, mit Kräutern, Gemüse und Algen gemischten oder geräucherten Tofu. Meist wird er abgepackt, manchmal auch offen verkauft.
Entscheidend für die geschmackliche Qualität von Tofu ist das verwendete Gerinnungsmittel und die Dauer der Pressung. Probieren Sie am besten einige Sorten in verschiedenen Läden durch, bis Sie die richtige gefunden haben.
In der Küche können Sie weichen Tofu wie Quark, schnittfesten wie Fleisch zubereiten – zum Beispiel gegrillt, gebraten oder geschmort als Ragout. Teige für Frikadellen und Klöße kann man aus weichem oder pürierten (oder ganz fein zerdrückten) schnittfestem Tofu herstellen. Dressings für Salat, cremige Suppen und Saucen gelingen am besten mit weichem Tofu.

Nüsse, Samen und Sprossen in der Vollwertküche

Nüsse und Samen liefern reichlich ungesättigte Fettsäuren, hochwertiges Eiweiß und Mineralstoffe, frisch gezogene Sprossen enthalten eine ganze Menge Vitamine, die – vor allem im Winter, wenn Frischgemüse rar ist oder nur aus dem Treibhaus kommt – den Speisezettel bereichern.

Nüsse und Samen

sind eigentlich dasselbe, nämlich der Teil einer Frucht, die für die Vermehrung der betreffenden Pflanze sorgt. Unter der Sammelbezeichnung »Nuß« faßt man ganz verschiedenartige Früchte zusammen: Erdnüsse beispielsweise sind Hülsenfrüchte, die Walnuß, Kokosnuß und Pistazie sind ebenso wie der Pfirsich eine Steinfrucht, die Muskatnuß der Samen einer Beerenfrucht. Nüsse und Samen enthalten – als »Keim« für die werdende Pflanze – sehr viele Inhaltsstoffe, zum Beispiel die Vitamine der B-Gruppe sowie die fettlöslichen Vitamine A und E sowie Eiweiß und Fett mit der lebenswichtigen Linolsäure. Nüsse sollten Sie möglichst in der Schale kaufen, denn diese wirkt auf natürliche Weise konservierend. Bereits geschälte Nußkerne werden schneller ranzig (um das zu verhüten, werden sie meist chemisch behandelt) und sind anfälliger für Schimmelbefall. Vom Kauf bereits gemahlener oder gehackter Nüsse ist abzuraten, denn die Schadstoffbelastung kann noch höher sein als bei geschälten Kernen.

An den Schalen von Walnüssen sehen Sie übrigens auch, ob die Nüsse vorbehandelt sind: Walnüsse mit hellen Schalen sind meist gewaschen und mit einem Bleichmittel »geschönt«. Die kleinen, schrumpeligen und dunklen Walnüsse dagegen schmecken besser und sind naturbelassener. Oft stammen sie sogar aus biologischem Anbau, sind jedoch dann entsprechend teuer.

Alle Nüsse und Samen müssen kühl, trocken und dunkel gelagert werden. Kaufen Sie möglichst nur die Menge, die Sie bald verbrauchen. Ölsaat wie Sesam, Mohn, Leinsamen, Sonnenblumen- und Kürbiskerne kann man in der Getreidemühle nur mit einem speziellen Zusatzteil schroten.

- Bockshornklee ist eine in Indien und Nordafrika meist wildwachsende Pflanze, die inzwischen auch kultiviert wird. Die Samen sind Bestandteil vieler Currymischungen, enthalten viel Vitamin A und C sowie Eisen. Sie schmecken am besten, wenn man sie in etwas Öl kurz anröstet. Außerdem lassen sie sich gut keimen. Die Keimdauer sollte höchstens 3 Tage betragen, sonst schmecken die Sprossen leicht bitter;
- Cashewnüsse sind die Ölsamen des Cashewbaumes. Sie schmecken angenehm süß und mandelartig, eignen sich für alle süßen und herzhaften Gerichte;
- Kardamomsamen stammen von einer in Vorderindien, Sri Lanka und Mittelamerika ursprünglich wildwachsenden Pflanze. Die Samen sind recht ölhaltig und schmecken an Curries und in Gebäck;
- Korianderkörner sind keine Samen, sondern die (frischen oder getrockneten) Früchte einer Pflanze, die Sie auch im Garten ziehen können. Die frischen, petersilienähnlichen Blätter strömen einen unangenehmen Geruch aus, werden jedoch in Indien, im Orient und Südamerika gerne verwendet. Die Früchte passen – ganz oder gemahlen – gut zu Gemüse- und Getreidegerichten und sind Bestandteil des Currypulvers;
- Leinsamen, auch Leinsaat genannt, sind die kleinen braunen Samen der Flachspflanze (Lein), mit hohem Gehalt an mehrfach ungesättigten Fettsäuren.
- Maronen oder Edelkastanien sind die Samen aus der Steinfrucht des Kastanienbaumes, der hauptsächlich im Mittelmeerraum wächst. Sie schmecken geröstet oder gekocht, herzhaft oder süß zubereitet;
- Mohn stammt aus Asien, wird heute jedoch auch in Europa angebaut. Die schwarzblauen reifen Samen werden zum Backen oder für Süßspeisen verwendet. Sie sind eiweißreich, enthalten mehrfach ungesättigte Fettsäuren und Linolsäure.

- Pinienkerne sind die Samen der südeuropäischen Pinie und werden oft in der italienischen Küche für Saucen (Pesto) und Salat verwendet;
- Pistazien sind Samen des Pistazienbaumes, die Sie möglichst ungeschält und ungesalzen kaufen sollten;
- Sesamsamen sind Samen des Sesamkrautes, reich an Fett und der essentiellen Linolsäure. Sie werden geschält und ungeschält angeboten. Aus Sesamsaat stellt man Tahin her, ein Mus, das vor allem als Brotaufstrich verwendet wird und Gomasio, das aus Sesam und Meersalz besteht und sich gut zum Würzen eignet.

Nußmuse

werden in guter Qualität in Naturkostläden und Reformhäusern angeboten. Sie sollten nur aus fein zerkleinerten Samen wie zum Beispiel Erdnüssen, Haselnüssen oder Walnüssen bestehen und keine weiteren Zusätze wie etwa Zukker enthalten. Für die Vollwertkost am besten geeignet sind Muse, die bei der Herstellung nicht erhitzt wurden. Das steht jedoch nicht unbedingt auf der Verpackung, während die Zusatzstoffe angegeben werden.

Öl aus Nüssen und Samen

werden ebenfalls in Naturkostläden und Reformhäusern in guter Qualität – die allerdings ihren Preis hat – angeboten. Sofern es sich um kaltgepreßte Öle (siehe dazu bitte Seite 208, Stichwort »Weizenkeimöl«) handelt, unterscheiden sie sich nicht wesentlich in der Zusammensetzung, sondern vielmehr im Geschmack. Walnuß- und Haselnußöl zum Beispiel haben ein sehr ausgeprägtes Aroma und sollten nur sparsam verwendet werden. Sonnenblumenöl schmeckt ziemlich neutral und paßt auch in größeren Mengen zu allen Speisen. Kaltgepreßte, unraffinierte Öle sollten Sie immer in möglichst kleinen Mengen kaufen, denn sie werden schneller ranzig als die normalen Speiseöle, die sehr lange haltbar, dafür jedoch nicht mehr naturbelassen sind. Aufbewahrt werden kaltgepreßte Öle kühl und dunkel – also am besten im Kühlschrank in der Originalverpackung, sofern es sich um eine Dose oder dunkle Flasche handelt.

Sprossen

sind als Frischkost nahezu unübertroffen und dazu preiswert, wenn Sie bedenken, daß die Samen beim Keimen ja um mindestens das Doppelte zunehmen, also eine ganze Menge vitaminreichen Frischgemüses ergeben. Außerdem sind sie von Schadstoffen nahezu unbelastet. Achten Sie beim Kauf jedoch unbedingt darauf, daß Sie unbehandelte Samen aus biologischem Anbau bekommen. Auf keinen Fall sollten Sie die Samen in Gärtnereien oder Gartencentern kaufen; »normale«, in Tütchen abgepackte Samen sind zur Aussaat in die Erde bestimmt und meist chemisch behandelt.
Beim Keimprozeß der Samen verändern sich die Inhaltsstoffe: der Vitamin- und Mineralstoffgehalt nimmt stark zu, der Brennwert (Joule/Kaloriengehalt) ab. Vor allem aber verwandeln sich die leicht löslichen Kohlenhydrate, der Zucker also, in schwer lösliche Kohlenhydrate, die der Körper während der Verdauung langsam abbaut. Sprossen machen dem Organismus also ähnlich viel »Arbeit« wie Getreide und Hülsenfrüchte. Zum Keimen eignen sich alle Getreidesorten außer Hirse und Reis. Grünkern ist ebenfalls nicht zu keimen, da er unreif geerntet und gedarrt wird. Zum Keimen gut geeignet sind Buchweizen, Mungobohnen, getrocknete Erbsen (geschält und ungeschält), Kichererbsen, Linsen und Alfalfa (Luzerne), Sonnenblumen- und Kürbiskerne, Rettich und Bockshornklee.
Buchweizen, Kresse, Senf und Leinsamen keimt man besser nicht in Gläsern, sondern auf Küchenpapier, da sie reichlich Schleimstoffe absondern.
Manche Samen (zum Beispiel Senf) bilden während des Keimens feine, winzige Wurzeln, die an Schimmel erinnern. Tatsächlich verschimmelte Samen riechen muffig und müssen weggeworfen werden.

Der Inhalt des Buches von A bis Z

Zum Gebrauch

Hier stehen die Rezepttitel und Sachbegriffe in alphabetischer Reihenfolge. Damit Sie Rezepte mit bestimmten Zutaten aber noch schneller finden können, stehen in diesem Register zusätzlich auch die Hauptzutaten wie Sprossen oder Tomaten, ebenfalls alphabetisch geordnet, über den entsprechenden Rezepten.

A

B

C

D

E

F

G

H

J

K

Der Inhalt des Buches von A bis Z

Der Inhalt des Buches von A bis Z

Adressen

Erzeuger- und Vertriebsorganisationen für Produkte aus kontrolliertem biologischem Anbau:

demeter und biodyn
Demeter-Bund e.V.
Wellingstraße 24
7000 Stuttgart
Biologisch-dynamische Produkte werden vom Demeter-Bund unter dem Warenzeichen »demeter« verkauft. Zum Demeter-Bund gehören insgesamt etwas 650 Betriebe. Produkte aus Betrieben, die auf biologisch-dynamischen Anbau umstellen, kommen mit dem Warenzeichen »biodyn« in den Handel.

bioland
Fördergemeinschaft organisch-biologischer Land- und Gartenbau e.V./Bioland
Bahnhofstraße 1
7326 Heiningen
Die Vertriebsorganisation – der sich etwa 800 Betriebe angeschlossen haben – heißt »bioland« und bringt die Produkte mit diesem Warenzeichen in den Handel.

ANOG
Arbeitsgemeinschaft für naturnahen Obst-, Gemüse- und Feldfruchtanbau (ANOG)
Anton-Reuter-Straße 18
5400 Koblenz
Die Produkte der etwa 30 Betriebe sind mit dem Warenzeichen »ANOG« im Handel.

Biokreis Oberbayern
Rosensteig 18
8390 Passau
Seit 1979 bestehender Zusammenschluß von rund 22 Bauern, die ausschließlich bayerische Wochenmärkte und Naturkostläden beliefern. Die Landwirte verwenden keine Futtermittel aus Ländern der Dritten Welt.

Naturland
Verband für naturgemäßen Landbau e.V./Naturland
Kleinhaderner Weg 1
8032 Gräfelfing
Seit 1982 bestehender Zusammenschluß von etwa 90 Landwirten in Bayern.

Jede dieser fünf Organisationen hat eigene Erzeugerrichtlinien; 1984 hat man sich jedoch auf gemeinsame Rahmenrichtlinien geeinigt. Diese erhalten Sie bei der Stiftung ökologischer Landbau, Eisenbahnstraße 28–30, 6750 Kaiserslautern, für DM 2,50.

Die Autoren

Dr. Barbara Rias-Bucher

gebürtige Münchnerin, arbeitete nach ihrem Studium als Redakteurin bei einem Münchner Verlag. Seit 1979 ist sie als freie Food-Journalistin für Zeitschriften und große Buchverlage tätig. Aus Überzeugung und aufgrund positiver Erfahrungen beschäftigt sie sich seit mehr als 5 Jahren mit dem Thema Vollwertkost. Durch ihre Bücher »Natürlich kochen« und »So gut schmeckt's vegetarisch« ist sie eine bereits anerkannte Expertin auf diesem Spezialgebiet geworden. Besonders gelobt wird, daß ihre Vollwert-Rezepte höchsten kulinarischen Ansprüchen gerecht werden.

Prof. Dr. Claus Leitzmann

lehrt am Institut für Ernährungswissenschaft der Justus-Liebig-Universität Gießen. Im Rahmen seiner Forschungen arbeitet er über die Vollwert-Ernährung und ihrem Einfluß auf die Gesundheit. Ein weiterer Schwerpunkt seiner Arbeit ist die Ernährung in Entwicklungsländern. Er lebt in der Nähe von Gießen, ist verheiratet und hat 4 Kinder. In der Familie wird Vollwert-Ernährung praktiziert. Früchte und Gemüse aus dem eigenen Garten sowie milchsaure Produkte und Brot aus der Vollwertküche spielen dabei eine wichtige Rolle.

Susi und Pete A. Eising

sind Schweizer, jedoch schon seit vielen Jahren Wahl-Münchner. Sie sind hervorragende Foodfotografen, Bildgestalter, Koch-Künstler und Kenner alles Guten auf kulinarischem Gebiet. In ihrem Studio für Lebensmittel-Fotografie entstehen zusammen mit ihrem Team seit vielen Jahren anspruchsvolle Foodaufnahmen für Bücher, Werbung, Filme und Zeitschriften.

Impressum

Lizenzausgabe für die Büchergilde Gutenberg, Frankfurt am Main, mit freundlicher Genehmigung des Verlages Gräfe und Unzer GmbH, München

Redaktion: Cornelia Schinharl
Versuchsküche:
Doris Mathes und Gertrud Röser
Herstellung: Robert Gigler
Farbfotos: Susi und Pete A. Eising
Umschlaggestaltung:
Gerlinde Reckels
Reproduktionen:
SKU Reproduktionen GmbH
Satz: Fertigsatz GmbH München
Druck und Bindung:
Mairs Graphische Betriebe
ISBN 3-7632-3515-9